丛书编写委员会

主　　任　张金清

编　　委（按姓名笔画排序）

　　　　　　李心丹　杨　青　杨玉成

　　　　　　周光友　刘红忠　束金龙

　　　　　　沈红波　刘莉亚　陈学彬

　　　　　　张宗新

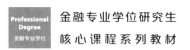 金融专业学位研究生核心课程系列教材

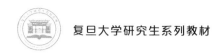 复旦大学研究生系列教材

上海市金融专业学位研究生教育指导委员会推荐教材

FINANCIAL STATEMENT ANALYSIS AND VALUATION

财务报表分析与估值

宋 军 主编

复旦大学出版社

内容提要

本书是针对金融专业硕士的教材，主要介绍上市公司财务报表分析和估值的原理和方法。本书从价值投资的分析框架出发，来进行财务分析，主要按照财务信息收集和整理、战略分析、利润表、资产负债表和现金流量表的三表分析、财务指标分析与综合分析、预测和估值等几个步骤展开。

为了便于学生理解和比较，本书以有代表性的几家国内上市公司为例，来介绍财务报表的分析方法和思路。为了更贴近市场和金融实践，本书加入了大量来自市场的实际案例来帮助读者理解书中的主要概念和方法。

这门课程是一门科学，又是一门艺术。在财务报表分析和估值的过程中，需要解决三个主要问题：（1）将定性的公司经营分析和定量的财务报表数据分析进行有机结合；（2）将对公司当前经营状况的理解和对未来公司的业绩预测融合起来；（3）将目标公司和对标公司进行实质性的对比和分析。读者跟随本书的介绍，可以了解和掌握公司价值分析的基本原理和分析框架，并将其应用到实际的公司财务分析中。

总　序

强大的金融人才队伍,是金融强国必须具备的五大关键核心金融要素之一,也是实现 2023 年 10 月中央金融工作会议首次提出的"金融强国"建设目标的基础性保证,更是中国高校必须承担和完成的历史使命。自 2010 年教育部批准设立金融专业硕士学位(以下简称"金融专硕")以来,全国金融专业学位研究生教育指导委员会、上海市金融专业学位研究生教育指导委员会以及各高校金融专硕教学团队一直积极探索金融专硕教学与人才培养模式,将扎根本土金融、强调案例教学作为金融专硕人才培养的目标与教学导向,取得了许多重要进展。但是,近年来在金融专硕的教学实践和人才培养过程中,在教材体系建设、教学内容设计、教学方法选用、学位论文审核等一些关键环节,仍存在着偏重学术、理论与实务关系难以把握、实务与实践不足等诸多问题,从而导致金融专硕人才培养的实际效果与"金专四技能"目标(即具备卓越金融实践问题解决能力、金融案例分析能力、金融交易策略构建能力、金融创新产品方案设计能力)存在着相当的差距。尤其是近年来,在大数据技术、AI 与数字技术全面赋能金融业的新形势下,如何立足于本土现实去构建中国金融自主知识体系,培养符合时代需要、引领思想潮流的金融高素质人才是当前金融专硕教学面临的严峻挑战。

复旦大学经济学院的金融专业教学团队一直注重金融专硕人才教学改革与创新实践、金融专硕案例教学和案例型教材建设。自 2017 年开始,复旦大学金融专硕教学团队陆续出版了 12 本核心教材和 4 本案例集,对金融专硕案例型教学进行了积极的创新和改革,围绕教材、教学内容、教学方法和学位论文四个维度逐步形成了较为成熟的金融专硕"四维"培养模式,并取得了一些重要的教改成果:张金清教授主持的教改项目"基于案例型教材的金融专硕"四维"培养模式的创新与探索"获得上海市优秀教学成果一等奖(2022),教改项目"案例型金融专硕教材的创新与探索"获得复旦大学研究生教学成果特等奖(2021)。

在金融强国建设的新时代目标下,为了持续培养兼具国际视野、专业基础和实务应对能力的金融人才,复旦大学经济学院在"经管类专业学位研究生核心课程系列教材"(2016—2019)建设的基础上,针对金融科技、量化投资、大数据金融、绿色金融等领域的新进展、新形态和新趋势,计划在2024—2026年推出"金融专业学位研究生核心课程系列教材",包括:《金融风险管理实务》《投资学》《金融理论与政策》《公司金融》《财务报表分析与估值》《金融科技》《数字金融》《量化投资》《金融衍生工具》《碳金融理论与实务》《固定收益证券的技术分析》《金融市场与机构》《证券投资分析》等。张金清教授担任本系列教材编委会主任,负责教材的总体筹划、设计与组织出版工作。

本系列教材得以顺利出版,要感谢复旦大学陈学彬教授、南京大学李心丹教授、上海市学位办原主任束金龙教授、上海财经大学刘莉亚教授、复旦大学出版社徐惠平副总编辑对本系列教材提出的宝贵意见和建议。2024年4月,由上海市金融专业学位研究生教育指导委员会、复旦大学经济学院、复旦大学出版社联合举办"金融教材建设与金融强国"专题研讨会,以上海市金融专业学位研究生教育指导委员会委员为主形成的专家组,强调了金融强国背景下金融专硕案例教材建设的必要性,特别对本系列教材建设进行了高度评价,并提供了建设性指导意见。上海市学位办、复旦大学研究生院、复旦大学经济学院、复旦大学出版社等部门都对此套教材的出版给予了大力支持和帮助。此外,本系列教材还获得了2022年度复旦大学研究生院研究生教材专项资助支持,以及2023年度上海市研究生教育改革项目"'三位一体'金融专硕人才培养模式探索与创新实践"的项目支持。在此,教材编委会向上述专家和单位,以及其他关心、支持、帮助本系列教材出版的老师和单位表示最衷心的感谢!

最后,敬请读者和同人不吝指正,共同推进金融专硕案例型教材的建设和金融专硕人才的培养!

金融专业学位研究生核心课程系列教材编委会
2024年7月

前　言

财务报表分析与估值是一门理论联系实践的课程,其主要目的是让学生掌握公司财务报表分析的基本方法并能加以应用。随着证券市场的蓬勃发展和上市公司在国民经济中的地位的不断加强,以上市公司为分析对象的财务报表分析日益成为财务报表分析的主流。因此,本书将面向上市公司,尤其是我国A股上市公司,来阐述财务报表分析与估值的基本概念、基本原理、基本方法及其应用。本书主要按照财务报表分析的基本步骤展开,包括战略分析、三表分析、财务指标分析、公司预测和估值等。本书将以国内上市的九家公司为例来介绍财务报表的分析方法和思路。除了传统的财务报表分析方法,本书还将介绍财务造假公司和财务失败公司的特征和识别方法。

公司的内涵价值是本书最为核心的概念。可以说,整门课程都是围绕着这个概念展开。计算公司内涵价值的方法有两大类。第一类是相对估值法。在相对估值法中,公司的内涵价值是利用同行业可比公司的少数几个财务数据所得到的平均乘数与目标公司的财务数据相乘而得到。这个方法简单易行,但所利用的信息不充分,在市场有效性较高的时候比较有用。

第二类方法是绝对估值法,包括红利贴现法和剩余价值贴现法,但最重要、应用得最广泛的方法是自由现金流贴现法。因此自由现金流贴现公式是整本书的核心,战略分析中对公司商业模式和未来发展前景的理解最终反映到估值公式的风险、增长率和增长阶段以及年份数的设置中。同样,对利润表、资产负债表和现金流量表的分析也与自由现金流的计算建立联系。利润表主要关注息税前利润和税收,资产负债表中相关的净营运资本、非核心资产、净负债,现金流量表中相关的是折旧摊销和资本支出。在财务指标分析中,本书将财务指标分为盈利能力、风险和估值三个维度。

前两者分别对应贴现公式的分子和分母。绝对估值法的基本假定是实际的金融市场并不完全有效,且投资者并不完全理性,因此二级市场的价格并不等于内涵价值。财务报表分析的最基本目的就是从公司的财务报表数据和相关定性的信息来估计公司的内涵价值,然后比较内涵价值和价格的关系,如果内涵价值大于价格,表明市场低估了公司的价值,那么可以作出买入投资决策或投资建议。如果内涵价值小于价格,则表明市场高估了公司的价值,那么可以作出卖出投资决策或者投资建议。

本书的目的是帮助那些希望进入证券投资行业和分析师行业的学生有效快速地学习财务报表分析与估值的方法,为进入行业做更好的准备。

使用基于本教材的教案对金融专业的学生进行了实验教学,教学效果显著。学生可较快上手财务报表分析,并在一个学期内撰写出满意的特定上市公司的财务分析报告,这样的"演习"经历为其日后的职业发展奠定了良好基础。

本课程非常注重实践性,建议读者在学习过程中找到一家上市公司,并以之为目标公司来进行研究。可以以国内在上海证券交易所(www.sse.com.cn)、深圳证券交易所(www.szse.cn)或北京证券交易所(www.bse.cn)的上市公司为研究对象,也可以在全球范围内选择上市公司进行分析。虽然由于会计准则、会计方法存在差异,不同上市公司的研究方法存在差异,但是总的研究思路和原则是类似的。

本课程的学习资料不应仅局限于课本,还应包括目标公司近年的财务报告,也需要找到同类企业的近年的报表,并深入了解公司所在行业整体经营情况和行业其他公司的经营情况。

这门课程是一门科学,又是一门艺术。分析中需要解决三个主要问题:第一个主要问题是将定性的公司经营分析和定量的财务报表数据分析进行有机的融合;第二个主要问题是将对公司当前经营状况的理解和对未来的公司业绩预测进行有机的融合;第三个主要问题是将目标公司和其竞争者进行实质性的对比和分析。可能有很多因素同时影响公司的价值,这些因素千头万绪。如何在这些诸多因素中找到影响公司最关键的某个(若干)因素的能力是最宝贵的能力。这些关键因素在未来是不确定的,且可以对其未来的分布进行合理的判断。

本书所介绍的方法属于基本面价值投资分析框架。要真正做好投资,仅仅研究基本面价值分析肯定是不够的,还需要从宏观政治经济环境理解能力、资金管理能力、投资者心理洞察力甚至技术面分析等多个维度来逐渐搭建自己的投资体系和投资哲学。从近几年股票市场的发展状况来看,宏观政治经济大环境对个股定价的影响越来越大,分析师尤其需要更加培养自己对宏观环境的理解能力和对大趋势的把控能力。当然,在这个多维的知识体系中,对公司基本面的研究应该占据核心地位。

读者在阅读这本书之前,应该已经掌握了基本的会计学和经济学课程。我们将不深入涉及这些内容。由于财务报表分析内容非常多,而笔者经验还比较有限,因此难免存在差错和漏洞,希望各位读者能对本书提出宝贵的意见和建议为盼。书中相关问题可联系本人 songjun@fudan.edu.cn。

此书的形成凝聚着不少同学的智慧,不少同学对本书有很大的贡献,特此表示感谢,没有他们的参与,这本书不可能顺利完成。曾凌娜同学对公司战略分析的相关数据部分,王昂同学对财务造假部分,郑张芸同学对财务指标部分、傅钰姗同学对财务指标综合分析部分、姚谣同学对估值部分都有贡献,在此一并表示感谢。徐泽彪、林欣怡、王远菲、刘潞渊和王宇杰等五位同学在撰写课程分析报告时,对复旦校园周边的超市和线上乳制品的市场份额进行了有趣的市场调研,该市场调研报告成为第二章的案例,对此也表示感谢。同时,感谢司德亮和刘人宽对本书的宝贵意见。特别感谢郑张芸同学在文字编排、图表处理上的大量细致高效的工作。

宋　军

目 录

第一章 概述 ... 1
学习目标 ... 1
第一节 基本概念 ... 1
一、价值投资原则 ... 1
二、公司内涵价值 ... 2
三、信息不对称和财务造假 ... 4
四、实体经济中的公司在金融体系中的地位 ... 5
五、财务报表分析课程、会计学和金融学的关系 ... 6
第二节 财务报表分析的作用 ... 8
一、未来工作的需要 ... 8
二、个人投资的需要 ... 8
三、了解真实经济生活的有力工具 ... 8
第三节 财务报表分析与估值的步骤 ... 9
一、财务信息的收集与整理 ... 9
二、战略分析 ... 9
三、三表分析 ... 9
四、财务指标分析和综合分析 ... 10
五、财务预测和估值 ... 11
六、撰写财务报表分析报告 ... 11
第四节 财务报表分析方法 ... 11
一、比率分析 ... 11
二、对比分析 ... 12
三、因素分解法 ... 16
四、经验模型 ... 16

五、数字分析 ··· 17
　　六、文本分析 ··· 17
第五节　财务报表分析的主体 ··· 19
　　一、投资者 ··· 19
　　二、债权人 ··· 20
　　三、注册会计师 ·· 20
　　四、证券分析师 ·· 20
　　五、上下游行业公司 ·· 22
　　六、管理人员和一般公司雇员 ··· 22
　　七、政府管理部门 ··· 22
　　八、公众 ·· 22
第六节　课程学习方法和建议 ··· 23
　　一、财务分析的四个关键问题 ··· 23
　　二、如何选择公司 ··· 23
　　三、正确的学习方法 ·· 25
【案例分析】重庆啤酒(600132.SH)乙肝疫苗风波 ························ 26
　　一、重庆啤酒参与乙肝疫苗研发的经历 ·································· 26
　　二、证券分析师的推荐与机构投资者的参与 ···························· 30
　　三、乙肝疫苗研发宣告失败 ·· 31
本章小结 ·· 32
关键词 ··· 32
思考题 ··· 32

第二章　财务信息的收集与整理 ·· 33

学习目标 ·· 33
第一节　财务信息的重要性、要求和分类 ··································· 33
　　一、财务信息的重要性 ·· 33
　　二、财务信息的要求 ·· 33
　　三、财务信息的分类 ·· 35
第二节　实际信息和标准信息 ··· 35
　　一、经验标准 ··· 35
　　二、历史标准 ··· 36
　　三、行业标准 ··· 36

四、预算标准 ………………………………………………………… 38
第三节　定性信息和定量信息 ……………………………………………… 38
　　一、定性信息和定量信息 …………………………………………… 38
　　二、定性信息的文本分析处理举例 ………………………………… 39
第四节　内部信息和外部信息 ……………………………………………… 41
　　一、内部信息 ………………………………………………………… 41
　　二、外部信息 ………………………………………………………… 44
第五节　财务信息的收集和处理 …………………………………………… 50
　　一、财务信息的收集 ………………………………………………… 50
　　二、信息的处理 ……………………………………………………… 52
【案例分析】伊利股份(600887.SH)的市场调查 ………………………… 53
　　一、线下调研 ………………………………………………………… 53
　　二、线上调研 ………………………………………………………… 58
本章小结 ………………………………………………………………………… 60
关键词 …………………………………………………………………………… 60
思考题 …………………………………………………………………………… 61

第三章　战略分析 …………………………………………………………… 62
学习目标 ………………………………………………………………………… 62
第一节　战略分析 …………………………………………………………… 62
　　一、战略分析的基本概念 …………………………………………… 62
　　二、外部环境、公司战略、公司活动与公司财务之间的关系 ……… 65
　　三、战略分析的步骤 ………………………………………………… 66
第二节　宏观分析 …………………………………………………………… 71
　　一、政治法律环境 …………………………………………………… 71
　　二、经济因素 ………………………………………………………… 74
　　三、社会文化环境 …………………………………………………… 78
　　四、技术环境 ………………………………………………………… 82
第三节　行业分析 …………………………………………………………… 82
　　一、产业链梳理 ……………………………………………………… 82
　　二、市场总量和产品结构分析 ……………………………………… 84
　　三、需求分析 ………………………………………………………… 86
　　四、供给分析 ………………………………………………………… 88

　　　　五、销售模式分析 ························· 89
　　　　六、五力模型 ··························· 90
　　第四节　公司内部分析 ························· 94
　　　　一、公司的使命、愿景或价值观 ··············· 94
　　　　二、公司的竞争战略 ····················· 96
　　　　三、公司的核心竞争力 ··················· 99
　【案例分析】 海天味业的SWOT分析 ················· 102
　　　　一、S-O战略 ························· 103
　　　　二、S-T战略 ························· 106
　　　　三、W-O战略 ························· 107
　　　　四、W-T战略 ························· 109
　本章小结 ································· 111
　关键词 ·································· 111
　思考题 ·································· 111

第四章　利润表分析 ··························· 112
　学习目标 ································· 112
　第一节　利润表的重要结点和科目特点 ················· 112
　　　　一、利润表的重要结点 ··················· 112
　　　　二、原生科目和衍生科目 ················· 117
　　　　三、总额科目和其中科目 ················· 117
　　　　四、原生科目的正负号 ··················· 117
　　　　五、利润表各项目和净利润的正负关系 ··········· 118
　　　　六、经常性科目和非经常性科目 ··············· 118
　　　　七、含有更多未来信息的科目 ··············· 118
　第二节　利润表的结构分析、趋势分析和可视化处理 ········· 121
　　　　一、利润表结构分析 ····················· 121
　　　　二、利润表的多年结构分析和趋势分析 ··········· 125
　第三节　利润表科目分析 ······················· 133
　　　　一、营业收入 ························· 133
　　　　二、营业成本 ························· 135
　　　　三、营业税金及附加 ····················· 137
　　　　四、销售费用 ························· 139

五、管理费用 …………………………………… 142
　　六、研发费用 …………………………………… 143
　　七、财务费用 …………………………………… 144
　　八、其他收益 …………………………………… 146
　　九、投资收益 …………………………………… 147
　　十、公允价值变动净收益 ………………………… 149
　　十一、资产处置收益 ……………………………… 150
　　十二、资产减值损失 ……………………………… 150
　　十三、信用减值损失 ……………………………… 152
　　十四、营业外收入 ………………………………… 153
　　十五、营业外支出 ………………………………… 154
　　十六、所得税费用 ………………………………… 154
　　十七、持续经营净利润和终止经营净利润 ……… 154
　　十八、少数股东损益 ……………………………… 154
　　十九、其他综合损益 ……………………………… 155
　第四节　利润表的重要财务指标 …………………… 155
　　一、息税前收益 …………………………………… 155
　　二、息税折摊前收益 ……………………………… 156
　　三、经济价值增加值 ……………………………… 157
【案例分析】海正药业的财务大洗澡 ……………… 159
本章小结 ……………………………………………… 164
关键词 ………………………………………………… 164
思考题 ………………………………………………… 164

第五章　资产负债表分析 ……………………… 165
　学习目标 ……………………………………………… 165
　第一节　资产负债表的结构和特点 ………………… 165
　　一、资产负债表的结构 …………………………… 165
　　二、原生科目和衍生科目 ………………………… 168
　　三、理解资产负债表的恒等式 …………………… 168
　　四、资产和负债的辩证分析 ……………………… 171
　　五、含有未来信息的科目 ………………………… 171
　　六、明确命名的科目和其他类兜底科目 ………… 172

七、资产负债表和利润表的科目的对应关系 ………………………………… 172
第二节　资产负债表垂直分析、趋势分析和可视化处理 ……………………… 175
　　　一、资产负债表的垂直分析 ……………………………………………… 175
　　　二、资产负债表的趋势分析 ……………………………………………… 184
　　　三、资产负债表的可视化 ………………………………………………… 188
第三节　资产负债的重新分类 ……………………………………………………… 192
　　　一、资产的重新分类 ……………………………………………………… 192
　　　二、负债的重新分类 ……………………………………………………… 194
　　　三、重新分类后的两张表的联系 ………………………………………… 196
第四节　资产负债表中的资产科目分析 ………………………………………… 197
　　　一、货币资金 ……………………………………………………………… 197
　　　二、营运类资产 …………………………………………………………… 201
　　　三、长期经营类资产 ……………………………………………………… 214
　　　四、金融投资类资产 ……………………………………………………… 227
第五节　资产负债表中的负债科目分析 ………………………………………… 236
　　　一、无息负债 ……………………………………………………………… 236
　　　二、有息负债 ……………………………………………………………… 241
　　　三、关于负债的进一步讨论 ……………………………………………… 244
第六节　资产负债表的所有者科目分析 ………………………………………… 244
　　　一、实收资本（股本） ……………………………………………………… 244
　　　二、资本公积分析 ………………………………………………………… 245
　　　三、留存收益分析 ………………………………………………………… 245
　　　四、专项储备 ……………………………………………………………… 245
　　　五、少数股东权益 ………………………………………………………… 245
第七节　资产负债表的几个重要指标 …………………………………………… 246
　　　一、营运资本和净营运资本 ……………………………………………… 246
　　　二、使用资本和投资资本 ………………………………………………… 246
　　　三、有形资产和有形净资产 ……………………………………………… 248
【案例分析】　美的的产业链 …………………………………………………… 248
本章小结 …………………………………………………………………………… 251
关键词 ……………………………………………………………………………… 251
思考题 ……………………………………………………………………………… 251

第六章　现金流量表分析 ·· 252

学习目标 ·· 252

第一节　现金流量表基本概念 ··· 252
　　一、现金和现金等价物与货币资金 ··· 252
　　二、影响现金流量的因素 ··· 253
　　三、经营活动、投资活动和筹资活动 ·· 254

第二节　现金流量表的可视化处理 ·· 256
　　一、现金流量表的三类现金流 ··· 256
　　二、营业收入和经营活动现金流入比较 ··· 258
　　三、净利润和经营活动产生的现金流量净额比较 ····························· 259

第三节　现金流量表主表及其分析 ·· 261
　　一、现金流量表主表 ··· 261
　　二、公司的三类现金流与生命周期的关系 ····································· 271
　　三、现金流的"八态" ·· 272

第四节　现金流量表附表及其分析 ·· 275
　　一、现金流量表附表 ··· 275
　　二、现金流量表附表的分析 ·· 278

第五节　现金流量表的重要财务指标 ··· 282
　　一、资本支出 ·· 282
　　二、应计利润 ·· 283
　　三、自由现金流 ··· 284

【案例分析】苏宁易购的财务困境 ·· 286
　　一、公司简介 ·· 286
　　二、利润表分析 ··· 286
　　三、直接法的现金流量表分析 ··· 287
　　四、间接法的现金流量表分析 ··· 288

本章小结 ·· 291
关键词 ·· 291
思考题 ·· 291

第七章　财务指标分析 ·· 292

学习目标 ·· 292

第一节　财务指标概述 ·· 292

一、财务指标和财务比率 ································· 292
　　二、财务指标分析的局限性 ····························· 293
　　三、财务指标分类 ·· 294
第二节　盈利能力指标 ·· 295
　　一、当前盈利能力 ·· 295
　　二、盈利的质量：现金流量指标 ······················ 320
　　三、盈利的可持续性：发展能力指标 ················ 322
　　四、盈利分配：股利支付指标 ························· 328
第三节　风险程度指标 ·· 331
　　一、偿债能力指标 ·· 331
　　二、杠杆指标 ·· 339
　　三、长期资产适合率 ····································· 344
　　四、总资产增长率 ·· 345
第四节　估值指标 ·· 346
　　一、企业价值和权益价值 ······························· 346
　　二、每股指标 ·· 350
　　三、估值倍数 ·· 352
【案例分析】　基于自助法的基本面大集合数据信号挖掘 ··· 360
本章小结 ·· 365
关键词 ··· 365
思考题 ··· 365

第八章　财务指标综合应用 ································ 366

学习目标 ·· 366
第一节　净资产收益率的分解 ······························ 366
　　一、杜邦财务分析法 ····································· 366
　　二、基于 ROA 的分解方法 ···························· 369
第二节　财务失败与财务困境分析 ························ 371
　　一、财务失败与财务困境的基本概念 ················ 371
　　二、财务破产和财务困境的形成原因 ················ 373
　　三、财务失败和财务破产的预警模型 ················ 374
第三节　财务造假分析 ·· 375
　　一、财务造假 ·· 375

二、我国财务造假现状分析 377
三、财务造假常用手段 379
四、财务造假识别方法 381

第四节 基本面量化投资和资产定价模型前沿 392
一、基本面量化投资 392
二、基于基本面因子的量化策略和资产定价模型的前沿进展 393

【案例分析】 康得新财务造假 395
一、案例背景 395
二、康得新财务造假手段 396
三、康得新财务造假识别方法 397

本章小结 401
关键词 401
思考题 401

第九章 财务预测和估值 402

学习目标 402

第一节 财务预测 402
一、财务预测的基本概念 402
二、营业收入预测 408
三、预测利润表 411
四、预测资产负债表 413
五、预测现金流量表 421

第二节 相对估值法 421
一、相对估值法的原理 421
二、主要相对估值法乘数 422
三、相对估值方法的实际应用 423

第三节 绝对估值法 427
一、股利贴现模型 428
二、自由现金流贴现模型 429
三、剩余收益模型 438
四、收益增长模型 445
五、三个估值模型的比较 451

第四节 其他方法 453

一、基于资产的估值法 …………………………………… 453
　　二、分部估值法 …………………………………………… 454
　　三、周期性波动公司 ……………………………………… 454
【案例分析】　海天味业的DCF估值的实现 ………………… 456
　　一、预测自由现金流 ……………………………………… 456
　　二、计算加权平均资本成本 ……………………………… 458
　　三、确定终值 ……………………………………………… 460
　　四、计算现值 ……………………………………………… 460
　　五、得到最终估值 ………………………………………… 460
　　六、计算隐含股价 ………………………………………… 461
　　七、敏感性测试 …………………………………………… 462
　本章小结 ……………………………………………………… 462
　关键词 ………………………………………………………… 463
　思考题 ………………………………………………………… 463

参考文献 ……………………………………………………… 464

第一章

概　述

> **学习目标**
> 1. 理解财务报表分析与估值中的基本概念
> 2. 理解财务报表分析与会计学和金融市场学的关系
> 3. 掌握财务报表分析的六个步骤和主要方法
> 4. 了解财务报表分析的主体

第一节　基本概念

财务报表分析与估值课程是金融专业硕士课程体系中的核心课程。这门课程使用包括文本分析方法在内的定性分析和定量分析相结合的方法,结合宏观经济发展和行业发展环境,分析上市公司的财务报表,预测公司的未来发展,并估计公司的内涵价值,最后根据价值投资原则作出证券市场的投资决策或提出投资建议。

作为这门课程的基础,以下几个基本概念非常重要,需要掌握。

一、价值投资原则

价值投资原则是根据公司内涵价值 V 与股票价格 P 的相对关系来指导投资的原则。该原则非常简单:先使用基本面数据来估计公司内涵价值 V,然后将其与二级市场的股票价格 P 进行比较后,来决定买卖的策略。如果股票价格 P 低于公司内涵价值 V,表明当前股票价格被低估,因此应该购买股票,待价格上涨后抛售。反之,如果股票价格 P 高于公司内涵价值 V,表明当前股票价格被高估,因此出售股票或卖空股票,避免亏损或者待价格下跌后买入。

价值投资原则的基本前提是否定"有效市场假说"的,即认为市场存在"错误定价"(mis-pricing)的可能性,且可利用市场的定价错误获利。

运用价值投资原则应该注意下面两个问题。

(1) 由于公司的内涵价值是估计出来的,必然存在偏差,而股票价格受到很多非基本面因素的影响,因此上述价格回归只是概率上的可能性。在运用价值投资原则进行投资的时候,应注意避免绝对化的思想,并且给自己保留足够的安全边际。

(2)价值投资原则虽然是一种重要的投资原则,但不是唯一的投资原则。证券市场中存在着不同的投资原则。例如,动量投资原则就是与价值投资原则相反的一种投资原则。这个原则也称为追涨杀跌,该原则认为应该在价格上涨的时候买入,在价格下跌的时候卖出。市场中的不同投资者遵循着不同的投资原则,他们在市场中相遇,资产价格是他们交易产生的结果。

二、公司内涵价值

设当前时间 $t=0$,则当前的公司内涵价值 V_0 等于未来各期现金流的期望值的贴现值。其最基础的公式为:

$$V_0 = \sum_{t=1}^{\infty} \frac{CF_t}{(1+r)^t} = \sum_{t=1}^{\infty} \frac{E(CF_t)}{(1+r)^t} \tag{1-1}$$

其中,t 表示未来的时间,CF_t 代表第 t 年的现金流,r 代表贴现率。公式(1-1)是本课程的最重要公式,它给出了公司估值的基本思想。图1-1是现金流贴现的示意图。

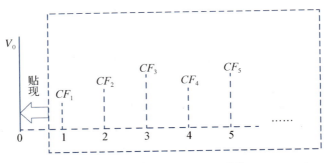

图 1-1 现金流和公司内涵价值

应该注意到,现金流 CF_t 是未来的现金流,在当前($t=0$)时,未来的现金流并没有发生,所以只能用其期望值来代替。这种使用未来期望值来代替未来的现实值的方法,体现了金融资产定价的本质特征,即金融是面对未来的。由于需要使用未来预期,而人们对未来的预期本质上是主观的,存在着不确定性,因此用公式(1-1)估计出来的内涵价值也是主观的,也存在着不确定性。

应该注意,人们主观中的"观念世界"和"现实世界"存在着差异。"这是两个并行而独立的世界:一个是现实世界,在这里,一切都按照自然规律,有条不紊地进行着;另外一个是观念世界,人们时刻在形成、比较、交换和修正对未来的预期,这些预期的变化直接决定着资源现值的变化。资产价格不属于前者,而属于后者。不是'事物的发展变化'决定着价格的变化,而是'人们对事物发展变化的认识的变化'决定了价格的变化。不是说事物发展是没有规律的,而是说认识的变化是没有规律的"(薛兆丰,2018)。

不过，也应该辩证地看待上面这段话，现实世界和观念世界的"并行和独立"的特点在短期内是成立的，特别在发生泡沫的时候，金融资产的价格会远远偏离现实，但从长期来看，观念世界会根据客观实际情况调整，且这种调整经常发生在公司发布定期报告或者临时公告时。在这样的时间节点，观念世界接收到现实世界的信息，股票价格根据现实世界的信息发生调整，两者在此时交汇。可以参考下面的案例。

案例1-1 老板电器(002508.SZ)的业绩快报公布后的意外

2018年2月26日晚上，老板电器公布2017年业绩快报公布。第二个交易日，即2月27日，股票跌停；2月28日，继续放量跌停，换手率高达5.74%。

那么，该公司2017年业绩快报的内容是什么呢？公司的业绩快报显示，报告期内，公司的营业收入为69.99亿元，同比增长20.78%。归属于母公司所有者的净利润为14.5亿元，同比增长20.18%。

这样一个快速增长、创收且创利的优质财务报表数据，为什么给市场带来了结结实实的打击？从图1-2可以看到，老板电器的股票价格在之后一直萎靡不振，持续走低。

图1-2 老板电器的股票价格(2017.8—2018.6)

这个问题可以从公司财务数据的趋势分析中找到答案。表1-1给出了老板电器2013—2021年的营业收入和净利润及其增长率的数据，从表中可以看到，在2017年之前，公司一直保持着高速的增长，其营业收入的平均同比增长率达到30%左右，其净利润的平均同比增长率更是高达45%以上。净利润增速远远高于收入的增长意味着公司在成本上的优势，这是一个高速增长公司的典型特征。投资者基于公司历史数据，认为公司业绩的未来业绩也会高速增长，因此给予这个这家公司更高的定价(市盈率倍数)，也就是说，高增长的特点已经被定价了(price in)。

表 1-1 老板电器营业收入和净利润及其增长率(2013—2021 年)

	2013	2014	2015	2016	2017	2018	2019	2020	2021
营业收入(亿元)	27	36	45	58	70	74	78	81	101
营业收入增速(%)	35	35	27	28	21	6	5	5	25
净利润(亿元)	4	6	8	12	15	15	16	17	13
净利润增速(%)	44	50	46	46	21	2	9	5	−20

可是从 2017 年开始,也就是上文提到的公司业绩快报所对应的时点,公司的收入和净利润的增速明显下降,虽然"20%"的增长也是"增长",但远远低于投资者对它的预期(30%的收入增长和40%的利润增长)。市场认为,老板电器不再是一个高成长公司,因此需要调整对它的定价。从 2017 年以后的实际营业收入和净利润的数据来看,两项数据的同比增长都降到个位数,虽然还是在增长,但是增速已经大不如前。

从图 1-3 的老板电器的长期股票价格的走势来看,公司股价在之后再没有回到2018年年初的高点,此后的市盈率和市净率的运行区间都显著下移。

图 1-3 老板电器的股票价格(2013—2022 年)

所以,股票价格是根据市场对未来业绩的预期来确定的,市场预期在短期内可能会脱离实际情况运行。但是从长期来看,市场预期会根据公司的客观实际情况进行调整,这种调整经常发生在公司发布定期报告或者临时公告的时候。

三、信息不对称和财务造假

图 1-4 是二级市场参与者及其关系的示意图。左方的公司是市场中的资金需求方,

右方的家庭储户是资金供给方。当资金的供需双方就公司"未来的成长期望"达成共识，家庭储户将为公司提供融资。这种融资方式可以是个人投资者直接投资或者通过机构投资者（基金）投资，其目的是获取公司未来的剩余收益权。

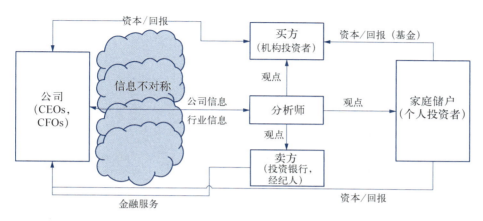

图 1-4　二级市场参与者及其关系

但实际上，资金双方要达成"未来的成长期望"的共识，存在一定难度。财务信息从公司内部流出，且只公布必须公布的部分，因此产生了信息不对称。这样就使公司外部的投资者相对公司内部人员存在天然的信息弱势。当公司存在较大的代理成本时，管理层有动力为了获取私利而伤害股东的权益，大股东也有动力利用自己的权力来侵占小股东的权益，就会产生诸如虚报利润、挪用资产和内幕交易等各种舞弊行为。在很多历史案例中，这些财务造假公司可能暂时瞒天过海，甚至股价一飞冲天，但当最后骗局败露时，股价大跌，导致投资者受到巨大损失。

因此，投资者应该具备必要的财务造假识别能力，这种能力成为财务报表分析的一个重要基础。投资者一定要考察公司管理层的诚信，一旦发现可能财务造假的公司，就应该远离。

上市公司的年报动辄几百页，里面包含非常专业的财务知识和行业知识，甚至还要考虑可能的财务造假行为。要真正读懂公司的年报，有一定难度。证券分析师是专业的证券分析人员，他们利用自己的专业知识分析财务信息，向市场其他参与者，包括买方机构投资者、卖方机构投资者以及个人投资者发布某个证券或者某个行业的研究报告。证券分析师最重要的作用就是降低证券市场中的信息不对称。

本书就是从证券分析师的视角展开，介绍证券分析师的必备技能。

四、实体经济中的公司在金融体系中的地位

财务报表分析与估值课程会要求金融专业的学生去研究实体经济中的公司。例如，他们需要了解酱油或白酒行业的供需、芯片行业的最新技术发展动态或国家发展和改革委员会对电力和煤炭行业的最新规定。

那么，金融学专业的学生为什么要去了解实体经济中的各个行业的公司呢？或者说，

实体经济中的公司和金融体系有什么关系呢?

图1-5给出了实体企业和金融市场的关系。可以看到,金融市场存在的最重要目的是为实体经济中的企业提供各种服务,而实体企业则因为接受了这些金融服务而向金融市场支付报酬。

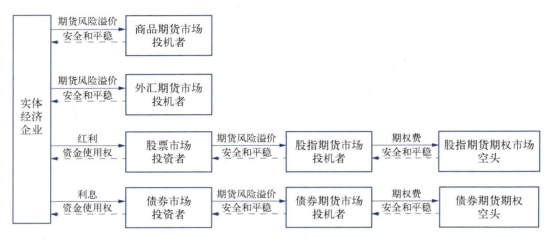

图1-5 实体经济企业和金融市场的关系

以股票市场为例,股票市场为实体企业提供资金,实体企业就以未来的红利作为回馈。从这个意义上讲,实体经济中的企业其实是金融市场的价值基础,如果没有来自实体企业的现金流入,金融市场就会变成一个零和博弈的市场。如果考虑交易费用等市场摩擦,金融市场就是一个负和博弈市场。如果这种情况发生,股票市场就沦为了一个赌场。

因此,为实体经济中的企业提供各种服务,是金融市场的价值来源。

所以金融专业学生的最重要目的是利用金融市场为实体经济中的企业提供服务。作为分析师和投资者,需要了解各个行业的发展动态,了解未来哪个行业所提供的服务符合社会的需要,了解在这样的行业中哪个公司能够成长起来,它的竞争优势又是什么。在看到这些机会之后,把金融市场的资金投资到这样的行业和公司中,获取随着它一起成长的收益。

五、财务报表分析课程、会计学和金融学的关系

财务报表分析课程和会计学以及金融学有着密切的联系,但也存在各自的定位差异。

会计学是财务报表分析的基础,会计学主要关注利用会计准则编制财务报表,而财务报表分析关注从财务报表中寻找商业投资价值。会计是评估会计价值的手段,而会计价值是公司内在价值的基础。

金融学则从市场角度研究投资标的定价。在早期的资本市场投资的分析中,通常忽略财务报表数据。如最早的资本资产定价模型(CAPM)就假设在有效市场中,资产定价的所有相关信息都在价格中体现,因此资产定价只和风险(股票的波动)相关,而与公司的

基本面数据无关。不过,之后的资产定价模型逐渐加入了更多的财务因子,本书将在第八章中介绍。

财务报表分析课程的主要功能是将会计学和金融学联系起来,将会计概念和金融概念联系起来。

这三门学科的主要目的都是为资产进行合理定价,但三者存在明显的差异。在会计学里,定价是根据会计准则来进行的。资产负债表中的股东权益部分为 B(账面价值,book value)。而在财务分析课程中,公司内涵价值为 V,如公式(1-1)所示。

从账面价值 B 到公司内涵价值 V 之间有一个价值的增长过程,中间变化的关键因素是公司管理者的经营管理溢价(见图 1-6)。账面价值反映的是"死"的资本价值。如果没有管理者的有效管理,存货、设备和厂房等资产是无法产生经营收益的。按照会计准则,在大多数情况下,这种管理溢价价值无法在账面资产中体现,但这部分价值会反映到公司的内涵价值中。公司内涵价值 V 等于账面价值 B 乘以价值乘数 Q。

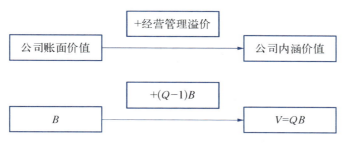

图 1-6 账面价值和公司内涵价值

从公司内涵价值到资本资产价值产生了另外一个新的价值,即流动性价值。因为公司内涵价值不考虑流动性因素,它是公司整体股权价值,一般在兼并收购市场中体现。但这种大规模资产投资只有大机构和企业才可能参与。资本市场的新股发行(initial public offering,IPO)是将公司的大规模资产切块,细分到一般的投资者都可以"买得动"的程度。这样,一般投资者可能成为大公司的股东,分享其成长的成果。

这种细化的过程增加了流动性。就好像在"批发价"和"零售价"之间存在价差一样,公司内涵价值和资本资产价值之间也产生了价差(见图 1-7)。资本资产价值等于公司内涵价值乘以流动性乘数 L。金融学考虑了市场的流动性,也考虑市场的资金供给、投资者的非理性因素等。

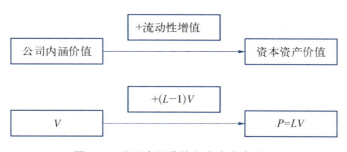

图 1-7 公司内涵价值和资本资产价值

公司账面价值、公司内涵价值和资本资产价值这三者构成了一个首尾相连的有关联的价值链条。深入理解三者之间的联系和差异是把握本课程的一把关键钥匙。

第二节　财务报表分析的作用

一、未来工作的需要

对于金融学专业的学生，财务报表分析与估值是一门非常重要的课程。熟练掌握财务报表分析相关知识，并且具备灵活运用相关知识的技巧，将为未来的职业发展奠定良好的基础。

如果未来进入金融行业，行业内的众多职业和岗位，如会计师、证券分析师、基金管理人和投资顾问等都需要财务报表分析的相关知识。

尤其是证券分析师，其对财务报表分析的要求非常高。随着证券市场的快速发展和价值投资理念的深入人心，证券分析师逐渐成为金融市场中不可或缺的组成部分。

在基金投资和其他投资相关工作中，股票投资是非常重要的组成部分，可根据其投资方式分为基本面分析和技术分析。基本面分析中需要用到大量的财务分析知识，从长期来看，单纯靠技术分析进行股票投资很难获得持有的稳定收益，一般需要将基本面分析和技术分析密切结合起来。

即使从事非金融行业的工作，而进入非金融行业，成为其雇员、财务管理人员甚至是所有者，财务报表分析的知识也有助于其理解公司的运作，判断公司经营的好坏，从而改善公司的经营状况。

二、个人投资的需要

除了职业发展之外，财务报表分析在个人投资中也能发挥重要的作用。随着个人财富的逐步积累，将满足平时用度之余的资金用于投资是个人理财的一个重要内容。

投资股票就是众多投资方式中最常见的投资手段，投资股票当然需要财务报表分析的相关知识。

三、了解真实经济生活的有力工具

除此之外，财务报表分析还是了解真实经济生活的一个有力工具。毫不夸张地说，上市公司目前已经成为整个社会经济生活中的主体部分，大部分行业的龙头公司都已经上市。因此，如果人们想了解真实的社会经济生活，一个很直接的方法就是观察上市公司的经营情况。对于未上市公司，人们常常无从获得相关资料去了解。但是上市公司就不同，公司不仅要自行披露定期报告，在发生重大事件时还需要披露临时公告，此外还有许多专业证券分析师从专业投资角度来对公司进行分析。因此，可以通过对上市公司的大量信息进行分析来了解该公司的经营乃至公司所在行业发展的状况，并可以通过对微观公司的了解更深入地了解整个国民经济的发展状况。

第三节 财务报表分析与估值的步骤

一般地,财务报表分析与估值分为六个步骤:财务信息的收集和整理、战略分析、三表分析、财务指标分析和综合分析、财务预测和估值以及撰写财务报表分析报告,如图1-8所示。

一、财务信息的收集与整理

财务报表分析的本质就是分析财务信息。这里,财务信息的范围比财务报表更广。本书第二章将专门介绍财务信息及其收集和整理的内容。

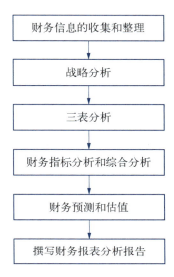

图1-8 财务报表分析和估值的步骤

在这个步骤中,应该注意的重点问题有:① 与公司和行业相关的信息非常多,而分析师的时间有限,因此必须学会如何找到与公司价值密切相关且有重要影响的信息。② 在收集信息时应该注意区分事实和观点,事实是对客观世界进行描述的信息,观点是对事实的判断,两者是不一样的。分析师需要辨别两者,并采取对应的处理方法。对于事实类信息,应判断其可靠性和准确性;对于观点类信息,需要判断假设和前提的可靠性,分析判断的逻辑,然后提出自己的判断。

二、战略分析

战略分析通过分析公司所在行业的基本发展状况和竞争态势,明确公司地位和未来发展前景。战略分析本质上是一种定性分析,但它是财务报表分析与估值的重要基础。通过战略分析了解公司的经济环境和经济状况,才能对公司的财务数据进行有意义的判断。本书第三章将重点介绍战略分析。

三、三表分析

三表分析是对公司的利润表、资产负债表和现金流量表这三张报表进行全面综合分析。会计报表所反映的公司的财务状况和经营成果,是财务分析的基础。三表分析通过对会计政策、会计方法和会计披露方式的评价,揭示会计信息的质量,了解公司的经营成果。

资产负债表是存量报表,它报告的是在某一时间点上的价值存量。利润表和现金流量表是流量报表,它们报告的是两个时间点之间的流量,而流量与存量变化相对应。利润表反映了股东权益的变化,而现金流量表反映了现金的变化。资产负债表、利润表和现金流量表所表现的特征应该符合逻辑的一致性,三张表是一个有机的整体。在分析时应将三张表进行联系和对比。

可以采用水平分析法、趋势分析法和垂直分析法来分析三张表。注意应将公司的经营活动及商业特点和三张报表的分析结合起来。

三表的特征和商业模式有密切的关系。例如，某个电力行业的公司，在其资产负债表的资产端，大多数是固定资产和在建工程，这是由电力行业发电设备的重资产的投入要求所决定的；而在负债和所有者权益端，长期负债响应长期资产的要求，占比较高，而短期借款较少，这也是由其经营模式决定的。与此对应，在其利润表中，折旧费用较高，高负债又带来高利息支出，这两项支出具有较大刚性，因此在行业不景气时容易发生亏损，而在景气时又出现暴利，使得利润表具有明显的周期特征。在其现金流量表里，持续的高资本支出表现为长期净流出的净投资现金流和经常性的融资行为。所以，三张表中所表现的是这类公司的经营特征的不同方面，它们之间存在着逻辑的一致性和相互之间的可验证性。进行财务分析时一定要将这些特点勾连分析，切忌将三张报表生硬分割开。

第四章、第五章和第六章将分别介绍利润表、资产负债表和现金流量表的分析。这个部分是本课程的基础，是非常重要的部分。我们将深入报表中的各个科目，分析其典型特点、行业差距、与公司价值的关系，以及财务操纵的可能性，并列举典型案例。

四、财务指标分析和综合分析

（一）财务指标分析

财务指标分析是财务分析的重要方法，属于典型的定量分析方法。财务指标分为绝对值财务指标和相对值财务指标。

例如，公司市值就是绝对值财务指标，即股票流通股数量和股票价格的乘积，这类指标没有进行归一化处理，和公司的总量、规模成正比。

财务比率则是相对值财务指标，一般由有经济联系的分子和分母相除后得到。如净资产收益率指标（return on equity，ROE）的分子是公司净利润，分母是平均股东权益，其经济含义是股东单位投入的当年收益。这个指标可用于对大公司和小公司之间进行横向比较。净资产收益率和股份公司"股东权益最大化"的目标高度吻合，因此在整个财务指标体系中占据核心位置。

按照财务指标所关注的公司特征，财务指标分为盈利能力指标、营运能力指标、流动性指标等多个维度。每个维度都由不同的指标构成。例如，盈利能力指标维度下，包括销售净利率、毛利率、营业利润率、净资产收益率、总资产收益率、使用资本收益率、投资资本收益率等多个指标。如果公司盈利能力强，这些指标都会比较高，但它们之间又有差别，可帮助分析师从不同角度观察公司的盈利能力。

财务指标分析特别重视同业比较。对于某个特定的财务指标，如果只是看一家公司的数据，一般无法判断其高下，只有把它和同行业类似的公司放在一起进行比较，才能进行有意义的判断。由于不同行业的商业模式存在很大差异，不建议将不同行业的公司放在一起进行财务指标比较。

本书将在第七章系统性地介绍财务指标。

（二）杜邦模型

之前提到，ROE是财务分析的核心指标。同时，这个指标非常综合，是公司多个方面能力的综合体现，因此有必要对它进行分解。杜邦模型将ROE分解为盈利能力、营运能力和财务杠杆三个维度。这个方法非常适合用于制造业公司的分析。

（三）财务失败和财务造假分析

公司出现财务失败，投资人将面临重大损失。此外，由于信息不对称导致的财务造假问题屡禁不止，严重影响了证券市场的三公原则。在财务报表分析中，需要培养分析和识别财务失败公司和财务造假公司的能力。

（四）基本面量化投资和资产定价模型前沿

近年来，基本面量化投资（quantamental）非常流行，这种量化投资使用财务报表中的财务指标作为因子。资产定价模型也沿着加入更多稳健的基本面定价因子的方向发展。相关研究成为相关金融研究的热点话题。

以上三方面内容将在第八章中介绍。

五、财务预测和估值

财务预测和估值是所有步骤中最有挑战性的。

在预测阶段，需要应用历史和现在的财务分析数据来预测未来公司财务状况。这是整个分析过程的难点。所有之前步骤的分析都有来自现实世界的信息作为支持。但从这个步骤开始，就需要分析师在理解这些信息的基础上，加入自己对公司未来发展的理解，形成预测值。这个步骤的主要目的是在估值中得到可靠公正的结果。能影响公司未来业绩的因素都应该以某种方式计入公司的预测中。

在流程上，一般以营业收入作为财务预测的起点。然后设定合理的假设，并根据假设估计出未来若干年的关键财务数据。

在估值阶段，可以选择多个方法来估值。主要估值方法有乘数法和自由现金流贴现法。不同公司可能适合不同的估值方法，应该选择合适的方法。如果采用自由现金流贴现法，还需要对增长率、贴现率和持续期价值等关键指标进行预测和敏感性测试。

六、撰写财务报表分析报告

这是财务分析的最后步骤，是将财务报表分析的基本问题、主要结论以及投资建议以书面方式呈现出来。

财务报表分析报告应该有清晰的逻辑主线，要抓住主要矛盾，呈现方式应该明确和简洁。建议以呈现数据、数据分析、提出主观判断和建议的思路展开报告。

第四节 财务报表分析方法

传统的财务报表分析方法包括比率分析、对比分析、因素分解法和经验模型。随着计算机技术和大数据分析方法的发展，数字分析和文本分析也渐渐进入财务报表分析的方法中。

一、比率分析

比率分析是财务报表分析中最基本、最重要的方法。它是将影响财务状况的两个相关指标联系起来，用比例形式计算它们之间的联系，借以评价公司财务状况和经营状况的一种方法。比率分析简单、明了、可比性强,在财务报表分析实践中被广泛采用。由于财务比率是相对数值,剔除了公司规模的影响,使得不同规模的公司具有可比性。

在比率分析中,应注意各项目之间存在的逻辑关系。分子和分母两个变量有对应的经济联系,这样的联系使得财务比率产生对应的经济含义。以净资产收益率和总资产报酬率(return on asset,ROA)两个比率为例。ROE的分子为净利润,分母是公司的平均净权益,这个比率正好反映了股东收益率的概念,即股东的资本投入在当年所获得的净利润。而在ROA的计算中,分母为公司的平均总资产,其分子不是净利润,而是息税前收益(earnings before interest and tax,EBIT)。为什么呢?这是因为公司总资产对应着股东和债权人的投资总额,股东所获得的收益是净利润,债权人所获得的收益是利息,分子和分母也正好有对应的关系。

在比率计算中,还应注意流量指标和存量指标的差别。来自资产负债表的项目为"存量",这类项目是期末时点上的数值,相当于"一张照片"。而来自利润表和现金流量表的项目为"流量",这类项目是整个会计报表期的流量总和,相当于"一段录像"。

财务比率根据分子和分母是流量或存量可分为三种情况:第一种是存量除以存量,第二种是流量除以流量,第三种是流量除以存量(或存量除以流量)。在前面两种情况下,时间上都匹配,直接计算没有问题。但在第三种情况下,一个指标为期末的数值,一个指标为期间的数值,在时间上不匹配。为使得两个指标在时间上匹配,存量应该取期初期末的平均值。

财务比率又可以根据其所对应的公司特征分为多个维度,本书将在第七章展开详细讨论。

二、对比分析

财务数据本身在大多数时候没有意义,高低上下的意义是与其他数据进行比较才产生的。根据比较的基准,对比分析分为垂直分析(结构百分比法)、历史对比法和同业对比法。前两者是和自己比,后两者是和别人比。

(一)垂直分析(结构百分比法)

垂直分析是计算报表中各项目占总体的比重或结构,反映报表中的项目和总体关系及变动关系,分子和分母是部分和总体的关系。

$$结构百分比 = (部分/结构) \times 100\% \tag{1-2}$$

计算步骤如下:首先确定报表中各项目占总额的比重,然后通过各项目的比重,分析各项目在公司经营中的重要性。一般而言,项目比重越大,其重要程度越高,对总体的影响最大。还可比较各项目的比重和前期对应比重的差异,研究比重随时间的变化。

案例 1-2 以资产总计额(负债和所有者权益总计额)为 100%,计算表 1-2 中各子项目的比重。

表 1-2 资产负债表简表　　　　　　　　　　　　　　　　　　(单位:百万元)

资　　产		负债和所有者权益	
流动资产	665	流动负债	721
长期投资	3	长期负债	530

续 表

资　　产		负债和所有者权益	
固定资产	1 978	负债合计	1 251
无形资产和其他资产	189	实收资本	1 576
		未分配利润	7
		股东权益合计	1 584
资产总计	2 835	负债和所有者权益合计	2 835

资产负债表的垂直分析是以资产总额或者负债和所有者权益总额作为100%，分别计算各项资产和负债占总量的比重。通过计算，得到垂直分析报表，如表1-3所示。

表1-3　垂直分析表　　　　　　　　　　（单位：百万元）

资　　产			负债和所有者权益		
流动资产	665	23.44%	流动负债	721	25.43%
长期投资	3	0.11%	长期负债	530	18.70%
固定资产	1 978	69.78%	负债合计	1 251	44.14%
无形资产和其他资产	189	6.66%	实收资本	1 576	55.60%
			未分配利润	7	0.26%
			股东权益合计	1 584	55.87%
资产总计	2 835	100.00%	负债和所有者权益合计	2 835	100.00%

从表1-3可以发现公司固定资产占比达到69.78%，占比非常高，说明该公司是重资产行业的公司，固定资产在其经营中的作用非常重要，下一步要密切关注公司的固定资产投向、折旧方法等相关内容。

垂直分析表还可以帮助分析者分析负债和资产的匹配情况。从负债端看，长期负债＋所有者权益的占比之和为74.57%(18.70%＋55.87%)，基本与长期资产占比76.55%(0.11%＋69.78%＋6.66%)匹配。如果前者显著低于后者，就存在短融长投的问题。

(二) 历史对比法

垂直分析法的对比思路是比较内部结构，历史对比则是对同一公司在不同时期的表现进行比较。一般将两期比较(报告期和基期)称为水平分析，将多期比较称为趋势分析。

1. 水平分析

水平分析是将公司报告期财务状况和前一期的财务状况进行比较，计算变化比率，前一期也称为基期。

$$变化比率=(报告期数值-基期数值)/基期数值\times100\% \qquad (1-3)$$

案例 1-3 水平分析应用

表 1-4 给出了海天味业（603288.SH）2020 年和 2021 年的主要相关数据，请对其进行水平分析。

表 1-4　2021 年海天味业主要财务数据　　　　　　　　　　（单位：亿元）

	2021	2020
营业总收入	250	228
净利润	67	64
资产总计	333	295
股东权益	235	202
经营活动现金净流量	63	70

首先生成水平分析表，以 2020 年为基期，2021 年为报告期，计算结果如表 1-5 所示。2021 年，公司营业收入 250 亿元人民币，相对 2020 年的 228 亿元增长了 22 亿元，变化率为 9.65%。同样，可计算其他指标的变化和变化率。可以看到，净利润增长率低于营业收入增加幅度，资产规模的增长也大于收入的增长幅度，公司的增长存在一定隐患。从上述水平分析可以得到：海天味业 2021 年的增长速度放缓，盈利能力不乐观，现金获取能力弱化，公司增长可能遇到瓶颈。需要对更长时间的数据进行持续分析。

表 1-5　2021 年海天味业财务数据水平分析　　　　　　　　（单位：亿元）

	2021	2020	变化	变化率
营业收入	250	228	22	9.65%
净利润	67	64	3	4.69%
资产总计	333	295	38	12.88%
股东权益	235	202	33	16.34%
经营活动现金净流量	63	70	-7	-10.00%

2. 趋势分析

趋势分析是根据公司连续多期的资料，以某一固定时期为基期来计算指数，确定分析期各项目的变动趋势的一种分析方法。这个方法可以弥补两期分析的短视局限性，从更长期来观察公司的发展趋势。

$$指数 = (当年余额)/基期余额 \times 100\% \tag{1-4}$$

首先确定基期,可以选择当期的前 5 年或 10 年,计算之后各期相对基期的指数。然后按照计算结果,评价和判断公司各项指标的变动趋势和合理性。

案例 1-4 海天味业的趋势分析

表 1-6 给出了海天味业 2014—2021 年的主要财务数据,请根据这些数据进行趋势分析。

表 1-6 海天味业 2014—2021 年的主要财务数据　　　　　　(单位:亿元)

	2014	2015	2016	2017	2018	2019	2020	2021
营业总收入	98	113	125	146	170	198	228	250
净利润	21	25	28	35	44	54	64	67
资产总计	110	115	135	163	201	248	295	333
股东权益	75	88	100	118	139	166	202	235
经营活动现金净流量	27	22	41	47	60	66	70	63

将 2014 年定为基期,令其为 100%,对此后的每年数据进行指数化处理,得到趋势分析表如表 1-7 所示。比较表 1-6 和表 1-7,可以看出,表 1-7 显然比表 1-6 的原始数据简单直观。

从表 1-7 可以看出,这 8 年中,营业收入、净利润、资产和经营活动现金净流量等科目都快速增长,到 2021 年的指数都超过 200%。

从净利润和营业收入的对比看,公司的净利润增长幅度超过了营业收入的增长,但观察经营活动产生的现金流增幅,低于超过营业收入和利润的增长,这可能表明,需要对公司的利润质量进行进一步的分析。

表 1-7 海天味业主要财务数据的趋势分析表(2014—2021 年)

	2014	2015	2016	2017	2018	2019	2020	2021
营业收入	100%	115%	128%	149%	173%	202%	233%	255%
净利润	100%	119%	133%	167%	210%	257%	305%	319%
资产总计	100%	105%	123%	148%	183%	225%	268%	303%
股东权益	100%	117%	133%	157%	185%	221%	269%	313%
经营活动现金净流量	100%	81%	152%	174%	222%	244%	259%	233%

(三) 同业对比法

同业比较法是将目标公司的主要财务信息和同行业的其他公司进行比较,从而评估公司的经营业绩和市场竞争能力的一种分析方法。和行业平均指标相比可以判断该公司在同行业中的地位。

还是以海天味业为例。海天味业是调味品行业的龙头公司,选择中炬高新(600872.SH)、千禾味业(603027.SH)和恒顺醋业(600305.SH)作为可比公司,来比较这几家公司近3年的净资产收益率。如图1-9所示。可见,4家公司中,海天味业的ROE维持在30%以上,而其他公司中,中炬高科的ROE在20%左右,另外两家的ROE不到15%,因此,海天味业的ROE相对同业其他公司具有非常明显的优势。

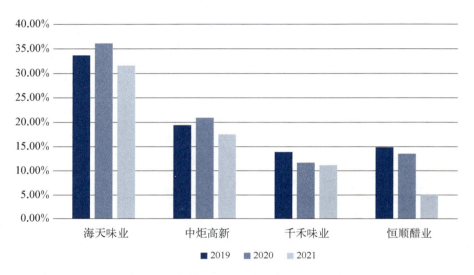

图1-9　海天味业及其可比公司的净资产收益率的同业比较

资料来源:Wind

三、因素分解法

因素分解法是对希望研究的指标和变量进行分解,研究可能影响它的各种因素的一种方法。这个方法在杜邦分析法中被广泛应用,本书将在第八章中详细讲解。

四、经验模型

前面的分析方法是基于一个或者几个公司的财务数据。经验模型则是根据大量公司的历史统计数据形成的方法。其中,Z计分模型的应用非常广泛,用来判定公司财务失败或者破产的可能性。

Altman(1968)利用多变量分析技术对企业的财务状况进行判别分析,他选择了1946—1965年33家破产的制造业企业,再通过抽样选取了跟其配对的33家正常经营的企业作为样本,运用22个财务指标通过数理统计进行分析筛选,最终建立了从企业资产的流动性、获利能力、财务结构、偿债能力和发展能力等方面综合反映企业财务状况的5

个变量的模型,即 Z 计分模型。研究表明,我国上市公司大部分支持 Z 计分模型的有效性,企业管理者可运用 Z 计分模型进行财务分析,防范财务风险,避免企业发生财务危机甚至破产;外部投资者、债权人等利益相关者可利用其评价企业,并可作为投资等相关决策的依据。具体模型介绍见第八章。

五、数字分析

数字分析(digital analysis)和后面提到的文本分析是非传统的财务报表分析方法。在计算机的辅助下,统计方法和大数据方法得到快速发展,这也深刻影响了财务报表分析的方法论。

数字分析是指研究数字出现规律的分析方法,其中具有代表性的就是本福特法则(Benford's law)。该法则发现,自然形成的定量数据,每个数字的首位数字的分布有一定的规律。但如果数据被人故意篡改,篡改后的数据将违反原有的法则。

本福特法则被大量运用于财务造假数据的识别。本书将在第八章重点介绍。

六、文本分析

文本分析(text analysis)是将无结构的原始文本转化为计算机可以识别处理的结构化数据矩阵,然后使用计量或者统计方法构建信息序列,用以描述和代替文本的方法。文本分析也可称为自然语言处理(natural language process,NLP)或者计算机语言学(computational linguistics,CL)。这种新方法是人工智能领域的重要话题,属于大数据分析的重要分支。Gentzkow et al.(2017)指出,互联网和智能手机的使用,使得目前人类各种交流的内容以前所未有的速度在增长,电子文本(digital text)成为经济金融学术研究的一个重要输入数据源。

信息是经济体系,尤其是金融体系的核心。从信息的类型来看,可以分为定量信息和定性信息,两者具有同样重要的作用。从信息的分布来看,70%—80%的信息是定性信息。但是,从学术研究的信息处理对象来看,传统的定量研究主要集中在对定量信息的处理上。因此,定量信息已得到充分挖掘。但是余下的 80%的定性信息中还含有大量尚未充分挖掘的信息。前者被称为"科学",后者被称为"艺术"或"直觉"。定性信息主要集中在行业状况、公司竞争战略、公司治理等描述中,定量信息则主要包括报表中的数值型数据、财务比例、同业财务数据。

随着机器学习和大数据分析技术的兴起,文本分析在经济金融研究中得到了广泛的应用,为经济金融研究提供新的数据源和分析视角。作为新数据源,文本数据具有数据来源多样化、数据量巨大和数据时频高的特点。同时,文本数据为研究传统问题提供了新视角,使得以前无法进行的研究有可能开展,也使得之前有局限性的研究得以纠偏,这个领域成为未来的成长点。公司财务报表数据中的定性信息是一个巨大的信息宝库,值得深入挖掘和探索。财务的定量信息已经得到充分挖掘,但是定性信息的挖掘还不够充分。基于大数据分析的技术发展,为财务分析的定性分析提供了工具和新的可能。文本分析方法在财务分析中具有极其广泛的应用前景。

由于文本信息属于非结构化信息,有别于财务比率等结构化信息。投资者对此类信息难以量化,因而对其中所含信息反应不完全(Bloomfield,2002)。文本分析旨在挖掘包括财务报表、对话、社交帖子、调查、产品评论、文档和客户反馈等文本中所含有价值的信息。

文本分析的优点在于通过处理非结构化信息，能够得到处理结构化信息难以获得的信息，能够借助计算机强大的运算能力以及人工智能处理以往难以被量化的大量文本信息，并能够分析文本背后作者的潜在意图。

文本分析的基本步骤如下。

（1）收集原始数据。收集要分析的文本，定义、获取、筛选和存储原始数据。

（2）清理数据。删除不必要的、有瑕疵的信息。

（3）分词。将文本分解为标记的片段从而获取有意义的标记对象（token）、为识别的标记进行词性标注（PoS）、解析基于标记和PoS模型从文本创建语法结构。

（4）结构化过程。运用词袋法、词嵌入技术等方法将词汇转化为数据矩阵。

（5）数据矩阵的信息提取。运用无监督学习或者有监督学习方法从上述的数据矩阵中提取信息，进行数据分析处理，并将得到的数据可视化，即以图形、表格和其他直观的表达形式表示数据。

在财务金融领域中，文本分析可被用于分析以年报、新闻、分析师报告、论坛等文本为对象的研究。通过分析文本的可读性、复杂性、语态、语态词语选择和相似度等特征挖掘文本中隐含的信息，这些信息包括投资者情绪正负，新闻或者语调正负，报纸属于左派或者右派，行业分类，对不确定性、恐慌程度、意见分歧程度的度量等多个方面。Li（2010）、Kearney and Liu（2014）以及Loughran and Mcdonald（2016）分别对文本分析在金融研究中的应用进行了综述。

表1-8对文本分析方法在财务金融中的应用研究进行了分类和总结。从表中可以看到，文本分析在经济金融领域的应用场景非常广泛。在信息创造价值的背景下，运用文本分析工具挖掘文本中的隐含信息，将其量化来创造额外的价值。

表1-8 文本分析在金融会计研究中的应用

研究对象	应用场景	代表研究	结论
文本可读性	公司财务报表	Li（2008）	业绩差，年报可读性也差；业绩持续性好，可读性好
		Lehavy et al.（2011）	年报可读性差的时候，跟进的分析师增加
		Loughran and Mcdonald（2014）	迷雾指数（fog index）用来描述可读性并不好，还不如用文档规模
		Lundholm et al.（2014）	在美国上市的外国公司的可读性更好
		Bonsall et al.（2017）	自愿性信息披露和财务报告的可读性存在一定关系
		Bonsall and Miller（2017）	增加信息披露的可读性可以降低融资成本
		Lo et al.（2017）	有盈余管理的公司年报的可读性较差
		Kim et al.（2019）	可读性差，股票崩盘风险增加

续表

研究对象	应用场景	代表研究	结论
复杂性	公司财务报表	Guay et al.(2016)	报表更加复杂的时候,管理层使用自愿性信息披露
	公司财务报表	Bushee et al.(2018)	业务复杂的公司采用复杂的语言,并不是故意模糊,而是提供必要信息
语态	公司财务报表	Kim et al.(2017)	使用较多将来语态的年报,更可能进行盈余管理
语态词语选择	公司财务报表	Purda and Skillicorn(2015); Minhas and Hussain(2016)	用管理层讨论和分析(MD&A)中的语言来检验是否造假
相似度	公司财务报表	Hoberg and Phillips(2016)	用业务描述中选择词语的不同来体现产品差异性
语言流利	公司财务报表	Rennekamp(2012) Lawrence(2013)	流利的语言可以吸引更多的小投资者
语调	公司财务报表	Jegadeesh and Wu(2013)	未来收益率和年报语调正相关
	新闻	Tetlock et al.(2008)	新闻的负面词汇可预测公司的负面业绩
	公司财务报表	Loughran and Mcdonald (2011)	大部分日常的负面词汇在财务报表中并不是负面的

第五节 财务报表分析的主体

许多公司利益相关者(stakeholder)都关注财务报表,他们是财务报表分析的主体,主要包括投资者、债权人、注册会计师、证券分析师、上下游行业公司、管理人员和一般公司雇员、政府管理部门和公众。

一、投资者

投资者是购买(或者将要购买)公司股票的人,是财务报表最主要的使用者。投资者关心公司的未来收益能力、权益结构、营运能力和投资风险。上市公司的股东还关心自己持有公司的股票的市场价值。从现金股利考虑,他们也关心现金信息。

由于持有公司的股份比例不同,公司股东对公司的控制和影响力也不同。控制性股东和重大影响性股东可直接或间接地影响被持股公司重要岗位上的人事安排、投资决策、经营决策以及股利分配政策等。因此,这类股东往往关心与公司战略发展有关的财务信息,如公司资产的基本结构和质量、公司资本结构、公司长期获取质量较高利润的前景等。非控制性、非重大影响性股东则更关心公司近期业绩、股利分配政策以及短期现金流转状况等。

财务分析中的投资者是"积极投资者",他们和金融学中的"消极投资者"存在明显差异。

消极投资者认为资本市场是有效的,证券市场价格反映其内涵价值。他们通过组合来降低个股风险。消极投资者关心资产组合的风险水平,即 β 值。但这种投资者在市场发生系统性的定价错误时就会面临巨大风险。资产组合理论让投资者在空间上分散风险,但很难在时间上分散风险。

积极投资者认为市场不是有效的,价格也不总是公允的。他们以基本价值为信念,寻求不受价格影响的价值分析方法。他们重视价格风险,避免高价买入和低价卖出。他们使用 α 技术,认为某些股票可获得超额收益率。由于未来存在较大的不确定性,积极投资者所确定的内涵价值也存在不确定性。

共同基金是我国一类重要的投资主体,对市场有重大的影响。基金经理是决定投资决策的重要岗位。共同基金是替人理财,基金从业人员的经济利益可能和基金投资人的经济利益之间存在着冲突。近年来,我国查处了多起基金经理的内幕交易,其基本特征都是基金经理在控制公募基金的同时另外有自己控制的个人账户,自己控制的私人账户先于公司账户交易,从中牟取非法利益。

二、债权人

债权人包括银行和一些金融机构,以及购买公司债券的单位和个人。短期贷款者关心公司支付短期债务的能力。长期贷款者关心其利息和本金是否能按期清偿。

公司能按期清偿到期长期贷款及利息,应以具有长期获利能力及良好的现金流动性为基础。因此,尽管长期贷款者并不指望从公司中分红,但他们仍然关心公司的获利能力。许多银行在决定贷款数量、利息率和抵押品时,都要遵循标准评估程序,这些程序规定了流动性、财务杠杆和获利能力等因素。如公司违反了这些保证条款,银行则可能更改现有贷款协议。

三、注册会计师

注册会计师为已经上市的公司提供审计服务,其审计报告要对上市公司的财务报表的真实性、审计流程的合法性提供意见。他们对财务报告的审核主要集中在报表的真实性及公允性上。

四、证券分析师

公司价值由债务价值和股权价值构成。债务价值的分析主要由债券评级机构和银行等贷款机构来进行。而股权价值分析主要由证券公司和基金公司等专业金融机构来进行。专业证券分析师的职能是为非专业投资者提供投资建议。他们通过研究政策、经济运行情况以及上市公司的信息后向市场提供有价值的投资建议,他们的研究报告在很大程度上影响着投资者的投资趋向和股票价格。证券分析师的投资建议应该做到独立和客观,这是他们必须遵守的职业道德。证券分析师的分析十分重视公司的财务报表信息。和投资者相比,他们对财务报表信息要求程度不同。投资者支持公司披露更多的信息,而分析师可能不一定支持,因为这种活动和他们自身的活动竞争,减少了他们信息分析结果的信息含量。

证券分析师分为买方分析师(buy-side analyst)与卖方分析师(sell-side analyst)。共同基金、养老基金及保险公司等投资机构通过投资证券获得资金增值回报,该机构的分析师为本机构的投资组合提供分析报告,因而称其为"买方"分析师。而投资银行(经纪公司)通过股票承销(IPO等)业务和经纪业务的佣金获得收入,其分析师往往向投资者免费提供分析报告,通过吸引投资者购买其承销的股票或通过其所属的公司进行证券交易来提高公司的收入,因此该类分析师被称为"卖方"分析师。

"买方"分析师与"卖方"分析师代表不同群体的利益,其激励机制亦不同。"买方"分析师通过协助提高本机构投资组合的收益率,降低投资组合的风险,从而获得奖励。"卖方"分析师通过协助本公司提高股票承销的销售额以及股票经纪业务的成交额来获得奖励。即"买方"分析师的激励来自提高买入股票的质量,"卖方"分析师的激励来自提高股票交易的数量。相比之下,"买方"分析师更有动力去分析挖掘公司股票的基本价值,向投资组合推荐价格低估的股票,剔除价格高估的股票;而"卖方"分析师受到本公司争取投资银行业务的压力,较易出现偏向公司客户的误导性分析报告。因此,"买方"分析师更倾向于保持分析报告的客观性和有效性。尽管在投资银行业内要求投资银行应在其内部投行业务、经纪业务与研究部门之间设置杜绝信息交往的"中国墙"(Chinese Wall),以此来保证分析师研究工作的独立性与公正性,然而在现实运作中,"卖方"分析师难以回避公司业务开展的干扰与影响,甚至会因此面临一定的职业风险。一方面,如果"卖方"分析师建议卖出某家公司的股票,有可能导致该公司中断与分析师所在投资银行的业务往来,使其遭受在公司融资或兼并等投行业务上的损失;另一方面,分析师有可能被拒绝出席该公司面向金融界的信息发布会,失去宝贵的信息渠道,更有甚者,该公司可能会以中断大额投行业务为条件,胁迫投资银行解雇该分析师。在本公司利益和个人利益的双重压力下,"卖方"分析师更易产生偏袒客户公司的倾向,从而损害一般投资者的利益。

专栏 1-1

CFA 和 CPA

CFA(Chartered Financial Analyst)是特许金融分析师的简称。金融市场的发展产生了对专业投资人员前所未有的需求。投资人和雇主比以往任何时候更需要一个统一的标准来衡量金融分析人员的知识、诚信和专业化程度,从而信赖他们管理资产。特许金融分析师就是这样一个标准。CFA考试是由总部设于美国的CFA机构(CFA Institute)每年在全球范围内举行的资格测试。CFA资格授予各个投资领域内的专业人员,包括基金经理、证券分析师、财务总监、投资顾问、投资银行家、交易员等。CFA课程对投资知识、准则及道德设立了全球性的标准。CFA要求它的持有人建立严格而广泛的金融知识体系,掌握金融投资行业各个核心领域理论与实践知识,包括从基础概念的掌握,到分析工具的运用,以及资产的分配和投资组合管理。

CPA(Certified Public Accountant)是注册会计师的简称,是指通过中国注册会计师执业资格考试并取得注册会计师证书在会计师事务所执业的人员。注册会计师专业考试科目为会计、审计、财务成本管理、经济法、税法、公司战略与风险管理,综合阶段为职业能力综合测试。注册会计师考核的科目既有理论要求,也关注实践,因此越来越被重视。拥有CPA证书的人员的就业方向不仅包括审计师,也包括投资银行、商业银行、咨询公司、非金融公司的财务部门等。

五、上下游行业公司

公司上下游行业的公司对其财务状况也非常关注。一方面,其上游的商品和劳务供应商与公司的贷款提供者的情况类似,他们在向公司提供商品或劳务后即成为公司的债权人,因而他们必须判断公司能否支付所需商品或劳务的价款。从这一点来说,大多数商品和劳务供应商对公司的短期偿债能力感兴趣。另一方面,某些供应商可能与公司存在着较为持久的稳固经济联系。在这种情况下,他们也对公司的长期偿债能力感兴趣。

在许多情况下,公司可能成为某个客户重要的商品或劳务供应商。此时客户关心的是公司连续提供商品或劳务的能力,因此客户关心公司的长期发展前景,以及有助于对此作出估计的获利能力指标与财务杠杆指标等。

对竞争对手来说,一般希望获取关于公司财务状况的会计信息及其他信息,借以判断公司间的相对效率,同时还可为未来可能出现的公司兼并提供信息。因此,竞争对手可能把公司作为接管目标,从而他们对公司财务状况的各个方面均感兴趣。

六、管理人员和一般公司雇员

管理人员受股东的委托,对股东投入公司的资本的保值和增值负有责任。

管理人员对公司财务状况的各个方面均感兴趣。管理人员关心盈利结果,更关心盈利的原因和过程。通过分析及时发现经营中的问题,并采取有效措施解决这些问题。较高管理层次的管理者,既需要也有可能关心公司较为全面的财务状况;较低管理层次的管理者,往往关心与自己决策范围内有关的财务信息。

管理人员的自身利益往往与财务数据相关。例如,公司激励条款规定,主要管理人员的报酬以投资收益率和销售利润率为基础。公司的雇员通常与公司存在长久、持续的关系,他们关心工作岗位的稳定性、工作环境的安全性和获取报酬的前景。因而,他们对公司的获利能力和偿债能力感兴趣。

七、政府管理部门

政府与公司间的关系表现在多种形式。对于国有公司,其所有者即为有关政府管理部门,他们对公司盈利关注。对于其他公司,工商管理部门、税务管理部门、证券管理机构、会计监管机构、审计机构和社会保障部门等均对公司的财务状况关注,目的是保证各项经济政策、法规和制度的执行。

八、公众

公众对特定公司的关心也是多方面的。一般而言,他们关心公司的就业政策、环境政策、产品政策等方面。针对这些方面,往往可以借助于获利能力的分析。

第六节　课程学习方法和建议

一、财务分析的四个关键问题

在财务报表分析中,需要解决下面四个关键问题。

(1)需要在分析财务报表和其他来源的客观性信息及数据后,给出分析者的解释、评估和判断这样的主观性"观点"和"结论"。注意两者之间应存在着逻辑上的自洽性。根据事实得到一个判断和观点是非常重要的一个拓展。一份分析报告的观点是其最重要的产出,而观点所依据的事实和判断的逻辑是其主要价值来源。

(2)需要将定性的公司经营分析和定量的财务报表数据分析有机结合。一家公司的营业收入、净利润只是一组数字,在这些数字背后是公司所有资源以有机的方式进行的无数商业经营活动。不考虑经营活动本质的财务数据的分析充其量只能是一个数字游戏,没有价值。当然,对公司的经营分析也要结合财务数据来进行。

(3)将对未来公司的业绩预测和对公司当前经营状况的理解有机地融合起来。股票资产的定价是基于公司的未来预测,而对未来的预测是基于对现状的理解之上的。对公司未来发展的关键预测假设需要有充分的论证,符合现实情况,具有可靠性,避免不切实际的盲目乐观和夸大其词。

(4)要选择好可比公司,即和目标公司处于同一市场的同行业公司,并将目标公司和可比公司进行实质性的对比和分析。如果不存在可比公司,也只能选择相近的公司,但在进行横向比较的时候,要充分注意到它们之间的差异。

二、如何选择公司

目前 A 股上市公司已经有 5 000 多家,数量非常多,如果加上海外上市公司,数量就更多。对于初学者,如何从如此众多的公司中选择一家来作为研究标的,是一个不小的挑战,可以参考以下几个建议。

(一)选择主业突出的公司

主业突出的公司,集中于一个单一业务或者在一个行业中的密切相关的几个业务。主业不突出的公司,从事的行业比较多,选择这类公司分析的话,需要对其所在的各个行业都分析,这对初学者来说非常麻烦。行业众多的公司更有可能经营不善,或者存在较多的盈余管理,加剧了分析的复杂性。因此,建议初学者从主业突出的、经营模式比较简单的公司开始入手。

(二)选择感兴趣或熟悉的公司或者行业

初学者可根据平时的积累和感性知识来选择自己感兴趣或熟悉的公司和行业。例如,平时喜欢玩电子游戏的同学,可以选择任天堂(Nintendo)作为起点来进行财务分析。而经常买巴比肉包子当早餐的同学,可以选择巴比食品(605338.SH)作为自己的公司选择。因为有感性认识,就会有兴趣,便于深入下去研究。

当然,作为专业分析师,在掌握了财务报表分析的方法后,应该考虑了解更多的行业和公司,甚至对所有行业进行系统的研究和分析。

(三) 根据公司的定位来进行选择

在选择公司的时候,可以考虑所选公司的大致分类来进行选择。上市公司分类的维度很多,主要的分类包括:制造业或服务业;强周期性行业和弱周期性行业;实体经济行业和金融行业(包括银行、证券和保险等);民营企业和国有企业;垄断行业和自由竞争行业;专一业务行业和跨业经营行业;上游、中游和下游行业以及服务和支撑行业;大市值公司和小市值公司。

(四) 选择具有良好的商业模式、竞争优势和未来发展前景的公司

对商业模式、竞争优势和未来发展前景的深入理解,是做好财务报表分析的底层变量,本书第三章将重点介绍。这部分的知识非常丰富,需要读者多阅读相关书籍,多了解商业世界中的变化和发展,理解公司价值和商业模式的关系。

下面推荐部分与公司商业模式和战略竞争相关的参考书,供读者选择阅读。其中,公司类为一家公司的传记,部分作者是公司的创始人或者内部资深人士,对公司的运营有深入独特的见解,读者可以通过阅读深入了解一家公司。金融和经济总类书则视角更加广阔,关注公司发展一般规律、金融系统乃至整个经济系统,有助于理解公司的环境和其竞争战略的关系。

专栏1-2

商业模式和公司竞争相关推荐书目

一、公司类

董明珠:《棋行天下》,花城出版社,2000。
曹德旺:《心若菩提》,人民出版社,2020。
路风:《光变:一个企业及其工业史》,当代中国出版社,2016。
李志刚:《九败一胜:美团创始人王兴创业十年》,北京联合出版社,2014。
霍华德·舒尔茨,多莉·琼斯·扬:《将心注入:星巴克创始人,全球董事长霍华德·舒尔茨自述》,浙江人民出版社,2006。
陈士骏,张黎明:《20个月赚130亿》,中国华侨出版社,2011。
沃尔特·艾萨克森:《史蒂夫·乔布斯传》,中信出版集团,2023。
艾尔弗雷德·斯隆:《我在通用汽车的岁月:斯隆自传》,华夏出版社,2014。
铃木敏文:《零售的哲学:7-Eleven便利店创始人自述》,江苏凤凰文艺出版社,2014。
菲尔·奈特:《鞋狗:耐克创始人菲尔·奈特亲笔自传》,北京联合出版公司,2016。
马克·伦道夫:《复盘网飞:从一个点子到商业传奇》,中信出版集团,2020。
山姆·沃尔顿,约翰·休伊:《富甲美国:沃尔玛创始人山姆·沃尔顿自传》,江苏文艺出版社,2015。
马克·彭德格拉斯特:《可口可乐传:一部浩荡的品牌发展史诗》,文汇出版社,2017。
劳伦斯·利维:《孵化皮克斯:从艺术乌托邦到创意帝国的非凡之旅》,浙江大学出版社,2017。
凯瑟琳·格雷厄姆:《我的一生略小于美国现代史:凯瑟琳·格雷厄姆自传》,民主与

建设出版社,2018。

詹姆斯·基尔茨等:《刀锋上的舞蹈:我如何挽救了吉利》,机械工业出版社,2009。

大卫·柯克帕特里克:《Facebook 效应:看 Facebook 如何打造无与伦比的社交帝国》,华文出版社,2010。

理查德·布兰森:《我就是风口:维珍品牌创始人自述50年商业冒险》,中信出版集团,2019。

伊萨多·夏普:《四季酒店的经营哲学》,北京联合出版公司,2020。

二、金融和经济总类

克莱顿·克里斯坦森:《创新者的窘境:领先企业如何被新兴企业颠覆?》,中信出版集团,2020。

沃尔特·艾萨克森:《创新者:一群技术狂人和鬼才程序员如何改变世界》,中信出版集团,2017。

本·霍洛维茨:《创业维艰:如何完成比难更难的事》,中信出版社,2015。

彼得·蒂尔,布莱克·马斯特斯:《从0到1:开启商业与未来的秘密》,中信出版社,2015。

罗森维:《光环效应:何以追求卓越,基业如何长青》,北京师范大学出版社,2007。

吴军:《浪潮之巅》,电子工业出版社,2011。

文一:《伟大的中国工业革命:"发展政治经济学"一般原理批判纲要》,清华大学出版社,2016。

威廉·桑代克:《商界局外人:巴菲特尤为看重的八项企业家特质》,北京联合出版公司,2016。

罗伯特·希勒:《金融与好的社会》,中信出版社,2012。

陈志武:《金融的逻辑》,中信出版集团,2020。

托马斯·皮凯蒂:《21世纪资本论》,中信出版社,2014。

瑞·达利欧:《债务危机:我的应对原则》,中信出版集团,2019。

苏世民:《我的经验与教训》,中信出版集团,2020。

(五) 业绩较好,价格没有被严重高估

主流的财务分析报告是给出看涨或者买入的建议。所以一般建议选择公司历史业绩较好且价格没有被严重高估的股票来进行分析。

公司的业绩可以看公司的净资产收益率,估值则一般看市盈率。净资产收益率一般需要高于两倍贷款利率,市盈率一般不高于40,但这两个数值仅供参考。

当然,财务分析报告也可以给出卖出或中性的评级结论,但这样的报告占比较低。

三、正确的学习方法

(一) 长期主义学习

与价值投资中的长期投资理念一致,本书鼓励读者用长期主义来培养自己的投资能力,用心构建自己的投资理念和思维框架。

这个体系的输入是各种客观信息乃至他人的观点,输出是自己对未来的趋势的观点,包括方向和给定时间长度上的涨跌幅度。在学习过程中,需要持续性地消化和吸收各种新的知识和信息,纳入自己的知识框架中,磨炼对市场的认识。同时,也需要分析和复盘行业和公司的供给、需求、技术或政策端的边际变化对股价的影响。当然,如果能够对感兴趣的公司进行轻仓买入或模拟交易来零距离接触和感受市场,这将会使得投资分析更接地气。最后,在课程学习结束后,持续性地学习。

(二) 在实践中学习

财务报表分析与估值课是一门金融学应用课程,需要培养各种能力。具体包括以下六种。

(1) 阅读能力:阅读和理解公司年报以及分析师报告、各类新闻。

(2) 定性分析能力:对行业发展大趋势的判断,以及对公司和同行业公司细致和有洞见的比较。

(3) 避雷能力:能识别可能的财务造假和失败公司。

(4) 计算能力:需要计算机 Excel 表格的财务模型搭建,三张表的勾稽关系,更高级的需要计算机语言编程能力(Python、C 语言等)。

(5) 口头表达能力:简明扼要地表达自己的观点,与其他专业人士有效沟通的能力。

建议读者自己选择一家上市公司,跟着课程的进度,按照建议的步骤来撰写自己的财务分析报告。一般而言,一份财务分析报告由下面六个部分构成。

(1) 投资概要,即给出多、中性或者空的投资建议。

(2) 简要描述公司业务和经营情况。

(3) 宏观、行业和竞争定位,这是重点部分。

(4) 财务分析,结合公司经营情况分析重要财务指标,一定要注意进行同业的比较。

(5) 预测估值,在预测的基础上对公司进行估值,这是技术性最强的部分,也最容易引起争议和质疑。

(6) 风险提示,这是对报告阅读者的风险告示,也可给报告撰写者一定程度的保护。

财务报表分析与估值课程是一门实践导向的课程。只有自己经过一次完整的公司研究过程,才可以比较好地掌握财务报表分析方法。如果只了解书本上的理论知识,而不亲自动手进行公司研究,就不能说真正掌握了这门课程。

案例分析

重庆啤酒(600132.SH)乙肝疫苗风波

一、重庆啤酒参与乙肝疫苗研发的经历

重庆啤酒股份有限公司(以下简称"重庆啤酒")自 1958 年以来,主要从事啤酒的生产和销售,以及相关产品的生产和研发。经过几十年的不断发展,公司拥有稳固的主体消费市场和长期以来青睐公司产品的消费者,打造了啤酒行业专业的经营管理团队,成为国内啤酒行业最专业和最具吸引力的公司之一。公司 1997 年 10 月登陆 A 股。

在重庆啤酒管理层看来,啤酒行业的竞争很激烈,重庆啤酒要在稳步发展主业的同时,积极寻找新的利润增长点。专业研究啤酒发酵的重庆啤酒厂科研人员发现,从啤酒发酵过程中所产生的某种物质中,似乎能够提炼出乙肝疫苗的有效成分。同时,

重庆啤酒集团旗下又有重庆生化制药厂,于是乙肝疫苗研发便成了重庆啤酒集团的新业务。1998年10月,重庆啤酒股价还在13元一线。公司董事会会议通过决议,以1 435.20万元收购重庆啤酒(集团)有限责任公司持有的重庆佳辰生物工程有限公司(以下简称"佳辰生物")52%的股权。

当时的佳辰生物声称,公司依托第三军医大学的科研平台,自20世纪90年代初就已经开始研发治疗乙肝的新药,目标是"全力以赴进行治疗性乙肝新药等重大项目的开发"。此外,第三军医大学教授吴玉章,将处于基础研究阶段的"治疗性乙肝疫苗"项目以2 300万元的价格卖给了佳辰生物——这是一个在国内国际都属于前沿概念的生物医药科研项目,如果疫苗研发成功,其利润的想象空间巨大。

按照当时中国感染乙肝病毒的人口数进行计算,即使最保守的券商研究员也承认,一旦重庆啤酒的疫苗产品研制成功,10年内便可以产生800亿元以上的销售收入和过百亿元的净利润。因此,重庆啤酒领导人将疫苗描述为"经深思熟虑后制定的跨世纪蓝图"。他们认为,在主业与新的产业发展之间有很强的互补性,"既可获得新的利润增长点,又可通过生化研究进一步提高啤酒产品质量"。

一种新药从研发到上市,通常需要通过极其严格的试验流程。根据中国相关法规,新药在申请上市之前必须进行临床人体试验,通常为三期,以确定其安全性和有效性。Ⅰ期临床试验通常为短期小规模试验,主要观察新药的安全性并确定合适的给药剂量,疗效观察并不是这一期的重点;Ⅱ期临床试验则为中期中等规模试验,主要观察新药疗效,进一步观察安全性,调整并确定合适的给药剂量;Ⅲ期临床试验为长期大规模试验,用以确认新药疗效和安全性,确定给药剂量。

2003年6月,重庆啤酒治疗性乙肝疫苗进入Ⅰ期临床试验,开始验证疫苗的安全性。2004年11月,完成Ⅰ期临床试验,结果证明其安全性符合要求。

事实上,在2006年Ⅱ期临床试验启动之前,重庆啤酒公布疫苗研发进度消息的频率并不高。因此,这时的重庆啤酒在市场上并没有掀起大波澜,在投资者中知名度也不算大。随着2006年大牛市的来临以及乙肝疫苗项目接连迎来关键节点,市场再度萌发了对重庆啤酒的关注。

2005年6月,重庆乙肝疫苗项目得到国家食品药品监督管理局批复;2006年4月,乙肝疫苗进入Ⅱ期A阶段临床试验,验证疫苗有效性以及最佳剂量。与利好消息相对应,重庆啤酒股价也在2005年6月30日至2007年6月30日期间大幅上涨,迎来股价的第二个历史高点54元。但事实是在方案设定的48周观察期内,受试者不仅没有出现病毒DNA数量下降的情况,就连免疫水平都处在低位,似乎疫苗对慢性乙肝病人没有功效。在2007年年底的总结报告上,重庆啤酒并没有公布这一结果。随后两年,吴玉章依然坚持对受试患者进行跟踪随访,发现部分病例对药物有反应,并出现了E抗原转阴的结果,这也成为展开新一轮试验的理由。

2009年8月,重庆啤酒获批启动Ⅱ期B阶段临床试验,验证有效性与安全性,并扩大了试验人群。在这之后,重庆啤酒一改低调姿态,按每月一次的频率,对佳辰生物的乙肝疫苗研制和临床试验进程中几乎每一步细节都进行披露:2010年12月2日,已累计36例受试者完成76周临床试验;2011年4月7日,已累计136例受试者完成76周临床试验;2011年9月6日,已累计293例受试者完成76周临床试验……主动的信息披露和具体明晰的实验数据让各方都相信公司临床试验进展情况良好,符合之前的预期。重庆啤酒股价也随之扶摇直上——在此后一年半的时间里,其股价从35元冲上83元,涨幅超过130%,市盈率达到107倍。

表1-9给出了公司在13年中关于乙肝疫苗研发的公告。可以看到,2010年7月到2011年7月,相关公告密集发布,极大地点燃了市场的热情。

表1-9 1998年10月—2011年7月重庆啤酒关于乙肝疫苗主要公告

发布时间	公告主要内容
1998年10月30日	重庆啤酒宣布收购重庆佳辰生物52%的股权
2001年1月19日	重庆啤酒持有佳辰生物93.15%的股权
2002年11月19日	乙肝疫苗通过检定,公司申报临床研究
2003年11月28日	乙肝疫苗Ⅰ期临床试验启动
2004年11月25日	治疗用乙肝疫苗Ⅰ期临床试验结束,提出Ⅱ、Ⅲ期申请
2009年8月25日	国家药监局统一进行Ⅱ期B阶段临床试验
2010年7月7日	Ⅱ期B阶段临床试验开始
2010年12月2日	已累计36例受试者完成76周试验
2011年4月7日	已累计136例受试者完成76周试验
2011年9月6日	已累计293例受试者完成76周试验
2011年10月12日	北大人民医院为组长单位的乙肝疫苗Ⅱ期临床试验完成
2011年7月2日	乙肝疫苗Ⅱ期的揭盲工作等11月底将完成

资料来源:公司公告

事实上,重庆啤酒很可能高估了自己的研发能力。新药开发历来是高投资、周期长的高风险项目。在研发实力、资金投入等方面,重庆啤酒并无先天优势。新药开发的失败率非常高,而且往往动辄数亿甚至数十亿美元的投入,2006年全球医药行业研发投入前十五的企业,平均投入高达50亿美元。相比之下,重庆啤酒不到亿元人民币的投入有些相形见绌。

另外,疫苗项目也难以与重庆啤酒的主业形成行业合力。更何况,重庆啤酒的高管团队并无任何医学背景。以董事长黄明贵为首的11位董事会成员及以陈世杰为首的高管团队,他们均在啤酒行业浸淫多年,但无任何医药专业背景及医药行业的工作履历,这注定了重庆啤酒高管在乙肝疫苗项目临床试验上只能充当看客的角色,并不能把疫苗研制的成败掌握在自己手中。但巨大的市场需求,放大了微乎其微的成功率。

13年间,虽然收购佳辰生物时公司所提及的"新的利润增长点"并没有实现,但股价却有了"丰厚的回报":从1998年宣布收购佳辰生物股权前一交易日的4.46元的收盘价,到后来跌停前的最后一个交易日2011年11月25日81.06元的收盘价,13年的时间,48次涨停,三次进入"大牛股"的行列(见图1-10)。表1-10给出了2011年12月7日重庆啤酒及其可比公司相关信息。

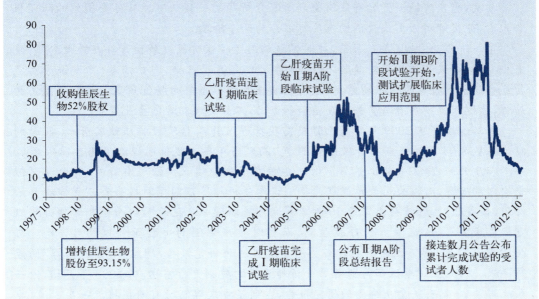

图 1-10　1997—2012年重庆啤酒股价图与乙肝疫苗研发进展过程

资料来源:Wind,公司公告

表 1-10　2011年12月7日重庆啤酒及其可比公司相关信息

股票名称	股票代码	股价(元)	市值(亿元)	市盈率
重庆啤酒	600132.SH	81.06	392.31	107.28
青岛啤酒	600600.SH	35.00	483.52	28.49
燕京啤酒	000729.SZ	14.68	177.67	21.09
珠江啤酒	002461.SZ	12.71	86.45	89.45
惠泉啤酒	600573.SH	8.18	20.45	65.28
云南白药	000538.SZ	58.20	404.06	35.73

资料来源:Wind

二、证券分析师的推荐与机构投资者的参与

在重庆啤酒股价一路高歌猛进的同时,券商分析师的推荐研报也成为其股价飙涨的催化剂。

最早的乐观要属来自民间证券分析师马仁辉发布于2008年的一份报告:"重庆啤酒因所投资的可治愈乙肝疫苗项目,而成为中国资本市场的一个神话已有十年。近期再到重庆调研,据目前所跟踪已知的可治愈乙肝疫苗的临床效果,我认为这个神话正在成为现实。"

其实,重庆啤酒一开始并没有得到所有分析师的一致认可。从可查阅到的研究报告来看,分析师对于重庆啤酒的态度可以分为两个阶段。

第一阶段为2009年8月前,彼时的机构对于重庆啤酒发展前景存在较大分歧,既有平安证券、兴业证券等对其的"强烈推荐",又有国泰君安、国信证券、广发证券对疫苗业务的前景持有谨慎保留意见,还有长城证券指出当前的股价明显是对乙肝疫苗的炒作,建议理性投资者与其苦等疫苗研制成功,不如关注其啤酒主业发展。

第二阶段则从2009年8月乙肝疫苗获批进入Ⅱ期B阶段临床试验开始,此时的股价早从8.05元的低点不断飙升至21元,而到当年年末股价已经翻了两番。从2010年二季度开始,除了兴业证券与华创证券频发报告继续表示强烈看好外,其余券商似乎均刻意回避,对该公司表示沉默。华创证券分析师廖万国撰写报告称,"保守测算治疗用(合成肽)乙肝疫苗上市后10年净利润可能超过200亿元",从而预测该项目可以贡献重庆啤酒13元以上的每股盈利,而当时重庆啤酒的每股盈利仅约0.3元。自2010年4月起,廖万国先后共发布7份重庆啤酒的研究报告,均维持"强烈推荐"的最高评级。而兴业证券医药行业首席分析师王晞的观测更为密切,从2009年开始,他一人就写了29篇有关重庆啤酒的研究报告,占到了重庆啤酒所有研报将近一半。像《重庆啤酒:橘子快红了》《重庆啤酒:展望远大前程》《重庆啤酒:长期还看疫苗》,这些极力推荐重庆啤酒的研究报告,就是出自王晞。这些报告最后给出的评级,大多数都是"强烈推荐",可谓"态度坚决、观点鲜明"。报告中类似于"橘子红了,我们只需要在树下等待摘果实""自主创新是沙漠之花",这样直观真切的标题与句子,也让无数投资者憧憬着乙肝疫苗的美好未来。2011年11月4日,重庆啤酒股价成功攀上73.50元,市盈率高达186倍,远高于燕京啤酒、青岛啤酒等啤酒类上市公司的市盈率水平,这与前述多人热情洋溢的推荐报告不无关系。2011年11月24日,王晞发表了又一份"强烈推荐"重庆啤酒的《治疗性乙肝疫苗Ⅱ期临床即将揭盲》的研究报告。相比过去两年多撰写的20多篇有关重庆啤酒的报告,这一篇再普通不过了:篇幅较短,也没有往日的强烈情绪。他在报告中写道:"根据目前汇总的信息,我们认为该疫苗安全、有效,与现有治疗药物相比,具有副作用小、治疗效果持久、效率高等特点,将给广大慢性乙肝患者带来治愈的希望。这一研发平台的价值潜力巨大。"就在这篇报告发布的第二天,重庆啤酒的股价冲到历史最高点83.12元。

与券商分析师卖力吹捧相呼应,不少基金和券商等机构投资者也开始纷纷进驻重庆啤酒。以大成基金为代表,正是源于重庆啤酒的乙肝疫苗项目,大成基金开始高度

关注这只股票。分析师的报告让大成的基金经理们相信疫苗项目在学术上是可行的，实地调研则让他们认为"治疗性疫苗的行业空间很大，是大概率的成功事件"，项目带头人"是一位在做实事的、不浮夸的科学家"。大成基金开始重仓重庆啤酒，大成旗下的7只基金同时出现在重庆啤酒2009年一季报的前十大流通股中，合计持有3 830万股，占流通股本的7.916%。2011年三季度末，仅大成系旗下大成创新成长混合、大成生命周期混合、大成优选、基金景福、大成精选、大成景阳、基金景宏、大成核心双动力、大成行业轮动9只基金便持有重庆啤酒共约4 495万股，占总股本的9.29%。在研发疫苗期间，重庆啤酒多次发布研发和临床试验进展顺利的利好消息，股价一度于2011年11月25日涨至83.12元，大成基金所持股份的市值也相应由2009年一季度的7.9亿元飙升至35亿元左右。

三、乙肝疫苗研发宣告失败

2011年12月8日公司宣布，重庆啤酒乙肝疫苗"揭盲结果"披露：安慰剂组应答率28.2%；治疗用（合成肽）乙型肝炎疫苗600 μg组应答率30.0%；治疗用（合成肽）乙型肝炎疫苗900 μg组应答率29.1%。安慰剂组是指没有使用该疫苗的空白对照，因此从对比数据来看，重庆啤酒治疗用乙肝疫苗的提升效果极为有限。也就是说，乙肝疫苗基本宣告失败。至此，投资者不仅没有等来树上掉下的果实，反而等来了如啤酒沫一般迅速消退的股价。从12月8日开始，重庆啤酒股票价格开始骤跌，11月26日停牌前重庆啤酒的收盘价为81.06元，至22日历经连续10个跌停后，收盘价已变成28.45元，下跌了64.90%，255亿元市值"瞬间"蒸发（见图1-11）。

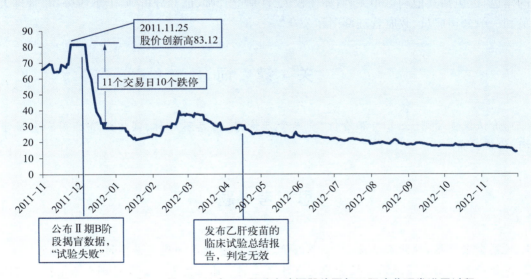

图1-11　2011年11月—2012年11月重庆啤酒股价图与乙肝疫苗研发进展过程

2012年4月17日晚，重庆啤酒再次发布了一份迟到11天的临床试验总结报告，长达4 000多字，里面有大量图表、数据和晦涩的医学术语——还是一份无解读、无定论字眼的公告。但这份公告在专业人士眼里，就是乙肝疫苗的"死亡宣言"。

请根据案例的材料思考下面的问题：

(1) 在重庆啤酒研发乙肝疫苗的13年中，客观的现实世界发生了什么？

(2) 在重庆啤酒研发乙肝疫苗的13年中，投资者所认为的观念世界里发生了什么？

(3) 在2011年12月前，公司的股票价格反映的是客观现实世界还是投资者主观里的观念世界？

(4) 两个世界的差异为什么消失？是如何消失的？

本 章 小 结

本章为课程的概述，介绍了财务报表分析与估值这门课程的基本概念、作用、主要步骤、分析方法和分析主体。理解价值投资原则、公司内涵价值和信息不对称这几个概念是课程的基石，同时也需要理解实体经济中的公司和金融体系的关系，以及账面价值、公司内涵价值和资本资产价格的关系。财务报表分析的作用非常大，对于未来的工作、个人的投资和了解真实经济生活都有帮助。财务报表分析与估值一般按照六个步骤进行，其可以使用的方法很多，包括比率分析、对比分析、因素分解法、经验模型、数字分析和文本分析。其中，后两种方法是非传统的分析方法。从财务报表分析的主体看，投资者是最重要的角色，也包括其他利益相关者，如债权人、注册会计师、证券分析师、上下游公司、管理人员和一般公司雇员、政府管理部门和公众。

关 键 词

价值投资原则、公司内涵价值、资本资产价格、信息不对称、实体经济公司和金融市场、价值链条

思 考 题

1. 观察金融市场，你能否举出1—2个例子，反映观念世界和现实世界的区别和联系？
2. 价值投资原则与追涨杀跌投资原则有什么区别？你在投资中会采用哪个原则？在实际使用时应该如何对待？
3. 文本分析方法在财务分析中有什么应用场景？它可以为分析师提供什么样的信息？你打算在未来的分析师职业中采用这种方法吗？

第二章

财务信息的收集与整理

学习目标

1. 了解财务信息的重要性和分类
2. 理解一手信息和二手信息
3. 理解实际信息和标准信息
4. 理解定性信息和定量信息
5. 理解内部信息和外部信息
6. 掌握财务信息的收集和处理方法

第一节 财务信息的重要性、要求和分类

财务信息的收集与处理是财务报表分析与估值的起点和基础。

一、财务信息的重要性

首先应该明确的是，财务信息是财务报表分析与估值的基础数据，分析的对象就是财务信息，因此收集和处理财务信息是财务报表分析的重要步骤和方法。

其次，财务信息的数量和质量直接决定了财务报表分析的质量和效果。

二、财务信息的要求

财务信息应满足以下要求。

（1）真实性。财务信息应当真实反映财务状况及相关内容。虚假的财务信息会导致后续财务分析结果失真，得到错误甚至自相矛盾的结论，并有可能导致投资失败。系统性大范围的财务信息失真甚至可能是金融危机发生的重要诱因。因此，这是最重要的一个要求（参见专栏2-1）。

（2）完整性。财务信息应全面地描述相关财务状况。片面非完整的财务信息可能会使后续研究分析产生偏差，从而导致有偏结果。

(3) 可靠性。可靠性要求财务信息的来源可信且处理中立。首先应当确保信息来源的公信力,不可采纳有造假粉饰可能的信息源,最好采用官方数据源或其他不可篡改、真实可信的信息来源;在财务信息的收集处理过程中,可能涉及需要个人处理的部分,此时应当保持立场中立,避免个人偏向的影响,从而保障信息的可靠性。

(4) 及时性。财务信息需根据时间随时保持更新。滞后的财务信息无法真实反映当下的财务状况,很可能导致信息失真,从而影响分析结果。

专栏 2-1

2008 年美国次贷危机中的财务信息失真问题讨论

美国著名金融记者迈克尔·刘易斯的纪实报告文学《大空头》(The Big Short)描述了美国次级抵押贷款债券及其衍生品的起源、发展直至演变为金融危机的过程。其主要内容是次贷危机前,四组做空团队如何在欣欣向荣的美国房贷证券市场中捕捉到了泡沫可能,毅然进行空头对赌,最终在危机爆发后赚取收益的故事。书中对市场各方的动机和行为都有详细的记录,因此可以发现其他文献中难以得到的信息。其中,有关财务信息失真的两个因素值得关注。

一是标准普尔(Standard & Poor's)和穆迪(Moody's)等信用评级机构在次贷危机中,为自身利益而扭曲真实财务信息。2007 年 1 月,四组团队已经分别做空了房贷证券市场评级为 BBB 和 BB 的信用违约互换(credit default swap, CDS)合约。此时房贷违约概率已达历史新高,但房贷证券市场价格不降反升。为此空头团队找到标准普尔公司,质问其为何对违约率如此高的抵押支持证券,依然给出 AAA 级评级。标准普尔的答复是:"如果我们拒绝按照银行的要求给出评级,他们就会去找我们的竞争对手合作。"可见在美国次贷危机中,信用评级机构出于自身利益故意提供扭曲的财务信息。投资者接收到这个被扭曲的错误信息后,对市场保持过度乐观而推高价格,最终形成泡沫。这是引发连环危机的一大原因。

二是债务担保债券(collateralized debt obligation, CDO)等"打包证券"的链条过长,导致财务信息在传播过程中逐渐失真,过于混乱低质。CDO 作为风险结构化的保险产品本身没有问题。但最终引发危机爆发的原因包括:① CDO 定价模型的定价标准被误用,导致 CDO 价格无法反映真实信息。CDO 定价模型认为不同时间地点获得的抵押贷款不可能同时违约,从而剔除了相关性惩罚,忽略了系统性风险。但在极端情况下,资产相关性骤增,导致价格失真。这说明财务信息具有时效性,过去经验性的数据信息并不一定适用于其他情况的分析。② 华尔街投行设计产品过于复杂,导致信息传播链条过长且无明确披露要求,使复杂衍生产品的财务信息逐渐失真,十分混乱难以分析。华尔街银行家基于 CDO 设计了更多相关产品,如 CDO^2、CDO^3、CDO^4,以及建立在 CDS 基础上的合成型 CDO(synthetic CDS)。在合成型 CDO 产品中,信贷资产的所有权并不发生转移,发起人仅仅转移信用资产的信贷风险。由于这类产品内含结构过于复杂,且在每次迭代中都损失甚至扭曲了部分财务信息,因此实质上定价模型和投资者都仅关心信用评级,无法利用财务信息进行分析。这也进一步导致了评级机构提供错误财务信息的可能。

三、财务信息的分类

财务信息有不同的分类方法。根据信息获取的方式,可以分为一手信息和二手信息;根据信息的用途,可以分为实际信息和标准信息;根据信息的性质,可以分为定性信息和定量信息;根据信息的来源,可以分为内部信息和外部信息。

这里首先介绍一手信息和二手信息。第二、第三和第四节分别介绍后三种分类。

一手信息,又称原始资料,即研究者自己收集和实地调研而直接获得的相关信息资料。一手信息是研究者基于自己的特定研究目的针对性地直接收集的,因此具有数据直接、准确性强、可用信息含量高、可读性强和保密性高的特点。但一手信息多为研究者亲身采访调研获得,信息成本较高。

二手信息,指非研究者亲自调研获得,而是从公开报道或出版的材料或他人收集整理的未公开发表数据等现成资料中再度收集处理获得的数据。二手信息的收集是间接的,特别需要辨别信息源。相比于一手信息,二手信息搜集成本低,更易快速获取。但其信息含量相对较低,需要研究者筛选整理出特定研究所需的数据,其真实性、可靠性和及时性也均不如一手信息。

一手信息和二手信息各有不同的优势和缺陷,在实际使用中,往往采用两者相结合的方式,或针对所需数据本身的要求和特性分别选择不同的信息来源。

第二节 实际信息和标准信息

实际信息是指反映给定公司最新的实际情况的信息。目标公司的当期财务报表就是实际信息。标准信息是用来对实际信息进行比较和评价的信息,主要包括经验标准、历史标准、行业标准和预算标准。

一、经验标准

经验标准是指以企业经营的实践经验为依据所确定的分析评价标准,这种标准常用于比率分析,如分析师根据大量公司的实际经营数据,总结得出流动比率的经验标准为 2∶1,速动比率的经验标准为 1∶1。

经验标准是总结大量经验而形成的标准,因而有一定的代表性和普遍性,但这也不是绝对的。只能说在一般情况下比较适用,并不适用所有领域和一切情况。在应用经验标准进行分析时,必须结合更多具体相关信息进行判断。比如,某公司的流动比率大于2,但其信用政策不理想,应收账款和积压产品过多;而另一公司的流动比率虽然比较小,但对其现金、存货及应收账款的管理状况却比较理想,相关政策流程安全稳定,在这种情况下就难以依据经验标准评价两公司的流动性孰优孰劣。

此外,可以关注财务指标的预警类经验标准。例如,资产负债率如果太高,就表明公司融资过多依赖于负债,存在较大风险。一般认为 85% 是"资产负债率是否太高"的标准。如果一家公司的资产负债率比 85% 高,就应该引起警惕了。当然,这个标准只是针对非金融公司，如果是银行、保险等金融类公司就没有问题。

经验标准具有相对稳定、客观的优点，且具有一定的普适性，可以在不同公司间建立评价标准，使不同个体具有可比性。但经验标准的使用也具有明显的局限性，尤其受到行业的区别限制。经验标准也会随时间而变化，因此多用于同一时间下的横向比较。对不同时间的数据进行比较时，应该对经验标准进行调整。

二、历史标准

历史标准是以公司过去某一时间的实际经营状况为基础而形成的。历史标准可选择历史最高水平或正常经营状况下的业绩水平，如上期实际、上年同期实际、历史最高水平以及有典型意义的时期实际水平等。在财务分析实践中，上年实际业绩是重要历史标准。

历史标准的优点包括：① 可靠性。历史资料是公司曾达到的真实水平。② 可比性。便于对公司不同时期的状况进行纵向比较，获得时间维度上的反思及预测。但历史标准也存在明显的不足：① 保守性。历史资料只能反映公司过去的状况，无法体现现实要求和实际情况的变化，可能出现适用性不足和判断偏差的问题。② 狭隘性。历史标准只能说明公司本身的发展变化，难以进行横向评价，不能说明公司在同行中的地位和水平，同时也无法全面评价公司财务能力和经营状况。③ 一般性。若公司自身发生重大变动，如公司合并、退市或相关政策巨变等，历史标准会失去比较意义。

因此，仅仅运用历史标准可能引起公司"故步自封"或者"夜郎自大"。分析师还应当同时运用其他财务分析标准。

三、行业标准

行业标准是按照行业计算的，反映行业财务状况和经营状况的平均水平，或者行业中某一比较先进的公司的业绩水平。行业标准在财务分析中广泛使用，能够反映公司在所属行业中的整体地位和竞争力，具有重要意义。

行业标准可以用于比较说明公司在行业中的地位和相对水平。如果行业平均投资收益率为10%，而某公司投资收益率只有8%，说明公司在行业内不具有竞争优势。同时，行业标准的使用应当结合行业横向和时间纵向两个维度。例如，经济萧条时期，公司的利润率从12%下降到9%，而行业平均水平从12%下降到6%，则可认为公司的盈利状况相对较好。

行业标准的计算方法有多种选择。首先可采用行业内相关公司同一指标的算术平均值。为剔除过高或者过低比率对平均数的影响，可以在计算时剔除明显偏离正常分布的异常值，然后再进行计算。这样计算出的行业标准更有代表性。同时注意，如果目标公司本身指标即为最高值或最低值，那么则无须再通过与行业标准的比较即可直接得出相关结论。

表2-1给出了A股市场调味品行业公司2021年的流动比率数据。可以计算行业流动比率的平均值为4.62。剔除最大和最小的两个数值后，平均值有所降低，为4.17。这主要是因为流动比率最大值为12.55，其相对均值的偏差大于最小值的相对偏差。如果此时的目标公司为海天味业，其流动比率为2.91，小于行业的平均值。那么，是否可以得到海天味业的流动性偏小的结论呢？

表 2-1　调味品行业公司的流动比率

	2021年度流动比率		2021年度流动比率
涪陵榨菜	12.55	宝立食品	1.57
佳隆股份	7.06	加加食品	3.24
仲景食品	8.64	千禾味业	4.13
天味食品	7.58	云南能投	1.63
安记食品	4.14	中炬高新	2.04
海天味业	2.91	恒顺醋业	1.91
百味家	2.60		

资料来源：Wind

可以采用分位数法来进行进一步分析。将行业内相关公司的比率按照高低顺序排列，然后找到25%、50%和75%分位数，最后根据目标公司所在的位置进行评价和判断。从表 2-2可知，海天味业的流动性比行业中位数 3.24 稍微小一点。因此，其流动性水平尚可。

表 2-2　调味品行业流动比率的行业标准

排　序	公　司　名　称	2021年度流动比率	分　位　数
1	宝立食品	1.57	最小值
2	云南能投	1.63	
3	恒顺醋业	1.91	Q1
4	中炬高新	2.04	
5	百味家	2.60	
6	海天味业	2.91	
7	加加食品	3.24	中位数
8	千禾味业	4.13	
9	安记食品	4.14	
10	佳隆股份	7.06	Q3
11	天味食品	7.58	
12	仲景食品	8.64	

续表

排　序	公　司　名　称	2021年度流动比率	分 位 数
13	涪陵榨菜	12.55	最大
	算术平均值	4.62	
	剔除最大最小值后的平均值	4.17	

相比于算术平均值，分位数法更加重视排序得出的公司行业地位，但可能会忽略部分绝对值差异蕴含的信息。因此，可以考虑将多种指标结合分析使用。

此外应注意，同一行业的两个公司不一定可比。行业比较时有三个限制条件：① 同一行业，如果其在上下游所处的位置不同，就不具有可比性。例如，同是石油行业的两个公司，一个公司从市场购买原油生产石油产品，另一个公司则是集开采、生产、提炼到销售石油产品为一体的公司，则这两个公司的财务数据不可比。② 跨行业的公司不适用于行业统一标准。一些大的公司往往跨行业经营，公司的不同经营业务可能有着不同的盈利水平和风险程度，这时用行业统一标准进行评价显然是不合适的。解决这一问题的方法是将公司经营的不同业务的资产、收入、费用和利润等分项报告，分别进行比较。③ 应用行业标准还受不同公司采用的不同会计政策、会计估计方法的限制，同行业公司如果采用不同的会计政策、会计估计方法，也会影响评价的准确性。例如，存货发出的计价方法不同，不仅可能影响存货的价值，而且可能影响成本的水平。因此，在采用行业标准时，也要注意这些限制。

四、预算标准

预算标准是实行预算管理的公司根据自身经验条件和状况制定的目标标准，如预算指标、设计指标、定额指标、理论指标等，在难以获得大量数据作为参考的新行业、新公司和垄断性公司应用较多，但也有助于反映其他行业和公司的状况。

预算标准对内部分析有更大的意义，可用于全面考核公司内部各部门、各层次经营管理者的业绩，并评价公司总体目标的合理性和可实现性，主要用于评价公司经营发展情况是否达到预期。但是，预算标准完全由公司自己确定，不可避免地会把经营管理者的意志夹杂在里面，使之难以做到客观、公允，可靠性不足，这也制约着预算标准作用的发挥。

在需要收集的信息中，实际信息是最重要的信息，但从数量上看，标准信息反而更多。其中，标准信息以历史标准和行业标准为主。

第三节　定性信息和定量信息

一、定性信息和定量信息

从特征上分类，财务信息可以分为定性（qualitative）信息和定量（quantitative）信息两大类。

定性信息是非量化的属性描述数据，多为文字表述组成，表示事物的性质或类别。定性信息并不基于某种直接的测度标准或方法，而是描述个体的某种属性差异，通过这些属性值将群体分类。因此，定性信息是对某特定情况或事物的特定描述解释，不具有广泛的可比性和普遍性。

定量信息是以数量形式存在的属性特征，一般基于连续的测度，如金额、规模、时间等，得到事物属性的量化数值，如公司资本总额、杠杆比率等。定量信息以数据、模型和图表等形式呈现，具有普遍性和标准化特性。两类信息的储存形式存在差异，定量信息通常以结构化数据的方式储存，而定性信息基本为半结构化或非结构化数据。

翻开任何一家上市公司的年报，可以发现其中有大量描述性、介绍性以及评价性的文字，这些就是定性信息。定性信息主要集中在行业状况、公司竞争战略、公司治理等方面。年报中也有数值型数据，如主要的几张财务报表、财务比例等数据，这些就是定量信息。

从财务信息量的分布上看，80%的信息是定性信息，而20%的信息是定量信息。从目前的研究看，对定量信息的分析有确定性的财务分析方法，不同的分析师对相同的定量信息分析，得到的结论是一样的。而对定性信息的分析则是分析师凭借自己的主观经验和判断，所以不同的分析师对于同样的定性信息分析，很可能会得到完全不同的结论。可以认为，目前对财务定量信息的分析方法已经比较成熟，但对定性信息的分析方法还在探索中。

大数据分析方法的发展，为定性信息的分析提供了工具和新的可能性。其中，文本分析方法在财务报表分析中得到了很好的应用。

本书之后章节中的绝大部分分析侧重定量分析。本节将重点介绍定性信息的文本分析处理方法。下面，以公司年报中的"业务描述"文字的文本分析为例，来介绍定性信息的文本分析的基本思路。

二、定性信息的文本分析处理举例

公司业务的描述段是上市公司年报中的必须披露内容。某上市公司对公司的业务描述段如下段文字所示。

公司主要业务为综合环境服务，业务范围包括供水、污水处理、水务工程等传统水务业务，以及固废处理、海绵城市、流域治理等环境服务业务，并逐步延伸至绿色资源循环利用业务（包括污泥处理、污水热源、再生水等）。目前公司拥有的项目类型包括供水、城市污水处理、村镇污水处理、固废处理、固废收集及储运、海绵城市、流域治理、再生水、海水淡化、污泥处理、工程建设、环保设备等。公司业务覆盖中国23个省、自治区、直辖市，以及新西兰、新加坡等海外地区，服务人口超过5 000万。

这就是典型的定性信息，具有非常典型的非结构特点。那如何将这段文字转变为结构化的数据，使得计算机有可能进行直接的操作和处理呢？

中文文本分析的第一个步骤是分词。与英文不同，汉字为连续序列，具有明确意义的词汇一般由两个或者多个汉字构成。文本分析需要按照一定的规范将汉字序列切分成词或词组，即中文分词。现有的分词方法归纳为基于字符串匹配、基于理解和基于统计三类。字符串匹配法将待分析的汉字串与前定的词典词条匹配,若某个字符串可在词典中找到,则记为识别出一个词。该方法的好处是简便快速,但忽略歧义问题。基于理解的分词方法则在分词的同时进行句法、语义分析,以改进对歧义词的处理。基于统计的分词方法则先用机器学习模型学习已经切分好的词语的规律,进而实现对未知文本的切分,常用方法包括最大概率分词法和最大熵分词法等。

目前,经济和金融文献中用到的中文分词方法往往能结合上述三种方法,如自然语言与信息检索共享平台 NLPIR2、中国科学院汉语词法分析系统、Python 软件包"jieba"(结巴)等。

表 2-3 给出了利用 jieba 分词后,剔除停用词并仅保留名词后的结果。

表 2-3　jieba 的分词结果

['综合','环境','服务','供水','污水处理','水务','工程','传统','固废','处理','海绵','城市','流域','治理','环境','绿色','资源','循环','利用业务','污泥','处理','污水','热源','再生','水','供水','城市污水','村镇','污水处理','收集','储运','流域','治理' '海水','淡化','工程建设','环保','设备']

可以观察到,这个分词结果不是很准确。业务描述中有些专业词汇,例如"海绵城市""再生水""污泥处理""流域治理"和"海水淡化"等,不在原有字典中,所以 jieba 将它们分拆成了"海绵"和"城市"、"再生"和"水"、"流域"和"治理"以及"海水"和"淡化"。因此,可以将这些专有词汇加入现有词典,以提高软件识别和分割词语的准确度。

当把"海绵城市""再生水""污泥处理""流域治理"和"海水淡化"等词汇加入 jieba 的字典中后,就得到了表 2-4 所示新的分词结果。显然,这次结果比之前的优化了。

表 2-4　字典调整后的 jieba 的分词结果

['综合环境服务','供水','污水处理','水务','工程','传统','固废','处理','海绵城市','流域治理','环境','绿色','资源','循环','利用业务','污泥处理','污水','热源','再生水','供水','城市污水','村镇','污水处理','收集','储运','流域治理','海水淡化','工程建设','环保','设备']

文本分析的第二个步骤是采用词袋法或词向量法进行结构化处理。词袋法是经过分词后找出特征值并进行后续处理的方法。词袋模型把文本(段落或者文档)看作无序的词汇集合,忽略语法甚至是单词的顺序,把每一个单词都进行统计,同时计算每个单词出现的次数。词向量法是将词语转化成为稠密向量。在自然语言处理应用中,词向量是作为机器学习、深度学习模型的特征进行输入的。

下面以词袋法为例,分析上面的公司业务词汇的结构化处理。

首先,从每个公司的业务描述中构建一个二值变量构成的向量。这个向量用来描述公司业务对专业词汇的使用情况。这个向量的维度等于所有公司的业务描述中出现的业务词的数量。假设样本中共有 N 家公司,样本中的所有公司的业务专用词的合集包含有 W 个专用词。对于给定的公司 $i(i \in N)$,它的词汇表可用一个 W 维的向量 V_i 表示:如果对于第 w 个专用词($w \in W$),公司 i 的业务描述中出现了第 w 个词,则对应的元素为

1,否则为 0。这里只采用了 0-1 变量,所以并没有考虑频率的权重问题以及上下文词与词之间的关系。这样的 0-1 矩阵的构建方法被称为独热法编码(one-hot encoder)

对于 V_i 进行归一化处理,使得其等于单位长度:

$$U_i = \frac{V_i}{\sqrt{V_i\,V_i}} \tag{2-1}$$

这样处理的目的是保证那些具有较少的专用词的公司业务描述不受到惩罚。

接下来计算任意两个公司 i 和公司 j($i \in N, j \in N, i \neq j$)的相似性。设 U_i 和 U_j 分别为公司 i 和 j 的文本归一化向量,这两个向量的点积就是它们的文本相似性:

$$\rho_{ij} = U_i \cdot U_j \tag{2-2}$$

这样,公司和公司之间的网络关系就可以用由 ρ_{ij}($i \in N, j \in N$)构成的 $N \times N$ 的方形矩阵来描述,令这个矩阵为 M。M 矩阵的第 i 行第 j 列的元素为 ρ_{ij}。各元素的取值范围为 $[0-1]$。随着公司每年更新其产品描述,M 随着时间而变化。因此写为 M_t。

当公司 i 和公司 j 具有更多相同的专用词汇时,它们在相同位置(对应为同一个词语)出现 1 的情况增加,这时余弦相似性 ρ_{ij} 增加。

这个方法也称为余弦相似性(cosine similarity)方法(Sebastiani,2002)。它测度的是单位圆上两个向量之间角度的余弦。这个单位圆也表示了这样的一个市场空间,所有同期公司都位于这个 W 维的单位圆上,具有唯一的位置。余弦相似性在信息处理中有非常广泛的应用,它数学性质良好,经济含义明确,对计算力的负担压力不大,易于重复和扩展。归一化的处理方法自然地控制了文本长度。

一旦有了这个数据基础,就可以对公司间的业务相似性、行业分类、公司年度间的业务变化等有意义的现象进行进一步深入的研究。

第四节 内部信息和外部信息

按照来源,财务信息可分为内部信息和外部信息两类。内部信息指从公司内部获得的财务信息,主要包括公司的财务报告。外部信息是从公司外部获得的信息,如国家宏观政策信息、同业竞争者信息和行业上下游信息等。外部信息可以作为评估目标公司的标准。充分利用内部信息与外部信息,做好同行业的比较,有助于正确认识公司现状。

一、内部信息

公司的内部信息包括会计信息、统计信息、业务信息以及计划和预算信息等。其中会计信息包括财务会计信息和管理会计信息。

对上市公司而言,有义务披露其财务信息。上市公司财务信息的披露应该满足财务信息的六个披露要求,即真实性、合法性、及时性、公正性、可比性和完整性。

（一）真实性

财务信息披露的真实性是依照《公司法》《证券法》等相关法律规范和监管部门要求，对上市公司财务信息披露的最基本要求，也是资本市场持续稳定发展的关键，只有以客观事实为依据，准确无误地反映公司的经营与财务状况，才能发挥信息披露的作用。如果信息失真，会伤害投资者、债权人、社会、国家以及公司自身的利益，对资本市场产生恶劣影响。

（二）合法性

财务信息披露的合法性是指上市公司披露财务信息时应当按照相关法律法规进行规范性披露，符合信息格式要求，同时遵循法律规定以保障市场公平，便于投资者等财务报告使用者理解使用。

（三）及时性

财务信息披露的及时性是指上市公司必须遵守法律对财务信息披露的时间性要求，不得提前或延后，要及时将财务信息传递给使用者，便于其及时使用和决策。

（四）公正性

财务信息披露的公平性指上市公司及其他信息披露义务人应当同时向所有投资者公开披露信息，以使所有投资者平等获悉同一信息，不得私下提前向特定对象单独披露、透露或泄露，保证信息的整体市场对称。

（五）可比性

财务信息披露的可比性指信息披露应遵循一定的标准，以保证信息的横纵向比较具有意义。具体而言，即同一公司不同时期、或同一时期不同公司的类似事项信息应采用一致的口径、形式等标准，从而使信息的比较作用完全发挥，使用者可以充分利用信息。

（六）完整性

财务信息披露的完整性是指为达到公正，反映上市公司经济事项及其影响所必要的信息都应充分提供，并使财务报告使用者易于理解与决策。完整性披露一要全面，二要适当，三要有效。

上市公司的财务信息披露的内容包括招股说明书和上市公告、定期报告和临时报告。上市公司所被要求披露的信息只是其所有内部信息中的一部分。内部信息和要求披露的信息的关系如图 2-1 所示。信息源的公司与信息末端的外部投资者存在不对称。因此，

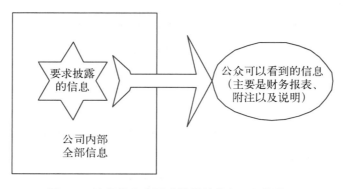

图 2-1 内部信息和要求披露的信息之间的关系

相关机构应加强对信息供给方的监管约束,尽可能从信息源头降低信息不对称性,抑制造假的可能;同时,信息接收方也需要保持警惕,全方位检查信息是否存在造假情况。

财务分析的最主要资料是公司定期报告,其中以年报为主。一份年度报告的篇幅有数百页,包括重要提示、公司基本情况、会计数据和业务数据摘要、股东变动和股东情况、董事、监事和高级管理人员、公司治理结构、股东大会情况简介、董事会报告、监事会报告、重要事项、财务报告等内容,内容涉及财务、战略、金融市场、税收、公司治理等,非常丰富,需要花时间仔细阅读。

可以从每个部分占用的篇幅看出其相对重要性。财务报告之前的几个部分一般只有几十页,而财务报告一个部分就占据了此后至末尾所有的篇幅,可见前面的部分主要是为了帮助更好地理解财务报告,财务报告是年报的重点。

建议通读"财务报告"之前的内容。在此基础上,重点阅读"董事会报告"。这个部分体现了公司管理层对经营状况、行业发展和竞争格局的重要看法,包含了大量有用的信息。

财务报告部分包含四张报表:资产负债表、利润表、现金流量表和股东权益变动表。资产负债表主要提供公司在某一特定时点所拥有的全部资产、负债和所有者权益的存量及其结构,有助于了解某一时点上各类资产和负债的规模、结构及其数量对应关系。利润表主要提供公司在某一特定期间内所实现的利润或发生亏损数量,帮助理解公司的盈利能力和经营状况及可能亏损问题。现金流量表反映公司在某一特定期间内有关现金及现金等价物的流入和流出的信息,能够使管理者更清晰地了解净收益质量、取得和运用现金的能力、支付债务本息和股利的能力和预测未来现金流量。股东权益变动表,又叫所有者权益变动表,是反映构成所有者权益的各组成部分当期的增减变动情况的报表,用于全面反映一定时期所有者权益变动的情况,了解公司资本结构的变化。

财务报告中包含1—2页审计报告,而财务报表本身占用不到10页,之后则是"财务报告附注",可见附注是财务报告中最重要的部分,其重要性甚至可以超过财务报表本身。财务报表附注是为了便于财务报表使用者理解财务报表的内容而对财务报表的编制基础、编制依据、编制原则和方法及主要项目所做的解释和进一步说明。主要包含:不符合会计基本假设的说明。会计基本假设包括会计主体假设、持续经营假设、分期核算假设和货币计量假设,如果财务报表不符合其中任何一个假设,应加以说明。重要会计政策和会计估计,以及变更情况、变更原因及对财务状况和经营成果的影响。或有事项的说明,即基于稳健原则,充分披露或有损失。资产负债表日后事项的说明,包括资产负债表日后到审计报告日之前发生的重大事项。关联方关系以及交易的说明。重要资产转让和出售情况。公司合并、分立的信息。重大的投资和融资活动。财务报表中重要的明细资料等。

附注中需重点关注会计政策和估计、合并报表项目注释。对财务报告中的每个重要科目都应该对照着会计政策和估计部分和报表项目注释部分一一分析。即在财务报告中看到一个科目的数值(可通过垂直、水平等方法确认其是否重要),然后去"会计政策和估计"部分看其编制原则,而在"报表项目注释"部分仔细分析其明细。例如,在某公司的报表中观察到应收账款的比重和变化都很大,就需要先去"会计政策和估计"部分了解应收状况的相关会计政策,尤其是坏账提取方法等,然后去"报表项目注释"对应的部分研究应收账款的明细数据。这样才能对应收账款科目能有完整的认识。

与公司年度报告相比,招股说明书的信息披露得更为具体详细。招股说明书中较为重要的章节包括业务与技术、财务会计信息与管理层分析、募集资金运用与未来发展规划等。招股说明书会更注重成本说明和风险控制解读。分析师应充分阅读并理解该公司的主营业务和未来风险,以预测未来容量和潜力趋势。风险因素主要是发行人结合公司特点,从实际情况出发披露的可能对公司经营业绩、核心竞争力、业务稳定性以及未来发展产生重大不利影响的各种风险。分析师还可在其中找到后续分析重点。例如,公司评价自身上游重要成本品价格稳定,且未来有进一步下降的可能,那么在后续的财务分析中,分析师可重视上游消耗品成本拆解及价格预测。

临时报告主要关注公司突发性的重大事件,如收购、并购等。其中的会计资料用于解释说明事件可能带来的财务影响。与年度报告让股东了解经营情况的目的不同,临时报告的主要目的是防止少数人利用内幕交易牟取不法暴利。因此,临时报告虽发布频次不高,却具有重要的补充意义,应结合定期报告一起解读。

专栏 2-2

自愿性信息披露

自愿性信息披露是指除强制性披露的信息之外,上市公司基于公司形象、投资者关系、回避诉讼风险等动机主动披露的信息,如管理者对公司长期战略及竞争优势的评价、环境保护和社区责任、公司实际运作数据、前瞻性预测信息、公司治理效果等。

自愿性信息披露的内容包括:① 盈利预测信息。有关法规要求在招股说明书中披露盈利猜测外,定期财务报告则无要求。许多公司往往自愿披露盈利预测信息。② 价值或现行成本信息。一些国家在物价变动剧烈时曾采用现行成本会计,由于现行成本会计比较复杂,加之近些年来物价变动趋向平缓,许多国家将其改为鼓励披露。③ 社会责任、人力资源和环境保护信息。例如,职工告示、环境保护等信息有力地减少了外部对公司的误解,改善了公司的公共关系。④ 背景信息和经营性数据。目前没有要求国内的上市公司报告具体的经营数据和业绩指标,但有不少公司自愿提供了这方面的信息。⑤ 前瞻性信息。包括机会和风险、治理部门的计划、实际经营业绩与以前披露的机会和风险以及治理部门的计划的比较。

自愿性信息披露的主要特点是:公司自主性、内容多样性、形式灵活性、披露不确定性。此外,一些非上市公司也会自愿披露其财务报告内容。例如,华为公司自 2006 年开始在其官方网站(www.huawei.com)上进行自愿性年报披露。由于华为在行业中的重要战略地位,其年报发布一般会引起广泛的关注。

二、外部信息

公司的发展和外部经济环境紧密联系、息息相关。为了从全局和整体上把握公司,应该从外部多方收集信息。外部信息的来源包括外部审计部门、同行业公司、上下游行业公司、金融市场以及政府部门在内的各种和公司相关的微观信息和宏观信息。随着中国开放程度和国际化程度的增加,外部信息也包括国际市场相关信息,如图 2-2 所示。

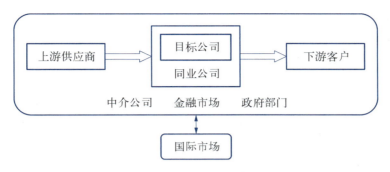

图 2-2 上市公司的外部信息

外部信息,尤其是国际市场信息对财务分析和公司价值的影响并不一定,需要结合内外多类信息具体分析。

例如,在俄乌战争背景下,由于俄罗斯的封锁,大量装载小麦、玉米等出口货物的船只被困乌克兰港口。乌克兰与俄罗斯均为全球小麦出口大国,年小麦出口量占全球出口总量的 30% 左右,战争前每月平均对外出口 450 万吨农产品。因此,俄乌战争导致全球市场上小麦涨价,粮食危机随时可能爆发。克明食品(002661.SZ)受原材料成本上涨影响,2021 年净利润仅 0.67 亿元,相对 2020 年的 2.93 亿元,骤降 77%。但到 2022 年,面对同样的上游成本压力,该公司净利润却大幅反弹至 1.29 亿元,同比增长 129%。究其原因,公司在小麦价格同比上涨的背景下,努力控制成本,优化产品结构,减少毛利低且下降的外销面粉产销量,策略性上调各系列产品价格,使得主营产品在 2022 年同比增长。因此,外部信息造成的影响并不确定,需要具体情况结合内部信息和应对措施分析。

(一)审计信息

审计信息是由会计师事务所提供的审计报告。审计信息虽然是外部信息,但必须在公司财务报告中给出。审计意见可分为"标准无保留审计意见""无保留+说明段的审计意见""有保留审计意见""否定的审计意见"和"无法表示意见"五类。

如审计师出具"标准无保留"的审计报告,就能为财务报告的可信度提供有力的支持。但这并不表示财务报告的数据就完全可信。2001 年,美国安然会计丑闻,通过关联交易制造虚假利润,当时著名会计师事务所安达信负有很重要的责任。

专栏 2-3

安然丑闻中的会计师事务所

美国安然公司曾经是世界最大的能源交易商,在 2000 年的总收入高达 1 010 亿美元,名列《财富》杂志"美国 500 强"的第七。但在 2001 年年初,人们开始对安然的盈利模式和现金流表示怀疑。到了 8 月中旬,对安然的疑问越来越多,并最终导致了股价下跌。11 月 8 日,安然被迫承认做了假账,12 月 2 日,安然正式向破产法院申请破产保护,破产清单中所列资产高达 498 亿美元,成为美国历史上最大的破产公司。

安然假账问题让其审计公司安达信面临着被诉讼的危险。当时,位列世界第五的会计师事务所安达信作为安然公司财务报告的审计者,既没审计出安然虚报利润,也没发现其巨额债务。据了解,安达信不仅为安然公司提供审计鉴证服务,而且提供价格不菲的咨询业务。安达信提供的咨询服务甚至包括代理记账。不仅如此,安然公司的许多高层管理人员为安达信的前雇员。这些情况严重地影响了安达信对安然公司进行审计工作时的独立性。这是安然丑闻发生的重要成因之一。

为了应对安然财务丑闻及随后的一系列上市公司财务欺诈事件所造成的美国股市危机,重树投资者对股市的信心,2002年7月26日,美国国会以绝对多数通过了关于会计和公司治理一揽子改革的《萨班斯-奥克斯利公司治理法案》(简称《萨班斯法案》)。四天后,布什总统在白宫签署法案。其中,最为重要的条款之一是404条款。该条款明确规定了管理层应承担设立和维持一个应有的内部控制结构的职责,要求上市公司必须在年报中提供内部控制报告和内部控制评价报告;上市公司的管理层和注册会计师都需要对公司的内部控制系统作出评价,注册会计师还必须对公司管理层评估过程以及内控系统结论进行相应的检查并出具正式意见。

显然,404条款对于公司内部控制情况作出严厉要求是为了使得公众更易于察觉到公司的欺诈行为,并确保公司财务报告的可靠性。而上市公司为了遵循该条款将付出沉重的代价,包括大量的时间和人力、财力的投入。于上市公司而言,404条款的实施是一个重要的举措,必须由公司董事、管理层、404项目小组、内审总监与其他人士积极监察和参与。

(二) 行业信息

行业信息包括行业的基本情况、行业的体量、行业的成长性、目前所处的发展阶段、主要竞争对手和主要竞争对手的市场份额等。其中,行业的市场规模数据十分关键。可以收集行业多年的市场规模信息,并计算年增速。例如,海天味业所在的中国调味品市场规模,2021年约为4 000亿元,比2020年增长了3%。该市场规模的历史数据如图2-3所示。

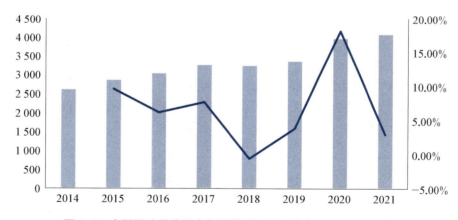

图2-3　中国调味品终端市场规模(亿元)和增速(2014—2021年)

考虑到我国2021年的GDP为114.92万亿元,调味品行业4 000亿元的市场规模占比并不大,增速也较低,看上去并不突出。但此行业与人们的日常生活息息相关,具有刚性需求和逆周期性。相比之下,我国房地产行业2021年市场规模约13万亿元,汽车行业约8万亿元,这些行业在整个经济中就比较重要,但也呈现出明显的周期性特点。

行业信息与战略分析的内容密切相关,下章再进行详细介绍。

（三）相关行业信息

相关行业是某行业的上下游相关行业。相关行业信息也非常重要。建议分析师明确公司所在的上下游公司，并绘制类似的行业产业链（见图2-4）、代表公司（见图2-5）和主要产品的发展现状（见图2-6），便于后面进一步的战略分析。

图2-4　我国调味品行业产业链

资料来源：公司公告，公开资料整理，德邦研究所

	复合调味品	酱油	醋	料酒	味精	鸡精/鸡粉	调味酱
中游	天味食品 颐海国际 日辰股份	海天味业 中炬高新 李锦记 加加食品 东古食品 千禾味业	恒顺醋业 保宁醋 紫林陈醋 水塔醋	老恒和 王致和 老才臣	莲花健康 梅花集团	太太乐 美极 豪吉鸡精 家乐鸡精	仲景食品 老干妈
	零售（30%）		餐饮端（60%）		食品制造企业（10%）		
下游	家乐福、大润发、永辉超市		西安饮食、同庆楼		休闲食品、速冻食品、方便食品相关企业		

图2-5　我国调味品行业产业链及代表公司

资料来源：易观智库

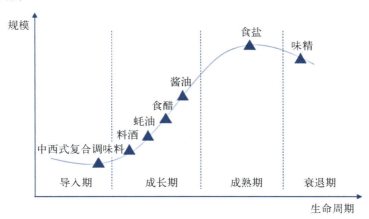

图2-6　我国主要调味品产品所在的生命周期

资料来源：艺恩咨询

(四)金融市场的信息

上市公司在交易所挂牌上市,因此金融市场尤其是股票市场的相关信息也十分重要。通过各种行情软件可了解该上市公司的股票价格和交易量等信息。图2-7给出了海天味业股票的交易前复权价格走势。

图 2-7 海天味业月 K 线图(2014 年 2 月—2023 年 2 月)

表 2-5 显示了和海天味业同处于调味品行业的其他公司的二级市场的交易情况。从总市值看,海天味业是唯一达到千亿元市值级别的公司,在规模上具有较大优势。

表 2-5 调味品行业二级市场概况(截至 2021 年 12 月)

代码	证券简称	收盘价	总市值（亿元）	市盈率 P/E（TTM）	近一月日均换手率	近一月涨跌幅
603755.SH	日辰股份	46.04	45.40	68.61	1.24	19.06
603170.SH	宝立食品	29.03	116.12	60.19	7.29	5.22

续　表

代　码	证券简称	收盘价	总市值（亿元）	市盈率 P/E（TTM）	近一月日均换手率	近一月涨跌幅
600873.SH	梅花生物	10.34	314.59	7.04	0.64	−3.09
603317.SH	天味食品	27.15	207.23	59.43	0.80	3.90
002495.SZ	佳隆股份	2.83	26.48	427.35	2.34	6.39
600186.SH	莲花健康	2.69	48.26	85.46	0.85	2.28
002650.SZ	加加食品	4.39	50.57	−53.22	1.11	0.46
600305.SH	恒顺醋业	12.97	130.08	93.78	1.59	6.92
600872.SH	中炬高新	38.05	298.84	37.64	2.48	−0.39
603288.SH	海天味业	79.75	3 695.48	55.74	0.13	0.01
002507.SZ	涪陵榨菜	26.62	236.29	25.28	1.62	1.14
600929.SH	雪天盐业	8.52	125.63	13.41	1.04	3.02
603696.SH	安记食品	9.80	23.05	89.84	1.60	1.87
603027.SH	千禾味业	24.84	239.82	86.62	1.64	11.09
002053.SZ	云南能投	12.60	116.01	34.13	0.75	0.96
300908.SZ	仲景食品	43.03	43.03	37.61	3.81	22.11
872022.NQ	味正品康	3.82	0.92	4.40	—	
870909.NQ	高更科技	10.38	3.23	18.43	0.00	37.12
838561.NQ	独凤轩	4.20	5.80	21.77	—	
834794.NQ	咸亨股份	8.83	6.99	22.38	—	
833936.NQ	百味佳	9.00	7.31	14.50	0.01	−46.01
832431.NQ	兴亿海洋	5.90	2.23	−29.40	—	
830915.NQ	味群食品	2.40	1.96	44.54	—	

资料来源：Wind

（五）政府部门信息

政府部门信息包括两个方面：一方面是行业的相关信息，另一方面是国家整体的宏观经济政策。政府部门信息对行业和公司的发展具有非常重要的作用。

我国目前正处于转轨阶段，相对于成熟市场，政府对经济的干预程度较高。但这种干预程度因行业不同而有所差异。对国计民生行业,如上游垄断行业,政府监管程度较高,而对竞争行业的管制程度则相对较低。

以调味品行业为例,调味品行业的行政主管部门为国家市场监督管理总局,食品安全标准由国家卫生健康委员会归口管理并发布;而中国调味品协会和各地调味品协会则作为行业内自律性管理机构负责行业自律管理。调味品制造行业发展政策提出部门包括中国调味品协会、国家市场监督管理总局和中华人民共和国商务部。调味品行业中各公司的产品和原料价格都受到国家相关政策的调控和相关机构的严密监管,以保障人民生活需求。

另外,国家宏观政策取向代表了国家对整体经济走势的期望和推动,也十分重要。在众多宏观经济数据中,CPI 与 GDP 数据最引人关注。其中,CPI 数据是国家确定宏观财政政策和货币政策的重要依据之一,直接影响着实体经济的繁荣与否,因此资本市场对其尤其关注。

(六) 国际信息

随着我国经济的开放程度日益增加,很多行业和公司的业务都与国际市场有着密切的联系。有的从国外进口原材料,有的则将产品销往国际市场。因此,国际市场的相关信息也十分重要。

国际信息包含主要国家行业相关信息、进出口情况和外商投资情况。其中,主要国家行业相关信息反映了该行业在全球范围内的发展潜力和未来潜力,对行业整体趋势分析有着重要作用。进出口情况一方面直接显示行业市场的分布情况及全球地位,从而可见公司经营与财务的稳健性;另一方面也与本国整体经济结构和未来发展部分相关。外商投资情况主要说明该行业在国际上的竞争优势和期望,反映出本国该行业的未来前景。国际信息应作为补充与其他内部信息结合分析。

以中美贸易摩擦导致的经济影响为例。这种影响根据公司的主要依存市场是否为美国而不同。2018 年 3 月 23 日,美国贸易代表处宣布将对中国 1 300 类产品征收贸易关税,并限制中国公司对美投资并购。当日,中国 A 股市场 99 家对美国市场依存较大的上市公司中,有 84 家股价显著下跌。其中电子、机械设备、纺织服装、家用电器、通信等对海外市场依赖较大行业受影响显著。根据 Wind 相关数据,以电子行业为例,224 家上市公司产品均出口海外,海外出口比例不可小觑。其中,深圳华强(000062.SZ)、华映科技(000536.SZ)海外营收占主营收入的比重超过 50%。这类公司就会受到较大影响。

第五节 财务信息的收集和处理

一、财务信息的收集

在对一个公司和行业进行研究的过程中,必须收集大量信息。那么去哪儿收集这些信息? 一般来看,信息来源主要包括下面三种,其中前两种为二手信息。

(一) 网站、报纸和期刊

可以到各证券交易所网站查找上市公司的定期报告和临时报告。根据上市公司所属的不同交易所,可在各交易所的官方网站上搜索历年报告,国内主要交易市场的网站有上海证券交易所(www.sse.com.cn)、深圳证券交易所(www.szse.cn)、北京交易所(www.bse.cn)和香港联合交易所(www.hkex.com.hk)。世界交易所联合委员会(www.world-exchanges.org)则提供各个国家的主要交易所网站链接。

此外,在国内外各财经网站上也有大量公司和行业的信息。国内相对权威可靠的财经网站有:第一财经网站(www.china-cnb.com)、新华网(www.xinhuanet.com)、东方财富网(www.eastmoney.com)、财新网(www.caixin.cn)、和讯网(www.hexun.com)。国外财经网站有:雅虎的金融板块(finance.yahoo.com)、标准普尔(www.standardandpoors.com)、商业周刊的投资者网站(www.businessweek.com/investor)、华尔街日报(www.wsj.com)、晨星(www.morningstar.com)、路透(www.investors.reuters.com)等。

政府行业主管部门和信息发布部门则主要提供法律法规、宏观政策、宏观经济数据等宏观及行业信息。我国政府网站如国家统计局官网(http://www.stats.gov.cn)、中国证券监督管理委员会(http://www.csrc.gov.cn)、证券业协会(https://www.sac.net.cn)、中国海关总署(http://www.customs.gov.cn)等提供实体经济、货币政策和资本市场等多类公开数据;美国类似信息来源有美国证券交易委员会(www.sec.gov/degar.shtml)、美国财务会计标准委员会(www.fasb.org)等。

各种财经报纸和期刊也有大量上市公司的信息,包括《上海证券报》《中国证券报》《证券时报》《第一财经》《华尔街日报》《财经》和《经济观察》等。

现在不少金融自媒体也提供丰富的财务信息。例如,各家大型咨询公司的公众号会提供部分咨询公司内部调查得出的公司数据。不少商业杂志在自己的公众号上会分享国内外公司采访调研的独家信息。还有不少金融研究者自己建立的微信公众号或博客,分享各类信息。分析师可以根据自己的偏好予以关注。

(二) 金融数据库

针对投资者或学术研究的上市公司数据库也是重要的数据来源。这些数据库大大提高了投资者和研究者展开财务分析的效率。

"Compustat"是美国著名的信用评级公司标准普尔(Standard & Poor's)的数据库产品。数据库收录有全球130多个国家中的近10万多家上市公司及北美地区公司的资料,收录北美及全球近20年上市公司之财务数据,另外亦提供北美回溯版,提供400家公司自1950年以来的财务资料。

国内值得推荐的金融数据库包括Wind、CSMAR、Choice和iFind等。利用这些数据库,投资者或者研究者可以及时、快速且批量提取财务信息,提高研究效率。图2-8为Wind数据库的界面。

(三) 一手信息

对分析师而言,一手信息可通过公司访问和市场调查得到。与二手信息相比,获取一手信息往往是专业分析师体现其独特优势的方式。

在进行公司访问时,应注意访问的技巧性,在访问前要做好充分准备,明确自己想了解什么,将问题罗列下来,要注意措辞,有条件的话可将问题提前发送给受访对象,有利于获得更充足具体的信息。在实地走访的时候,也可以留心公司的环境,从不同侧面了解该公司。

市场调查也是获取财务信息的有效途径,可参考本章案例分析。

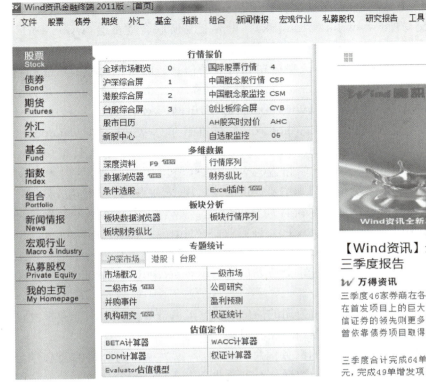

图 2-8 Wind 数据库界面

二、信息的处理

当处理某行业和公司的相关信息时,一般会遇到以下两个突出的矛盾。

一是信息太多,时间和精力却是有限的。进入互联网时代后,人们第一次实现了信息的高度流动和实时分享。人们遇到的问题不再是信息太少或找不到信息,而是信息太多。来自各方面的信息中掺杂了很多噪声,分析师没有足够的精力和时间去消化和掌握所有信息,人们的关注度反而成了瓶颈。

二是不同信息中的观点之间可能发生冲突。官方和权威的信息发布以及各种自媒体一起构成了人们的信息环境。每个人都可以在各种信息平台上发布各种信息,因此必然产生信息之间的观点冲突。

那么应该如何对待这两个矛盾呢?

首先,要学会在多如牛毛的信息环境中排除噪声,抓住主要矛盾,也就是影响公司战略和发展状况的重要影响因素,这就需要分析人员的眼光和判断能力。在股票市场中,那些已经达成共识或没有不确定性的因素不会引起关注,这些因素已经反映在股票的当前价格中,不会对股票价格形成影响。只有那些存在不确定性的、人群之间看法存在严重分歧的因素才会实质性地影响股票价格,这就是主要矛盾。这样,对信息的高效筛选和正确解读成为分析师至关重要的能力。为了培养信息筛选能力,分析师需要掌握高效的信息处理方法,学会将繁杂发散的信息归类整合,养成定期浏览各类财经信息的习惯,保持对所选择的行业和公司的相关信息的关注度和敏感度。甚至,建立自己的实时更新的知识库和分析框架,建立信息与信息之间的联系。新信息进来后,要与自己的知识库进行比较和融合,同时,也应不断提升商业理解力和洞察力,培养自己的独立逻辑判断和思辨能力。这需要进行重复的预判和复盘。这是一个长期不懈的自我修养过程。在经历长时间的积累后,将逐渐学会识别信息,在众多信息中提取真正有用的信息。

其次,在阅读相关信息时要注意区分"事实"和"观点"。事实是客观存在的,是每个人形成自己的观点的基础。观点是主观的,对同一事实,不同的人的观点各有不同。例如,在第一章的重庆啤酒案例中,可以观察到的事实是公司在进行乙肝疫苗研发,而观点则是人们对乙肝疫苗成功的概率以及如果成功后的市场前景的判断。当时,大多数投资者的观点过于乐观,事后被证明是错误的。所以,处理信息时,非常关键的一步是区分信息类型,接受事实部分,但对观点部分不能完全接受,而只能作为借鉴和反思的素材。尤其要关注并对比那些相冲突的观点,了解它们背后的假设和逻辑推理过程,找到冲突的原因。

再次,分析师应该全面了解事实,尽量保持分析过程的无偏和公正。有的分析师先有看多的观点,然后再收集数据,这就很容易趋向于收集和罗列支持其观点的信息而忽略反向证据。以汽车行业为例,如果分析师希望通过中美两国人均汽车保有量来看中国汽车行业的发展空间,就会以中国人均汽车保有量远低于美国为由,试图证明中国汽车行业有巨大的发展潜力。但是,他们忽略了中国的环境压力、人口数量和道路压力等负面因素。片面地选择支持自己结论的信息,可能会造成决策失误。

最后,培养独立思考和批判性思考的能力。投资要保持独立思考和判断,甚至是逆向思维的能力,时刻保持理性思辨,千万不可人云亦云。对于那些过于乐观或悲观、主观武断以及集体性一致等极端偏激的观点要尤其担心。无论接受何种信息,都应当始终带着批判性思维对下列问题进行辩证思考:数据来源可靠吗?观点的前提和假设成立吗?逻辑推导过程有漏洞吗?事情真的是这样的吗?事情的发生有没有可能其他原因?问题的解决有没有其他办法?

对于收集来的信息,可以按照不同的类型和来源分类,逐渐日积月累,就可能成为研究某个公司乃至某个行业的专家。从事金融投资工作是一个长期学习和积累的过程,基本面因素和市场因素随时变化,永远有需要不断学习和理解的新现象、新规律出现。所以准备进入金融市场的学生需要做好持续学习的准备,保持好奇和开放的心态,才能更好地适应未来市场的需要。

案例分析

伊利股份(600887.SH)的市场调查

本案例主要展示了使用线下和线上两种方式进行市场调查的方法。标的公司为伊利股份。主要目的是研究伊利股份和其竞争者的产品市场占有率和竞争状况。线下调查的范围为复旦大学周边的超市;线上调查的范围为主要电商平台和黑猫投诉平台。

一、线下调研

(一)调研方法及目的

通过实地调研,获取伊利与其可比公司的主要产品在各地区不同商超的货架占有率情况,并从不同角度进行对比,展开市场占有率分析,分析竞争格局,结合各公司在年报、公告等公开信息中披露的渠道建设方向的战略,判断各公司经营战略是否与实际相符。

(二)调研过程示例

1. 确认调研范围并分工

提前了解各街道区域商超分布情况,对各成员负责点位进行划分。

2. 现场沟通并拍摄照片

在调研前同商超现场相关负责人沟通,取得同意后拍摄相关货架图片留存。主要拍摄点位为常温奶区、冷藏鲜奶区和雪糕冰柜区(见图2-9)。

(1) A超市常温奶区　　　(2) A超市冷藏鲜奶区　　　(3) A超市雪糕冰柜区

图2-9　线下调研实拍照片

注:实地调查数据来源均为上海市杨浦区五角场街道,调研时间为2022年11月8日。

3. 归档储存

在线下走访调研结束后,将图片资料进行分类存储。

4. 计数形成原始数据

对图片中伊利、蒙牛、光明、君乐宝等产品进行分类计数,记录样本数据搜集时间,形成原始数据(见表2-6)。

表2-6　A超市原始数据统计

产品类型	伊利	蒙牛	光明	君乐宝	求和
常温奶	5	10	8	0	23
酸奶	11	4	0	12	27
鲜奶	9	0	0	0	9
冰激凌	15	0	0	0	15

注:在样本区域中,主要研究伊利、蒙牛、光明、君乐宝这四类品牌的市场竞争力,线下调研中计算的市场占有率均为相对市场占有率。

5. 数据标准化处理

个别超市难以辐射到较大消费人群,且在其货架上可能陈列过多某类产品,若直接对初始数据按品牌和产品直接进行简单求和,无法对各品牌和产品的市场竞争地位形成有效比较。故对不同商超,综合考虑品牌、地段、店铺面积大小等进行权重配比。同时对赋予分类标签,如地段、大商超/小零售店、连锁/非连锁等,以便在后续数据透视中进行进一步分析(见表2-7)。

表 2-7　对不同商超进行权重配比并赋予特征标签

调研商超	权重配比	是否连锁
A 全家便利店	1	连锁
B 学生超市	1	非连锁
C 全家便利店	0.2	连锁
D 学生超市	2	非连锁
E 路全家便利店	1	连锁
F 全家便利店	1	连锁
G 罗森便利店	0.8	连锁
H 生活便利店	0.3	非连锁
I 罗森便利店	1	连锁
J 新购乐超市	0.3	非连锁
K 地铁站全家便利店	1.5	连锁
L 超市食品市集	1	非连锁
M 广场第一食品	1	连锁
N 广场盒马超市	2	连锁

在数据统计表中,对数据进行一致的标准化处理形成各品牌各产品市场份额指数(见表2-8)和相对市场占有率。

伊利常温奶市场份额指数:

$$YL_{RTMindex} = \sum w_i \times \left(\frac{YL_{RTMi}}{N_{RTMi}}\right) \tag{2-3}$$

伊利常温奶相对市占率:

$$YL_{RTMms} = \left(\frac{YL_{RTMindex}}{YL_{RTMindex} + MN_{RTMindex} + GM_{RTMindex} + JLB_{RTMindex}}\right) \tag{2-4}$$

其中：$YL_{RTMindex}$ 为伊利常温奶市场份额指数，w_i 为第 i 家商超的配比权重，YL_{RTMi} 为第 i 家商超中伊利品牌常温奶数量，N_{RTMi} 为第 i 家商超伊利、蒙牛、光明、君乐宝四类品牌常温奶总数。

表 2-8　样本区域四类品牌市场份额指数

产品类型	伊利	蒙牛	光明	君乐宝
冰激凌	2.954 5	0.500 0	0.545 5	0.000 0
常温奶	4.072 8	4.611 4	1.415 8	0.000 0
酸 奶	5.875 8	2.030 1	4.694 2	1.499 9
鲜 奶	1.577 7	0.812 6	7.984 0	2.925 7
合 计	14.480 8	7.954 2	14.639 5	4.425 5

由此指数可以进一步计算出样本区域四类品牌主要产品相对市场占有率（见表 2-9 和图 2-10）。

表 2-9　样本区域四类品牌分产品市场占有率

产品类型	伊利	蒙牛	光明	君乐宝
冰激凌	73.86%	12.50%	13.64%	0.00%
常温奶	40.32%	45.66%	14.02%	0.00%
酸 奶	41.67%	14.40%	33.29%	10.64%
鲜 奶	11.86%	6.11%	60.03%	22.00%
合 计	34.89%	19.17%	35.28%	10.66%

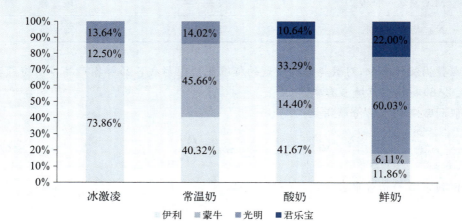

图 2-10　各品牌分产品相对市场占有率

6. 数据透视分类统计

为进一步分析,在原始数据统计大表中不同类型商超已被赋予"连锁/非连锁"标签,可以计算样本区域四类品牌市场份额指数,如表2-10所示。

表2-10 样本区域四类品牌市场份额指数

商超性质	伊利	蒙牛	光明	君乐宝
非连锁	5.621 8	3.304 2	5.170 6	3.103 4
连锁	8.859 0	4.650 0	9.468 9	1.322 1
合计	14.480 8	7.954 2	14.639 5	4.425 5

由此指数可以进一步计算出样本区域四类品牌主要产品相对市场占有率,如表2-11所示。

表2-11 样本区域四类品牌分商超性质市场占有率

商超性质	伊利	蒙牛	光明	君乐宝
非连锁	32.68%	19.21%	30.06%	18.04%
连锁	36.46%	19.14%	38.97%	5.44%
合计	34.89%	19.17%	35.28%	10.66%

7. 综合分析

综合来看,在调研样本区域内,光明乳业的相对市场占有率为35.28%,略高于伊利股份的34.89%,其次是蒙牛乳业的19.17%和君乐宝乳业的10.66%。

按产品进行拆分,可以看出光明乳业的高市占率主要来自鲜奶业务(60.03%),这主要得益于区域性乳企在样本所在地的奶源、交通物流、冷链运输、区域性渠道合作关系等方面的优势,同时也和该区域居民消费能力较强、追求更高生活品质有关。伊利股份的冰激凌、雪糕类产品,在四类品牌中遥遥领先,并且酸奶品类的相对市占率(41.67%)也高于区域性乳企龙头光明乳业(33.29%),酸奶的消费者以年轻群体为主,伊利在这方面的优势主要来自多个热门节目赞助和其他广告投入。

从不同商超性质来看,伊利、蒙牛、光明在调研区域内连锁和非连锁商超中的相对市占率水平基本保持一致,但是君乐宝在连锁商超中的占有率5.44%明显低于非连锁商超的18.04%,可能是因为知名品牌头部乳企同连锁品牌商超保持更加紧密的渠道合作关系,但也不排除因样本较少而导致的偏差。

本次调研也存在局限性,主要包括在调研沟通过程中可能存在较大阻碍;人工计数方式不够准确,易存在偏差;调研样本较少,得到的数据属于截面数据。

后期可以进一步,用同样的方法对某区域展开周期性常态化调研,并进行纵向的对比,观测在该区域市场消费终端需求的变化。另外,亦可以在全国发展程度不同的区域,选择有代表性的市(区)、县、街道(镇)商超展开调研,进行横向比较,以分析乳制品消费的地区不同情况,以及不同公司品牌在渠道建设布局方面的战略差异。

二、线上调研

(一) 电商平台

1. 调研方法及目的

在各电商平台,搜集伊利及其主要可比公司旗舰店主要产品销售情况、粉丝数量及综合评分数据,这在一定程度上反映各公司在线上销售渠道建设成效及品牌号召力。

2. 调研过程

(1) 在主要电商平台天猫、京东和拼多多,找到品牌官方运营的旗舰店或自营店,记录数据统计时间,各平台店铺粉丝数量、主要商品销量、评分情况等数据(见图2-11)。

(1) 伊利天猫旗舰店　　　　(2) 伊利京东自营店　　　　(3) 伊利拼多多官方店

图 2-11　电商平台伊利旗舰店或自营店截图

注:数据统计时间为2022年11月9日。

(2) 将各平台主要品牌数据汇总整理,如表2-12所示。

表 2-12　电商平台主要乳制品公司店铺粉丝数　　　　(单位:万元)

平台	伊利	蒙牛	光明	三元	新乳业	君乐宝
天猫	428.9	524	67.8	130.6	46.4	296.3
京东	4 078.6	3 797.7	196	998.8	2.5	576.8
拼多多	81.5	7.34	30.1	6.53	7.3	22.3
合计	4 589	4 329.04	293.9	1 135.93	56.2	895.4

注:数据统计时间为2022年11月9日。

(3) 进行比较分析。

在我国乳制品行业竞争格局中，伊利和蒙牛居于双寡头地位，品牌知名度、渠道建设优势明显，其粉丝线上销售平台粉丝数量也显著高于其他品牌。

3. 局限性

无法验证线上平台各品牌店铺粉丝数量、销售量、评价的真实性，仍存在雇水军刷好评或恶意评价竞争对手、购买虚假粉丝等不正当行为可能。

(二) 线上投诉平台

1. 调研方法及目的

搜集伊利及其主要可比公司被投诉的频次及类型，从产品质量、物流、客服沟通等方面进行对比，分析各公司回应消费者关切的及时性及有效性，这是判断公司是否容易发生食品安全等危机的一个指标，也是公关能力的一个侧面体现。

2. 调研过程示例

(1) 以黑猫投诉平台（tousu.sina.com.cn）为例，依次搜索伊利、蒙牛、光明、君乐宝、三元、新乳业，找到其主品牌和子品牌下的近 30 天投诉和累计投诉、已回复、已完成、满意度情况（见图 2-12）。

(1) 伊利累计投诉情况

(2) 蒙牛累计投诉情况

(3) 君乐宝累计投诉情况

图 2-12 黑猫投诉平台的投诉情况截图

注：数据统计时间为 2022 年 11 月 22 日。

(2) 数据整理并制表汇总。

因不同品牌市场销售情况差异较大，直接对比累计投诉量难以反映产品的相对品质和售后服务等情况。故而用营业收入作为分母进行调整，计算投诉量与销售收入比，如表 2-13 所示。

表 2-13 黑猫投诉平台各品牌情况

项　　目	伊利	蒙牛	光明	君乐宝	三元	新乳业
近 30 天投诉量	10	44	12	34	9	3
累计投诉量	1 159	2 379	579	552	154	71

续表

项 目	伊利	蒙牛	光明	君乐宝	三元	新乳业
累计完成	990	1 895	552	497	15	20
累计回复	1 152	2 378	579	539	22	23
回复率	99.40%	99.96%	100.00%	97.64%	14.29%	32.39%
完成率	85.42%	79.66%	95.34%	90.04%	9.74%	28.17%
营业收入(亿元)	1 101.44	881.41	29 206	203	77.31	89.67
投诉量与营业收入比	1.05	2.70	1.98	2.72	1.99	0.79
平台满意度	5	4	4	4	4	4

注：财务数据来源为 iFinD，其他数据来源黑猫投诉平台，投诉内容主要为产品质量、虚假宣传、物流服务、客户服务；数据统计时间为2022年11月22日。

(3) 进行比较分析。

从投诉量与营业收入比综合来看，该比值越大说明该品牌在产品质量、售后服务等方面越薄弱。新乳业0.79排在第一位，但是区域性乳企其在消费者群体中关注度不够高、数据量较小，可能和实际情况存在偏差，且其回复率仅有32.39%，说明公司在该平台上对消费者关切的回应不够及时有效。伊利该比值为1.05，明显低于蒙牛的2.70，在投诉问题解决的完成率上亦高于蒙牛，可以看出伊利在消费者群体中满意度更高，回应消费者关切及时有效。

调研可能存在的局限性在于，一个投诉平台不一定能反映整体情况。此外，还有很多消费者可能不会通过线上渠道进行投诉，同时也不能排除存在竞争对手恶意投诉的可能。

本 章 小 结

本章首先介绍了财务信息的要求和分类，包括一手信息和二手信息、实际信息和标准信息、定性信息和定量信息、内部信息和外部信息。标准信息包括经验标准、历史标准、行业标准和预算标准。定性信息占比很高，文本分析方法为定性分析提供了新的可能。内部信息是从公司内部获得的信息，包括公司的财务报告；外部信息是从公司外部获得的信息，可以作为比较的基准。在此基础上，进一步介绍财务信息的收集与整理的实用方法，可以通过网站、报纸、期刊、数据库和一手调研获取各类数据。

关 键 词

财务信息失真、一手信息、二手信息、实际信息、历史标准、行业标准、定量信息、定性

信息、结构化数据、词袋法、字典、内部信息、外部信息、产业链、数据库、事实和观点、线下调研

思 考 题

1. 确定你所选择公司的行业,并找到其同业公司。不同的行业分类都可以,但是不能太大,否则就可能不具有可比性。可以在上市公司中选择3—5家同类公司,构成一个小的资产组合;在这3—5家公司所构成的行业中,选择出一家你认为最好的公司,那么这种方法就是目前基金管理公司喜欢采用的"从上到下"的方法。选择同业公司的要求:它们和目标公司销售同类产品/服务,与目标公司之间存在直接的竞争关系。
2. 开始着手收集公司的外部信息,包括同行业公司信息、相关行业信息、相关宏观政策信息、相关消费群体信息。这个信息收集和整理的工作可能需要一段比较长的时间。
3. 如何对管理层讨论与分析文本的情绪进行测度?

第三章

战 略 分 析

> **学习目标**
> 1. 战略分析的基本概念
> 2. 外部环境、公司战略、公司活动和财务分析的关系
> 3. 宏观 PEST 四因素分析
> 4. 行业分析的主要方法
> 5. 公司使命、愿景和价值观在公司战略中的地位
> 6. 公司的主要竞争战略

战略分析是对公司经营状况的一种全局性分析,内容十分丰富。本章仅从外部财务报表分析的需要出发,重点对公司所处的宏观环境、所在的行业和公司的商业模式进行分析。

第一节 战 略 分 析

一、战略分析的基本概念

战略分析是财务分析的重要起点。通过战略分析,人们能理解公司的经营模式,也才能将后续的财务报表分析建立在对公司现实状况的基础上。首先需要了解几个概念。

(一) 公司战略

公司战略指公司根据所处的环境,为了获取核心的、持续性竞争优势而采取的各种行动。战略是公司根据自身所处的经济环境而制定的,因此对公司的经营环境的深入理解非常重要,经营环境是公司利润和风险的来源,决定了公司的发展前景。

(二) 竞争优势

当一个公司实施的战略不能被竞争对手复制,或因为成本太高而无法被模仿时,它就获得了竞争优势。应该注意,任何竞争优势都有时间限制,竞争优势不会永远持续。

(三) 超额回报

具有竞争优势的公司能获取超额回报(above-average returns)。超额回报是指一家公司的利润比投资者预期能从其他相同风险的投资中所获得的平均回报(average returns)多出的利润部分。超额回报一般以会计数据来计量,如资产收益率、净资产收益率,也可用股票市场收益来衡量。不具备竞争优势的公司则仅能获得平均利润回报。如果公司无法获取平均利润,长期来看投资者会撤离资金转向其他公司,以期获得平均利润。

（四）竞争者

竞争者(competitor)是指在相同的市场中运行,提供类似的产品,其目标客户群也类似的一组公司。例如,海天、李锦记、千禾味业、中炬高新和加加食品等都是我国调味品行业的竞争者,它们都向中国消费者提供调味品。公司和其竞争者在同一个市场中竞争,试图获得超额回报。

（五）竞争型对抗

竞争型对抗(competitive rivalry)是指竞争者为获取有利的市场地位所采取的竞争性行动以及随之产生的竞争型反应。在一个高度竞争的行业内,当公司采取战略性行动并对竞争对手的行动作出反应和反击时,它们就在进行排他性竞争以获取优势。

公司的战略在本质上是动态的而非静态的。一个公司所采取的行动会引起其他竞争者的反应,而这些反应又会导致最初采取行动的公司作出反应,这就构成了竞争动态(competitive dynamics)。

（六）慢周期市场与快周期市场

慢周期市场(slow-cycle market)是指这样一类市场,在这类市场中公司的竞争型优势无法被模仿,模仿需要较长时期,而且代价昂贵。医药制造行业就是一个典型的例子。美国的专利法和规章制度要求食品和药品管理局(FDA)用专利来保护那些专利发明者的优势地位,专利发明者可在较长时间内享有竞争优势,在专利保护期结束后,由于竞争者的进入导致药品价格下降,公司超额回报减少,最终为零(见图3-1)。

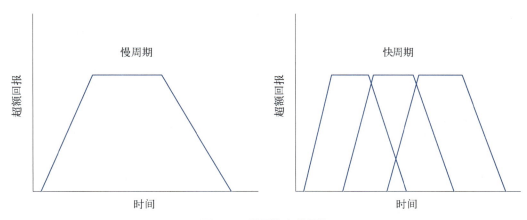

图3-1 慢周期和快周期

在快周期市场(fast-cycle market)中,公司竞争优势很容易被竞争者以较少的代价快速模仿。个人电脑制造业就是快周期的一个典型例子。在快周期市场中,新产品价格下跌非常快。公司须迅速创新产品,不断更新换代。在前一个竞争优势还没有完全被侵蚀之前就投入下一个竞争优势建设的公司,才能保持连续的竞争优势。

（七）战略与战术的区别

战略的管理层次高于战术,战略通常由公司和集团层面制定,而战术制定通常落实到各区域或各个职能部门。战略是公司长期努力的方向,不轻易改变,而战术配置的周期相对较短,以年度或月度计(见表3-1)。举例来说,公司定位于什么行业、必须具备什么样的关键竞争力、如何应对竞争者属于战略问题;如何缩短送货时间、销售折扣定多大、如何激励销售人员属于战术问题。

表3-1 战略与战术的区别

	战略 strategy	战术 tactics
管理层次	高管,董事会	中层,职能部门,地区
资源配置	公司,集团	区域,部门
时间	长期	年度,月度
风险	如果不成功,公司可能面临生存问题	有限

(八)市场竞争格局

公司需要根据自身的竞争优势及市场竞争格局,制定相应的竞争策略。如果公司缺少特殊的竞争优势,则公司面临的市场往往参与者众多,竞争激烈,超额回报不高,此时公司应着眼于内部经营效率的提升。

如果公司具备一定的竞争优势,则观察行业内的主导公司数量。若行业内有少数竞争者(小于10家)且以其中2—3家为主,则公司需要进行费心的战略管理(见图3-2),如价格竞争、进入-产量策略和与寡头合作谈判等,以确保自己的竞争优势能够持久。如果行业为完全垄断市场,即只能容纳一家主导公司,如果公司无法成为该公司则应考虑退出,反之则能够独享行业利润,但现实中这一情形可能会受到反垄断政策的审查。

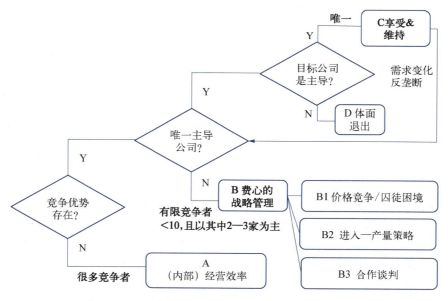

图3-2 公司根据自身优势与市场竞争格局制定策略

(九) 竞争者数量与烈度

行业的竞争烈度通常与竞争者数量有关。如果只有两个主要竞争者，几乎很少出现恶性竞争，两个主要竞争对手会在各自领域保持和对手的平衡。随着竞争对手数量增加，竞争激烈程度逐渐增加。若行业内竞争者超过 10 家，市场竞争度一般较高（见图 3-3）。

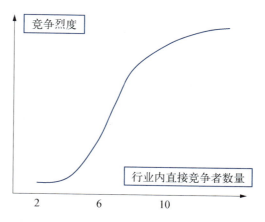

图 3-3　竞争者数量与竞争烈度的曲线关系

二、外部环境、公司战略、公司活动与公司财务之间的关系

从图 3-2 可知，公司战略在很大程度上受到外部环境的影响。公司根据所处的外部环境确定自己的战略，然后基于战略定位来展开自己的各种投资、融资与经营活动。这些活动通过会计信息系统记录下来，就是人们能看到的财务报告。

所以本课程的任务其实是通过阅读财务报告向上溯源去理解公司的投资、融资与经营活动，再向上一层去把握公司的外部环境、战略及公司产生价值的全部过程。如图 3-4 所示，公司经营是从上而下，按照外部环境→公司战略→公司活动→公司财务报表而展开的，而财务分析则是逆流而上，按照公司财务报表→公司活动→公司战略→外部环境的顺序反向推导的。

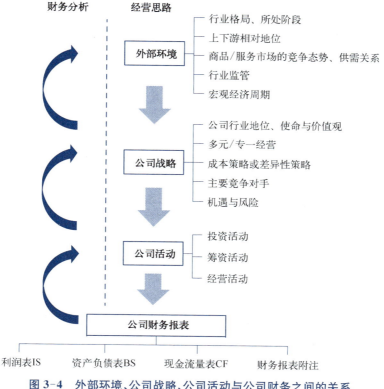

图 3-4　外部环境、公司战略、公司活动与公司财务之间的关系

三、战略分析的步骤

(一) 四个步骤

战略分析包括四个核心步骤：初步分析、外部分析、内部分析和综合评估。其中，初步分析是对公司的初步认识和判断；外部分析是对公司所处外部环境中的机会和风险的描述；内部分析是公司强项和弱点的列示；综合评估是将外部和内部分析的结果结合在一起进行评估。

本节将介绍初步分析，第二节和第三节介绍外部分析，第四节介绍内部分析，最后使用海天味业的案例来介绍综合评估。

(二) 初步分析

初步分析是对公司的初步认识和判断。在对公司的初步判断中，可主要考虑以下几个问题。

1. **主要产品（服务）和竞争者**

主要产品（服务）即公司生产的一系列相关产品（服务）。可关注这些产品的行业地位，以及这些产品相对于其他公司产品的优势和劣势。

海天味业主要从事调味品的生产，产品涵盖酱油、蚝油、酱、醋、料酒、调味汁、鸡精、鸡粉、腐乳、火锅底料等几大系列百余品种300多种规格。其竞争对手为国内外其他调味品公司，主要有中炬高新、李锦记、千禾味业、加加食品、恒顺醋业、莲花健康和龟甲万（日本）等。

2. **单一业务还是混业经营**

可从上市公司自己所宣称的范围确认公司业务。有时公司自己所声称的业务范围很大，但这并不一定意味着公司就是混业经营。比较可靠的办法是考察公司的营业收入结构。如果营业收入集中在一个行业，可以认为是单一业务公司。

中国证监会在对行业分类时明确规定，原则上以上市公司营业收入为分类标准：当公司某类业务的营业收入比重大于或等于50%，则将其划入该业务相对应的类别；当公司没有一类业务的营业收入比重大于或等于50%时，如果某类业务营业收入比重比其他业务收入比重均高出30%，则将该公司划入此类业务相对应的行业类别；否则将其划为综合类。

不少公司在发展主业的同时，也开展第二产业甚至是第三产业业务，这样就是混业经营。从投资角度考虑，公司需要集中精力来发展其核心竞争力，大多数具有竞争优势的公司都是从事单一业务。当然公司为了提高竞争力，可能向其上游或者下游扩展，这属于纵向混业经营。除了少数情况外，横向混业经营并不是一件值得赞美的事情。

在此，建议刚开始学习财务报表分析的读者选择单一业务公司。在海天味业的营业收入中，调味品的比重超过90%，因此海天味业是一个单一业务公司。

3. **垄断行业还是自由竞争行业**

一般而言，垄断行业进入门槛高，行业内公司可以获得超额回报。从投资的角度而言是一件好事，如电信行业、石油行业等。但并不是所有的垄断公司都可以获得超额回报。以我国电力公司和水务公司为例，其产品（水和电）价格关系国计民生，价格调整受到政府调控而不能按照需求定价，整体而言价格偏低，投资回报也较低。

自由竞争行业一般采用价格竞争的战略，导致营业利润很低，对投资者而言不是一件好事。但在自由竞争行业里,也有公司找到一个不容易被攻占的市场实施专门化战略,也可以获得超额回报。

4. 股东结构

股东结构是影响上市公司价值的重要因素。上市公司的股东结构在很大程度上决定了公司经营方式,也会影响融资的难易程度。一般而言,国有企业经营更加规范,在融资尤其是在银行贷款方面比民营企业有优势。但民营企业经营方式更灵活,创新的动力也更强。此外,还可以观察公司的股东结构中是否有较高的机构投资者持股。机构投资者,尤其是头部公募基金或国家队持股,是一个正面的信号。需要注意的是,如果有较高的"香港中央结算公司"持股,意味着公司受到香港市场的海外投资者的认可,一般也是一个正面信号。

从图 3-5 可以看出,持股比例为 58.26%的最大股东海天集团实际上是一个投资平台,其拥有的最有价值的资产是上市公司海天味业的股份,而海天集团的股东为 58 位自然人,几乎全部是海天现有及曾经的员工,包括目前的掌门人庞康。

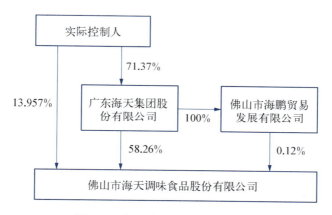

图 3-5 海天味业股东结构示意图

资料来源:公司 2021 年年报

从海天味业披露的公司股权结构来看,5 位一致行动人直接持有公司 13.957%的股份,同时掌握着 71.37%的海天集团股份。换言之,这 5 人掌握着海天味业总计 72.32%投票权以及 55.54%的股份所有权,是这家调味料巨头的实际控制人。除去 5 位实控人拥有的股份外,海天味业剩下的 44.46%的股份几乎也全是由自然人持有的,这意味着海天是一家 100%的民营企业(见表 3-2)。

表 3-2 海天味业前十大股东(截至 2021 年 12 月 31 日)

名次	股东名称	股份类型	持股数（百万股）	占总股本持股比例	增减（股）	变动比例
1	广东海天集团股份有限公司	流通 A 股	2 454	58.26%	不变	—
2	庞 康	流通 A 股	403	9.57%	不变	

续 表

名次	股东名称	股份类型	持股数（百万股）	占总股本持股比例	增减（股）	变动比例
3	香港中央结算有限公司	流通A股	281	6.67%	6 662 888	2.43%
4	程雪	流通A股	133	3.17%	不变	
5	黎旭晖	流通A股	71	1.69%	不变	
6	潘来灿	流通A股	65	1.54%	−33 500	−0.05%
7	中国证券金融股份有限公司	流通A股	40	0.94%	不变	
8	赖建平	流通A股	35	0.83%	不变	
9	黄文彪	流通A股	22	0.52%	不变	
10	吴振兴	流通A股	20	0.48%	不变	
	合计	—	3 525	83.67%	—	

资料来源：公司公告

5. 制造业还是服务业

公司属于制造业还是服务业。制造业提供的是有形产品，而服务业提供的是无形服务。制造业满足人们的"物质需求"，服务业满足人们的"精神需求"。我国具有人力资本的比较优势，成为世界制造大国，制造业公司非常多。

海天味业属于食品制造业中的调味品工业，属于制造业大类。

在我国目前发展阶段，金融服务业在资本市场中占据着非常重要的地位。金融服务业包括银行、证券和保险等金融机构。表3-3给出了我国沪深300指数的前10大权重的数据，可以看到，沪深300的前10大权重股中，金融服务业所占比重较高，此外新能源产业也占比较高。

表3-3 沪深300前10大权重股
2021年12月31日

序号	股票代码	股票简称	权重(%)	总股本（亿股）	总市值（亿元）	主营行业
1	600519.SH	贵州茅台	5.81	12.56	25 752.05	食品饮料
2	300750.SZ	宁德时代	3.71	23.31	13 705.41	电力设备
3	600036.SH	招商银行	2.72	252.2	12 284.59	金融
4	601318.SH	中国平安	2.46	182.8	9 215.07	金融

续　表

序号	股票代码	股票简称	权重(%)	总股本（亿股）	总市值（亿元）	主营行业
5	000858.SZ	五粮液	1.95	38.82	8 642.79	食品饮料
6	601012.SH	隆基绿能	1.68	54.13	4 665.97	电力设备
7	000333.SZ	美的集团	1.63	69.87	5 155.82	家用电器
8	300059.SZ	东方财富	1.38	103.66	3 835.6	金融
9	601166.SH	兴业银行	1.25	207.74	3 955.41	金融
10	600900.SH	长江电力	1.16	227.42	5 162.4	公用事业

资料来源：Wind

6. 在行业中处于上游、中游还是下游

要考察公司在行业中所占据的相对位置。根据"微笑曲线"（smiling curve）①，上游的研究和开发环节和下游的"零售终端"公司一般具有较高的利润，而中游的生产和组装环节公司的利润相对较低（见图 3-6）。

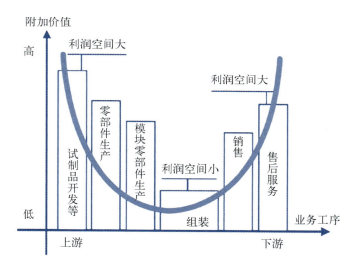

图 3-6　产业链的微笑曲线

专栏 3-1

彩虹曲线（武藏曲线）

微笑曲线提出后，随着宏碁集团的快速发展备受业界关注，成为很多公司的发展哲学。但随着时间的变化，人们发现微笑曲线出现失灵现象，因此有学者提出了"彩虹曲线"

---

① 宏碁集团创始人施振荣先生在 1992 年提出。

理论。

彩虹曲线最早被称为"武藏曲线",是日本索尼中村研究所所长中村末广根据自己在提高索尼电视机制造工厂的收益率的经验提出的。"武藏曲线"与"微笑曲线"的结论相反,是一条中间高两边低的拱形曲线,即加工组装环节的利润率最高,如图3-7所示。日本经济产业省在《2005年版制造业白皮书》中发布对394家制造业问卷调查的结果证明了武藏曲线的存在。组装加工环节盈利高的原因是该环节具有消减库存的生产调节能力所致。组装加工环节一边根据市场变化来生产所需的产品数量,一边根据价格变动中能以最低价采购零部件、原材料等而实现最低库存。由于制造环节可以同时观察到需求和供应两头,犹如日本古时剑客"宫本武藏"的二刀流武术,因此中村把此称为"武藏曲线"。

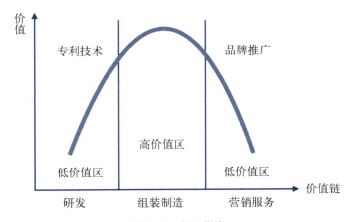

图3-7 彩虹曲线

"武藏曲线"并非否定"微笑曲线",只不过是产品及公司所处的经营状况而应该区别使用两种曲线来制定不同的经营策略。20世纪80年代以后,随着日元升值,日本产业界受基于微型计算机的业务流程与利润率的关系而描绘出的"微笑曲线"思维的影响,认为制造业的利润低于开发/设计及销售/售后服务等环节,因此把利润率不高的组装/加工环节大量迁移至人工及基础设施价格低廉的亚洲国家。但是,2000年后,公司开始反思。随着IT技术的普及,通过强化供应链生产管理和及时掌握市场需求,制造环节同样可以取得高额利润。特别是在产品特性上,各业务流程相互之间需要磨合、调整的行业,制造/加工环节取得高利润的可能性更大。日本汽车行业的制造环节的利润率更高。

之后,武藏曲线的说法被"彩虹曲线"所替代。人们发现,彩虹曲线和微笑曲线两者在应用场景上存在差异。一般而言,具有差异化优势、供不应求的产品所在的行业,更容易形成彩虹曲线。而在同质化或者供过于求的产品所在的行业,更容易形成"微笑曲线"。也就是说,在高端制造业会容易出现"彩虹曲线",在中低端制造业容易出现"微笑曲线"。

"重研发、营销而轻制造"的微笑曲线理论流行,加速了全球主要国家制造业占比下滑。2020年,英国制造业占比从22.9%顶峰下滑至8.39%,美国制造业占比从39.3%顶峰下滑至10.83%,德国制造业占比从20%顶峰下滑至17.82%,近年来中国制造业占比也出现了快速下滑的现象。美国已经认识到自身制造业空心化的问题,过去几年反复强调制造业再回归。

海天味业处于调味品行业的中游,主要从事调味品的制造。

在对公司及其所在行业有了初步的印象和了解之后,下一步可对公司进行外部分析。所谓外部分析,是对公司无法进行控制或者无法直接控制的因素的分析。例如,宏观经济景气如何,GDP 及 CPI 在何种水平,行业中是否出现强劲的竞争对手等,这些在公司看来都是外生的。

值得注意的是,对公司而言,外部因素与内部因素的区别并不在于地理分布,而主要看公司能否控制这个因素。

此外,外部因素与内部因素之间也可以相互转化。例如,迪士尼于 2019 年以 713 亿美元收购 21 世纪福克斯公司,这个收购行为实际是将"竞争对手"这一外部因素转化为了"子公司"这一内部因素。

对外部环境的分析,可以帮助分析公司的经营状况和发展前景,判断公司所作出的种种决策是否有利。外部环境是公司所面临的种种"约束条件",公司的所有活动要在这些约束条件中进行,并深刻受到其影响。外部分析包括宏观经济和行业分析。

第二节 宏 观 分 析

宏观因素包括政治法律(politics)环境、经济(economy)环境、社会文化(society)环境和技术(technology)环境这四个方面,可称为宏观分析的 PEST 四因素,如图 3-8 所示。

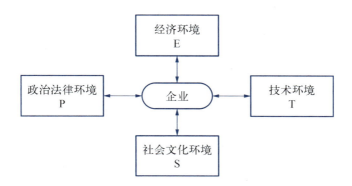

图 3-8 宏观分析的 PEST 四因素

一、政治法律环境

政治因素包括政府行为、政局稳定情况、各政治利益集团的博弈关系、国际政治法律环境、和行业发展相关的法律法规,如垄断限制、产业政策、消费者保护、环境保护和劳动者保护等。

政治因素既可能保护公司的发展,也可能限制公司的发展,应该对其进行综合全面的评价。

(一) 进入壁垒

进入壁垒(barriers to entry)是影响市场结构的重要因素,是指行业内已有公司对潜在进入公司和刚刚进入这个产业的新公司所具有的某种优势。换言之,它也是潜在进入公司和新公司相对既存公司竞争的弱势。

进入壁垒是指政府为了保证资源有效配置,采取立法形式指导和干预公司进入行为,调整公司关系的公共政策。某些行业存在许可制度,这使得其他公司进入的难度增加。例如,煤、电、水等行业的垄断性经营就属于此类,关税、非关税壁垒这些由国家制度形成的贸易障碍也属于进入壁垒,难以用降低成本或增加广告费用的办法来克服。

政府还可以通过一些有利于公众利益的指标来控制公司行为,间接对公司施以影响。例如,对空气和水的污染标准、对产品的安全性和效能提出种种条件。对污染的控制会导致行业资金需求的增加,同时会使公司的技术成熟程度,甚至生产的最优规模都有所提高。对产品安全性和效能的检验标准可以提高产品的研发期和导入期,增加进入公司的资本成本。

专栏 3-2

高进入门槛:金融行业的牌照审批

金融牌照,即金融机构经营许可证,是批准金融机构开展业务的正式文件。目前金融许可证由银保监会(现国家金融监督管理总局)、证监会和中国人民银行等部门分别颁发。金融监管根据时段划分为事前监管、事中监管、事后监管。市场准入制度是事前监管的核心,金融许可证则是市场准入制度的常态表现。

在我国需要审批的金融牌照主要包括银行、保险、信托、证券、期货、资管、金控、金融租赁、基金、基金子公司、基金销售、私募、第三方支付、小额贷款等 30 种牌照。凡是从事金融业务的机构必须先取得与之对应的金融许可证、牌照发放审核严格,因此金融业具有很高的进入壁垒。少数大型资本集团,如平安集团、中信集团、光大集团,目前已取得包括银行、保险、信托、证券、期货、基金、租赁在内的多大金融牌照,其在资金、风控、管理等方面具备较强的实力和经验。表 3-4 列出了我国 15 种金融牌照。

表 3-4 我国 15 种金融牌照(截至 2021 年年底)

牌 照	数量	监管部门	最初发放时间	现 状	主要业务
银行牌照	商业银行 128 家	银保监会	—	民营银行有望开放	储蓄、信贷
信托牌照	68 家	银保监会	1984 年	冻结发放	各类信托业务
金融租赁	71 家	银保监会	1986 年	—	融资租赁

续 表

牌 照	数 量	监管部门	最初发放时间	现 状	主要业务
第三方支付牌照	267 家	中国人民银行	2011年5月	可能逐渐收紧	网络支付、预付卡的发行与受理、银行卡收单
公募基金牌照	137 家（基金管理公司）	证监会	1998年	放宽,溢价下降	公募基金、机构业务
基金子公司牌照	79 家	证监会	2012年11月	总体放宽	类信托业务
基金销售牌照	425 家	证监会	2001年	—	发售基金份额
基金销售支付牌照	40 家	证监会	2010年5月	成熟一家,批准一家	基金销售支付结算业务
券商牌照	140 家	证监会	1988年	券商综合牌照已停,专业券商牌照有望开放	证券承销与保荐、经纪、证券投资活动等
期货牌照	150 家	证监会	1993年	冻结发放	期货交易
保险牌照	239 家	银保监会	1988年	收紧	财险、寿险、万能险
典当牌照	8 397 家（2019年末）	省级金融监管局	1987年	—	典当业务
小额贷款公司	6 453 家	省级金融监管局	—	—	无抵押贷款、抵押贷款、质押贷款
融资担保公司	政府性机构有1 428 家	省级金融监管局	—	—	贷款担保、信用证担保

注：银保监会现改为国家金融监督管理总局。数据统计截至2021年年底。
资料来源：银保监会官网、零壹统计

（二）退出壁垒

退出壁垒（barriers to exit）是指现有公司在市场前景不好、业绩不佳时意欲退出该产业（市场），所受到的阻挠因素,使资源不能顺利转移。退出壁垒有破产时的退出壁垒（被动退出或强制退出）和向其他产业转移时的退出壁垒（主动退出或自觉退出）两种形式。

政策、法规也可形成退出壁垒。政府往往通过制定政策和法规来限制生产某些产品的公司从产业内退出。例如,在电力、邮电、煤气等提供公共产品的产业中,各国政府都制定相应的政策和法规来限制公司的退出。

（三）行业监管

在某些对国计民生关系重大的行业，如医药、电力、银行、石油行业，政府的所制定的种种监管制度对行业产生重要影响。相对而言下游的服装、食品等行业，监管力度就比较小。

我国银行业的存款和贷款利率一直都由政府主导，稳定的存贷差额使我国的银行有较大的利润空间，也使整个银行业保持了相对稳定。石油行业，我国成品油价格由发改委根据国际原油价格进行调整，价格调整的现行制度对炼油部门的利润产生较大冲击。电力行业的情况也类似，电力公司的电力上网价格也由发改委决定，在煤价大幅上升的市场情况下，滞后缓慢的电价调整对电力公司的盈利能力带来负面影响。同样，在医药行业，政府对公立医院所制定的采购价格条例将对医药生产公司的利润有负面影响。

食品行业的监管部门包含不同层级，分别从不同角度参与食品安全监管工作。国家发改委对食品行业的发展规划、项目立项备案及审批、食品企业的经济运行状况进行宏观管理和指导，并负责对食品的价格进行监督管理；国家食药监（已并入国家市场监督管理总局）负责制定食品安全监督管理的政策，并对食品的研究、生产、流通、使用进行行政监督和技术监督；国家质检总局负责食品安全的抽查、监管；国家工商总局（已并入国家市场监督管理总局）负责组织实施市场交易秩序的规范管理和监督；商务部及各级商务主管部门则拟定食品流通行业发展的规划、政策和相关标准，推进食品流通行业结构调整，指导食品流通企业改革。

二、经济因素

宏观经济状况对公司的经营也会产生很大的影响。对于煤炭、钢铁这些周期性行业，宏观经济波动与所处的经济周期阶段对其制定经营决策非常重要。其中，比较重要的经济因素有以下八种。

（一）利率

利率是宏观经济调控的重要工具，也是宏观经济的"温度计"。央行通过调控基准利率来进行逆周期操作，降低利率，可提高经济活力，提高风险资产价格。目前，全球最重要的金融资产定价之锚是"美国十年期国债收益率"。

（二）GDP 水平

GDP 往往反映一国的经济发达程度。GDP 水平和 GDP 增速反映了一国的经济发展水平和发展速度。GDP 的波动还能反映经济的上升或者下滑，而这对于很多周期性产业影响非常大。

专栏 3-3

GDP 的国际比较

国内生产总值（GDP）是衡量一个国家经济发展水平的重要指标。通过比较不同国家的 GDP 数值，可以了解各国的经济规模、增长速度和产业结构等情况，分析世界历史的走向。

图 3-9 绘制了从公元 1 年至今两千年来世界上主要国家的 GDP 比例变化,在 19 世纪之前,中国和印度凭借较大的人口基数一直位居世界大国之列,但自 18 世纪中叶开始的工业革命彻底改变了世界格局,这场变革颠覆了传统的生产方式、商业模式和社会结构,推动世界从农业社会走向工业社会,工业科技促使欧美等国成为世界经济的支柱。进入 20 世纪后半叶,美国在产业、科技、资本积累等方面迅速崛起,凭借其强大的经济和军事实力成为全球超级大国。

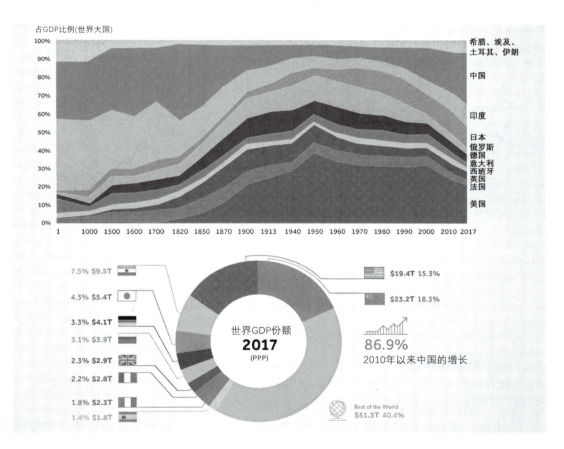

图 3-9　两千年来世界上主要国家的 GDP 比例变化

资料来源:"Statistics on World Population, GDP, and Per Capita GDP, 1-2008 AD". Angus Maddison;IMF

自 1978 年以来,中国实施了一系列经济、政治、文化等领域的改革,从农村到城市,从试点到推广,经济增长潜能得到了充分的释放。在 1978—2016 年的 38 年间,中国国内生产总值以平均每年 9.6% 的增速增长,2017 年中国经济在世界经济中的份额已经提升到 18.3%。目前,中国已成为世界第二大经济体,作为全球领先的制造业大国,中国拥有完整的工业体系,对全球经济发展具有重要的支撑作用。

（三）物价水平

物价水平对经济主体（政府、公司、消费者）的行为产生影响，是宏观经济因素中十分重要的方面。反映物价水平变动的指数一般有CPI指数和PPI指数。

PPI与CPI对于处于产业链不同位置的公司有不同的经济含义。对于上游公司，PPI为其销售价格。而对大多数中游制造公司，PPI表现为其成本价格，而CPI表现为其销售价格。而下游的销售公司，CPI上升可增加其销售额。

图3-10给出了我国PPI和CPI的走势图。总体而言，PPI的波动远大于CPI的波动。PPI的波动和我国资源依赖进口有很大关系，而CPI较平稳，则和我国的宏观经济政策的目标有关。

图3-10　我国CPI和PPI的同比增长走势图（2011—2023年）

资料来源：Wind

（四）基础设施状况

例如，道路的便利程度，水、电、气的供应状况，关系到公司的直接运作成本。任何一个必需的基础设施的缺乏都会导致公司成本大幅上升，甚至停止运作。

由于近年来我国的政府投资规模一直维持较高水平，其投入到基础设施建设的部分有效地提高了我国的基础设施的水平。

（五）就业率

就业率代表了劳动力的供给情况。较低的就业率说明供大于求，从而压低工资，是影响劳动力成本的一个因素。尤其对于人力密集型的制造业，此因素的影响可能较大。此外，还须关注政府关于公司招募劳动力的法律法规与种种限制，这些都可能对公司的劳动力成本产生影响。

（六）居民可支配收入

一国的GDP并不能完全代表居民所掌握并且用来消费的资金，税收、收入差距、一些刚性需求（如我国的购房）都会影响居民的可支配收入，从而影响需求。如图3-11所示，

2019年及以前，我国城镇人均可支配收入近年来维持着较高速的增长，这个基本数据是各消费行业发展的重要依据。2020年和2022年受疫情冲击影响，人均可支配收入增长情况显著下滑，消费意愿随之减弱。

图 3-11　我国城镇人均年可支配收入及增速

资料来源：国家统计局

（七）汇率

汇率对我国不少依赖进口和出口的公司影响较大。人民币汇率变化对不同行业有不同的影响。例如，持有外币金融资产的金融机构在本币升值时，其价值受到负面的影响。而持有不可贸易品的房地产公司在本币升值时，其价值受到正面的影响。对于进口量大的行业，包括原材料严重依赖进口的造纸业和飞行设备依赖进口的航空业，本币升值时其负债相对贬值，形成利好。而对出口量大的行业，则形成利空。

表3-5给出了本币（人民币）升值对我国不同行业的影响。总的来说，人民币升值对银行、证券、保险等资产价格敏感行业的负面影响较大；对造船、航运等外需敏感行业及出口行业具有一定的负面影响。相反，造纸、航空受到本币升值的正面影响。而那些弱周期内需消费行业受到本币升值的影响偏中性。

表 3-5　本币升值对本国不同行业的影响

行　　业	特　　性	本币升值影响
食品饮料、农产品、医药、家电、IT硬件等	弱周期内需消费行业	偏中性
电信运营、零售百货、旅游、传媒、IT软件等	弱周期内需消费行业	偏中性
地产、银行、证券、保险等	资产价格敏感行业	价值重估：银行、证券、保险价值重估减值，负面影响大；地产正面影响
造船、航运、港口、出口工业、能源、有色金属、电子元件等	外需敏感行业	负面影响

续表

行　　业	特　　性	本币升值影响
工业品、机械制造、电力、煤炭、钢铁、建材、化工、电力设备、电信设备等	投资敏感行业	偏中性
造纸、航空、出口行业等	货币敏感行业	造纸进口大户正面影响；航空外债大户正面影响；出口行业影响偏负
汽车、交通运输、炼油、石油、石化等	油价敏感行业	难以直接定论

（八）股票市场

股票市场对公司的影响在下述几种情况会比较突出。

（1）如果非金融行业持有较高的交易性金融资产，而且存在较多的相互持股的状况，股票市场的变化就会深刻影响公司的利润表和公司的经营状况。

（2）如果公司采用力度比较大的股权激励计划，其股票二级市场的表现会影响公司的运营。其一，股票价格的上涨和下跌对被激励对象的利益有直接的影响，会影响其日常工作的表现；其二，如果股票价格上涨过快，导致公司的行权成本很高，甚至可能因为股权激励计划而导致公司的亏损。其三，可能存在为了满足行权条件，而对财务报表造假的情况。

（3）对于证券公司这类非常特殊的金融行业，股票价格上涨会带来成交量的活跃，从而直接推高证券公司的业绩。因此，证券公司的股票价格对大盘指数（成交量的较好的代理变量）非常敏感。

三、社会文化环境

社会文化环境对公司的战略有深远的影响。公司必须适应环境，分析消费群体的特点、市场的布局等，寻找突破口，从而制定经营策略。社会文化环境包括民族特征、人口家庭结构、价值观念、有无宗教信仰、受教育水平、地理环境、生活方式、环保理念、休闲观念、购买特点等。其中，人口年龄结构、性别结构和城市化率是几个较为重要的社会文化因素。

如果一个地域的年龄结构较为年轻，那么对教育培训、休闲娱乐这些以年轻人为导向的产业有利。反之，则利好医疗保健这种以老年人服务为导向的产业。目前，中国正快速进入一个老龄化的社会。按照1956年联合国《人口老龄化及其社会经济后果》确定的划分标准，当一个国家或地区65岁及以上的人口占比超过7%即为进入老龄化社会；1982年维也纳老龄问题世界大会确定，60岁及以上人口占比超过10%即为进入老龄化社会。2021年5月，第七次全国人口普查结果显示，我国的人口总数为14.12亿人，60周岁及以上人口为2.64亿，占总人口的比重为18.70%，其中65周岁及以上人口为1.91亿人，占总人口的比重为13.50%。中国的老龄化程度远远超过国际标准，老龄化程度较为严重。

老龄化进程既有挑战也有机遇。从挑战方面看，人口老龄化增大了社会的养老负担，年轻劳动力不足可能造成生产力下降,为满足老年人口生活需求,政府财政支出的压力也会增大。但老年人的消费需求也会为部分产业带来投资机遇,老年人口消费需求总体表现出消费习惯稳定、追求高质量服务、理性消费的发展趋势,催生了城市老龄人口"银发经济"的潜在市场。特别是在日常生活用品、医疗卫生保健、社区护理、文化娱乐、旅游等方面,未来老年人口在上述方面的消费水平将有明显增长。

专栏 3-4

"十四五"国家老龄事业发展和养老服务体系规划

2021年12月30日,国务院印发《"十四五"国家老龄事业发展和养老服务体系规划》(以下简称《规划》),旨在应对日益突出的人口老龄化问题。该规划提出了"十四五"时期的发展目标,即养老服务供给不断扩大、老年健康支撑体系更加健全、为老服务多业态创新融合发展、要素保障能力持续增强、社会环境更加适老宜居,并明确提出了养老服务床位总量等9个主要指标(见表3-6)。

表3-6 "十四五"国家老龄事业发展和养老服务体系主要指标

指　　标	2025年目标值
1. 养老服务床位总量	达到900万张以上
2. 特殊困难老年人月探访率	达到100%
3. 新建城区、新建居住区配套建设养老服务设施达标率	达到100%
4. 养老机构护理型床位占比	达到55%
5. 设立老年医学科的二级及以上综合性医院占比	达到60%以上
6. 本科高校、职业院校养老服务相关专业招生规模	明显增长
7. 每千名老年人配备社会工作者人数	保持1人以上
8. 老年大学覆盖面	每个县(市、区、旗)至少1所
9. "敬老月"活动覆盖面	每个县(市、区、旗)每年开展1次

围绕发展目标,《规划》展开提出了若干具体要求,主要分为两方面:一是推动养老服务体系高质量发展,要求包括织牢社会保障和兜底性养老服务网、建设兜底性养老服务网、扩大普惠型养老服务覆盖面、强化居家社区养老服务能力;二是推动老龄事业和产业协同发展,包括要大力发展银发经济,以及在文化、社会、发展要素、法律上健全老龄化社会体系。

(一) 织牢社会保障和兜底性养老服务网

进一步健全社会保障制度。完善基本养老保险和基本医疗保险体系,不断扩大基本养老保险覆盖面;稳步建立长期护理保险制度,探索建立互助共济、责任共担的多渠道筹资机制,参加长期护理保险的职工筹资以单位和个人缴费为主,形成与经济社会发展和保障水平相适应的筹资动态调整机制;完善社会救助和社会福利制度,推动地方探索通过政府购买服务等方式为经济困难的失能老年人等提供必要的访视、照料服务。

建立基本养老服务清单制度。建立老年人能力综合评估制度,推动评估结果全国范围内互认、各部门按需使用,作为接受养老服务等的依据,并针对不同老年人群体分类提供服务。

强化公办养老机构兜底保障作用。坚持公办养老机构公益属性,提升公办养老机构服务水平。《规划》提出,要支持1 000个左右公办养老机构增加护理型床位,并提出了"公办养老机构提升行动",行动要求,县级、乡镇级重点支持特困人员供养服务设施(敬老院)建设,改造升级护理型床位,开辟失能老年人照护单元,到2025年,县级特困人员供养服务设施(敬老院)建有率达到100%;评定为一级至二级服务等级的乡镇级公办养老机构、评定为二级至三级服务等级的县级公办养老机构建有率均达到80%以上;并且要提升公办养老机构入住率,用好用足现有资源。

(二) 扩大普惠型养老服务覆盖面

发展社区养老服务机构。深化"十三五"时期居家和社区养老服务试点改革成果,培育一批以照护为主业、辐射社区周边、兼顾上门服务的社区养老服务机构,推动集中管理运营和标准化、品牌化发展。到2025年,乡镇(街道)层面区域养老服务中心建有率达到60%,与社区养老服务机构功能互补,共同构建"一刻钟"居家养老服务圈。

支持社会力量建设专业化、规模化、医养结合能力突出的养老机构,推动其在长期照护服务标准规范完善、专业人才培养储备、信息化智能化管理服务、康复辅助器具推广应用等方面发挥示范引领作用。到2025年,全国养老机构护理型床位占比提高到55%。完善对护理型床位的认定办法,尽快建立长期照护服务的项目、标准、质量评价等规范。

充分调动社会力量参与积极性。综合运用规划、土地、住房、财政、投资、融资、人才等支持政策,引导各类主体提供普惠养老服务,进一步完善市场原则下的普惠价格形成机制。同时,还要加大国有经济对普惠养老的支持。

(三) 大力发展银发经济

加强老年用品研发制造,促进优质产品应用推广,鼓励发展产业集群。《规划》提出,在京津冀、长三角、粤港澳大湾区、成渝等区域,规划布局10个左右高水平的银发经济产业园区。在全国打造一批银发经济标杆城市,推进在服务业融合发展、制造业转型升级、新技术新业态培育方面的探索创新。

强化老年用品的科技支撑,加强老年科技的成果转化,发展健康促进类康复辅助器具,推广智慧健康养老产品应用。加快推进互联网、大数据、人工智能、第五代移动通信(5G)等信息技术和智能硬件在老年用品领域的深度应用,如积极开发穿戴式动态心电监测设备、便携式健康监测设备、新型信号采集芯片、智能数字医疗终端等适老产品。

促进和规范发展第三支柱养老保险。支持商业保险机构开发商业养老保险和适合老年人的健康保险,引导全社会树立全生命周期的保险理念。同时,要加强涉老金融市场的风险管理,严禁金融机构误导老年人开展风险投资。

另外一个比较明显的趋势是"女孩缺失"现象。亚洲,特别是中国,普遍存在"消失的女孩"(missing girls)现象,在未来10—20年,婚育期的适龄男女比例失调。这可能带来一系列的社会问题,但也意味着,为女性提供服务的行业可能有较高的发展机会。

专栏 3-5

消失的女孩

自然条件下,每出生100个女婴,会有103—106个男婴出生,而由于男婴在婴儿期的自然死亡率高于女婴,到了婚育年龄,男女比例将趋于均等。

目前,世界上的男女出生比率基本平衡(约为106∶100),但是在一些国家和地区,特别是东亚和北欧地区,出现了人口出生性别比偏高的状态。据联合国开发计划署的报告称,在全球将近1亿的"消失的女孩"中,仅中国和印度就有8500万。

自20世纪80年代以来,我国出生人口性别比持续攀升,1982年为108.47,2000年为116.86,2004年达到121.18。而从2008年至2014年,我国出生人口性别比呈逐年下降趋势。2014年我国出生人口性别比为115.88,即每100名出生女婴对应115.88名出生男婴,实现了自2009年以来的连续第六次下降,但仍处于严重失衡状态。

性别比偏高会导致许多社会问题,包括家庭结构失衡、小学与中学学生的性别比失调、婚姻市场的压力所导致的买卖婚姻加剧、男性单身家庭增多、性犯罪的比例上升、离婚率高居不下、某些具有性别特色的职业(如幼儿园阿姨和护士)和男同性恋者增多等。性别比率的变动直接影响我国劳动人口的构成和劳动力市场的构成,对我国未来的宏观经济形势也可能会产生较大影响。

但自2015年之后,我国出生人口性别比出现了大幅优化,2016年我国出生性别比大幅下降至104.98,此后一直维持在105以下水平,恢复到了正常状态(见图3-12)。出现这一转折的主要原因是我国逐渐放开了计划生育政策。2013年年底中国开始实施单独二孩政策,2016年我国全面放开二孩生育,2021年放开三孩生育,生育限制不断放开,由此大幅改善了出生性别比。一方面,年轻一代对孩子性别不再持有传统偏见,社会生育观念发生了变化;另一方面,三孩政策给了想要男孩的家庭一个机会,由此可能会挽救尚在腹中的女婴。

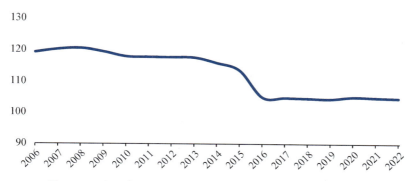

图 3-12　中国人口男女出生性别比率变化示意图(女性=100)

资料来源:国家统计局

四、技术环境

技术是经济的火车头。分析者应关注公司所处社会的技术水平、技术研发动态、技术创新能力、针对技术创新的政策、特定技术的开发周期、开发投入、技术更新效果、新技术的价格等。在信息技术、医药、化学、机械等行业,核心技术的掌握是一个公司在行业发展中最重要的基础。

各行业主要技术的发展推陈出新,迭代很快,可参考战略咨询公司 Gartner 从 1995 年起每年推出的有关新兴技术发展阶段的曲线,该曲线被称为 Gartner 曲线。按照技术成熟度曲线的定义,新兴技术的典型发展历程要经过技术萌芽期、期望膨胀期、泡沫破灭低谷期、稳步爬升恢复期、生产成熟期(见图 3-13)。一项新兴技术要真正走进千家万户,成为一项成熟的民用技术,基本都要经历所谓"捧杀"的过程。在媒体、民众的万般吹捧下,最后跌落神坛,关注度逐渐降低。只有少数真正有实力的公司能够跨越低谷存活下来,最终凤凰涅槃,将成功的商业模式推向市场。

图 3-13　Gartner 曲线

需要指出,本书中所列举的宏观分析对于不同类型的公司来说,差别很大。对于一个特定的公司,需关注那些对其具有重要影响力的外部因素。

第三节　行业分析

行业分析可按照下面的框架进行:首先梳理公司所在行业的产业链图,观察行业市场容量与市场结构,然后从需求和供给以及公司销售模式三个方面进行分析。此外,可借用五力模型框架来分析行业内的力量。

一、产业链梳理

首先,对行业主要业务进行梳理,分析上下游,画出产业链图。

图 3-14 为调味品行业的产业链图。调味品行业的产业链比较简单，产业链从上游到下游依次为原材料—调味品—终端需求。其中，上游主要包括豆类、蔬菜、肉类、五谷、白糖等各种农产品、盐和包装材料，不同的调味品对应着不同的原材料；中游是调味品制造环节，调味品的分类没有统一标准，主要包括酱油、食醋、蚝油、料酒、调味酱以及复合调味品；下游则是终端需求，包括 B 端和 C 端。B 端对应的是餐饮业和食品加工业，B 端把调味品作为自己的产品或者服务的原材料；C 端是家庭消费，直接进入家庭的厨房，参与居家饮食的食材。终端需求有多个渠道，包括批发、农贸市场、KA 超市、BC 店、便利店和电商销售。其中，KA(key account)超市是指单店营业面积 3 000 平方米以上、客流量大、经营状况良好的大型连锁超市，BC 店指中小规模的超市，其中经营面积在 1 000—3 000 平方米的为 B 类店，经营面积在 300—1 000 平方米的为 C 类店。

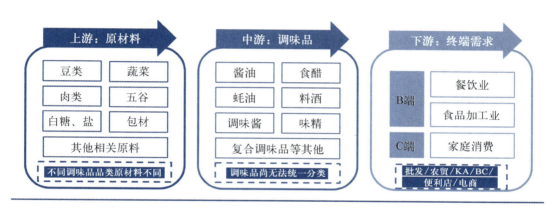

图 3-14 我国调味品行业的产业链

资料来源：公司公告，公开资料整理，德邦研究所

还可以进一步整理产业链，在上游的原材料、包装和食品添加剂环节、中游的各种调味品生产环节和下游的零售、餐饮和食品制造行业中找到对应的主要厂商，如图 3-15 所示。

	原材料		包装		食品添加剂		
上游	北大荒、苏垦农发、农发种业		嘉美包装、双星新材		醋化股份、安琪酵母、星湖科技		
	复合调味品	酱油	醋	料酒	味精	鸡精/鸡粉	调味酱
中游	天味食品 颐海国际 日辰股份	海天味业 中炬高新 李锦记 加加食品 东古食品 千禾味业	恒顺醋业 保宁醋 紫林陈醋 水塔醋	老恒和 王致和 老才臣	莲花健康 梅花集团	太太乐 美极 豪吉鸡精 家乐鸡精	仲景食品 老干妈
	零售 (30%)		餐饮端 (60%)		食品制造企业 (10%)		
下游	家乐福、大润发、永辉超市		西安饮食、同庆楼		休闲食品、速冻食品、方便食品相关企业		

图 3-15 我国调味品行业产业链中的主要公司

进一步地,还可以从全局把握产业链的分布情况。如图 3-16 所示,可以看到食品饮料在整个全产业链中的地位。

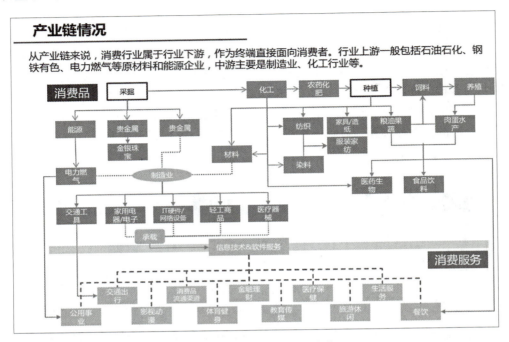

图 3-16 消费行业产业链全览

资料来源:前海开源基金

不同的行业都可绘制这样的产业链图,作为理解行业运行基本规律的一个基础。从产业链图出发,可以分析公司所提供的产品(服务)的市场总量和产品结构。

二、市场总量和产品结构分析

(一) 市场总量

总量分析主要是分析市场规模,即市场整体的销售额及其变化。可根据历年产品总量数据绘制市场成长曲线。按成长曲线不同走势,可直观判断市场处于快速导入期、成长期、成熟期或者衰退期。

要分析海天味业,就需要先看看我国调味品市场的市场规模及其增长情况。图 3-17 给出了我国 2014—2021 年的调味品行业及其增速。可以看出,2014—2021 年,中国调味品行业市场规模逐步增加,年复合增长率(CAGR)达 6.61%。2021 年,中国调味品市场收入达到 4 063 亿元,同比增长 2.86%,增长速度已趋平稳。

作为对照,也可以比较一下日本调味品市场的总量(见图 3-18)、中国与亚太其他市场调味品市场规模(见图 3-19)以及全球各地区调味品市场规模(见图 3-20)。可见,调味品在我国已进入平缓增长期。但相对亚太其他地区与全球其他地区,中国市场由于消费人数大、潜在消费能力强,仍然是相对增长中的市场。这个行业没有新兴产业令人激动的高增长,但却具有稳定和逆周期的特点。

图 3-17　中国 2014—2021 年调味品行业市场规模（全渠道口径）

资料来源：艾媒咨询

图 3-18　日本 2007—2021 年调味品零售规模

资料来源：Euromonitor

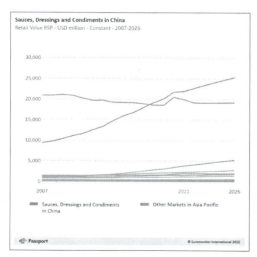

图 3-19　中国与亚太其他市场调味品市场规模

资料来源：Euromonitor

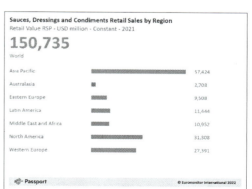

图 3-20　全球各地区调味品市场规模

资料来源：Euromonitor

（二）产品结构

产品结构是指行业内不同类别的产品(服务)的市场规模。很多行业中,子产品类型不同,其供给和需求也存在较大差异,这是导致行业内供给方(生产公司)差异化的主要原因。例如,乳品行业液态奶分为常温奶和低温奶,这决定了都市型公司和资源型公司两类公司的不同竞争。又如,保险公司产品基本可分为财险和产险两大类,保险公司也因此分为财险公司和寿险公司两大类。但也存在一些行业,其提供的产品完全没有差异,但生产方式存在差异。如电力公司可以分为火电公司和水电公司,无论用煤发电还是用水发电,只要是电,消费者并无偏好。

对海天味业等调味品公司来说,调味品细分种类众多,按成分可分为单一调味品和复合调味品两类。单一调味品是指由单一的原材料组成的调料,如酱油、食醋、腐乳、食盐、味精等,复合调味品是指由两种或以上的调料配制而成,如蚝油、鸡精、火锅调料、番茄酱、中式复合调味料等。其中,酱油是调味品行业最大细分子领域,作为家庭烹饪必需品,酱油市场的整体增速虽已趋于平稳,但市场呈现出结构升级的趋势,从传统酱油向高鲜、零添加、有机酱油概念衍生。复合调味品市场则处于快速发展阶段,是目前调味品市场的主要增长动力,相比单一调味品,复合调味产品的差异性更强,可以针对某一特定菜式,因此利润率更高,但市场广度受限,对产品创新要求高,当前市场格局相对分散。

接下来将从需求、供给和销售三个方面分析市场状况。在需求和供给分析时应注意,对大多数行业而言,需求因素往往比供给因素更重要。以前的计划经济时代下,产品相对短缺,属于"卖方经济",只要生产出来的产品就能销售出去。因此供给比需求重要。但现在已转入"买方经济",供给总体上大于需求,大多数行业都是根据市场需求来进行产品创新和生产。因此,对需求,尤其是预期需求、潜在需求的分析就显得格外重要。

三、需求分析

中国调味品产业的稳步发展,存在着需求侧的推动因素,主要是人均可支配收入与人均消费支出的增加、人均调味品支出上升等。

（一）人均需求量

对很多行业,消费者人均指标很有意义。观察国内众多行业消费量,可发现一个有规律的现象:计算总量,进行国际比较时,我国绝对数据比较高。但一旦计算人均数据,进行国际比较时,就显得比较低,如人均居住面积、1 000 人平均拥有小轿车辆数、人均水资源量、人均葡萄酒饮用量等。不少分析师经常以这种人均数据来暗示我国未来的增长。

这种比较有一定的意义,与其他国家或者地区的同类指标进行对比,可帮助了解消费水平相对高低,从而了解其市场容量的增长潜力。但也不能滥用这种差异,要考虑到我国人口基数众多、人均相对资源比较贫乏的现状,也要考虑人均收入的落差等问题。

表 3-7 比较了中国和日本、韩国 2020 年调味品零售价量的情况。可看到,以日本、韩国这样与中国类似的亚洲国家为对标,中国目前人均消费量和消费额仍处于较低水平,未来具有较大上升空间。

表 3-7　2020 年我国调味品零售量价情况与日、韩对比

	人均零售价(美元/kg)	人均零售消费量(kg)	人均零售消费额(美元)
日　本	7.97	18.90	150.60
韩　国	6.73	4.50	30.30
平　均	7.35	11.70	90.45
中　国	3.00	5.00	15.00
成长倍数	2.45	2.34	6.03

资料来源：欧睿国际

(二) 消费者结构分析

消费群结构分析与地区结构分析的目的和框架类似。消费群的区分可以有多个标准，如按照年龄段、性别、收入、居住条件等。对于分析不同的公司，合理区分消费群当然是必要的。而且针对同一类产品，还可以进行不同类别的消费群结构分析。

从调味品的渠道占比看，餐饮是主要的销售渠道，近几年受疫情影响餐饮渠道占比有所下滑，2022 年为 51.87%（见图 3-21）。不同渠道消费调味品的需求特征不同，餐饮渠道的客户包括饭店酒楼、连锁餐饮等，客户重视性价比，为控制企业成本会多采用中低端产品，具有一定的价格敏感度，且为保证出菜质量的稳定性，一般不会轻易更换调味品，具有一定的消费黏性。其他销售渠道包括面向家庭消费和食品加工两类，家庭消费更注重健康、品质，消费选择容易受促销与品牌宣传的影响，由于调味品在食品开支中的占比不足 2%，消费者对价格的敏感度较低。食品加工则以大宗采购为主，容易与供应商建立长期合作，客户黏性较高。

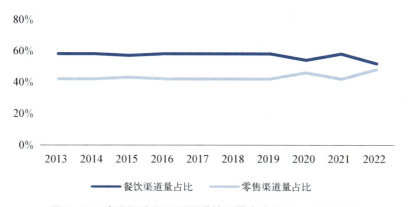

图 3-21　我国调味品不同渠道使用量占比（2013—2022 年）

资料来源：欧睿国际

(三) 需求链

在需求分析中应该注意"需求链条效应"。调味品产业的产业链较短，不存在需求链

条问题。但在产业链较长的行业里,需求链条的分析尤为重要。以电子行业为例,其产业链分为电子材料、被动元件、半导体、电声器件和终端市场(见图 3-22)。在多个环节的链条中,只有终端需求才是最真实的需求,而中间环节对其上游的需求是由其下游对自己的需求决定的。只要终端需求上去了,需求自然就会顺着产业链一个一个环节向上走,直至最前端的电子材料。因此,在对产业链的前端和中端公司进行分析时,应将需求追索到终端需求,观察和预测终端需求的变化。

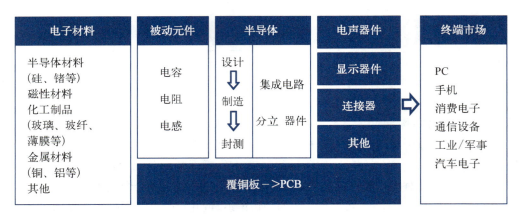

图 3-22 电子行业的产业链

资料来源:中信证券

四、供给分析

供给分析主要是对行业内的主要公司进行分析。虽然需求在大多数行业非常重要,但在某些行业,供给的分析也非常重要。

高端白酒以茅台最为典型。茅台的生产需要非常特殊的温度和湿度条件,而这种条件只能在赤水河谷才可能达到,因此产量有限,无法像其他商品一样按照需求量来决定供应量。作为对比,连锁经营的肯德基(KFC),市场有多少需求,就几乎可以提供多少供给。

资源行业的供给特征更具有一般性。随着全球经济的快速发展,尤其是发展中国家的经济崛起,对有色、煤炭、铁矿石等资源的需求大幅增加,资源行业成为投资者非常关注的行业。资源行业处于大多数产业链的上游,其本身再无上游,下游的需求及其复合需求的增加导致供给成为瓶颈。因此,资源型公司的矿产、资源储备等因素就成为这个行业的关键要素。

奢侈品行业定位高端客户,其品牌效应明显。对于功能、性质类似的产品或者服务,奢侈品就比非奢侈品要求更高的价格。奢侈品行业的供给其实并不受客观条件的限制,但出于"物以稀为贵"的考虑以及对客户的炫耀心理的照顾,厂商往往刻意减少供给,来维持昂贵的价格。

在电子消费品行业存在着非常特殊的一种情况,即供给引导需求。以行业中苹果公司为例,其取得巨大成功的关键之处并非满足了客户的现实需求。在这个技术见长的行业里,其最重要的特征在于"创造需求"①。

我国调味品种类众多,产量和消费量均逐年增长。其中,酱油和食醋是产量居前的两类传统调味品(见图3-23)。目前,行业从走量阶段转向提质阶段,伴随健康理念不断推广,经过低盐、低糖等健康工艺改进的调味品会更加受到消费者青睐。

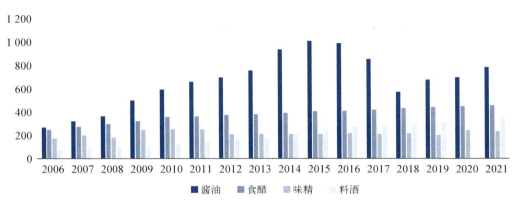

图 3-23 2006—2021 年我国主要调味品产量统计(万吨)

注:2020 年料酒产量数据缺失。

我国调味品市场空间虽然广阔,但真正做大做强的公司并不多。当前我国调味品行业集中度较低,中小型企业众多,呈现出民企、国企和外企三足鼎立之势。其中,民营企业是行业的主力军,国企则多是老字号企业,外企则在复合型调味品市场中占据着龙头地位。随着调味品企业进入品牌竞争时代,行业内具有规模性的、品牌性的、渠道优势的龙头企业将占有更多的市场份额。

从发展趋势看,我国调味品市场在供给侧还存在如下的推动因素:① 健康理念不断推广,经过低盐、低糖等健康工艺改进的调味品会更吸引消费者;② 社区团购发展迅速;③ 调味品复合化成为发展趋势,迎合消费者对口味丰富、烹饪快捷化的需求。

五、销售模式分析

销售是将需求和供给结合的环节。在需求主导的商业社会里,有效的销售方式可以帮助供给方的产品和服务更快地找到需求方。在产业链的上段和中段,公司的销售对象是另外的公司而非最终消费者,此时销售环节比较简单,对应的销售费用也比较低。

在产业链的下段,公司的产品和服务是直接提供给消费者,销售就非常重要,也会产生较高的销售费用。

不同类型的产品,销售模式的差别可能很大。例如,在乳品行业里面,主打产品为常温奶的公司往往倚重各级分销商体系,建立销售网络,并且依靠品牌价值。而低温奶公司大多以直销为主,分销层面主要以大客户为多。

销售模式非常重要。一般而言,现在的终端消费品的销售有两种模式:直销和集中

---

① 苹果公司前总裁乔布斯提出:"大多数时候,你没有把设计给用户看之前,用户根本不知道他们想要什么。"

销售。直销就是公司直接来进行销售。集中销售就是将不同厂商的同类产品集中在一起,方便买家进行比较和选择,其本质是销售部门外部化。公司的产品到最终消费者之间多了一个"中间买家",是公司产品的外部配送体系。例如,许多家电公司就将产品销售给京东这样的家电零售商集中进行销售。

调味品销售渠道主要分为餐饮、家庭和食品加工三类,其中家庭渠道直接面向 C 端消费者,渠道布局能力更为重要。细分来看,超市、大卖场一直为主要销售渠道,但 2015 年之后增长见顶,电商及其他渠道开始发力,其中社区团购近年来发展迅猛。社区团购缩短了流通链条,通常价格更为优惠,一般能够次日达或当日达,适合购买频次较低的调味品,未来有望成为调味品的重要销售渠道。图 3-24 显示了 2006—2021 年我国调味品零售渠道占比。

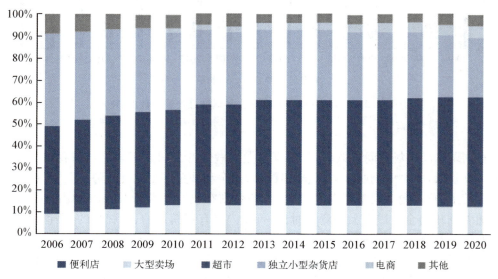

数据来源:Euromonitor,东莞证券研究所

图 3-24 2006—2021 年我国调味品零售渠道占比

资料来源:欧睿

六、五力模型

五力分析模型是迈克尔·波特(Michael Porter)于 20 世纪 80 年代初提出的,用于竞争战略的分析,可以有效地分析客户的竞争环境。五力分别是指供应商的讨价还价能力、购买者的讨价还价能力、潜在竞争者进入的能力、替代品的替代能力、行业内竞争者现在的竞争能力,如图 3-25 所示。

在这个模型中,供应商和购买者与公司主要是买卖关系,而现有行业内竞争者、替代

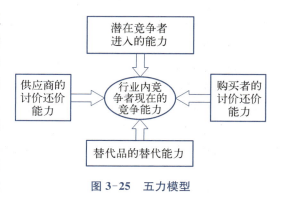

图 3-25 五力模型

品、潜在竞争者与公司主要是竞争关系。

（一）现有行业内的公司间竞争

根据竞争程度的不同，市场状态可以被分为四种：完全垄断、寡头垄断、垄断竞争、完全竞争。在竞争最激烈的行业，市场价格等于边际成本，而存在垄断的市场，价格高于边际成本，公司能获得超额利润。决定参与者竞争强度的因素有行业增长率和竞争者的集中程度等。

如果一个行业高速增长，意味着未被开发的市场份额还有很多，公司不需要从别的公司夺取市场份额来增长。在分析行业增长率时，还可以把公司的增长情况和整个行业作一个比较，以此分析公司销售成长的健康程度。

行业集中度反映一个行业的整合程度，如果集中度曲线上升迅速表明行业竞争激烈，优势公司纷纷采用渠道扩张、降价等方式来扩大市场，而稳定的集中度曲线则表明市场竞争结构相对稳定，领导厂家的优势地位业已建立。一般而言，处于集中度迅速上升中的行业蕴含发展机会，此时加大市场投入、加快渠道建设往往能获取一定的成效，而处于集中度稳定中的行业机会不高，公司扩张的努力会受到领先厂商的集体抵制，此时细分化、差别化的发展策略才能见效。

图 3-26 给出了 2010—2019 年我国调味品行业的 CR4 和 CR8，可以发现中国调味品行业的 CR4 近年来一直稳定在 15％—20％，CR8 稳定在 20％—25％。

图 3-26　中国调味品行业 CR4 及 CR8 变化情况（2010—2019 年）

资料来源：欧睿国际，前瞻产业研究院

根据美国经济学家贝恩和日本通产省对产业集中度的划分标准，产业市场结构可分为寡占型（CR8≥40％）和竞争型（CR8＜40％）两类。其中，寡占型又细分为极高寡占型（CR8≥70％）和低集中寡占型（40％≤CR8＜70％）；竞争型又细分为低集中竞争型（20％≤CR8＜40％）和分散竞争型（CR8＜20％）。由此，我国调味品行业属于竞争型格局，且集中度呈现上升趋势，龙头公司凭借强品牌力和渠道力持续整合市场。

市场份额其实是公司的产品质量、销售效率和市场需求之间相互关系的一个最终结果。这也是公司竞争力的重要指标，因此成为评估一个公司相对行业内其他公司的竞争优势的重要指标。

图 3-27 给出了 2011—2021 年我国调味品市场 4 家主要公司的市场份额的变化。从图中可以看到，海天味业相对其他竞争者的市场份额明显高于其他竞争者，且差距呈现出扩大趋势。

图 3-27 2011—2021 年我国调味品市场的主要公司的市场份额

资料来源：欧睿国际

（二）新进入者的威胁

有超额利润的行业将吸引新的加入者，即新进入者的威胁。新公司加入的威胁可能约束同行业中现有公司的定价，如果定价太高可能会失去顾客。因此，新公司加入的难易程度是决定行业盈利能力的主要因素之一。影响新进入行业难度的因素有以下四个。

1. 规模经济

如果规模经济巨大，新进入者在刚进入行业的时候，和原有公司竞争将处于劣势。首先，因为新进入者缺乏规模经济，单位可变成本会比较高；其次，规模经济大的行业内的公司，在成立之初一般需要不断投入大量初始投资，而经营现金流短期不会很大，所以筹资压力会加大。导致规模经济巨大的原因有研发的巨额成本（医药、飞机制造行业）、品牌广告的巨额成本（软饮料行业）和实物设备的巨额成本（电信行业）。

2. 先行优势

在先行优势存在的情况下，先进入者可制定有利于自身的行业标准；可抢先与原材料供应商达成特别协议；如果有的业务需要政府特批，那么最先进入者往往是优先考虑的对象；此外，客户常常会对产品产生"路径依赖"，习惯了使用一种产品就很难再去强迫自己改变习惯去使用另一种产品，如微软的 Windows 操作系统，这也是先行者的优势之一。如果先行优势非常明显，新进入者就会相对减少。

3. 分销渠道和关系网

公司开发新的分销渠道需要巨额成本，成为新公司进入的强大障碍。如果公司盈利非常依赖于分销渠道，那么这一障碍会非常大。与分销渠道类似的是许多服务业的"关系网"，公司和现有客户的关系很牢靠，以至于新公司很难打通自己的关系网，典型的行业包括审计行业、投资银行业和广告业。

4. 法律障碍

公司的专属权利（如专利权、版权等）是受法律保护的。此外，有些行业需要政府颁发许可证,如出租车、医疗服务、广播和电信行业,新进入者需要面对大量的行政壁垒。

调味品行业进入门槛较低,新进入者众多。近年来,我国调味品公司数量不断增加,行业持续扩容。根据艾媒咨询的数据,2020 年我国调味品企业注册数量为 90 991 家。2012—2020 年,我国调味品企业注册数量从 15 620 家,增加至 90 991 家,年均复合增速为 24.64%。2021 年,新增调味品注册企业数量有所下降,为 35 764 家(见图 3-28)。未来调味品行业将会进一步优胜劣汰,避免盲目扩张,实现调味品产业升级。

图 3-28　中国新增调味品企业注册数量(2009—2021 年)

资料来源:艾媒咨询

(三) 替代品的威胁

如果某种产品的替代品能在相近甚至更优的价格水平上执行相同的功能,那么该产品的地位就不会太稳固。例如,食用油分为花生油、菜籽油、大豆油,其功能非常相近,价格也相差不多,因此替代品威胁非常大,其厂商就比较乐于宣传某种油营养如何丰富、口感如何好之类,以尽量把自己的产品与其替代品区别开来,减少来自替代品的威胁。

(四) 下游购买者

下游购买者对公司的影响体现在:① 价格敏感性,这影响公司的提价空间;② 相对还价能力。例如,汽车制造商有很多零部件商可以选择,对于汽车零部件厂商来说,汽车制造商是他们的下游,且议价能力很高。微软的下游——PC 制造厂商——的议价能力就很弱,因为他们没有很多的操作系统供应商可供选择。

(五) 上游供应商

与下游购买者类似,上游供应商的议价能力也需要关注。通常情况下,当供应商多,客户有很多替代品可供选择时,供应商在议价中处于弱势地位。例如,可口可乐和百事可乐的金属易拉罐供应商讨价还价的能力弱,因为供应商很多,客户还可以选择塑料包装。当供应商所提供的产品或劳务对公司特别重要时,供应商具有优势。例如,当戴尔从台式电脑转向笔记本电脑的生产时,由于笔记本电脑对于零配件的规格型号要求更严格,戴尔只能从一些特定的供应商那里购买零配件,使得其对上游零配件供应商的议价能力大为减弱。

应该注意,五力模型为行业分析提供了一个"角色框架",因此得到了较广泛的应用。但其还存在一定的局限性。对其应用的建议是将其看作一个框架性的思考工具,并和产业链、需求和供给分析进行对比。

此外,五力模型的下游购买者仅指产业链条中直接联系的下游,但这个下游并不一定代表"需求"。需求的范围更广,不仅包括中间需求,也包括最终需求。最终需求其实是最重要的需求,是公司提供产品的最终消费力量。而五力模型的上游供应商也仅指直接联系的上游,供给的范围也一般更广。

第四节 公司内部分析

公司内部分析是对公司内部资源、公司竞争战略和公司竞争力的分析。在分析的时候,首先明确公司的使命、愿景或价值观,然后判断公司所采取的竞争战略,在此基础上分析公司的核心竞争力。

一、公司的使命、愿景或价值观

首先,可以关注的公司的使命(mission)、愿景(vision)或价值观(value)。有的公司三个要素齐备,有的则只有其中的一个或者两个。

公司的使命需要回答的问题是:公司的存在目的是什么?公司能为谁解决哪些问题?公司成立并运行的意义何在?愿景关注的是则是公司对未来的定位和长远目标。价值观是明确公司需要遵守的行为准则是什么?有什么信条?行为的底线是什么?

优秀的公司一般都具有非常明确的使命、愿景或价值观。例如,阿里巴巴的使命是"让天下没有难做的生意",而迪士尼的使命是"使人们过得快乐",滴滴公司的使命是"让出行更美好",万科的使命是"建筑无限生活"。一般公司的使命、愿景或价值观会以抽象概括的语言呈现,公司的所有战略活动都应该是围绕着公司的使命而展开的。

例如,海天味业的使命是"传扬美味事业,酿造美满生活"。企业历史悠久,是中华人民共和国商务部公布的首批"中华老字号"企业之一,公司希望能继承中国美食的传统文化和工艺,不断创新发展"中国味"的新高度,让中国人每天享受丰富美味的调味品,让中国美食文化传扬世界各地。

如果这些因素能被员工认可,并贯彻到日常运营的每个细节中,就构成了企业的文化,可以凝聚内部员工,达成共识。这是公司得到长久稳定发展的精神基础。但也应该注意,有些企业的使命、愿景或价值观只是一些套话,甚至与同行业其他企业雷同,也无法得到员工的认可,这就无法产生应有的作用。

专栏 3-6

新公司管理治理绩效标准 ESG

实现可持续发展已经是当今社会的共识,然而在持续动荡的外部环境下,"黑天鹅"事件屡次发生,给投资者造成严重损失。投资者除了需要关注财务因素之外,还需要关注企业的社会责任承担以及环境风险等众多非财务因素。ESG 治理评级随之兴起,并且逐渐被国际市场投资机构所接受和采纳。

ESG 是英文 environmental(环境)、social(社会)和 governance(公司治理)的缩写,具体来说,包括企业的碳排放、水资源管理、员工福利、社会责任承担和公司内部治理有效性等。ESG 从可持续发展的角度出发,提供了一种全新的发展理念和绩效评价方法,推动企业从实现自身价值到实现利益相关者乃至全社会价值的转变。

越来越多的证据表明,良好的 ESG 治理实践可以提高企业的经济绩效。通过改善 ESG 表现,企业能够提高政府的认可度与社会的接纳度,增进与利益相关者的正面关系,从而获取更加有力的政策扶持、更高的社会声誉和人才吸引力,在发生危机时也能获得更广泛的社会支持。良好的治理结构也有助于企业保持良好稳健经营,增强投资者对企业的信心。

我国监管层对 ESG 信息的披露也提出要求。2022 年 4 月,证监会发布《上市公司投资者关系管理工作指引》,首次将 ESG 信息披露纳入其中。近年来,A 股上市公司的 ESG 信息披露情况持续改善,截至 2022 年上半年,上市超过半年的沪深 A 股上市公司共有 4 566 家,有 1 431 家公司发布了 2021 年 ESG 相关报告,占比为 31.34%,披露率及增速均为近年来最高(见图 3-29)。

图 3-29 A 股上市公司近五年 ESG 相关报告披露情况

资料来源:《中国上市公司 ESG 发展报告(2022 年)》

但 ESG 信息披露质量仍有待提高,实践力度需要加强。目前,上市公司 ESG 信息仍以自愿披露为主,仍有近 70% 的上市企业未公开披露 ESG 信息。由于缺乏规范格式、指标体系与操作步骤等具体指引,ESG 相关议题的可比性仍然不足。多数公司对负面信息或数据披露较为谨慎,存在企业对于既有的环保处罚信息避而不谈的情况。从评级上看,据《2022 中国 A 股公司 ESG 评级分析报告》,针对 2021 年 A 股上市公司披露的相关 ESG 报告,企业多数落在 B、BB、BBB 三个等级,占比约 90%,得分为 A 级的占比仅 1.7%,没有公司被评为 AA 和 AAA 级,ESG 的水平仍然不足(见图 3-30)。

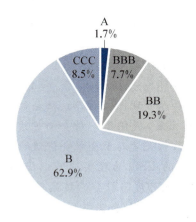

图 3-30　2022 年 A 股上市公司 ESG 评级结果

资料来源：《2022 中国 A 股公司 ESG 评级分析报告》

二、公司的竞争战略

根据定义，公司的竞争战略是指公司根据所处的环境，为了获取核心的、持续性的竞争优势而采取的各种行动。很显然，在一个给定的行业中，不管行业平均盈利状况如何，总有一些公司因采取了有力的竞争战略而获得高于平均的回报，从而提高其在行业中的地位。所以，分析师应该从公司价值的角度去对公司的竞争战略进行分析和判断。

（一）管理层分析与讨论中的公司竞争战略

那如何了解公司的竞争战略呢？一个重要的来源就是年报中的"管理层讨论与分析"（management discussion and analysis，MD&A）的文本文字。

MD&A 是上市公司定期报告的重要组成部分。它通过对公司财务报表的相关财务数据的文字解读，对公司经营中固有的风险和不确定性的提示，向投资者揭示公司管理层对于公司过去（报告期内及临近期间）经营状况的评价分析，以及对公司未来发展趋势和发展前景的前瞻性判断与预期。监管部门要求上市公司编制并披露管理层讨论与分析的目的，是使公众投资者能够有机会定期了解上市公司管理层自身对公司财务状况与经营成果的分析评价，以及公司未来一定期间的发展战略和具体规划。这些信息在财务报表及附注中并没有得到充分揭示，但是对投资者进行相关投资决策却是至关重要的内容。

MD&A 通常包括报告期内公司所处的行业情况，从事的业务情况，核心竞争力的重要变化及对公司所产生的影响，主要经营业务、资产及负债状况、未盈利企业尚未盈利的原因及影响，投资状况，重大资产和股权出售，主要控股参股公司分析及公司控制的结构化主体情况等主要经营情况，以及对未来发展的展望等。

例如，在海天味业的 2021 年的年报中，在其 MD&A 部分的"经营情况讨论与分析"中，提到了公司的外部环境"新冠疫情余波未平、消费需求疲软、各种原材料价格上涨、社区团购恶性竞争、限电限产供应趋紧等，公司经营环境严峻而复杂，公司面临前所未有的挑战"，所以这几个因素都是外部环境的"威胁"。

那么,公司面对这种情况是如何应对的呢? 在下面的讨论中,公司提到的主要应对策略是:① 进行市场转型发展,在存量中抢增量,开始与社区团购、时达到家平台和电商平台合作。② 降本增效,集约规模和精益管理,消化成本上涨压力。③ 核心技术和成果转化;推出好吃不贵、惠系列和大众酱油等新产品;进行包装革新。④ 品牌塑造,跟上新消费趋势。⑤ 人才培养。

这样的战略结果如何呢? 公司 2021 年的"营业收入 250.04 亿元,同比增长 9.71%,归属上市公司股东的净利润 66.71 亿元,同比增长 4.18%;整体净利率 26.88%,同比下降 1.44%",应该说还是获得了不错的业绩。具体分析见本章案例分析。

专栏 3-7

用文本分析方法分析管理层讨论与分析中的语调

MD&A 中的文本信息不仅详细描述了企业的经营状况,还表达出管理层对于公司当前和未来发展的态度,体现出一定的语调(TONE)倾向。人们对信息的接收与理解受到文本信息中语言的影响,中国是一个高度重视语境的国家,汉语易于表达情感,也容易使受众受情感的影响。年报中的文本具有的语调特征值得关注。Loughran & McDonald(2011)通过研究美国上市公司披露的年报,建立了 L&M 情感词典。谢德仁和林乐(2015)研究发现,公司业绩预期与管理层的净正面语调之间呈现正相关关系。

目前,主流的管理层语调的具体公式为:

$$TONE = \frac{POS - NEG}{POS + NEG} \tag{3-1}$$

其中,POS 表示管理层讨论与分析中文本里出现积极词的频数占该部分文本总词数的比例,NEG 表示管理层讨论与分析中文本里出现消极词的频数占该部分文本总词数的比例。TONE 表示净积极语调,取值在 $[-1,1]$,TONE 越大说明语调越偏向积极正面。积极词和消极词的获取是根据不同的情感词典进行匹配而得到。

除了管理层分析与讨论文本可以计算情绪指标,还可以计算投资者情绪指标、媒体情绪指标等。计算的方法也是类似的。

不过,应该注意的是,用计算机来计算 MD&A 的情绪,其实也存在一定局限性。原因在于:① 计算机文本非常适合分析那种存在很多共性的文本,但是并不适合有个性的文本。基于已有字典的读取和计算方法,无法把握写作风格、用词造句有个性的文本的特点。② 目前能用计算机文本分析分析出来的各种信息还比较有限,人工智能(artificial intelligence, AI)对文本的言下之意、深层次、段落之间的呼应等理解还比较肤浅和不智能,这些意义还只能由人类智能(human intelligence, HI)去理解和交流,这也是未来分析师的主要发展空间。③ 此外,管理层出于各种原因不会在年报中和投资者进行推心置腹的交流,给出自己真实的想法。因此,不少上市公司的年报的 MD&A 或者千篇一律,或者"打官腔",或者为了掩饰公司的问题而故意虚与委蛇。从这样的文本中能获取的真实信息也有限。

那些在市场竞争中获得成功的公司能获得竞争优势,这种优势主要表现在低成本优势和差异化策略,因此对应的两类战略分为成本优先战略和差异化战略。

公司采取何种战略应该根据行业所在的市场结构来决定,也应该与公司的资源和能力相匹配。

(二) 成本优先战略

成本优先战略(cost leadership strategy)是采取以更低的成本提供具有某种特质的被消费者多接受的产品或者服务。采用成本领先战略的公司向这个领域的最一般消费者销售标准化的产品或服务。

成本优先战略一般通过规模经济、高效生产、简单的产品设计、低投入成本、低分销成本、低研发费用和广告费用和严格的成本控制等方式来实现。这些途径使得公司的成本低于竞争对手的成本,从而获得竞争优势。

在那些属于基本产品或者基本服务的行业,成本优先战略是比较可靠的选择。低成本运营策略可以让公司获得等于或者高于行业平均水平的收益率,也可能迫使竞争对手因为不能忍受过低的收益率而退出该行业。成本策略执行得好的公司,其在财务报表表现出较低的毛利率、较低的费用率和较高的周转率。

春秋航空(601021.SH)就是一家采用低成本运营模式的航空公司。其运营模式与行业内其他航空公司,如中国东航(600115.SH),所提供的全服务运营模式完全不同。全服务运营模式是指为乘客提供高品质服务以及舒适乘机体验的运营模式。全服务型航空公司的服务品质、乘机舒适度较高,主要体现在乘机过程中该类公司往往为旅客提供免费行李额和机上餐食服务。此外,该类公司的飞机舱位往往分为头等舱、商务舱、经济舱等多种舱位,高级别的舱位机票价格较高,乘客所能体验的客舱服务也更为丰富。低成本运营模式则指航空公司只负责承担核心的运送服务。公司会取消一些全服务航空的非必要服务项目,严格控制生产运营成本和管理成本,从而为消费者提供廉价机票。春秋航空降低成本的具体策略包括:① 公司所有飞机选择一个机型。例如,春秋航空就几乎全部是A320型飞机,这样一则可以降低采购成本,二则通过公用修配零件来降低维修费用,三则通过公用飞行员、机组和乘务人员来降低培训费用。② 在服务方面,春秋航空不会提供免费食物和免费的行李额。如果乘客需要相关服务,就需要额外付钱购买。此外,还会通过在飞机上兜售商品、旅游地纪念品、付费选座或者第三方广告的方式来增加收入。③ 在销售方面,春秋航空采用直接售票和网络销售,减少了给代理公司的费用。④ 选择在二三类机场起降,可以减少支付给机场的费用,也可以避免繁忙的大机场的等待时间,提高周转速度。

低成本航空模式的出现将高端化、商务化的出行方式转变得更为经济、大众、便捷。由于不同群体收入不同,对于航空产品的需求也呈现出了多层次、多样化的特征。而低成本航空模式以对机票价格较为敏感的商务旅客、年轻旅行者、散户出行旅客为主要服务对象。

应该注意,成本优先战略也至少要达到竞争对手所具的质量和服务的最低水平。

(三) 差异化战略

差异化战略(differentiation strategy)是以客户可接受的价格提供与竞争对手有明显差异的产品或服务。在这种战略下,必须形成与众不同的特点,让公司产品成为客户眼中独特的存在,让客户心有所属,不会轻易更换为其他公司的产品。

这种战略的核心是获取对客户而言有价值的独特性。其产品或者服务可以满足客户的某个特定的需求,从而使得客户愿意支付比同行业其他产品更高的价格。

为了获取这种有价值的独特性,公司应该建议其鼓励创新的企业文化和组织结构。具体而言,差异化战略的实现方式包括更好的产品质量、更多的产品类型、更好的客户服务、更为灵活的支付方式、品牌投资、研究和开发投资、注重创新的控制系统。

根据差异化策略与其他竞争者的差异特征看,有如下几种不同的差异化:① 产品差异化。公司所提供的产品与其他公司的产品在特征、工艺上存在明显区别。② 服务差异化。公司所提供的服务与其他公司有差异。例如,海底捞的独特之处就是其所提供的服务和其他火锅店完全不同。③ 技术差异性。公司创造和发明了独特的技术,最典型的案例就是苹果。④ 品牌形象差异性。品牌差异独特性提供了独特的标识、营销渠道。例如,提供瑜伽服的 lululemon 公司,定位高端瑜伽运动服,宣扬健康生活方式,其独特的瑜伽运动定位配合瑜伽社区活动确定了其独特的品牌形象。

差异化策略执行得好的公司,其在财务报表上表现出较高的毛利率、较高的费用率和较低的周转率。尤其是,采用技术差异化策略的公司,会对应较高的研发费用以及较高的无形资产。采用品牌形象差异性策略的公司,会对应较高的销售费用,其中有较高的广告费。

但应该注意,如果公司所提供的差异化特征的定价比同行业的产品定价高出太多,客户可能不会接受。

(四)集中战略

利用其核心竞争力满足某一特定目标细分市场的需求而不考虑其他需求的战略即为集中战略(focus strategy)。例如,产品或服务集中于某一特定人群(年轻人或者老年人)。

为满足某一特定细分市场的要求,公司需要采用专业化的策略。公司采取集中战略可以比宽范围竞争者更有效地服务于一个细分市场。根据集中战略的侧重点不同,又可以分为聚焦成本优先战略和聚焦差异化战略。例如,瑞典的宜家公司,其目标客户是讲究款式又要求低价的年轻消费者,因此采取聚焦成本优先方式来保持低成本。图 3-31 给出了公司竞争战略的分类示意图。

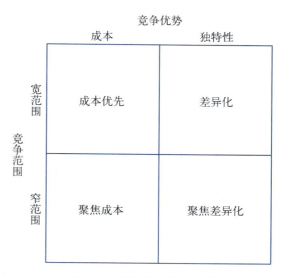

图 3-31 公司竞争战略分类

三、公司的核心竞争力

(一)核心竞争力

公司的核心竞争力指公司相对于竞争对手的竞争优势的来源,是支持公司竞争优势的核心能力。只有竞争者无法复制公司的战略或者缺乏必要的资源来模仿公司的核心竞争力时,公司才能获得可持续竞争优势。

可持续的核心竞争优势有四个标准：① 有价值的（valuable）能力，是指能否帮助公司利用外部机遇或者降低外部威胁而创造价值的能力。② 稀有的（rare）能力，是指只有极少数的竞争对手能够拥有的能力。如果一个能力被很多竞争对手拥有，就不可能成为公司竞争优势的来源。③ 难以模仿的（costly-to-imitate）能力，由于历史等原因而产生的能力，他人不能模仿。④ 不可替代的（non-substitutable）能力。

资源或能力是否满足这四个标准，将产生不同的竞争后果和预计业绩。如一项资源或能力完全不具备这四个特点，它不具有竞争优势，其最终只能获得低于平均水平的回报。而那些具有价值的资源和能力，如果不稀有，那么其他竞争者也马上可以拥有，那公司只能获得平均回报。如果该等资源是稀有的，但可以模仿，就只能形成暂时的竞争优势，因为竞争者可以模仿，从而在较短的时间将超额利润抹平。只有那些同时具有四种特征的资源和能力能获得可持续的竞争优势（见表3-8）。

表3-8 可持续竞争优势的四个标准组合的结果

有价值的？	稀有的？	难以模仿的？	不可替代的？	竞争结果	业绩评价
否	否	否	否	竞争无优势	低于平均回报
是	否	否	是/否	竞争对等性	平均回报
是	是	否	是/否	暂时竞争优势	（高于）平均回报
是	是	是	是	持续竞争优势	高于平均回报

专栏 3-8

经济护城河（Economic Moat）理论

公司抵御竞争对手及其攻击的可持续性竞争优势，如同保护城堡的护城河，这是沃伦·巴菲特最先提出来的概念。后来全球范围投资机构、国际基金的评级机构晨星公司将此理论应用于其公司股票价值评级系统中。在进行长期投资时，需要选择那些拥有牢固的经济护城河的公司，即公司能够在较长时期实现其超额收益，并随着时间的推移，通过股票价格体现其超过市场大盘的盈利能力。同时，也因为长期持有股票而减少交易成本。值得注意的是，优质的产品、巨大市场份额、伟大的CEO都不是真正的护城河。优质产品很少能形成护城河，而只能给公司带来短期的可喜业绩。如果公司不能阻挡竞争者的介入，当竞争者都观察到这个产品可以获取超额收益时，就会一拥而上，导致超额收益消失。同样，具有高市场份额的公司也不一定能抵御竞争对手的攻击而一败涂地，柯达公司在胶卷市场的失败就是一个非常典型的例子。此外，一个高效的管理团队可以让公司运行得更出色，但如果缺乏结构性的竞争优势，这样的公司也无法获得超额回报。

可以构成持续竞争优势的能力包括：① 无形资产。包括品牌、专利和法律许可等，公司的产品和服务是竞争对手不能模仿的。如果公司仅仅凭借品牌就能以较高价格出售同类产品，那么品牌就构成一个很好的护城河。专利是通过法律手段保护自己的特权，彻底禁止竞争对手销售自己的产品。法定许可是公司需要通过行政审批才能从事经营。② 客户的高转化成本。公司的产品和服务是客户难以割舍的。③ 网络效应。随着用户人数的增加，它们的产品和服务的价值也在提高。微软公司的 PC 操作系统就是一个非常典型的例子。一般网络效应在信息类和知识转移性行业更为多见。④ 成本优势。通过流程、地理区域、规模或特有资产，能以抵御竞争对手的价格出售产品或服务。

表 3-9 为晨星公司对全球 2 000 家公司分行业的护城河的统计结果。宽（窄）护城河对应于公司指持续竞争优势持续期的长（短）。从行业分布来看，媒体、公用设施和金融服务业的"护城河"总体较宽。

表 3-9 晨星公司对全球 2 000 家股票的护城河分类

行　业	宽护城河(%)	窄护城河(%)	总体护城河(%)
软　件	9	49	58
硬　件	5	26	31
媒　体	14	69	83
电　信	0	59	59
医疗卫生服务	11	31	42
消费者服务	7	32	39
商业服务	13	36	49
金融服务	14	54	68
消费品	14	32	46
工业原料	3	31	34
能　源	6	55	61
公用设施	1	80	81

（二）有形资源和无形资源

公司的资源可以分为有形资源和无形资源。许多有形资源的价值可以在财务报表中反映出来。

和有形资源相比，无形资源可能更容易成为有效的核心竞争力来源。相对于实物资产，公司成功在更多时候体现为先进的知识、出色的管理和人力资源的价值等方面。相对而言，无形资源比有形资源更难被模仿，且无形资源价值可以得到比有形资源更多的利用（见表 3-10）。例如，员工之间的知识共享就是非常有效的提升价值。不同的人分享更多的知识，不仅知识不会减少，而且会创造新价值。

表 3-10　无形资源和有形资源

有　形　资　源		无　形　资　源	
财务资源	公司的借款能力	人力资源	知识、信任、管理能力
	公司内部融资能力	创新资源	创意、科研能力
组织资源	公司的报告结构	声誉资源	客户声誉
	正式的计划和控制系统		品牌
实物资源	公司的厂房、设备以及先进程度		供应商声誉
技术资源	技术含量：专利、商标等		双赢的交往关系

案例分析

海天味业的 SWOT 分析

SWOT 分析是一种常用的商业战略工具，用于评估一个组织的优势（strengths）、劣势（weaknesses）、机会（opportunities）和威胁（threats），企业结合外部环境和自身禀赋，可以制定出 S-O、S-T、W-O 和 W-T 等不同类型的战略方案。以海天味业为例，可以梳理得到如表 3-11 所示的 SWOT 分析矩阵。

表 3-11　海天味业 SWOT 分析

内部因素 / 外部因素	内部优势(S)	内部劣势(W)
	1. 产销量行业领先，成本和费用分摊存在规模优势 2. 经销商数量多且下沉程度高，具备渠道优势 3. 重视营销，品牌知名度和美誉度高 4. 产品品类丰富，全价格带覆盖 5. 团队激励水平领先行业 6. 研发技术领先	1. 公关危机处理水平低 2. 多元化成功经验不足 3. 初期对"零添加"等超高端品类重视不足
外部机会(O) 1. 行业消费升级，消费需求高端化、健康化、多样化 2. 行业政策法规持续完善，规范程度不断提升 3. 调味品部分子行业成长性高	**S-O 战略** 1. 加大营销投入，完善产品矩阵，满足居民端差异化需求和消费升级趋势 2. 凭借性价比和强大的经销商网络，继续巩固餐饮渠道的先发优势 3. 通过配方改进、消费者教育，推动蚝油从区域性调味品向全国性转变，渗透率不断提升	**W-O 战略** 1. 布局醋、料酒、鸡精等调味品子行业，推进多元化战略 2. 推出零添加产品并提高重视度
外部威胁(T) 1. 食品安全风险 2. 社区团购抢夺传统渠道流量，并造成价格冲击 3. 大豆等原材料成本上涨	**S-T 战略** 1. 在保证价盘的前提下，凭借品牌优势与社区团购合作 2. 采取提价、降本等措施应对成本上涨	**W-T 战略** 针对添加剂"双标"事件的公关态度过于强硬，引发消费者抵触，后续公司不再发声以期淡化影响

从外部因素来看,海天面临的机会主要有:调味品行业消费升级、行业政策法规完善推动规范化、蚝油等调味品子行业成长性高等。海天面临的威胁主要有:食品安全风险、社区团购等新兴渠道对传统渠道的冲击、大豆等原材料成本波动性较大等。

从内部因素来看,海天是调味品领域的龙头企业,具备多重优势:规模优势下成本和费用摊薄效应领先、经销商队伍庞大且海天掌控力较高、品牌知名度和美誉度佳、产品品类丰富且价格区间较广、激励机制完善团队积极性高、研发技术保持领先等。海天的劣势主要有:公关危机处理水平较差,除酱油蚝油之外对其他调味品子行业的运作经验有限,对"零添加"等超高端品类布局时机较晚等。

结合内外因素,海天采取了如下四种类型的战略。

一、S-O战略

S-O战略是企业利用自身优势来应对外部机会以进一步增强竞争优势的战略选择方案,可以最大限度地实现增长和发展。海天制定的S-O战略主要有以下三个。

(一)加大营销投入,完善产品矩阵,满足居民端差异化需求和消费升级趋势

随着居民可支配收入的持续提升,我国调味品行业存在明显的消费升级趋势,具体到酱油子行业,升级路径为"散装酱油—黄豆酱油—老抽和生抽—高鲜酱油",目前高鲜酱油处于快速放量阶段。从酱油吨价来看,若剔除疫情扰动,2014—2019年吨价以1.90%的CAGR提升。

针对居民端,产品销售主要依托于品牌影响力,海天经过多年发展已经积累了较高的品牌知名度和美誉度,同时每年仍投放大量广告费用用于品牌建设,近几年广告费用维持在3亿元左右。依靠强大品牌力侵占消费者心智,实现高鲜酱油等核心产品的持续复购(见图3-32)。

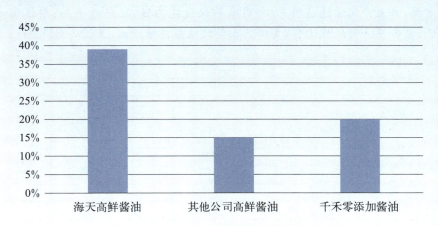

图3-32 海天的高鲜酱油复购率高于其他竞品

资料来源:阿里巴巴

同时,消费者对酱油的需求呈现差异化、功能化、健康化趋势,推动酱油产品进一步细分。海天依靠领先的研发技术,推出红烧酱油、凉拌酱油、零添加酱油和淡盐酱油等多样化产品(见图3-33)。

图 3-33 海天酱油产品矩阵丰富

资料来源：公司官网

(二) 凭借性价比和强大的经销商网络，继续巩固餐饮渠道的先发优势

对于我国调味品行业，餐饮服务侧(即 B 端)一直占据主要地位。根据欧睿，2022年餐饮端和居民端的销量占比分别为 52.0% 和 48.0%。区别于居民端，调味品在餐饮侧的销售以性价比和经销商为主推力。海天凭借性价比和强大的经销商网络在餐饮渠道建立了先发优势并且持续巩固。

一方面，海天产销量遥遥领先，公司采购议价能力强、生产效率高、单位销量分摊的费用低，具备显著的规模优势，支撑其在餐饮端维持性价比(见图 3-34)。

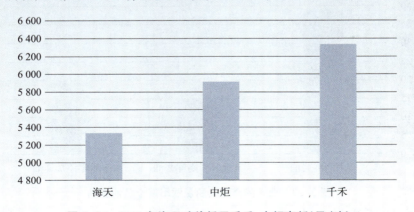

图 3-34 2021 年海天吨价低于千禾、中炬高新(元/吨)

资料来源：公司财报

另一方面，海天的渠道优势突出，经销商数量远高于其他主要调味品企业，对全国省级、地级市市场实现 100% 覆盖，对县级市场实现 95% 以上覆盖，截至 2022 年第三

季度,海天、千禾、中炬高新的经销商数量分别为7 153家、2 033家、1 942家。此外,海天的经销商黏性高、利润要求低且执行力强(见图3-35)。

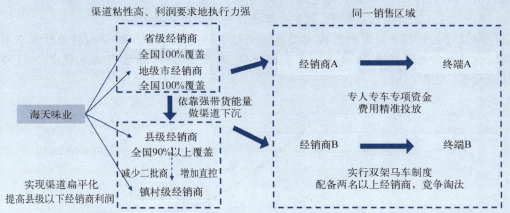

注:海天的餐饮/流通/KA商超/封闭渠道收入占比分别为60%/15%/15%/10%,其中主要的餐饮与流通渠道依托于上述经销渠道网络。

图3-35　海天具备宽广和高黏性的渠道网络

资料来源:公司年报,广发证券发展研究中心

(三)通过配方改进、消费者教育,推动蚝油从区域性调味品向全国性转变,渗透率不断提升

蚝油是用蚝(牡蛎)熬制而成的调味料,早期多用于广东菜系,属于区域性调味品。虽然如今海天的蚝油广为人知,但事实上,蚝油是由李锦记最早发明并规模化生产的,但是由于李锦记的蚝油中蚝汁含量较高,口味的区域性较重且定价较高,未能全国化大规模推广。而海天降低了蚝汁比例重新定义了蚝油,叠加强大的消费者教育能力、渠道推广能力,将蚝油打造为通用性调味品,实现全国化,蚝油渗透率不断提升,推动规模走高。从数据来看,海天蚝油收入从2009年的4.57亿元增长至2021年的45.32亿元,CAGR高达21.1%(见图3-36)。

图3-36　海天蚝油收入迅速增长

资料来源:Wind

二、S-T战略

S-T战略是指企业利用自身优势来应对外部威胁以保持竞争优势的战略选择方案。海天制定的S-T战略主要有以下两个。

（一）在保证价盘的前提下，凭借品牌优势与社区团购合作

社区团购是指由社区内居民或团体共同组成的购物群体在联合购买的情况下获得更优惠的价格和服务，主要平台有美团优选、多多买菜等，社区团购规模在2021年快速发展（见图3-37）。

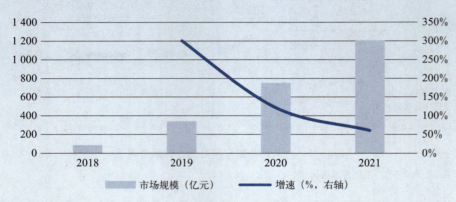

图3-37　2021年社区团购规模突破千亿元

资料来源：网经社，华经产业研究院

在社区团购兴起之初，各家平台粗放式烧钱抢份额，促销折扣力度大、产品价格低，对其他渠道的价盘和流量产生较大冲击。海天最初为了维持线下价格体系，严禁经销商向社区团购平台供货。相比之下，中炬、千禾等品牌2020年即开始与社区团购平台合作，区域性小品牌更是积极拥抱平台。

随着社区团购的进一步发展，海天开始转变态度。2021年6月初组建社区团购部门对接合作，之后加大在美团优选等平台的费用投入，把价格降至全平台最低，最终在社区团购平台站稳脚跟。与平台合作后，海天利用自己强大的渠道掌控力，严格管理窜货，对进货价格及零售价也有指导红线，保障线下线上渠道共同发展。

海天转变态度后，一方面费用投入加大，另一方面作为龙头品牌，平台方愿意将流量、广告资源向海天倾斜，海天份额迅速提升。以美团优选为例，2021年海天占酱油品类的份额提升至26%（见图3-38）。

（二）采取提价、降本等措施应对成本上涨

在海天调味品的成本结构中，大豆占比约18%，白砂糖占比约14%，包材占比约28%（其中玻璃占12%），大宗商品的价格受到全球因素的影响，可控性较弱，公司盈利水平受原材料成本波动影响较大。以

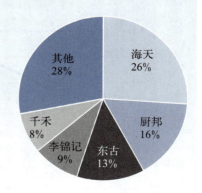

图3-38　2021年美团优选平台酱油前五大品牌份额

资料来源：招商证券

大豆为例,2020—2022年,全国黄豆市场价从3 918.3元/吨上涨至5 542.8元/吨,涨幅高达41.5%(见图3-39)。

图3-39　2020年后全国黄豆市场价(元/吨)涨幅较高

资料来源:Wind

海天利用其品牌地位和供应链优势,采用提价、降本等措施来应对原材料成本的上涨。根据海天业绩交流会,2021年公司通过物流发运结构调整、采购策略、生产管理、技改等多方面控本提效,同时在第四季度提价以应对成本压力。2019—2021年,海天毛利率从45.4%下降6.8%至38.6%,降幅远低于原材料价格涨幅(见图3-40)。

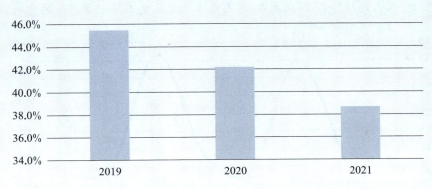

图3-40　2019—2021年海天毛利率下降程度低于原材料价格上涨幅度

资料来源:Wind

三、W-O战略

W-O战略是指企业利用外部机会来弥补企业的劣势,以提高企业竞争力的战略选择方案。海天制定的W-O战略主要有以下两个。

(一)布局醋、料酒、鸡精等调味品子行业,推进多元化战略

2014年之前,海天的业务主要集中在酱油和蚝油,对其他调味品子行业少有布局。而醋、料酒等领域增长空间大且格局分散,具备进一步整合的机会。

2014年之后,公司开启多元化产品矩阵建设,通过投资收购或设立子公司进行非酱油领域的外延式扩张。截至2021年,海天已完成在蚝油、酱类、食醋、料酒、复合调味品、火锅底料等全品类布局(见表3-12)。

表3-12 海天产品多元化历程

传 统 业 务	酱油、蚝油、黄豆酱
2014年前后	料酒、果醋、鸡精
2014年	腐乳(平广中皇)
2017年	食醋(丹和醋业)
2019年	香油(合肥燕庄)
2020年	火锅底料"@ME"
2020年	复合调味料"快捷方式"
2020年	白砂糖"雪里糖"
2021年	食用油"油司令"

2014—2021年,海天的其他业务收入从0.87亿元提升至36.19亿元(见图3-41),CAGR高达70.20%,多元化战略取得一定成效。但从结构来看,酱油和蚝油仍占绝对主导地位,收入占比维持在75%左右,海天的多元化战略有进一步推进的空间。

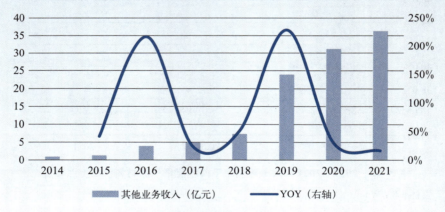

图3-41 海天其他业务收入(亿元)

注:其他业务为除了酱油、蚝油和酱类之外的主营业务的收入。
资料来源:Wind

(二)推出零添加产品并提高重视度

随着调味品行业的消费升级,面向健康诉求的"零添加"酱油受到市场青睐,但由于"零添加"的受众主要为中产以上人群,在我国仍处于起步期,市场容量较小。2021

年之前,海天未将"零添加"作为重点品类,给千禾等第二梯队企业让出了先机,2021年千禾在"零添加"酱油市场占有率达29.55%,位居第一。

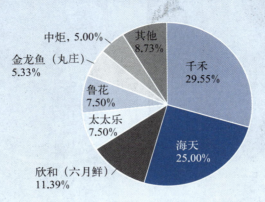

图3-42　2021年"零添加"竞争格局

资料来源:Wind、上证e互动、魔镜科技,广发证券发展研究中心

2022年开始,海天看到零添加品类的机遇,加大费用投入和产品推出力度进行追赶(见图3-43)。据调研,2022年海天零添加产品系列的收入体量达到约8亿元。

图3-43　海天推出"零添加""淡盐"产品迎合健康化趋势

资料来源:公司官网

四、W-T战略

W-T战略是指企业面对外部威胁和内部劣势时采取必要的防御措施,以保护企业利益。海天制定的W-T战略主要体现在其对"添加剂"风波的应对上。

添加剂"双标"事件源于2022年9月末,网友发现在加拿大、日本等国家销售的海天酱油除了水、大豆、小麦以及食盐、砂糖之外,并无其他添加成分,而在国内的海天酱油还添加了苯甲酸钠、三氯蔗糖等添加剂(见图3-44)。市场认为海天对国内外消费者采取"双标"策略,这引起国内消费者的不满。

图 3-44 海天国内外产品配料表

注：国外（左）：配料表只有水、大豆、小麦、食盐等；国内（右）：含多种添加剂，如增味剂（谷氨酸钠、5-呈味核苷酸二钠、5-肌苷酸二钠）、防腐剂（苯甲酸钠）、甜味剂（三氯蔗糖）。
资料来源：根据公开资料整理

添加剂双标风波在网上持续发酵后，海天多次回应：9月30日，"所有产品都严格按照《食品安全法》生产，并随时接受国家及各级食品安全主管部门的常态化监督和检查"。10月4日、10月9日海天再度发文澄清。但由于其对消费者心理把握不足，公关态度较为强硬，引发市场抵触。从股价表现来看，添加剂风波后海天股价表现持续低迷，而主打"零添加"概念的千禾则一路上涨（见图3-45）。

图 3-45 添加剂"双标"风波后海天和千禾的股价表现

资料来源：Wind

后续海天认识到了公关失误，针对添加剂事件选择不再回应，而是增加零添加产品的推广和借助主播等第三方平台进行宣传，以期淡化影响。

本 章 小 结

本章首先介绍了战略分析的基本概念,然后按照初步分析、外部分析、内部分析和综合评估来进行战略分析。其中外部分析分为宏观分析和行业分析。宏观分析包括政治法律环境、经济环境、社会文化环境和技术环境这四个方面。行业分析是战略分析的重点,包括梳理产业链、分析市场总量和产品结构、供给分析、需求分析、销售模式分析和行业五力模型的分析。内部分析包括公司的使命、愿景或价值观、公司竞争战略和公司的核心竞争力。最后通过 SWOT 分析方法,来融合公司的外部和内部因素,来对公司进行综合分析。

关 键 词

战略、竞争优势、超额回报、竞争者、快周期和慢周期、PEST、进入壁垒、产业链、Gartner 曲线、五力模型、公司使命、ESG、MD&A、SWOT

思 考 题

1. 春秋航空和中国东航两家航空公司,一家采用低成本运营模式,一家采用全服务运营模式。请比较两家公司近三年的财务报表数据,分析它们之间存在的主要差异。
2. 如果你现在有 400 万元的启动资金,可以选择投资奶茶店或者咖啡店。请你从这两个市场目前的供需关系分析,作出自己的选择。
3. 分析快递(顺丰、京东、菜鸟和极兔等)、电商(淘宝、京东和拼多多等)或者你感兴趣的任何行业的竞争格局和行业竞争者的相对竞争优势。
4. 是否存在公司同时采用多个竞争战略的情况?请举例说明。
5. 确定你选择的公司所在的行业,并开始收集公司的外部信息,包括同行业公司信息、上下游公司信息、相关政策信息,并做摘要备用。这个信息收集过程可能比较长,是一个长期积累的过程。
6. 阅读历年香港上市公司"恒隆集团"和"恒隆地产"的主席陈启宗先生在其上市公司年报中的"致股东函"。陈启宗先生自 1991 年担任主席后,他每年(中报和年报)亲自撰写两家公司的"致股东函"。恒隆历史上还曾有过三家上市公司,所以他已经写了 100 多篇致股东函。内容涉及对整个公司、整个行业乃至整个经济的发展的战略思考。谈谈你阅读陈启宗先生的"致股东函"后的体会。

第四章

利润表分析

> **学习目标**
> 1. 利润表的重要结点
> 2. 利润表结构分析和趋势分析以及可视化处理
> 3. 利润表的原生科目和衍生科目
> 4. 利润表的经常性科目和非经常性科目
> 5. 利润表的项目分析,包括营业收入、营业成本、四项费用、四大收益和两项损失
> 6. EBIT、EBITDA 和 EVA

目前的财务报表分析大多是以分析盈利能力为主要目的的股权投资分析,因此建议分析者从利润表开始看起。利润表体现了公司的业务模式、盈利模式和收入中各项费用和利润的情况,这是认识一个公司的起点。而资产负债表体现了公司凭什么盈利,维系业务顺利进行对应着什么样的资产结构和其融资结构等。一般而言,业务模式决定了资产结构,而资产结构又在很大程度上影响了融资结构。

第一节 利润表的重要结点和科目特点

一、利润表的重要结点

利润表(income statement,IS),也称为损益表,是反映公司在一定会计期间的经营成果的财务报表。利润表一般采用多步式结构,即通过对当期的收入、费用、支出项目按性质加以归类,按利润形成的主要环节列示一些中间性利润指标,分步计算当期净利润。利润表列示的主要结点包括营业收入、营业成本、营业利润、利润总额、净利润和每股收益。具体结构参考表 4-1。

(一) 营业收入

利润表的起点是营业收入,这是利润表的基础。公司一般都会千方百计地提高公司的营业收入。

表 4-1 利润表的结构和属性

(1) 编号	(2) 项目	(3) 收益归属	(4) 原生衍生	(5) 总额和其中	(6) 正负数属性	(7) 利润和综合利润的关系	(8) 经常性、非经常性
A	营业总收入	公司	衍生科目	总额科目	正数	+	经常性
1	营业收入	公司	原生科目	总额科目	正数	+	经常性
2	其他收入	公司	原生科目	总额科目	正数	+	经常性
B	营业总成本	公司	衍生科目	总额科目	正数	-	经常性
3	营业成本	原材料、设备供应商、员工	原生科目	总额科目	正数	-	经常性
4	税金及附加	政府	原生科目	总额科目	正数	-	经常性
5	销售费用	员工、广告商	原生科目	总额科目	正数	-	经常性
6	管理费用	管理人员	原生科目	总额科目	正数	-	经常性
7	研发费用	研发人员	原生科目	总额科目	正数	-	经常性
8	财务费用	银行和其他债权人	原生科目	总额科目	正数或者负数	-	经常性
8a	其中：利息支出	银行和其他债权人		其中科目	正数	-	经常性
8b	其中：利息收入	公司		其中科目	正数	+	经常性
9	加：其他收益	公司	原生科目	总额科目	正数或者负数	+	非经常性
10	投资净收益	公司	原生科目	总额科目	正数或者负数	+	经常性、非经常性
10a	其中：对联营企业和合营企业的投资收益	公司		其中科目	正数或者负数	+	经常性
11	公允价值变动净收益	公司	原生科目	总额科目	正数或者负数	+	非经常性

续 表

(1)编号	(2)项目	(3)收益归属	(4)原生衍生	(5)总额其中	(6)正负数属性	(7)利归母综合利润的关系	(8)经常性、非经常性
12	资产减值损失	公司	原生科目	总额科目	正数或者负数	+	经常性、非经常性
13	信用减值损失	公司	原生科目	总额科目	正数或者负数	+	经常性、非经常性
14	资产处置收益	公司	原生科目	总额科目	正数或者负数	+	非经常性
C	营业利润	公司	衍生科目	总额科目	正数或者负数		
15	加：营业外收入	公司	原生科目	总额科目	正数	+	非经常性
16	减：营业外支出	公司	原生科目	总额科目	正数	−	非经常性
D	利润总额	公司	衍生科目	总额科目	正数或者负数		
17	减：所得税	政府	原生科目	总额科目	正数	−	经常性
E	净利润	公司	衍生科目	总额科目	正数或者负数		
18	持续经营净利润	公司	原生科目	总额科目	正数或者负数	+	经常性
19	终止经营净利润	公司	原生科目	总额科目	正数或者负数	+	经常性
21	减：少数股东损益	少数股东	原生科目	总额科目	正数或者负数	−	经常性
F	归属于母公司所有者的净利润	母公司股东	衍生科目	总额科目	正数或者负数		
20	加：其他综合收益	公司	原生科目	总额科目	正数或者负数	+	
G	综合收益总额	公司	衍生科目	总额科目	正数或者负数		
21	减：归属于少数股东的综合收益总额	少数股东	原生科目	总额科目	正数或者负数	−	
H	归属于母公司普通股东综合收益总额	母公司股东	衍生科目	总额科目			

相关的还有其他收入和营业总收入这两个概念。对于非金融行业的集团公司,如果有金融业务的子公司,在合并报表中有部分来自金融行业的收入,就计入其他收入,营业收入和其他收入两者相加得到营业总收入。

(二) 毛利润

营业收入下面是营业成本。

可以根据营业收入和营业成本计算毛利润:

$$毛利润 = 营业收入 - 营业成本 \tag{4-1}$$

这个数据在报表中不会披露,需要分析师自己计算。毛利润非常重要,是衡量一个公司的盈利能力的重要指标。

(三) 经营利润

经营利润是公司从事主业经营活动所产生的利润。如果公司不属于重资产行业,财务费用较小,则经营利润不扣除财务费用:

$$经营利润1 = 营业收入 - 营业成本 - 税金及附加 - 销售费用 \\ - 管理费用 - 研发费用 \tag{4-2}$$

如果公司属于重资产行业,财务费用较大,则经营利润扣除财务费用:

$$经营利润2 = 营业收入 - 营业成本 - 税金及附加 - 销售费用 \\ - 管理费用 - 研发费用 - 财务费用 \tag{4-3}$$

经营利润在报表中也没有披露,要自己计算。这也是分析师非常关注的一个指标。

毛利润和经营利润在使用上有一定差异。一些支出项目在会计处理中,可以计入费用,也可以计入成本,这就导致毛利润会受此不确定性的影响。相对而言,经营利润更具有可比性,这也是分析师十分重视经营利润的原因。

营业总成本是一个容易被忽视的概念,其计算方法如下:

$$营业总成本 = 营业成本 + 税金及附加 + 四项费用 \tag{4-4}$$

(四) 营业利润

营业利润是在经营利润的基础上加入一些非经常性科目,其计算方法如下:

$$营业利润 = 经营利润2 + 其他收益 + 投资净收益 + 公允价值变动净收益 \\ + 资产减值损失 + 信用减值损失 + 资产处置收益 \tag{4-5}$$

很显然,营业利润受到各种非经常性科目的影响。如果营业利润和经营利润存在较大差异,就应该仔细分析非经常性科目的性质,看是否有财务操纵的可能。

(五) 利润总额

利润总额是在营业利润的基础上加入了营业外收支项目。其计算方法如下:

$$利润总额 = 营业利润 + 营业外收入 - 营业外支出 \tag{4-6}$$

营业外支出也是一个容易发生问题的科目,对于那些费用偏高的公司,其经营利润的数据不好看。为提高经营利润,公司有动力将费用列入营业外支出。

(六) 净利润

最后来到净利润项目。净利润是利润减去所得税费用。其计算方法如下:

$$净利润 = 利润 - 所得税费用 \tag{4-7}$$

利润表的终点是净利润,这是利润表的底线(bottom line),是投资者最关注的财务指标。

因此,利润表实际是在解释从营业收入到净利润的变化过程。在这个过程中,公司的利益相关者都参与了公司收益的分配。表 4-1 的第(2)列给出了各利益相关者(上游供应商、员工、政府、银行和其他债权人)从公司营业收入和收益所获得的分配。例如,营业成本主要是分配给原材料、设备供应商和员工,销售费用主要是分配给员工和广告商,税金分配给政府,利息费用分配给银行和其他债权人,少数股东损益分配给少数股东。母公司股东是公司剩余收益的获得者,在上述其他相关利益者都获得其应得的收益后的剩余收益,归母公司股东所有。

(七) 归母净利润

在净利润的下方,利润表中还有三个结点。

第一个是归属于母公司所有者的净利润,简称为归母净利润:

$$归属于母公司所有者的净利润 = 净利润 - 少数股东损益 \tag{4-8}$$

上市公司一般会公布合并报表和母公司报表,一般重点分析合并报表。在合并报表的下方会出现关于少数股东的数据。由于上市公司的投资者只拥有母公司的权益,因此他们最关心的是归属于母公司所有者的净利润。

(八) 综合收益总额

综合收益总额的计算方法为:

$$综合收益总额 = 净利润 + 其他综合收益 \tag{4-9}$$

其他综合收益(other comprehensive income,OCI)也是公司的收益,但这类收益在很大程度上受到会计处理的影响。为了避免公司使用这种会计处理进行财务操纵,会计准则不允许 OCI 进入利润表,而是直接进入所有者权益科目。

(九) 归属于母公司普通股东的综合收益总额

归属于母公司普通股东的综合收益总额,其计算方法为:

$$归属于母公司普通股东的综合收益总额 = 综合收益总额 - 归属于少数股东的综合收益 \tag{4-10}$$

类似地,这个科目是归母的综合收益,也是对不允许进入利润表的收益科目的调整。

此外,公司需要提供比较利润表,即利润表将各项目分为本期金额和上期金额两栏分别填列。这是为了方便报表使用者比较不同时期的利润,判断公司经营成果的未来发展趋势。

对利润表各个科目的特点还可以进行更进一步的分析,以加深对该表的理解。

二、原生科目和衍生科目

在利润表中,有些科目是从公司的经营活动中独立核算出来的,如"营业收入"科目就是由公司所有部门的业务收入加总得到。在表 4-1 中的第(1)列,原生科目用 1—21 的阿拉伯数字表示。

与原生科目对应的是衍生科目。这类科目是从原生科目计算出来的。如衍生科目"营业总收入"是两个原生科目"营业收入"和"其他业务收入"相加而得到的。同样,表中的各个利润科目,都是在其他项目的加减处理后得到,都是衍生科目。衍生科目用英文字母表示。

区分原生科目和衍生科目,在垂直分析中非常重要。在对利润表进行垂直分析的时候,应该明确区分直接构成费用和成本的原生科目和计算净利润的过程中的衍生科目。前者是实质性的扣减项目和增加项目,而后者是计算的中间结点,不能混淆。

三、总额科目和其中科目

"其中科目"是利润表中的特殊项目,表明这个项目是其上方总额科目的一个子部分,但利润表没有展示该项目的所有子部分。单独展示其中科目的原因是,该子项目具有比较重要的地位或者容易发生财务造假,需要单独披露,以引起报告使用者的关注。

财务费用下,有两个其中科目"利息支出"和"利息收入"。这两个子项目都是财务费用的重点子项目,但这两者相加并不等于财务费用。利息支出是财务费用的重要科目,有息负债高的公司,此项目一般比较高,且利息都是需要当年支付的,所以需要单独披露。利息收入是利息支出的扣减项,有些现金丰厚且有息负债较少的公司,利息收入甚至大于利息支出,这样就会得到负的财务费用,因此这个项目也需要单独披露。

投资收益科目下,有一个其中科目"对联营企业和合营企业的投资收益",该科目披露公司所持有的不合并报表的股权投资所获得的投资收益,是投资收益中的重要科目,需要单独披露。

利润表中除了上面三个其中科目,其他科目都是总额科目。

四、原生科目的正负号

利润表中的科目是从营业收入开始一路向下,或加或减某项支出或收益,最后得到净利润。这些科目的正负号特征有两种情况:① 该科目总是为正数。② 该科目可正可负。如表 4-1 的第(6)列所示。

收入、成本和大多数费用(财务费用和所得税费用除外)总是正数。正数的收入表明收入是流入公司的,正数的成本和费用表明它们是流出公司的。

财务费用是一种特殊的费用,其数值可正可负。其子项目"利息收入"是流入公司的。如利息收入大于其他流出的财务费用科目,则财务费用的净额是负数。负的财务费用的经济含义是净利息收入,对净利润是加分项。

所得税费用的数值也是可正可负。如果公司发生亏损,则"所得税"费用项也是负数。

财务费用下方的四项收益和两项损失,都可正可负,根据该项收益或者损失实际发生的情况来定。尤其应注意"信用减值损失"和"资产减值损失"这两个损失项目,其正负号的方向与人们一般的理解正好相反。如果确认发生损失,其数值为负,所以大多数情况下,这两个项目的数值就是负数。但如果之前发生的损失转回,其数值可能为正。

上述各科目都是原生科目。各个结点的利润都是衍生科目,它们都可正可负,正数表示盈利,负数表示亏损。

五、利润表各项目和净利润的正负关系

从营业收入开始到净利润的计算过程中,要注意各原生科目与最后净利润的正负号关系。如表4-1的第(7)列所示。

一般来讲,收入和收益类项目对应资金流入公司,它们和净利润的关系为正。成本、费用或者支出项目对应资金流出公司,它们和净利润的关系为负。例如,如果财务费用为−2 000万元,在计算利润过程中,是减去−2 000万元,最终体现为加上2 000万元。

"信用减值损失"和"资产减值损失"这两个损失项目与净利润的关系和收益类科目一致。如果确认发生损失,其数值为负,所以它们和净利润的关系也是正的关系。例如,一家公司今年发生1 000万元的资产减值损失,在计算净利润的过程中,是+(−1 000万元)资产减值损失。

六、经常性科目和非经常性科目

利润表的科目还可分为经常性科目和非经常性科目,如表4-1第(8)列所示。经常性科目所代表的收入和费用和公司的主要营业活动直接相关,其产生的利润是稳定和可持续的。而非经常性科目的收入和费用和公司的主要经营活动无关,其产生的利润是不稳定和不可持续的。

在经常性科目中,营业收入和投资收益中对联营企业和合营企业的投资收益为主要的经常收益项目,营业成本、营业税金及附加、四项费用是主要的经常支出项目。

在非经常性科目中,营业外收入是主要的非经常收入,营业外支出是主要的非经常支出,而公允价值变动收益、除对联营企业和合营企业的投资收益外的投资收益和资产处置收益则可正可负。

信用减值损失和资产减值准备两项的情况比较复杂。在公司正常经营范围内的减值损失,如正常的坏账提取,属于经常性科目。但如果管理层出于某种特殊的动机,大幅计提减值损失,就属于非经常性科目。可以参考本章末海正药业的案例。

对经常性科目与非经常性科目的分析应遵循以下思路:① 计算扣除非经常损益后的利润,并与扣除前的利润总额比较。如果存在显著差异,就需要细究原因。② 在各利润指标向好时,应探究到底是经常性科目还是非经常性科目所致。若为非经常性科目主导的利润好转,不应给予过高评价。③ 在各利润指标降低时,应做类似的分析。若公司盈利减少是由非经常性科目损失所致,则应对公司管理层的领导能力和公司的战略布局提出质疑。

七、含有更多未来信息的科目

本课程的目标是在现有财务信息的基础上对公司未来的经营状况进行预测。预测时

的依据除了行业发展和公司的竞争优势等定性分析,还可以从财务数据中找到线索。利润表中有些科目本身就蕴含着更多的未来的信息。

最典型的含有未来信息的科目是研发费用。研发费用代表公司对未来的核心技术和专利的投资。它看上去是一项费用,是当期利润的扣减项,但在很大程度上,大概率会增加公司未来的竞争力以及盈利能力。销售费用也有类似特点。销售费用也是当期利润的扣减项,但用于销售网络的构建、销售人员的激励和广告投入的销售费用支出会增加未来的营业收入,因此也包含了未来的信息。

分析时应对这些科目予以更多关注。

专栏 4-1

新会计准则中利润表的变化

我国财政部在 2017—2019 年发布了一系列"一般企业财务报表格式"指南规定,具体内容参考 https://www.casc.org.cn/qykjzz/2.shtml。由于我国的企业从 2019 年开始陆续采用新会计准则。因此,在进行比较长期的财务数据分析时,一定要仔细对比采用新会计准则之后的财务数据和之前的财务数据,以确保科目的可比性。

利润表里,相关的主要变化如下(见表 4-2)。

(1) 研发费用单列。研发费用之前在管理费用中,属于管理费用的子项目。新表为了突出研发费用的重要性,单列。

(2) 财务费用中的利息支出和利息收入作为其中科目单列,也是突出其地位。之前利息支出和利息收入只能在明细中看到。

(3) 信用减值损失。信用减值损失原来是资产减值损失的二级科目,现在剥离,单列,成为一级科目。

(4) 资产处置收益。从营业外收入中剥离,且放到营业利润之前。考虑到有的公司会通过一次性出售资产来调整利润,这样的调整有可能降低了营业利润的信息含量。投资者需要更多关注扣除非经常性损益(简称"扣非")的收益和不扣非的收益之间的关系。

(5) "其他收益"前置,这个只是顺序的调整,影响不大。

表 4-2 新表和老表的关系

编号	新　　表	老　　表	对应关系
A	营业总收入	营业总收入	
1	营业收入	营业收入	
2	其他收入	其他收入	
B	营业总成本	营业总成本	
3	营业成本	营业成本	
4	税金及附加	税金及附加	

续　表

编号	新　表	老　表	对应关系
5	销售费用	销售费用	
6	管理费用	管理费用	6＋7
7	研发费用	/	
8	财务费用	财务费用	
8a	其中：利息支出	/	
8b	其中：利息收入	/	
9	加：其他收益	加：其他收益	
10	投资净收益	投资净收益	
10a	其中：对联营企业和合营企业的投资收益	其中：对联营企业和合营企业的投资收益	
11	公允价值变动净收益	公允价值变动净收益	
12	资产减值损失	资产减值损失	12＋13
13	信用减值损失	/	
14	资产处置收益	/	从15剥离，进入营业利润
C	营业利润	营业利润	
15	加：营业外收入	加：营业外收入	
16	减：营业外支出	减：营业外支出	
D	利润总额	利润总额	
17	减：所得税	减：所得税	
E	净利润	净利润	
18	持续经营净利润	持续经营净利润	
19	终止经营净利润	终止经营净利润	
21	减：少数股东损益	减：少数股东损益	
F	归属于母公司所有者的净利润	归属于母公司所有者的净利润	
20	加：其他综合收益	加：其他综合收益	

续　表

编号	新　表	老　表	对应关系
G	综合收益总额	综合收益总额	
21	减：归属于少数股东的综合收益总额	减：归属于少数股东的综合收益总额	
H	归属于母公司普通股东综合收益总额	归属于母公司普通股东综合收益总额	

第二节　利润表的结构分析、趋势分析和可视化处理

一张完整的利润表中有 21 个原生科目和 8 个衍生科目。但是，这些科目的重要性并不相同。在绝大多数情况下，分析一个给定公司的利润表时，并不需要对所有科目进行详细的分析，而只需要重点分析其中几个科目。对不同公司和不同行业，重点科目也不尽相同，这就是财务报表分析的个性特点。

那么，对于一个特定的公司，如何找到那些重点的科目呢？建议采用本节所介绍的结构分析、趋势分析和进行必要的可视化处理来定位这些重点科目。可以在垂直分析中找到重点科目，在水平和趋势分析中找到重点变化，再对这些重点科目和重点变化进行重点分析。

一、利润表结构分析

（一）利润表垂直分析表的编制

利润表垂直分析，是计算利润表中各项目占营业收入的比重，分析公司各项利润和成本费用的结构。

表 4-3 中给出了 9 家具有代表性的 A 股上市公司的利润表的结构垂直分析表。被表示成 100% 的项目是利润表的第一行，即营业收入。下面项目分别计算占营业的比例。原始数据和比例分两列给出。

第四章到第六章的三表分析，我们都将以这 9 家在不同行业的有代表性的公司为例进行分析。长江电力（600900.SH）为水力发电公司，中国东航（600115.SH）提供航空服务，它们都属于重资产的公司。万科（000002.SZ）是房地产公司，属于服务行业。比亚迪（002594.SZ）为新能源电池和电动汽车行业的代表性公司。贵州茅台（600519.SH）和海天味业（603288.SH）分别属于白酒和调味品行业，是消费行业的代表性公司。恒瑞医药（600276.SH）为医药行业的代表性公司，顺丰控股（002352.SZ）提供快递服务，美的集团（000333.SZ）为白色家电行业的代表性公司。

表 4-3 九家代表性公司的利润表及其结构分析

利润表(CNY,亿元)	600900.SH 长江电力		600115.SH 中国东航		000002.SZ 万科 A		002594.SZ 比亚迪		600519.SH 贵州茅台		603288.SH 海天味业		600276.SH 恒瑞医药		002352.SZ 顺丰控股		000333.SZ 美的集团	
营业总收入	556	100%	671	100%	4 528	100%	2 161	100%	1 095	100%	250	100%	259	100%	2 072	100%	3 434	100%
营业收入	556	100%	671	100%	4 528	100%	2 161	100%	1 062	97%	250	100%	259	100%	2 072	100%	3 412	99%
其他类金融业务收入	0	0	0	0	0	0	0	0	33	3%		0		0		0	21	1%
利息收入	0	0	0	0	0	0	0	0	33	3%		0		0		0	21	1%
手续费及佣金收入	0	0	0	0	0	0	0	0	0	0		0		0		0	0	0
营业总成本	286	51%	905	135%	4 031	89%	2 126	98%	348	32%	175	70%	218	84%	2 036	98%	3 128	91%
营业成本	211	38%	800	119%	3 540	78%	1 880	87%	90	8%	153	61%	37	14%	1 815	88%	2 645	77%
毛利润/毛利率(a)	345	62%	−129	−19%	988	22%	281	13%	972	89%	97	39%	222	86%	256	12%	767	22%
营业税金及附加	12	2%	3	0	211	5%	30	1%	153	14%	2	1%	2	1%	5	0	16	0
销售费用	2	0	26	4%	128	3%	61	3%	27	3%	14	5%	94	36%	28	1%	286	8%
管理费用	14	2%	34	5%	102	2%	57	3%	85	8%	4	2%	29	11%	150	7%	103	3%
研发费用	0	0	3	0	6	0	80	4%	1	0	8	3%	59	23%	22	1%	120	3%
经营利润(b)	318	57%	−195	−29%	541	12%	53	2%	707	65%	69	28%	38	15%	51	2%	242	7%
财务费用	48	9%	39	6%	44	1%	18	1%	−9	−1%	−6	−2%	−3	−1%	16	1%	−44	−1%
其中:利息费用	48	9%	58	9%	79	2%	19	1%	0	0	0	0	0	0	16	1%	14	0

第四章　利润表分析

续　表

利润表(CNY,亿元)	长江电力 600900.SH		中国东航 600115.SH		万科A 000002.SZ		比亚迪 002594.SZ		贵州茅台 600519.SH		海天味业 603288.SH		恒瑞医药 600276.SH		顺丰控股 002352.SZ		美的集团 000333.SZ	
减：利息收入	1	0	3	1%	38	1%	6	0	9	1%	6	2%	4	1%	2	0	52	2%
其他业务成本(金融类)	0	0	0	0	0	0	0	0	2	0	0	0	0	0	0	0	1	0
利息支出	0	0	0	0	0	0	0	0	2	0	0	0	0	0	0	0	1	0
手续费及佣金支出	0	0	0	0	0	0	0	0	0	0	0	0	0	0	0	0	0	0
加：其他收益	0	0	49	7%	0	0	23	1%	0	0	1	1%	3	1%	18	1%	13	0
投资净收益	54	10%	0	0	66	1%	−1	0	1	0	0	0	2	1%	24	1%	24	1%
其中：对联营企业和合营企业的投资收益	28	5%	−1	0	49	1%	−1	0	0	0	0	0	0	0	0	0	6	0
公允价值变动净收益	3	1%	0	0	0	0	0	0	0	0	1	1%	0	0	1	0	−2	0
资产减值损失	0	0	0	0	−35	−1%	−9	0	0	0	0	0	0	0	−1	0	−5	0
信用减值损失	0	0	0	0	−3	0	−4	0	0	0	0	0	0	0	−6	0	−4	0
资产处置收益	0	0	7	1%	0	0	1	0	0	0	0	0	0	0	0	0	1	0
营业利润	329	59%	−178	−26%	525	12%	46	2%	748	68%	78	31%	47	18%	72	3%	333	10%
加：营业外收入	0	0	3	0	11	0	3	0	1	0	0	0	0	0	3	0	6	0
减：营业外支出	5	1%	0	0	15	0	5	0	3	0	0	0	2	1%	4	0	2	0

续 表

利润表(CNY,亿元)	600900.SH 长江电力		600115.SH 中国东航		000002.SZ 万科A		002594.SZ 比亚迪		600519.SH 贵州茅台		603288.SH 海天味业		600276.SH 恒瑞医药		002352.SZ 顺丰控股		000333.SZ 美的集团	
其中：非流动资产处置净损失		0		0		0		0		0		0		0		0		0
利润总额	324	58%	−175	−26%	522	12%	45	2%	745	68%	78	31%	45	17%	71	3%	337	10%
减：所得税	59	11%	−42	−6%	142	3%	6	0	188	17%	11	5%	0	0	32	2%	47	1%
净利润	265	48%	−133	−20%	381	8%	40	2%	557	51%	67	27%	45	17%	39	2%	290	8%
持续经营净利润	265	48%	−133	−20%	381	8%	40	2%	557	51%	67	27%	45	17%	39	2%	290	8%
终止经营净利润		0		0		0		0		0		0		0		0		0
减：少数股东损益	2	0	−11	−2%	155	3%	9	0	33	3%	0	0	0	0	−4	0	4	0
归属于母公司所有者的净利润	263	47%	−122	−18%	225	5%	30	1%	525	48%	67	27%	45	17%	43	2%	286	8%
加：其他综合收益	−4	−1%	−6	−1%	15	0	4	0	0	0	0	0	0	0	17	1%	−2	0
综合收益总额	261	47%	−139	−21%	395	9%	44	2%	557	51%	67	27%	45	17%	57	3%	288	8%
减：归属于少数股东的综合收益总额	1	0	−11	−2%	156	3%	9	0	33	3%	0	0	0	0	−2	0	4	0
归属于母公司普通股东综合收益总额	260	47%	−128	−19%	239	5%	35	2%	525	48%	67	27%	45	17%	59	3%	284	8%

(二)利润表垂直分析表的分析评价

从表4-3中可以看到,由于都是行业中的龙头公司,这9家公司的营业收入的数值都比较大,万科高达4 528亿元,最少的海天味业也达到250亿元。

但是从毛利率看,行业间存在着巨大的差异。营业成本下方的毛利润/毛利率(a)显示,大多数公司的毛利率在20%—40%,这是大多数行业和公司的平均水平。贵州茅台的毛利率高达89%,表明贵州茅台的产品对客户有强大的定价权。恒瑞医药的毛利率也高达86%,表明恒瑞医药的产品(主要是抗肿瘤药品)具有很高的溢价。由于疫情影响,中国东航营业收入不达预期,甚至低于营业成本,毛利率显示为负数。

接下来,可以观察经营利润率(b)和毛利率(a)的差异,该差异主要由三项费用构成。从表4-3中可以看到,两者差异最大的是恒瑞医药,虽然其毛利率高达86%,但是三费占比也非常高,其中销售费用占比最高,达到惊人的36%,研发费用占23%,管理费用占11%,因此其经营利润率只有15%。相比而言,贵州茅台的费用率就非常低,其经营利润率仍高达65%。对于其他公司,经营利润率都相对毛利率有所下降,中国东航更是降到−29%,主要原因是其销售费用和管理费用都很高。对于重资产和高利息的行业,经营利润还应扣除利息费用,因此,中国东航的经营利润率还会继续下降,至−38%(=−29%−9%)。相比而言,另外一家重资产公司长江电力的数据非常稳健,毛利率为62%,但其三费都比较低,利息费用为9%,扣除利息费用后的经营利润率也高达48%(57%−9%)。

然后,再比较营业利润和经营利润的差异。如果公司存在较多的非经常性收益和减值损失,这两者之间将存在较大的差异。从表4-3的数据看,表中的9家公司,营业利润和经营利润的差距并不大,表明其主要利润来自公司的主营业务。

利润总额和营业利润的差异来自营业外收支。如果公司存在较多的营业外收支,这两者之间将存在较大的差异。从表4-3的数据看,表中的9家公司,两者的差距也并不大。

从垂直结构表,可以一目了然观察到公司的主要收益、成本、费用的占比,从而确定利润表的分析重点。例如,对于恒瑞医药,销售费用就应该成为其分析重点。

二、利润表的多年结构分析和趋势分析

除了对利润表的结构进行分析外,还可以分析公司多年的利润表的趋势性变化。以海天味业为例,表4-4给出了海天味业2010—2021年共12年的利润表。原始数据比较复杂,因此可以采取垂直分析和趋势分析相结合的方法来进行分析。

(一)多年利润表的结构表和趋势表的编制

首先对每年的利润表编制各自的垂直分析表。在不同年份,则可以用营业收入的趋势图来展示公司在总量上的变化趋势,如表4-5所示。

此外,还可以分析利润的构成。可以把利润科目分解为经营利润、净利息收入、投资收益和其他这几项,如表4-6和表4-7所示。

表 4-4 海天味业 2010—2021 年的利润表原始数据（亿元）

	2010	2011	2012	2013	2014	2015	2016	2017	2018	2019	2020	2021
营业总收入	55	61	71	84	98	113	125	146	170	198	228	250
营业收入	55	61	71	84	98	113	125	146	170	198	228	250
营业总成本	46	49	56	65	74	84	91	106	121	138	154	175
营业成本	37	39	44	51	59	66	70	79	91	108	132	153
营业税金及附加	0	0	0	1	1	1	1	2	2	2	2	2
销售费用	6	7	7	9	11	12	16	20	22	22	14	14
管理费用	3	3	4	5	5	5	5	6	2	3	4	4
研发费用									5	6	7	8
财务费用	0	0	0	0	0	0	0	−1	−2	−3	−4	−6
其中：利息费用									0	0	0	0
减：利息收入									2	3	4	6
加：其他收益								0	0	1	1	1
投资净收益	0	0	0	0	0	1	1	1	3	1	0	0
公允价值变动净收益										2	1	1
资产减值损失										0	0	0
信用减值损失											0	0

续表

	2010	2011	2012	2013	2014	2015	2016	2017	2018	2019	2020	2021
资产处置收益								0	0	0	0	0
营业利润	10	12	15	19	24	30	34	42	52	64	76	78
加：营业外收入	0	0	0	1	1	0	0	0	0	0	0	0
减：营业外支出	0	0	0	0	0	0	0	0	0	0	0	0
利润总额	10	12	15	20	25	30	34	42	52	64	76	78
减：所得税	2	2	3	4	4	5	6	7	9	10	12	11
净利润	8	10	12	16	21	25	28	35	44	54	64	67

表 4-5 海天味业 2010—2021 年的利润表的收入结构比率

	2010	2011	2012	2013	2014	2015	2016	2017	2018	2019	2020	2021
营业收入（亿元）	55	61	71	84	98	113	125	146	170	198	228	250
营业成本	67%	64%	63%	61%	60%	58%	56%	54%	54%	55%	58%	61%
营业税金及附加	0	1%	1%	1%	1%	1%	1%	1%	1%	1%	1%	1%
销售费用	11%	11%	10%	11%	11%	11%	13%	13%	13%	11%	6%	5%
管理费用	5%	5%	6%	5%	5%	5%	4%	4%	1%	1%	2%	2%
研发费用	0	0	0	0	0	0	0	0	3%	3%	3%	3%
经营利润	17%	19%	21%	22%	24%	25%	26%	27%	28%	29%	31%	28%

表 4-6　海天味业 2010—2021 年的利润表中的利润结构（亿元）

	2010	2011	2012	2013	2014	2015	2016	2017	2018	2019	2020	2021
经营利润	9.37	11.66	14.72	18.81	23.57	28.70	32.69	39.40	47.50	57.53	69.61	69.26
净利息收入	0.00	0.00	0.00	0.00	0.00	0.00	0.00	0.00	1.52	2.94	3.95	5.96
投资收益	0.06	0.01	0.00	0.00	0.00	0.71	0.87	1.45	2.92	2.29	1.70	1.68
其他	0.30	0.09	0.18	0.95	1.35	0.70	0.57	1.30	0.29	1.01	1.16	1.31
利润	9.73	11.76	14.90	19.76	24.92	30.11	34.13	42.15	52.23	63.77	76.42	78.21

表 4-7　海天味业 2010—2021 年的利润表中的利润结构比率

	2010	2011	2012	2013	2014	2015	2016	2017	2018	2019	2020	2021
经营利润	96.3%	99.1%	98.8%	95.2%	94.6%	95.3%	95.8%	93.5%	90.9%	90.2%	91.1%	88.6%
净利息收入	0.0	0.0	0.0	0.0	0.0	0.0	0.0	0.0	2.9%	4.6%	5.2%	7.6%
投资收益	0.6%	0.1%	0.0	0.0	0.0	2.4%	2.5%	3.4%	5.6%	3.6%	2.2%	2.1%
其他	3.1%	0.8%	1.2%	4.8%	5.4%	2.3%	1.7%	3.1%	0.6%	1.6%	1.5%	1.7%
利润	100.0%	100.0%	100.0%	100.0%	100.0%	100.0%	100.0%	100.0%	100.0%	100.0%	100.0%	100.0%

然后，以可视化的方式呈现上述两个表格，如图 4-1 和图 4-2 所示。

图 4-1　海天味业 2010—2021 年的收入结构分析（右侧：亿元）

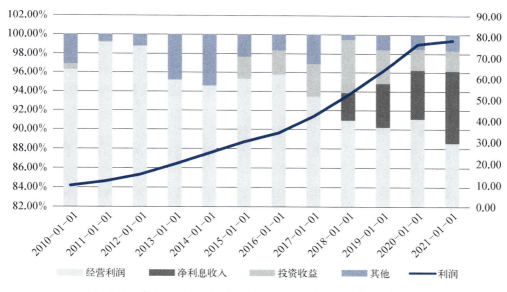

图 4-2　海天味业 2010—2021 年的利润结构分析（右侧：亿元）

图 4-1 中，左边坐标是百分比，对应的是柱状图，表示各项目占营业收入的比例。右边坐标是以亿元为单位的绝对值，对应的是线状图，表示营业收入的数值。

图 4-2 中，左边坐标是百分比，对应的是柱状图，表示各项目占利润的比例。右边坐标是以亿元为单位的绝对值，对应的是线状图，表示利润的数值。

（二）利润表结构趋势表的分析评价

根据图 4-1，可以对利润表的营业收入的结构趋势分析进行评价，主要从以下几方面进行。

(1) 根据公司营业收入的变动情况和变动趋势，评价公司的发展情况和发展前景。如果公司营业收入逐年增长，说明公司处于上升期；如果公司营业收入停滞不前甚至下降，则公司处于成熟期或衰退期。2010—2021 年，海天味业的营业收入稳定增长，增幅高达 400%，且增长幅度保持稳定。

(2) 评价公司各类成本和各类变动的匹配情况。如果成本变动小于收入变动，说明公司成本控制较好，反之则成本控制较差。总体上看，海天味业在 2018 年年前，营业成本占比呈现下降的特点，但是从 2019 年开始，营业成本占比在增加，导致经营利润下降。三项费用中，销售费用占比最大，但控制得比较好。

(3) 特别关注异常波动的项目。异常的波动背后往往隐藏着特殊的原因，需要重点加以关注。

总体上看，海天味业的营业收入和经营利润总体比较乐观。

根据图 4-2，可以对利润表的利润的结构趋势分析进行评价，主要从以下几方面进行。

(1) 根据公司利润的变动情况和变动趋势，评价公司的发展情况和发展前景。2010—2021 年，海天味业的利润和营业收入一样，稳定增加，且增长幅度保持稳定。

(2) 评价公司各类利润构成部分的占比。尤其应该关注经营利润在利润中的占比。从图中可以看到，海天味业的经营利润占比几乎都在 90% 以上，近年其净利息收入占比有所上升，这是因为其资产端近年堆积了大量现金所致。因此，经营利润占比近年有所下降，但也在 88% 以上。投资收益和其他项目都比较少，不形成重大影响。

(3) 特别关注异常波动的项目。异常的波动背后往往隐藏着特殊的原因，需要重点加以关注。

总体上看，海天味业的利润趋势和利润结构保持比较健康。

这个可视化方法也可以分析其他公司的情况，限于篇幅不再给出原始数据和结构表格，而只是给出图形。

图 4-3 和图 4-4 给出了长江电力 2010—2021 年的营业收入结构趋势和利润结构趋势图。从图 4-3 可以看出，长江电力的营业收入从 200 亿元增加到将近 600 亿元，曲线在 2016 年发生了跃迁，而在之前和之后都保持比较稳定的水平。如果公司的曲线发生这种跃迁式的变化，一定给予关注，当时应该是有重大的事件发生。查询资料可以了解，2016 年，公司有新的水电站投入运行，导致公司的营业收入大幅上升。

从各项成本费用的占比来看，营业成本的占比非常稳定，几乎就稳定在 40% 附近，波动很少。长江电力的水力发电业务本身的波动非常少。而其他费用的占比都很少，所以公司的经营利润保持在 60% 附近。

再看图 4-4 的利润结构。从图中也可以看到，2016 年的利润发生跃迁，经营利润占据绝对部分的比率，其他来源的利润很少。重资产行业对应的高负债每年也产生较大的利息支出，体现为负的净利息收入。需要关注的是，由于出现负项目的净利息收入，左侧对应的百分比数值大于 100%。如果出现为负数的投资收益，也会出现类似现象。

图 4-5 和图 4-6 给出了中国东航 2010—2021 年的营业收入结构趋势和利润结构趋势图。从图 4-5 可以看出，中国东航的营业收入在 2020 年前稳定增长，但是 2020 年新冠疫情

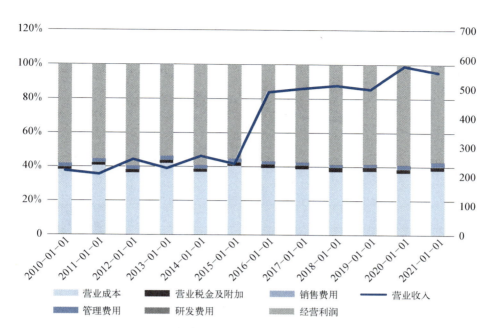

图 4-3　长江电力 2010—2021 年的营业收入结构分析（右侧：亿元）

图 4-4　长江电力 2010—2021 年的利润结构分析（右侧：亿元）

暴发后，人口流动减少，营业收入几乎腰斩，2021 年虽然有所回升，但还是处于较低水平。

从图 4-5 的经营利润来看，2019 年之前，中国东航营业成本占将近 90% 的份额，再考虑三项费用，经营利润空间很小。在新冠疫情暴发后，营业收入大幅下挫，而航空业的固定成本占比较高，成本呈现刚性特征，经营利润为负，发生较大亏损。

图 4-5　中国东航 2010—2021 年的收入结构趋势图（右侧：亿元）

从图 4-6 的经营利润来看，构成结构非常不稳定。即使疫情前，经营利润占比也不稳定，在 2013 年为负数。是靠其他收益将利润拉为正数。其他收益一直占据比较重要的位置，且在 2018—2019 年出现较大的负净利息支出。

图 4-6　中国东航 2010—2021 年的利润结构分析（右侧：亿元）

疫情暴发后,由于利润总额为负数,对数据的解读应该发生变化。那些看上去为正比例的项目(经营利润和净财务利息收入)其实都是负数,只有少部分的正收益来自其他收益,可以挽回一些巨大的亏损。查询年报资料,可以发现其他收益来自地方政府的合作航线收入和主管部门发放的航线补贴。

这一节介绍了利润表的结构分析和趋势分析和可视化分析的方式。相对数字形式,图形使得分析师可以快速了解公司的盈利状况,找到影响公司发展的重点科目和关键因素。

下一节将无差别地具体介绍分析利润表的各科目的方法。应该注意的是,具体到分析某个特定公司时,应该根据在第二节中的结构趋势分析中发现的某些重点科目进行重点分析,而不是对每个科目进行无差别的分析。

第三节　利润表科目分析

一、营业收入

营业收入是指公司在日常活动中形成的、会导致股东权益增加且与股东投入资本无关的经济利益的总流入。根据新的会计准则,企业在客户取得相关商品或者服务的控制权时,确认收入。

在需求主导的市场中,营业收入表明了公司的产品和服务被市场接受的程度,因此其本身就是非常重要的一个财务指标,在进行竞争格局分析的时候,营业收入也是公司竞争力的一个非常有力的证明。市场份额的计算就是以营业收入作为基础的。

分析营业收入时应该注意以下几个方面。

(1) 注意营业收入的分布,包括行业分布和地区分析。特别注意,营业收入的行业分布决定了公司所在的行业。如果营业收入集中在一个行业,表明公司主业突出,如果营业收入分布在不同的行业,且占比很大的话,就需要进行多个行业的分析。

如表 4-8 所示,海天味业 2021 年的营业收入中有 236 亿元来自食品制造业,因此可以判断它是主业非常突出的公司。如果公司营业收入来自多个行业,就需要对多个子行业进行分析。例如,近年来不少其他行业的公司进入房地产行业,这样就在原来单一的营业收入结构中增加了房地产行业的收入。如雅戈尔公司(600177.SH)原来是传统的服装生产公司,但后来进入房地产行业,现在其营业收入中,地产开发收入反而超过了服装销售收入。其 2021 年的年报数据显示,品牌服装收入为 59 亿元,而地产开发收入达 66 亿元。

表 4-8　海天味业 2021 年的营业收入分行业、
分产品、分地区和分渠道的数据　　　　　　　　（单位：亿元）

主营业务分行业情况			
分　行　业	营 业 收 入	营 业 成 本	毛利率(%)
食品制造业	235.97	142.09	39.78

续 表

主营业务分产品情况

分产品	营业收入	营业成本	毛利率(%)
酱油	141.88	81.00	42.91
调味酱	26.66	16.12	39.52
蚝油	45.32	29.63	34.61

主营业务分地区情况

分地区	营业收入	营业成本	毛利率(%)
北部区域	60.56	36.78	39.27
中部区域	53.09	31.74	40.21
东部区域	48.18	29.00	39.80
南部区域	44.70	26.60	40.50
西部区域	29.44	17.97	38.94

主营业务分销售模式情况

销售模式	营业收入	营业成本	毛利率(%)
线下渠道	228.92	137.68	39.86
线上渠道	7.04	4.42	37.31

从分产品的数据看，酱油营业收入高达141.88亿元，占比超过一半，是海天味业的核心产品品类。其次为蚝油45.32亿元，调味酱26.66亿元。由于每个子产品的毛利率存在较大差异，各种产品的构成和分布对公司的经营业绩的影响非常大，可结合战略进行分析。一般而言，如果毛利率高的子产品占比高，且呈上升态势，而毛利率低的产品占比低呈下降趋势，则对公司利好。

从地区分布来看，北部地区最高，达到60.56亿元，西部相对较低，不到30亿元，其他地区大致均衡，表明海天味业的市场遍布全国，并不仅仅分布在其公司所在地广东和对应的中国南方。这意味着海天的销售渠道是遍布全国的。有不少公司，特别是品牌消费品，具有较强的地域属性，地区分布相对集中。例如，洋河股份(002340.SZ)是一家江苏省的白酒公司，在其2021年的246亿元营业收入中，有将近一半是在江苏省内销售。这样的公司的战略重点在于突破地域限制，向全国范围发展。

从分渠道的数据看，传统的线下销售为228.92亿元，占据绝大部分比例；线上销售大约7亿元，但是处于高速的增长中，增长率高达85%。

专栏 4-2

线上销售比例

数字经济时代,随着移动支付、智能终端的普及,以及大数据、云计算等数字技术的深度融合,消费者的购物体验和消费习惯出现了巨大的变化,线上销售成为未来消费市场的主要趋势。据商务部报告,2022 年中国网上零售额 13.79 万亿元,同比增长 4%;实物商品网上零售额 11.96 万亿元,同比增长 6.2%,拉动消费作用进一步显现。

线上销售比例作为一个重要的营销数据指标,可以帮助零售企业提前预测收入和盈利情况,进而进行合理的经营规划和决策。通过对线上销售比例进行分析和监测,公司可以更加准确地把握市场的需求和趋势,研发推广相应的产品和服务,增强其市场竞争力。同时,线上销售比例也反映了零售公司的创新能力和数字化转型水平,对于客户和投资者来说,也具有重要的参考价值。

目前,我国主要的电商平台有淘宝、京东、天猫和拼多多等,直播电商有抖音和快手,社交电商新兴业态也在快速发展,线上销售进入多元化、精细化运营发展阶段。公司的线上销售数据可以在相关电商的数据分析平台或第三方数据平台查询。线上销售的数据获取相对线下通常更为即时和精准,可以实时跟踪商品的订单量、销售额、用户反馈等数据,且便于进行竞品比较。

(2)营业收入科目的分析应该与资产负债表中的现金、应收账款、预收账款、合同负债以及现金流量表的"销售商品提供劳务获得的现金"科目联系起来进行分析。

(3)营业收入是整个财务报表的原动力,只要营业收入增加,各项利润指标都会增加,这使得营业收入成为财务造假的重灾区。通常,虚增的营业收入并无对应的现金流入,因此,营业收入的虚增一般与资产科目的虚增配合进行。

二、营业成本

营业成本是公司所销售商品或提供劳务的成本。营业成本应当和所销售商品或者所提供劳务所获得的收入进行配比。

如表 4-3 所示,营业成本在营业收入中的占比在不同行业间存在巨大差异。最低的仅仅 10% 左右,最高的达 90%,甚至更高。这种差异是由公司在产业链条中的定位决定的,与公司对上下游的定价权有很大关系。在产业链中有定价权的公司,一般可以获得较高的(营业收入-营业成本)差,即毛利润。

要注意营业成本相对营业收入的变化趋势。一般而言,营业成本相对营业收入增幅较大的公司,其盈利前景堪忧。这表明,公司相对下游的议价能力弱于其相对上游的议价能力,从而不能将来自成本的价格压力向其下游转移。

对于重资产行业,应该关注其成本的刚性对利润表的巨大冲击。下面以中远海控为例进行阐述。

案例 4-1 中远海控(601919.SH)的周期性亏损

中远海控是一家租用船只或者使用自有船为客户提供海上航运的公司,其收入端与国际贸易和世界经济的景气程度高度相关,而成本端则受到船的折旧费用和长期租用船的合同的影响。

波罗的海干散货指数(Baltic Dry Index,BDI)由位于伦敦的波罗的海交易所每日发布,是由若干条传统的干散货船航线的运价,按照各自在航运市场上的重要程度和所占比重构成的综合性指数。BDI 反映了全球对矿产、粮食、煤炭、水泥等初级商品的需求,是研究航运企业未来业绩和投资价值的重要指数,也是国际经济和贸易的领先指标之一。BDI 是国际公认的干散货运输市场最权威的晴雨表,因此中远海控的营业收入和 BDI 指数有密切的关系。图 4-7 给出了 BDI 指数 20 多年的变化。从图中可以看出,BDI 指数在 2007 年金融危机前达到最高的 11 793 点,金融危机发生后大幅下挫,最低的时候还不足 300 点,且一直在底部波动。2021 年,由于新冠疫情的冲击,BDI 最高回升至 5 000 点附近。如此剧烈的外部市场波动,对中远海控的经营产生了巨大的影响。

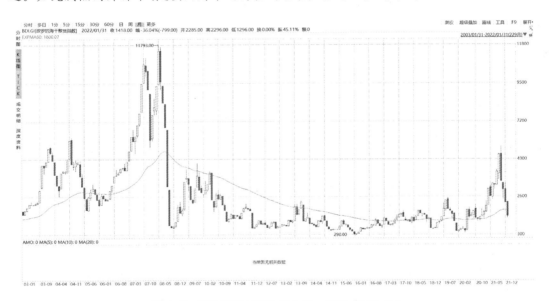

图 4-7 BDI 指数(2003 年 1 月—2021 年 12 月)

从图 4-8 可以看出,20 年来,中远海控的营业利润处于周期性盈利和亏损的状态。从数据特征上看,营业成本的波动幅度远远小于营业收入的波动。该公司的营业收入受到外部航运景气的影响,呈现大幅的波动,而公司的营业成本的固定成本占比较高,主要由自有船的折旧和长期租船费用构成,在长期相对稳定。因此,在外部景气的时候,公司大幅盈利,例如 2007 年和 2008 年。在 2009 年,金融危机爆发,营业收入腰斩,但是营业成本下降幅度不大,导致 2009 年发生巨额亏损。此后,随着行业景气度的波动,营业利润发生周期性的亏损,这也是在周期行业运营的公司所面临的困境。2020 年新冠疫情暴发后,行业供给大幅下降,中远海控迎来了难得的收入大幅增长,利润达到史无前例的 1 280 亿元。该公司的股票也成为疫情中难得的十倍股。

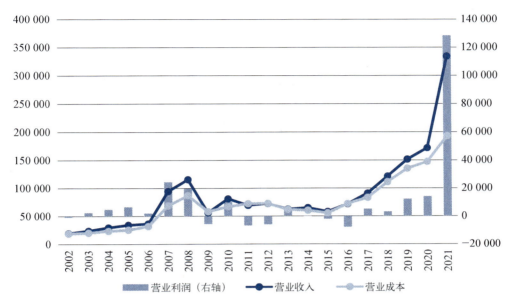

图 4-8 中远海控 2002—2021 年的营业收入、营业成本和营业利润（单位：百万元）

营业成本的下方有 5 项费用，分别是营业税金及附加、销售费用、管理费用、研发费用和财务费用。

三、营业税金及附加

营业税金及附加包括消费税、营业税、城市维护建设税和教育费附加等。

我国目前共有 18 个税种，即增值税、消费税、车辆购置税、关税、企业所得税、个人所得税、土地增值税、房产税、城镇土地使用税、耕地占用税、契税、资源税、车船税、船舶吨税、印花税、城市维护建设税、烟叶税和环境保护税。但各企业所面临的税种存在差异。

应注意，在"营业税金及附加"科目中核算的税种中不包含企业所得税。企业所得税在公司利润为正时才缴纳，体现在"所得税费用"科目中。

表 4-9 列举了海天味业 2021 年的主要税种及税率。该公司需要缴纳 5 个税种。

表 4-9 海天味业 2021 年报税项附注——主要税种及税率

税　　种	计　税　依　据	税　率
增值税	销售货物和应税劳务收入	13%、9%、6%
城市维护建设税	实缴增值税税额	7%、5%
教育费附加	实缴增值税税额	3%
地方教育附加	实缴增值税税额	2%

此部分一般和营业收入成正比,除非发生重大变化,否则操纵的空间比较小。

专栏 4-3

贵州茅台的税收分析

贵州茅台的利润表显示的超高毛利率和净资产收益率一直引人关注,而税收问题被关注得较少。由于面临消费税和增值税,茅台的税收其实也远远高于一般企业。

我国目前采用的消费税为特种消费税,现有税目 14 个。主要包括如下五大类:① 过度消费会对人类健康、社会秩序和生态环境造成危害的特殊消费品,包括烟、酒及酒精、鞭炮与烟花爆竹、木制一次性筷子、实木地板等;② 奢侈品、非生活必需品,包括贵重首饰及珠宝玉石、化妆品、高尔夫球及球具、高档手表、游艇等;③ 高能耗及高档消费品,包括游艇、小汽车、摩托车等;④ 使用和消耗不可再生和替代的稀缺资源的消费品,如成品油等;⑤ 具有特定财政意义的消费品,如汽车轮胎等。这类消费品的税基宽广、消费普遍、征税后不影响广大居民基本生活,还可以达到增加财政收入的目的。

表 4-10 为茅台的主要税种和税率。以其主要产品飞天茅台为例。目前,飞天茅台的推荐售价为 1 499 元一瓶,这个价格中包含了 13% 的增值税。

表 4-10　贵州茅台 2021 年报税项附注——主要税种及税率

税　种	计 税 依 据	税　率
增值税	产品销售收入计算销项税额与进项税额相抵	13%
消费税	计税价格和销售数量	20%,0.5 元/500 ml
城市维护建设税	实缴增值税税额	7%
教育费附加	实缴增值税税额	3%
地方教育附加	实缴增值税税额	2%
企业所得税	应纳税所得额	25%

所以,一瓶飞天茅台的计税基数 $=1\,499/(1+13\%)=1\,327$ 元。

1. 增值税

销项增值税 $=1\,327 \times 13\% = 172$ 元。

按照毛利率 89%,得到营业成本为销售价格的 11%。

进项增值税 $=1\,327 \times 11\% \times 13\% = 19$ 元。

增值税 = 销项增值税 − 进项增值税 $= 172 - 19 = 153$ 元。

2. 消费税

白酒消费税采取从价征收结合从量征收。

从价征收的金额=1 327元×20%=265.4元。

从量征收为每100毫升收取0.1元,一瓶500毫升的飞天茅台收取0.5元。

消费税=265.4元+0.5元=265.9元。

3. 城建税和教育附加费

这两项的税率分别为7%和5%,征收基数为缴纳的增值税与消费税之和。

城建税和教育附加费=(153+266)×(5%+7%)=50元。

4. 所得税

贵州茅台的销售净利率为51%,1 327元的计税基数能够带来1 327元×51%=716元的净利润。

企业所得税=1 327×51%×25%=169元。

5. 加总

四项税收加总=153+266+50+169=639元,占营业收入的48%。从表4-11可以看到,增值税、消费税和所得税各占12%、20%和13%。

表4-11 贵州茅台税收估算

增值税	153元	12%
消费税	266元	20%
从价	265.4元	20%
从量	0.5元	0%
城建税7%和教育附加5%	50元	4%
营业税加总	470元	35%
所得税	169元	13%
税收加总	639元	48%

四、销售费用

销售费用包括销售人员工资及附加、租赁费、广告费、营销和销售服务、折旧和摊销费等。

值得注意的是,根据新会计准则,原来计入销售费用的运输费现在计入营业成本,在其他条件都不变的情况下,该项会计政策变化会导致毛利率下降。

一般而言,下游公司的客户是众多的消费者(to C),比较分散,需要更多的宣传和渠道支出,销售费用率较高。而中上游公司的客户比较集中,为企业客户(to B),销售费用率较低。

表4-12给出了海天味业2021年的销售费用及其结构。从表中可以看出,海天味业2021年的销售费用共计13.57亿元,占营业收入的比重为5.43%,其中人工成本为6.43亿元,用于销售团队建设,广告费为4.53亿元,用于支付产品的推广。销售费用在营业收入中的占比较大,是需要重点分析的一个科目。也可以进行同行业的比较,如表4-12所示。

表 4-12 海天味业 2021 年销售费用结构　　　　　　　（单位：百万元）

	海 天 味 业		千 禾 味 业		中 炬 高 新	
	销售费用	销售费用占收入比例	销售费用	销售费用占收入比例	销售费用	销售费用占收入比例
人工成本	643	2.57%	131	6.81%	161	8.36%
广告费	453	1.81%	228	11.84%	103	5.35%
其他	261	1.04%	29	1.51%	148	7.69%
销售费用合计	1 357	5.43%	388	20.16%	412	21.40%
收入	25 005		1 925		5 116	

从表中可以看到,海天味业的销售费用在总量上远远高于同行业公司,但从占营业收入的比例来看却是最低的。千禾味业和中炬高科的销售费用占比都超过20%。这个差异的主要原因是海天味业的规模优势。

不过,关注到千禾味业的广告费2.28亿元,占营业收入19.25亿元的比例高达11.84%。千禾在产品推广上有非常大的投入。从今年的销售数据看,该公司的增长后劲较大。

销售费用要与销售收入相适应,通过对同行业公司销售费用水平的比较,可以分析公司的销售费用水平是否合理。

案例 4-2　恒瑞医药(600276.SH)的销售费用

医药企业的销售费用一直是资本市场非常关注的问题,这背后有着复杂的社会背景。以化学制药龙头股恒瑞医药为例,表4-13给出了2021年恒瑞医药的利润表的基本数据,作为对比,还给出了东北制药(000597.SZ)的同年数据。恒瑞医药在2021年的销售收入为259亿元,营业成本只有37亿元,毛利润222亿元,毛利率高达86%。在三费中,销售费用高达94亿元,占营业收入的比例高达36%,不仅高于营业成本,也高于研发费用,甚至是经营利润的2—3倍。

恒瑞医药是一家国家定点麻醉药品生产厂家,抗肿瘤药物生产基地,主要生产抗肿瘤药、心血管药、麻醉镇痛药、内分泌药、抗生素,这些药物基本都是处方药,必须医生开出。医药公司为了销售药物,必须执行非常强的销售策略,从而造成居高不下的销售费用。相比而言,东北制药的销售费用占比25%,相对于其营业成本,处于比较正常的水平。

表 4-13　恒瑞医药和东北制药的销售费用结构　　　　　　　　（单位：亿元）

	恒瑞医药		东北制药	
	数　值	占收入比例	数　值	占收入比例
销售收入	259	100.00%	81	100.00%
营业成本	37	14.29%	49	60.49%
毛利润	222	85.71%	32	39.51%
销售费用	94	36.29%	20	24.69%
其他费用	90	34.75%	9	11.11%
营业利润	38	14.67%	3	3.70%

资料来源：2021 年公司年报

对占比非常大的科目，需要再去仔细分析其明细。表 4-14 给出了恒瑞医药销售费用的明细数据。从表中可以看到，在将近 94 亿元的销售费用中，占据最重要比例的是学术推广、创新药专业化平台建设等市场费用，高达 46.43 亿元，占了销售费用的半壁江山，也占到整个营业收入的 17.93%。如此之高的"学术推广、创新药专业化平台建设"用在何处呢？学术推广费是医药企业为医药界组织的"学术推广会议"的花费，主要借助学术会议来推广其产品。结合市场曝出的医药企业的销售代表因为行贿医生所曝出的丑闻，不得不使得投资者对此项销售费用产生疑虑。

表 4-14　恒瑞医药 2021 年销售费用的明细　　　　　　　　　（单位：百万元）

项　目	本期发生额	占销售费用比率	占营业收入比例
学术推广、创新药专业化平台建设等市场费用	4 643	49.48%	17.93%
职工薪酬与福利	3 800	40.49%	14.67%
差旅办公费	666	7.10%	2.57%
股权激励费用	130	1.39%	0.50%
其他	142	1.51%	0.55%
总计	9 384	100.00%	36.23%

值得关注的是，根据恒瑞医药 2021 年的数据，其销售费用的绝对值和占比其实处于下降中，而其研发费用和占比在增加。这显然是在向着行业健康持续发展的方向努力。

五、管理费用

管理费用是企业行政管理部门为组织和管理生产经营活动而发生的资金耗费及损失。包括人工成本、折旧和其他。

人工成本是管理费用科目中十分重要的一个部分。公司治理理论认为,管理人员和股东之间存在代理问题,管理人员可能为了自己的利益而损害公司利益。管理费用中的职工薪酬是应关注的数据。

观察海天味业的具体数据可发现,2021年度海天味业发生的管理费用为3亿元,其中,管理人员工资及附加为1亿元,占比不大。

管理费用是利润的扣减项目,较低的管理费用率一般对应着较高的经营效率。但也不能一概而论,管理费用和公司的经营模式有直接的关系,即使在同一个行业中,不同的经营模式也会带来管理费用的差异。

例如,来伊份(603777.SH)和三只松鼠(300783.SZ)都是休闲零食的供应商,但两家公司的经营模式存在较大差异。来伊份主要以线下销售为主,而三只松鼠主打线上销售。表4-15给出了三只松鼠和来伊份的2021年的线上销售和线下销售的利润表数据。

表4-15 来伊份和三只松鼠2021年的利润表对比　　　　　　　　（单位:亿元）

	三只松鼠		来伊份	
	数值	占收入比例	数值	占收入比例
销售收入	98	100.00%	42	100.00%
营业成本	69	70.41%	24	57.14%
毛利润	29	29.59%	18	42.86%
销售费用	21	21.43%	14	33.33%
管理费用	3	3.06%	4	9.52%
其他费用	1	1.02%	0	0.00%
经营利润	7	7.14%	4	9.52%

资料来源:2021年公司年报。

线下销售时,客户不能如同线上销售一样得到非常透明的价格,因此一般毛利率更高。表中数据显示,来伊份的毛利率为43%,明显高于三只松鼠的30%。但是线下销售需要实体店,会对应较高的房租和员工工资,因此其费用率也更高。表中数据显示,来伊份的销售费用率为33%,高于三只松鼠的21%,其管理费用为9.5%,也高于三只松鼠的3%。两者的经营利润率几乎相等。

线上销售相对线下销售还有一个优势,即在面对新冠疫情这样的巨大外部冲击时,有更大的灵活性。在新冠疫情影响最大的 2020 年,来伊份受到影响较大,客流量下降,利润表出现亏损,而三只松鼠受到的影响就较小。

六、研发费用

研发费用在新会计准则之前管理费用的二级科目,在新会计准则之后单列,突出其重要性。

研发投入可提高公司的技术水平。这对于高科技行业、电子行业、医药行业、材料行业的公司尤其重要。研究的投入方向在很大程度上决定了公司未来的增长点。

研发投入占营业收入的比例是我国区分高新技术企业的重要标准。根据《高新技术企业认定标准》的相关规定,"营业收入大于 2 亿元的企业的研发费用占当年营业收入比例不低于 3%"是必备条件之一。因此,研发费用虽然是利润的扣减项,但从公司长期发展价值来看,它反而可能是加分项,研发费用高表明企业对未来的核心技术的投资力度较高,反而更加容易得到投资者的认可。

作为一家通信网络运营商,华为公司非常重视研发。华为是一家非上市公司,但其会在其网站主动公开年报数据。数据显示,华为的销售收入和研发费用从 2009 年开始几乎一直保持稳定增长态势,2009 年其年销售收入为 1 494 亿元,到了 2020 年增长到 8 914 亿元,2021 年营业收入有所下降。但观察期研发费用,一直保持着比营业收入更加快速的增长,从 2009 年的 133 亿元到 2021 年的 1 427 亿元,研发费用率也从 8.9% 升到 22.4%。这样的水平和增速在国内外企业中都相当高。这可能也是华为公司发展的核心所在。根据其网页的介绍,2021 年,华为从事研究与开发的人员约 10.7 万名,约占公司总人数的 54.8%;截至 2021 年 12 月 31 日,华为在全球共持有有效授权专利 4.5 万余族(超 11 万件)。

表 4-16 华为 2009 年的利润表对比 (单位:亿元)

	销 售 收 入	研 发 费 用	研发费用率
2009	1 494	133	8.9%
2010	1 863	165	8.9%
2011	2 025	239	11.8%
2012	2 197	301	13.7%
2013	2 398	307	12.8%
2014	2 870	408	14.2%
2015	3 950	600	15.2%
2016	5 212	780	15.0%

续表

	销售收入	研发费用	研发费用率
2017	6 036	897	14.90%
2018	7 212	1 015	14.2%
2019	8 588	1 316	15.3%
2020	8 914	1 419	15.9%
2021	6 369	1 427	22.4%

资料来源：https://www.huawei.com/cn/annual-report

但应该注意的是，研发费用的支出存在一定风险，太高的研发费对投资者也可能是负担。

七、财务费用

财务费用主要包括利息支出和汇兑差额。其中，如果利息进行了资本化处理，则需要从当年的财务费用中扣除，进入相关资产项目。此外，如果有利息收入，则作为利息费用的扣减项。汇兑差额中也需要减去资本化的汇兑差额。

表4-17给出了海天味业的2021年财务费用的明细。海天味业整体的财务费用为负数，这表明公司是净利息收入。公司的利息收入高达6.05亿元，远远高于利息支出和其他财务费用相关支出，所以最后得到的是负的财务费用5.84亿元。这个负的财务费用是利润的加分项目。观察公司的资产负债表可知，公司在2021年年末有198亿元的货币资金且有息负债非常少，这样的资产负债结构导致了公司的财务费用为负。A股市场中有不少公司的财务费用为负数。

表4-17 海天味业的2021年财务费用明细　　　　　　　　（单位：百万元）

贷款及应付款项的利息支出	5
租赁负债的利息支出	4
存款及应收账款的利息收入	−605
净汇兑亏损	5
银行手续费支出	7
合计	−584

对于财务费用为正的公司，分析需要结合公司的短期负债、长期负债和长期债券分析。以长江电力为例，公司有大量的负债，因此产生较高的财务费用，如表4-18所示。

表 4-18 长江电力的 2021 年财务费用明细　　　　　　　（单位：百万元）

利息费用	4 802
利息收入	−117
汇兑亏损	63
其他支出	3
合　计	4 751

从资产负债表可知，长江电力有大量的有息负债。2021 年，短期借款为 123 亿元（期初为 241 亿元），一年内到期的非流动负债为 174 亿元（期初为 239 亿元），长期借款为 364 亿元（期初为 144 亿元），长期债券为 340 亿元（期初为 375 亿元），长期应付款为 119 亿元（期初为 201 亿元），如表 4-19 所示。

因此，长江电力的平均有息借款利率水平为 48.02 亿元/1 160 亿元＝4.14％。借款利率水平非常低。这是由长江电力在资本市场中的高信用水平决定的，而这种高信用水平是基于长江电力的优质资产和低经营风险得到的。

表 4-19 长江电力的 2021 年和 2020 年主要有息负债　　　　　（单位：亿元）

	2021	2020	平　均
短期借款	123	241	182
一年内到期的非流动负债	174	239	206.5
长期借款	364	144	254
长期债券	340	375	357.5
长期应付款	119	201	160
总　计	1 120	1 200	1 160

对财务费用的分析中，尤其要注意利息支出的资本化问题。所谓的资本化是指符合条件的相关费用支出不计入当期损益，而是计入相关资产成本，作为资产负债表的资产类项目管理。简单地说，资本化就是公司将支出归类为资产的方式。这种情况一般发生在为长期资产的融资费用上。

下面比较住宅地产和商业地产公司对利息支出的不同处理。通过资产负债表的分析，可以发现两类公司的借款在总资产中占比都较大，但住宅地产公司的财务费用在总营业收入中占比非常小，而商业地产该项占比则较大。其中差异的原因在于，住宅地产公司生产周期长，每年往往会购置新的土地和盖建新的商品住宅，所以借款费用作为成本的一部分，被资本化并计入存货；而商业地产公司往往拿地和建房频率明显少于住宅类地产公司，把已购置的物业出售和出租，所以财务费用中较少抵扣资本化利息。

可以对万科和张江高科财务费用的构成进行对比,其区别非常清楚,如表 4-20 所示。万科的利息支出大概 134.5 亿元,其中有将近一半的利息支出 67 亿元进行资本化处理。而张江高科的利息支出 5.4 亿元,其中只有不到 20% 进行资本化处理。

表 4-20 万科和张江高科的 2021 年财务费用构成　　　　　　（单位：百万元）

	万　科	张江高科
贷款及应付款项的利息支出	13 450	539
租赁负债的利息支出	1 112	
减：资本化利息	6 701	101
净利息支出	7 861	437
利息收入	3 819	54
汇兑损益	−7	−7
其他	349	2
合　　计	4 383	393

在利润表中,财务费用的下方是四个收益类和两个损失类的科目,分别是其他收益、投资收益、公允价值变动净收益和资产处置收益以及资产减值损失和信用减值损失。

八、其他收益

其他收益是营业利润的组成部分,在利润表中位列财务费用项目之后,投资收益项目之前。其他收益反映与企业日常活动相关的但不在营业收入项目核算的经济利益流入,主要包括与企业日常活动相关的政府补助,这部分补助按照经济业务实质,计入其他收益或冲减相关成本费用。与企业日常活动无关的政府补助,计入营业外收入。

政府补助又分为与资产相关和与收益相关两类。与资产相关的政府补助,是指企业取得的、用于购建或以其他方式形成长期资产的政府补助;与收益相关的政府补助,是指除与资产相关的政府补助之外的政府补助。

海天味业 2021 年的其他收益明细显示,1.43 亿元的其他收益都是政府补助,其中 2 850 万元与资产相关,1.14 亿元与收益相关。具体补助明细如表 4-21 所示。

表 4-21 海天味业 2021 年其他收益明细　　　　　　（单位：百万元）

补　助　项　目	2021 年	与资产、收益相关
企业转型升级产业引导资金	65	收益相关
2020 年"百企争先"专项资金	20	收益相关

续　表

补　助　项　目	2021年	与资产、收益相关
2019年农业产业强镇示范建设资金	2	收益相关
递延收益摊销	40	收益/资产相关
其他	16	收益相关
合　计	143	

海天味业收到的政府补助不是很多,大多集中于非资产相关领域,在利润占比也较低,没有实质性的影响。

但是,有些公司的政府补贴相对其利润科目的占比非常大,甚至超过利润本身。这意味着如果没有政府补贴,公司将面临亏损,这种情况下,就要对政府补贴进行仔细的分析。例如,江淮汽车(600418.SH)2021年的净利润只有1 300万元,可是其他收益(绝大部分是政府补贴)高达19.53亿元,这意味着如果没有政府补助,公司将发生巨额亏损。因为公司从事新能源汽车业务,所以获得较大的补贴。随着2023年的新能源政策补贴退坡的预期,该公司依赖于政府补贴的模式会受到较大冲击。

专栏4-4

新冠疫情的政府补贴

近些年上市公司政府补助金额呈现上升趋势,2015年首次突破千亿元大关。2020年以来,新冠疫情对我国经济产生深远影响,各行业受到不同程度波及。疫情发生后,全国各地出台一系列支持企业复工复产措施,A股上市公司作为各行业标杆率先受益。2020年历史性的突破2 000亿元。2021年A股上市公司披露的政府补助相关数据显示,不论从补助金额还是公司数量上,上市公司政府补助规模均创下历史新高。2021年上市公司政府补助金额合计2 116亿元。

分行业来看,电子、化工、汽车行业连续五年占据前三名。电子行业政府补助金额突破250亿元,首次夺得第一。休闲服务、综合、纺织服装等行业政府补助金额垫底。芯片产业龙头中芯国际(688981.SH)政府补助金额24.89亿元,超过京东方A排在电子行业第一位。

九、投资收益

投资净收益是对外投资所取得的利润、股利和债券利息等收入减去投资损失后的净收益。投资收益科目中包括经常性科目和非经常性科目。

投资收益主要来源于四个部分。

一是来源于所投资公司的利润。投资企业对合营企业和联营企业的投资采用权益法核算。当被投资企业实现净利润或者发生净亏损时,投资企业应当按照投资比例确认当期投资收益。例如,被投资企业实现100万元利润,投资企业的持股比例为25%,则投资企业确认投资收益25万元。这个项目在投资收益中比较重要,因此以"其中:对联营企业和合营企业的投资收益"的方式列示。

二是各金融资产在持有期间所获得的收益,一般体现为股利收入和利息收入。这部分收益是确认的、已经到手的实现收益。

三是处置各类金融资产所获得的收益,来源于上市公司出售资产所得。

四是债务重组利得计入"投资收益"科目,不再计入营业外收入。

在这四种获得投资收益的方式中,来自所投资公司的收益相对较为稳定,如果所投资公司的生产经营状况良好,则该类投资收益具有一定的可持续性;其他三种方式的持续性较弱。

有的上市公司的投资收益占了公司利润的很大一部分,有些甚至超过50%,此时应对投资收益的来源和可持续性进行仔细分析。

下面以张江高科(600895.SH)为例来进行分析。张江高科之前是一家产业地产经营商,经营上海浦东的高科技园区地产的运营和出租业务,主要收入和利润来自物业载体的出租和出售。公司从2014年开始进行转型,提出"科技投行"战略,转向产业地产和产业投资业务的协同发展,投资收益在其利润中占比越来越大。

从利润表数据可以看出,2016—2020年,其营业收入逐年下降,但是营业利润却没有明显下降,反而在2020年达到最高的25.58亿元。究其原因,是投资收益和公允价值变动净收益在营业利润中占据越来越高的地位。公司持有越来越多实体企业(直投)和投向基金(FOF),这些实体企业大多是在其产业园区中的高科技企业。从表4-22的最后一行可以看出,公司的投资收益和公允价值变动净收益两项在2020年之前贡献了其营业利润的大部分。张江高科也凭借其优秀的投资业绩成为业内知名的"科技投行的领头羊"和"产业投资一哥"。

表4-22 张江高科(600895.SH)2016—2021年利润表主要数据 (单位:百万元)

	2016	2017	2018	2019	2020	2021
营业收入	2 088	1 253	1 148	1 477	779	2 097
营业成本	1 277	758	614	604	350	645
税金及附加	282	99	157	149	13	47
销售费用	71	43	33	36	14	20
管理费用	105	47	54	63	85	86
财务费用	220	290	224	248	323	393
投资净收益	797	595	626	513	2 312	−487
其中:对联营企业和合营企业的投资收益	346	354	294	220	2 189	−838

续表

	2016	2017	2018	2019	2020	2021
公允价值变动净收益	−11	−11	−4	−59	209	627
营业利润	887	576	634	854	2 558	1 073
(投资净收益＋公允价值变动净收益)/营业利润	89%	101%	98%	53%	99%	13%

但是,大额的投资也会带来巨大的风险。2021年,张江高科的利润表发生了戏剧性的变化。其营业收入从7.79亿元增加到20.97亿元,但是利润却几乎腰斩。究其原因,是因为其下属子公司(张江科投,Shanghai ZJ Hi-Tech Investment Corporation)所持有的以公允价值计量且其变动计入当期损益的金融资产(已上市股票)本期公允价值大幅减少,减少投资收益9.44亿元。张江科投持有多个上市和准上市公司股权,其中包括微创医疗、川河集团、点点客、百事通等公司股权。其中,微创医疗(00853.HK)是在香港上市的医疗健康行业的公司,在2021年之前,该公司股票价格一直上扬,为张江高科贡献了大幅投资收益,但是2021年下半年,其股价大幅下挫,导致张江高科的投资收益也大幅下降。

十、公允价值变动净收益

公允价值变动净收益就是因为公允价值的变动而引发的损失或收益。

产生公允价值变动收益的项目有交易性金融资产、交易性金融负债和按公允价值计量的投资性房地产。在交易性金融资产中,衍生金融工具非常重要,因此应单独披露。在分析的时候应该结合资产负债表中的相关科目分析。

交易性金融资产中,比较重要的一类是股票资产。股票投资的收益分为纸面收益(paper gain)和实现收益(realized gain)。纸面收益并不是真正的收益。在牛市中,公司持有股票就可以获得盈利,但如果没有在熊市来临之前抛售股票,纸上的富贵很可能就完全消失甚至转为亏损。因此,处理时应加以区分。

以公允价值计量且其变动计入当期损益的资产,要求以公允价值计量,在资产负债表日时如果仍持有该项资产,公司应将公允价值变动的计入公允价值变动损益而不是投资收益科目。只有在处置该金融资产和负债时,其公允价值与初始入账金额之间的差额确认为投资收益,同时将公允价值变动损益转入投资收益。

例如,公司以1元的单价购买了10万股股票,当股价升至1股10元时,公允价值变动损益为90万元(10×10−1×10),投资收益为0,只有当公司以1股10元卖掉该股票时,才将公允价值变动损益90万元转入投资收益。

应该注意的是,在张江高科的案例中,微创医疗是其子公司张江科投所持有的金融资产,按照公允价值计价。而张江高科持有的张江科投是按照合营企业的长期股权投资的收益,按照权益法确认,因此算入投资收益,而不是公允价值变动净收益中。

十一、资产处置收益

资产处置收益是第四个收益类科目,是新会计准则中的新的一级科目。

这个科目体现企业出售划分为持有待售的非流动资产(金融工具、长期股权投资和投资性房地产除外)或处置组时确认的处置利得或损失,以及处置未划分为持有待售的固定资产、在建工程、生产性生物资产及无形资产而产生的处置利得或损失。

债务重组中,因处置非流动资产产生的利得或损失和非货币性资产交换产生的利得或损失也包括在本项目内。之前是放在营业外收支中的。

十二、资产减值损失

资产减值损失是指因资产的账面价值高于其可收回金额而造成的损失。新会计准则规定资产减值范围主要是固定资产、在建工程、使用权资产、无形资产、使用成本模式计量的投资性房地产、长期股权投资、商誉、长期待摊费用以及除特别规定外的其他资产减值的处理。

应注意"损失以'-'号填列"。这表示,资产减值损失科目为负数时,代表资产发生了减值,使当期营业利润减少。而资产减值损失科目为正数时,代表资产没有减值发生而是发生了增值,使当期营业利润增加。这与和之前的会计准则相反。

资产减值损失包括存货跌价损失、长期股权投资减值损失、投资性房地产减值损失、固定资产减值损失、工程物资减值损失、生产性生物资产减值损失、油气资产减值损失、无形资产减值损失、商誉减值损失和其他。海天味业当年没有此科目,下面以兰花科创(600123.SH)为例,展示其资产减值损失明细,如表4-23所示。

表 4-23 兰花科创 2021 年资产减值损失明细 (单位:百万元)

项 目	本 期 发 生 额
一、坏账损失	
二、存货跌价损失及合同履约成本减值损失	-39
三、长期股权投资减值损失	
四、投资性房地产减值损失	
五、固定资产减值损失	-245
六、工程物资减值损失	
七、在建工程减值损失	-163
八、生产性生物资产减值损失	
九、油气资产减值损失	

续 表

项 目	本期发生额
十、无形资产减值损失	−167
十一、商誉减值损失	
十二、其他	
合　计	−615

应该注意的是,第一行的坏账损失是历史遗留科目,这部分坏账损失已经移到下面的"信用减值损失"科目中,在 2020 年之后不应该再出现此科目。从表中可以看到,兰花科创 2021 年资产减值损失共计 6.15 亿元,在营业收入中占比为 5%,其中主要是固定资产减值 2.45 亿元,在建工程减值 1.63 亿元,无形资产减值 1.67 亿元。由于每项科目都对应着资产中的各项科目,需要结合资产科目进行分析。考虑到兰花科创的重资产属性,以及采矿权是其无形资产的主要构成部分,上述资产减值属于比较合理的范围。

考虑到 2019 年资产减值损失的会计政策发生了变化,可进一步再观察表 4-24 中 2017—2021 年的兰花科创的利润表中的资产减值数据。表中,2018 年的资产减值损失为 2.54 亿元,为一个正数,2019 的资产减值损失为 −1.88 亿元,为一个负数。这一正一负的数值其实都是表示发生了资产减值损失,只是前后会计政策调整所致。2018 年,2.54 亿元的资产减值损失主要是分公司固定资产和在建工程的减值所致,2019 年,1.88 亿元的资产减值损失主要是对兰花煤化工公司提取在建工程减值损失 9 363 万元,对丹峰化工公司提取商誉减值损失 2 455 万元;控股子公司重庆兰花太阳能电力股份有限公司进入破产清算程序,不再纳入公司合并报表范围,影响公司利润总额减少 7 082.29 万元。

表 4-24　兰花科创(600123.SH)的 2017—2021 年的利润表　　（单位：百万元）

	2017	2018	2019	2020	2021
营业总收入	7 566	8 529	7 947	6 626	12 860
营业收入	7 566	8 529	7 947	6 626	12 860
营业总成本	6 970	7 505	7 118	6 369	9 500
营业成本	4 841	4 908	5 051	4 350	6 755
税金及附加	397	510	455	416	777
销售费用	219	233	217	149	136
管理费用	974	1 174	1 032	1 120	1 285

续　表

	2017	2018	2019	2020	2021
研发费用					24
财务费用	357	427	364	334	523
其中：利息费用		437	379	360	545
减：利息收入		17	16	27	29
加：其他收益	17	15	20	83	17
投资净收益	382	308	431	192	280
其中：对联营企业和合营企业的投资收益	382	308	237	192	296
资产减值损失	182	254	−188	−14	−615
信用减值损失			−213	15	10
资产处置收益	0	0	7	1	0
营业利润	996	1 347	885	534	3 051
加：营业外收入	7	105	4	3	6
减：营业外支出	73	146	36	36	106
利润总额	930	1 306	853	502	2 952
减：所得税	311	384	324	250	948
净利润	619	922	529	251	2 003

虽然看上去兰花科创的资产减值损失在2019年有所下降，但考虑到信用减值损失在2018年其实是被包含在资产减值损失中的，所以，应该把2019年的资产减值损失和信用减值损失两项相加（1.88＋2.13＝4.01亿元）和2018年的资产减值损失（2.54亿元）进行比较，2019年的资产减值损失其实还是增加的，且其对利润的影响也很大。

应该注意，在很多情况下，计提各项资产减值损失对资产负债表的影响有限，但对利润表有较大冲击，应该引起足够关注。考虑到资产减值损失的计提受到高管的主观意愿的影响，其数值很容易受到盈余管理和财务操纵的影响。可以参考本章末的海正药业（600267.SH）案例。

十三、信用减值损失

信用减值损失是一个新的科目。根据《企业会计准则第22号——金融工具确认和计量》（2017年），金融资产减值准备所形成的预期信用损失应通过"信用减值损失"科目核算。因此，企业执行《企业会计准则第22号——金融工具确认和计量》（2017年）后，坏账准备应通过"信用减值损失"科目核算,不再通过"资产减值损失"科目核算。

可能发生信用减值损失的科目包括应收票据、应收账款、其他应收款、债权投资、其他债权投资、长期应收款和合同资产。这些科目都可能产生坏账损失。

海天味业的信用减值损失如表4-25所示。从表中可以看到,海天味业的信用减值损失非常少,只有200多万元,这与公司应收账款本身规模小有较大关系。

表4-25 海天味业(603288.SH)的2021年的信用减值损失明细 （单位：千元）

项　　目	本期发生额
应收票据坏账损失	
应收账款坏账损失	2 175
其他应收款坏账损失	
债权投资减值损失	
其他债权投资减值损失	
长期应收款坏账损失	
合同资产坏账损失	
合　　计	2 175

十四、营业外收入

营业外收入是企业的一种收入,但并不是由企业经营资金耗费所产生的,不需要企业付出代价,实际上是一种纯收入,不可能也不需要与有关费用进行配比。营业外收入主要包括赔款收入、罚没收入以及与和日常经营活动无关的政府补助。

海天味业的营业外收入明细如表4-26所示,仅1 600万元,其中主要为赔偿收入。虽然对利润有一定的影响,但并没有出现异常的情况。

表4-26 海天味业2021年营业外收入的明细 （单位：百万元）

项　　目	本期发生额
赔偿收入	13
罚没收入	1
其　　他	2
合　　计	16

十五、营业外支出

营业外支出核算企业发生的各项营业外支出,包括公益性捐赠支出、非常损失、盘亏损失等。

十六、所得税费用

我国现在有两种所得税率:① 一般企业所得税率25%。② 国家需要重点扶持的高新技术企业、技术先进型服务企业(服务贸易类)、从事污染防治的第三方企业和特定的集成电路生产企业,所得税率15%。

例如,海天味业的子公司高明海天于2019年12月取得了由广东省科学技术厅、广东省财政厅及广东省税务局联合批准的更新的有效期为3年的高新技术企业证书,在2019—2021年享受高新技术企业所得税优惠。因此,高明海天在2021年度适用的所得税税率为15%。

应该注意,在报表中看到的所得税费用很少等于利润和所得税率的乘积。这是因为,会计上确认的利润和税法上的确认存在很多差异。主要体现在如下几个方面:① 会计上确认收益或支出而税法不作为收入或扣减项目,如非公益性捐赠、国债利息收入等。② 有些支出超标准部分会计上可据实列支,如应付职工薪酬超过计税标准部分等。③ 税法规定企业为开发新技术、新产品、新工艺发生的研发费用可加计扣除50%。④ 一些支出(收入)两者在确认的时间上不同,如固定资产折旧方法或折旧年限不同。

所得税费用还与"递延所得税资产"和"递延所得税负债"两个科目有关。

十七、持续经营净利润和终止经营净利润

持续经营净利润和终止经营净利润对净利润项目金额作出进一步解释,即净利润中含有持续经营净利润和终止经营净利润的数额。净利润剔除掉"终止经营净利润"的部分就是"持续经营净利润",所以在填写时,可以通过"倒算"的方法来填列。

这两个科目并不是会计科目,而是在利润表中披露的事项名称,即可以将净利润拆分为这两个部分。

"终止经营利润"是本期还为企业创造利润,但是已经决定(或本期已经发生),并在一年之内将要出售(或本期已经出售)的业务项目部分所带来的利润(或损失),包含将其出售时发生的收益或损失。例如,一家企业在2020年12月决定在2021年1月出售某业务,那就需要在报表的"终止经营"中,单独列示这块业务在2020年的利润。这块业务虽然在2020年还影响公司的利润总额,但是该业务已经出售,相当于"终止经营",不会再影响2021年及以后年度的公司利润。

十八、少数股东损益

利润表的"净利润"项下可以拆分为"归属于母公司所有者的净利润"和"少数股东损益"。净利润扣除少数股东损益后就是归属于母公司所有者的净利润。少数股东损益是指公司合并报表的子公司其他非控股股东享有的损益,在计算母公司股东的利润时应予以扣除。

大多数情况下,少数股东权益较少,归属于母公司所有者的净利润占了绝大部分的净利润。但可能存在下面几种情况,需要引起注意。

(1) 如果上市公司控股的子公司发生亏损,就可能出现少数股东收益为负的情况。这时,归属于母公司所有者的净利润高于合并报表的净利润。

(2) 少数股东权益较大,归属于母公司所有者的净利润只占了小部分净利润。这种情况不多见,但如果发生的话,则需要考虑用归属于母公司所有者的净利润来代替净利润进行分析。

十九、其他综合损益

其他综合收益并不是利润表的科目,而是所有者权益科目,是指根据企业会计准则规定企业不能在利润表确认的各项利得和损失扣除所得税影响后的净额。这是一个非常特殊的科目。

企业在经营过程中,会产生利得和损失。大多数的利得和损失直接计入当期损益,在当期的利润中反映出来。但是有些利得和损失往往是表面的,虚的或者是尚未实现的暂时性收益或者损失。为了降低利润表的波动和防范盈利操纵,这些利得和损失不能直接进入当期损益。

其他综合收益虽然不影响利润总额以及净利润,但会影响综合收益总额。其他综合收益除了在资产负债表中所有者权益部分列示,还需要在利润表中净利润下面进行列示。因此,其他综合收益虽然同时列示在资产负债表与利润表上,但不影响企业的净利润,也不构成企业计算每股收益的基数。

第四节 利润表的重要财务指标

在财务分析中,人们经常会用到一些具有特殊经济含义的财务指标,如息税前收益和自由现金流。这些指标是绝对值财务指标,无法从财务报表中直接找到,而是要经过一番计算才能得到。息税前利润等于利润加利息。自由现金流的计算还相当复杂,不仅涉及利润表的诸多科目,还涉及资产负债表中科目的变化。

因为这些指标非常特殊,又十分重要,本书将进行专门介绍。本节主要介绍和利润表相关的三个重要指标:EBIT、EBITDA 和 EVA。资产负债表和现金流量表中的相关重要指标在相应章节再进行介绍。

净利润作为公司最综合的盈利指标,其更精准的定义是"息税后净利润"。出于对不同公司的税收、资本结构、折旧和摊销等方面的考虑,在分析中有时会将相关减项加回去,得到息税前收益和息税折旧摊销前收益。考虑到股东的机会成本,也可在净利润之基础上减去股东的机会成本,得到经济增加值。

一、息税前收益

息税前利润(earnings before interest and tax,EBIT)是扣除利息和所得税之前的利

润。计算公式为：

$$息税前利润 = 净利润 + 所得税 + 利息 \quad (4-11)$$

其中，净利润和所得税在利润表中有对应的项目，可以直接使用。利息费用可以用财务费用近似估计，也可以查阅会计报表附注，获取精确的数值（见图 4-9）。

息税前利润与净利润的区别在于剔除了资本结构和所得税政策的影响。如此，同一行业中的不同公司之间，无论所在地的所得税率有多大差异，或是资本结构有多大的差异，都能用 EBIT 来更为准确地比较盈利能力。分析同一公司在不同时期盈利能力变化时，使用 EBIT 也较净利润更具可比性。

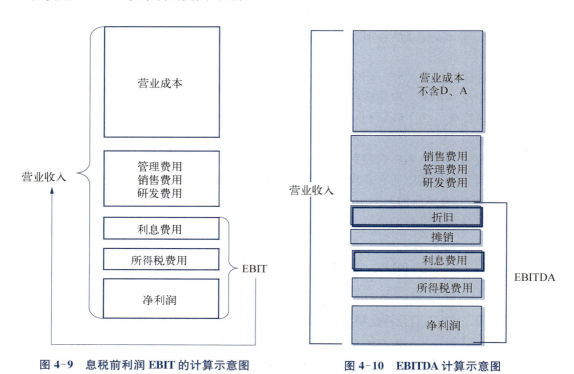

图 4-9　息税前利润 EBIT 的计算示意图　　　图 4-10　EBITDA 计算示意图

二、息税折摊前收益

息税折旧摊销前利润（earnings before interest, tax, depreciation and amortization, EBITDA）是不扣除利息、所得税、折旧和摊销的利润（见图 4-10）。计算公式为：

$$息税折旧摊销前利润 = 净利润 + 所得税 + 利息 + 折旧 + 摊销 \quad (4-12)$$

折旧和摊销是以前会计期间取得股东资产和无形资产时所支付的成本，而并非投资人关注的当期现金支出。EBITDA 剔除了折旧和摊销政策的影响，使得具有不同折旧摊销政策的公司具有可比性。

20 世纪 80 年代，伴随着杠杆收购的浪潮，EBITDA 被资本市场上的投资者广泛使用。当时,投资者更多地将它视为评价一个公司偿债能力的指标。随着时间的推移,EBITDA 开始被业界广泛接受,因为它非常适合用来评价一些前期资本支出巨大,而且需要在一个很长的期间内对前期投入进行摊销的行业,如核电行业、酒店业、物业出租业等。

　　EBIT 主要用来衡量公司主营业务的盈利能力,EBITDA 则主要用于衡量公司主营业务产生现金流的能力。它们都反映公司现金的流动情况,是资本市场上投资者比较重视的两个指标。EBITDA 也经常被拿来与公司现金流进行比较,因为它对净利润加入了两个对现金没有任何影响的主要费用科目——折旧和摊销,然而由于并没有考虑补充营运资金以及重置设备的现金需求,并不能就此简单地将 EBITDA 与现金流对等。

　　总的来说,营业利润比净利润稳定,EBIT 比净利润稳定,EBITDA 比 EBIT 稳定。但也根据公司的特征不同,各种利润的稳定性存在差异。由于对业绩的评估采用稳定的方法比采用不稳定的方法更受到投资者的欢迎,分析师应该研究和比较各种测度方法来从各个角度全面掌握公司的业绩。

三、经济价值增加值

　　会计上计算的公司最终利润是指税后利润,而经济增加值理论认为,税后利润并没全面真正反映公司生产经营的最终盈利或价值,因为它没有考虑资本成本或资本费用。经济价值增加值(economic value added,EVA)等于净利润扣除资本成本(股权资金成本)后的经济利润,是所有成本被扣除后的剩余收益(见图 4-11)。EVA 反映的是公司税后营业净利润与全部投入资本成本之间的差额,是对真正"经济"利润的评价。如果税后净

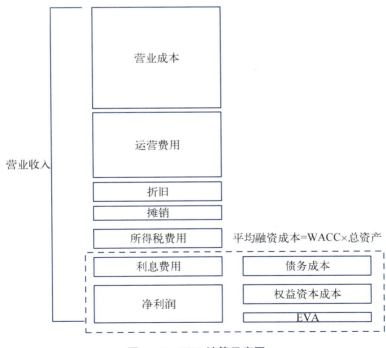

图 4-11　EVA 计算示意图

利润大于全部资本成本，EVA为正值，说明公司为股东创造了价值，增加了股东财富；反之，则表明造成了股东财富的损失。其计算公式如下：

第一种计算方法：

$$经济价值附加值 = 息前税后利润 - 资本费用 \qquad (4-13)$$

其中：

$$息前税后利润 = 息税前利润 - 所得税额 \qquad (4-14)$$

$$资本费用 = 总资本 \times 加权平均资本成本(WACC) \qquad (4-15)$$

$$WACC = 权益资本成本 \times 权益资本占总资本的百分比 \\ + 债务资本成本 \times 债务资本占总资本的百分比 \times (1-税率) \qquad (4-16)$$

从股东的角度出发，在利润的计算中考虑公司所用的包括权益资本在内的全部资本的成本，因此得到第二种计算方法：

$$经济附加值 = 息税后利润 - 股权成本 \qquad (4-17)$$

案例4-3

A、B两家公司的财务数据见表4-27，请计算A、B公司的经济价值增加值。

方法一：从利润表中的利润总额项目出发，用利润总额加上利息再减去所得税额计算息前税后利润。资本费用则用总资本乘以WACC得到，例如A公司的WACC＝14%＊70%＋10%＊30%＝12.80%。

方法二：用利润总额扣除所得税后得到净利润，净利润再减去权益成本得到EVA。

表4-27　经济价值增加值计算表　　　　　　　　　　　　（单位：百万元）

项　　目	A 企 业	B 企 业
利润总额（税前息后）	140	16
加：利息费用	24.9	6
减：应交所得税	50	5
息前税后利润	115	17
减：资金总成本	106.24	13.2
总资产	830	120
乘：综合资金成本率	12.80%	11%
资本权数	70%	37.50%
平均资本成本率	14%	16%

续 表

项　　目	A 企 业	B 企 业
负债权数	30%	62.50%
平均税后负债成本率	10%	8%
经济价值增加值	8.76	3.8
EVA/权益资本	1.51%	8.44%

　　A、B 的 EVA 均为正值,这说明两个公司都存在经济效益,达到了资本增值的目标。相比而言,B 的单位股本的 EVA(EVA/权益资本)更大,更有价值。

案例分析

海正药业的财务大洗澡

　　资产减值准备的计提没有明确的定量规定,它需要管理层对资产进行减值测试,判断资产的可收回金额与账面价值的差异,从而进行相关减值的计提。然而,正是因为它没有明确的判断标准,管理层往往为了某种盈余管理动机而滥用资产减值准备的计提与转回,由此引发的财务"大洗澡(big bath)"案例也并不在少数。海正药业在2019年年底的集中进行一系列资产减值损失的操作就受到了监管部门的质疑。

　　海正药业是一家老牌的全球化专业制药企业,是中国最大的抗生素、抗肿瘤药物生产基地之一。其研发领域涵盖化学合成、微生物发酵、生物技术、天然植物提取及制剂开发等多个方面,产品治疗领域涉及抗肿瘤、心血管系统、抗感染、抗寄生虫、内分泌调节、免疫抑制、抗抑郁等。

　　海正药业身处医药行业,其商业模式集研产销全价值链、原材料与制剂一体化,海正药业出口覆盖70多个国家和地区,与全球前十大跨国公司保持商务、项目、技术及战略合作;国内制剂销售网络覆盖全国,医院拥有量超过5 000家。

　　但从海正药业的实际经营情况来看,海正药业面临的生存环境非常严峻。海正药业的扣非净利润自2015年来连续四年亏损。据海正药业历年财报显示,海正药业2015—2018年扣非净利润分别为−1.39亿元、−2.83亿元、−1.41亿元、−6.12亿元,归属母公司股东的净利润分别为1 356.67万元、−9 442.81万元、1 356.62万元、−4.92亿元。若2019年海正药业的整体业绩再出现亏损,海正药业就将被"ST",进而面临退市风险。

　　顶着巨大业绩压力,蒋国平于2018年11月接任海正药业董事长职务,前任董事长白骅因年龄和身体原因辞去公司第七届董事会董事长、董事及提名委员会委员、专家委员会常务委员职务,不再担任公司法定代表人。海正药业的新任管理层如若想要打一个漂亮的翻身仗,就需要厘清前任管理层留下的"旧账",为当下己方任期的未来盈利腾出空间。

据海正药业 2019 年半年报显示,蒋国平继任后,提出"聚焦、瘦身、优化"战略用以清理及盘活固定资产,有效回笼资金,优化资产结构。同时,海正药业的董监高进行了大幅变动。2019 年,海正药业的新任管理层先后通过转让子公司股权、售卖闲置房产、卖孔雀等方式增厚业绩,筹措资金。其中,最早一笔交易是在 2019 年 3 月,通过产权交易机构公开挂牌出售位于北京、上海、杭州、椒江四处的闲置房产。2019 年 9 月,海正药业以 28.28 亿元的价格向知名并购基金 PAG Highlander(太盟)转让海正博锐控股股份。这一笔交易,除获得 28 亿元现金流之外,还获得投资收益 12.74 亿元。值得一提的是,在 2019 年 9 月,海正药业还发生过一起企业向员工售卖孔雀的事件,园区内饲养的 23 只孔雀被以 1.56 万元的价格出售。这一系列操作使得海正药业 2019 年第三季度的财报数据非常亮眼。

海正药业 2019 年第三季度财报显示,2019 年前三季度,海正药业实现营业收入 83.12 亿元,较上一年同期增长 6.5%;归属母公司的净利润为 12.55 亿元,较上一年同期暴涨 17 542.10%。

但是,在 2019 年 12 月 10 日晚,海正药业发布公告称,公司将 4.12 亿元的研发开支进行费用化处理,同时分别计提无形资产减值损失 1.02 亿元、在建工程及固定资产减值损失 9.41 亿元、存货跌价损失 2.74 亿。具体减值情况如表 4-28 所示。

表 4-28 海正药业 2019 年 12 月资产减值具体情况 （单位：百万元）

项　　目	减值金额	测　试　方　法
开发支出费用化	412	单项评估
无形资产减值损失	102	单项评估测试
在建工程及固定资产减值损失	941	单项评估测试
存货跌价损失	274	全部单个存货跟其可变净值的差异之和

这一系列操作下来,2019 年的海正药业减少净利润 17.28 亿元。季度的利润变化如表 4-29 所示。

对此,上交所立即下发下问询函,要求海正药业说明计提开发支出转费用化处理、计提资产减值判断依据以及合理性,并要求海正药业补充披露减值在建工程的具体类型、对应项目及产品、投建时间、建设进度、账面价值以及本次减值金额、减值原因和后续处置安排。

12 月 24 日晚,海正药业在回复上交所的问询函中表示,本次海正药业总计终止了 20 项研发项目,公司院研发覆盖产品领域众多,包括原材料、仿制药、生物药和创新药,但是公司的研发项目管理水平以及可以匹配的公司研发资源不能支持项目研发的全面有效推进,导致部分研发项目进度显著落后,后续已无研发或市场竞争优势,或不再适合继续推进。

海正药业同时还表示,对于研发项目资本化确认时点为进入临床试验或者进入申报期(已有国家药品标准的原料药和制剂)即确认研发项目资本化,因此对于后续终止、或根据最新研发进展评估研发成功率较低、风险较高的研发项目,相关资本化支出费用化处理,但其需要确认相关研发费用。

由于海正药业属于高端的制药行业,这种行业的工程建设具有一定的时效性。因此,固定资产及在建工程的减值是海正药业本次计提减值的最大部分,公司在建工程和固定资产共计提了9.41亿元的损失;在建工程方面,自2015年起,海正药业在建工程就常年维持在50亿元左右,每年都将部分在建工程转化为固定资产,这也使得海正药业的固定资产从2015年的58.36亿元逐年上升至2018年的77.03亿元。

根据上述信息,请分析:① 新任管理层在2019年第四季度采用这种财务大洗澡的会计处理的目的何在?请结合公司在第三季度的资产出售行为进行解释。② 这一系列会计处理对公司的长期发展是有利的还是不利的?你如何评价上交所的问询函和公司的答复。③ 比较表4-29和表4-30,谈谈你对于季报对年报信息的补充作用的理解。

表4-29　海正药业2018Q3—2019Q4的利润表季报　　　　(单位:百万元)

	2018Q3	2018Q4	2019Q1	2019Q2	2019Q3	2019Q4
营业总收入	7 805	10 187	2 798	5 666	8 312	11 072
营业收入	7 805	10 187	2 798	5 666	8 312	11 072
营业总成本	7 621	10 483	2 597	5 342	8 284	11 650
营业成本	4 748	5 931	1 557	3 055	4 560	6 315
税金及附加	62	99	27	59	77	92
销售费用	1 787	2 514	632	1 441	2 232	2 889
管理费用	478	729	172	356	595	938
研发费用	300	640	89	193	440	904
财务费用	224	407	106	237	380	513
其中:利息费用		402		246	386	526
减:利息收入		20		9	10	17
加:其他收益	113	139	9	36	55	102
投资净收益	43	53	6	15	1 602	2 522
其中:对联营企业和合营企业的投资收益		20		12	20	7
公允价值变动净收益	0	0				−1

续表

	2018Q3	2018Q4	2019Q1	2019Q2	2019Q3	2019Q4
资产减值损失	23	164	14	−23	−36	−1 459
信用减值损失				−33	−54	−99
资产处置收益	−3	1	0	15	31	34
营业利润	336	−103	215	333	1 626	521
加：营业外收入	6	5	1	4	6	5
减：营业外支出	−3	15	4	6	11	19
利润总额	345	−112	213	331	1 620	507
减：所得税	78	125	57	105	151	184
净利润	267	−237	155	227	1 470	323
持续经营净利润	267	−237	155	227	1 470	323
终止经营净利润						
减：少数股东损益	260	256	123	174	215	230
归属于母公司所有者的净利润	7	−492	32	53	1 255	93
加：其他综合收益	−2	2	1	−1	−2	−2
综合收益总额	265	−235	156	226	1 467	322
减：归属于少数股东的综合收益总额	260	256	123	174	215	230
归属于母公司普通股东综合收益总额	5	−491	33	52	1 253	91

表 4-30　海正药业（600267.SH）2017—2021 年的利润表　　（单位：百万元）

	2017	2018	2019	2020	2021
营业总收入	10 572	10 187	11 072	11 354	12 136
营业收入	10 572	10 187	11 072	11 354	12 136
营业总成本	10 410	10 483	11 650	10 762	11 492
营业成本	7 239	5 931	6 315	6 441	7 186
税金及附加	92	99	92	74	108

续表

	2017	2018	2019	2020	2021
销售费用	1 599	2 514	2 889	2 522	2 498
管理费用	1 058	729	938	910	996
研发费用		640	904	401	373
财务费用	310	407	513	413	331
其中：利息费用		402	526	421	346
减：利息收入		20	17	33	22
加：其他收益	55	139	102	149	117
投资净收益	35	53	2 522	34	100
其中：对联营企业和合营企业的投资收益	14	20	7	−34	−76
公允价值变动净收益	0	0	−1	1	−18
资产减值损失	112	164	−1 459	−75	−109
信用减值损失			−99	41	−13
资产处置收益	−3	1	34	34	−21
营业利润	249	−103	521	777	700
加：营业外收入	105	5	5	147	21
减：营业外支出	7	15	19	19	77
利润总额	347	−112	507	904	644
减：所得税	116	125	184	181	134
净利润	232	−237	323	723	511
持续经营净利润	246	−237	323	723	511
终止经营净利润	−14				
减：少数股东损益	218	256	230	306	24
归属于母公司所有者的净利润	14	−492	93	417	487
加：其他综合收益	1	2	−2	52	−3
综合收益总额	233	−235	322	775	507
减：归属于少数股东的综合收益总额	217	256	230	306	24
归属于母公司普通股东综合收益总额	16	−491	91	469	484

本 章 小 结

本章第一节概述主要介绍了利润表的结构和重要结点,然后从多个角度分析了利润表各科目的特征,以及利润表所具有的容易被操纵的特点。第二节主要介绍利润表的结构分析和趋势分析,然后介绍了对利润表进行可视化处理的方法。第三节主要介绍利润表的各个项目的特点和分析重点。主要的项目包括营业收入、营业成本、四项费用、四项收益和两项损失。第四节介绍利润表的三个重要指标。最后的案例分析了海正药业发生在2019年第四季度的利用资产减值损失进行财务大洗澡的案例。

关 键 词

毛利润、经营利润、营业利润、原生科目、衍生科目、其中科目、经常性科目、非经常性科目、营业成本刚性、利息资本化、财务大洗澡、EBIT、EBITDA、EVA

思 考 题

1. 以一家上市公司为例,对其利润表进行结构分析和趋势分析,并进行可视化处理。
2. 找到该公司的重点项目和重点变化,并进行重点分析。
3. 思考利润表中容易被操纵的科目。

第五章

资产负债表分析

> **学习目标**
>
> 1. 理解资产负债表的结构和特点
> 2. 掌握资产负债表的垂直分析、趋势分析和可视化处理
> 3. 理解资产和负债的重新分类
> 4. 了解应收、预收和应付、预付项目的关系的综合分析
> 5. 掌握资产负债表中的几个重要指标

第一节 资产负债表的结构和特点

一、资产负债表的结构

资产负债表(balance sheet，BS)是反映公司在某一特定日期财务状况的会计报表，它反映公司在某一特定日期所拥有或控制的经济资源、所承担的现时义务和所有者对资产的要求权。资产(asset)指公司在过去的交易或者事项中形成的、由公司拥有或者控制的、预期会给公司带来经济利益的资源。负债(liability)指公司在过去的交易或者事项中形成的、由公司拥有或者控制的、预期会导致经济利益流出公司的现时资源。资产负债表中同时也反映所有者权益(equity)。

资产负债表采用账户式结构，报表分为左右两方，左方列示资产各项目，说明资金占用情况，即全部资产的分布及存在形态；右方列示负债和所有者权益各项目，反映资金来源情况，即全部负债和所有者权益的内容和构成情况。资产负债表左右双方平衡，资产总计等于负债和所有者权益总计。

资产负债表的结构如图 5-1 所示。左边的资产分

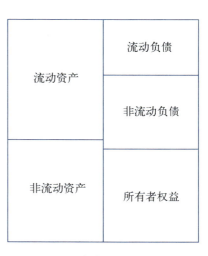

图 5-1 资产负债表的结构

为上下两个部分,上半部分为流动资产,下半部分为非流动资产。右边的融资分为负债和所有者权益。负债在上方列示,而使用者权益在下方列示。其中,负债又分为流动性负债(上方)和非流动性负债(下方)。

表5-1给出了一张典型的资产负债表的具体科目。大致来看,左侧的资产排列顺序是按流动性和资产形态排列的,流动性较高的资产列于上方,流动性较低的则列于下方;有形资产在上,无形资产在下。右侧负债项目的排列顺序与资产项目的类似。

表 5-1 资产负债的结构:投资去向和融资来源

(1)	(2) 科　目	(3) 投资去向	(4)	(5) 科　目	(6) 融资来源
	流动资产:			流动负债:	
1	货币资金	货币	1	短期借款	银行
2	交易性金融资产	金融资产	2	交易性金融负债	债权人
3	应收票据	客户	3	衍生金融负债	债权人
4	应收账款	客户	4	应付票据	供应商
5	应收款项融资	客户	5	应付账款	供应商
6	预付款项	供应商	6	预收款项	客户
7	其他应收款(合计)	其他	7	合同负债	客户
7a	其中:应收利息	债务人	8	应付职工薪酬	员工
7b	应收股利	投资公司	9	应交税费	政府
7c	其他应收款	其他	10	其他应付款	其他
8	存货	存货	11	持有待售负债	其他
9	合同资产	客户	12	一年内到期的非流动负债	其他
10	划分为持有待售的资产	其他	13	其他流动负债	其他
11	一年内到期的非流动资产	其他	D	流动负债合计	
12	其他流动资产	其他		非流动负债:	
			14	长期借款	银行
			15	应付债券	债权人
A	流动资产合计		15a	其中:优先股	优先股股东

续 表

(1)	(2) 科　目	(3) 投资去向	(4)	(5) 科　目	(6) 融资来源
	非流动资产：		15b	永续债	债权人
13	债权投资	债权	16	租赁负债	出租人
14	其他债权投资	股权	17	长期应付款	其他
15	长期应收款	客户或者其他	18	预计负债	其他
16	其他权益工具投资	股权	19	递延收益	其他
17	其他非流动金融资产	另类金融资产	20	递延所得税负债	政府
18	长期股权投资	股权	21	其他非流动负债	其他
19	投资性房地产	房地产	E	非流动负债合计	
20	**固定资产**	固定资产	F	负债合计	
21	**在建工程**	固定资产		所有者权益(或股东权益)：	
22	生产性生物资产	生物资产	22	实收资本(或股本)	股东
23	油气资产	油气资产	23	其他权益工具	股东
24	使用权资产	使用权资产	23a	其中：优先股	优先股股东
25	无形资产	无形资产	23b	永续债	债权人
26	开发支出	开发支出	24	资本公积	股东
27	商誉	并购	24a	减：库存股	
28	长期待摊费用	其他	25	其他综合收益	股东
29	递延所得税资产	政府	26	专项储备	股东
30	其他非流动资产	其他	27	盈余公积	股东
B	非流动资产合计		28	未分配利润	股东
C	资产总计		29	归属于母公司所有者权益合计	母公司股东
			30	少数股东权益	少数股东
			G	所有者权益合计	股东
			H	负债和所有者权益总计	

二、原生科目和衍生科目

和利润表一样,资产负债表中也分为原生科目和衍生科目。在表 5-1 中,原生科目用数字表示,而衍生科目用大写字母表示,见第(1)列和第(4)列。利润表的基本逻辑是减法,而资产负债表的基本逻辑是加法,其中的衍生科目表示上面若干科目之和。

资产的原生科目共计 30 个,负债的原生科目共计 21 个,权益的原生科目共计 9 个,共 60 个。

从资产端看,从货币资金开始,往下是交易性金融资产、应收类和预付类账款、存货等 12 项流动资产。衍生科目流动资产 A 等于上述 12 项流动资产之和。

下方从债权投资开始,到其他非流动资产结束,共计 18 项非流动资产,衍生科目非流动资产 B 等于上述 18 项。再往下,衍生科目资产 C 等于流动资产 A 和非流动资产 B 之和。

负债端从短期借款开始,到其他流动负债结束,共计 13 项流动负债,衍生科目流动负债 D 等于这 13 项流动负债之和。

从长期借款开始,到其他非流动负债结束,共计 8 项非流动负债,衍生科目非流动负债 E 等于这 8 项非流动负债之和。

衍生科目负债 F 等于流动负债 D 加上非流动负债 E。

所有者权益包括实收资本(或股本)到未分配利润等 7 项,衍生科目所有者权益 G 等于该 7 项之和。

最后,衍生科目负债和所有者权益合计 H 等于负债 F 和所有者权益 G 之和。

三、理解资产负债表的恒等式

资产负债表恒等式"资产=负债+所有者权益"是会计学的基础。下面我们从公司的投资和融资的关系角度来理解上述恒等式。

不妨把刚成立的公司看作一个"空壳子"。此时,既没有资产,也没有任何资金来源。首先,股东和银行等债权人提供资金,这些资金被投入厂房、机器和存货等资产,经过公司的经营活动实现收入,最后产生利润回报股东。在这个过程中,资产负债表可以表示为"资金占用(投资)=资金来源(筹资)"。即资金的来源和资金的用途是绝对平衡的。

右边各科目对应着不同的公司资金来源。短期借款是对银行的负债,应付账款是欠供应商的资金,合同负债是对客户的欠款,股东权益来自股东,未分配利润是公司经营赚来的钱,如表 5-1 的第(6)列所示。左边各个科目对应着公司资金的投向:预付账款和应收账款分别是公司投向上、下游的资金,是上、下游企业欠公司的钱;其他的各资产以货币现金、存货、固定资产和无形资产等形式存在。如表 5-1 的第(3)列所示。

公司的每一分钱都有其来源,也有其投资去处,所以资产总是等于负债和所有者权益之和。

专栏 5-1

新会计准则中资产负债表的变化

财政部在 2017—2019 年发布的"一般企业财务报表格式"指南中也多处涉及资产负

债表的变化。在财务数据比较长期分析时,应对比采用新会计准则之后的财务数据和之前的财务数据,以确保科目的可比性。

表5-2给出了新增科目的情况。

资产端的主要变化如下。

(1) 新增其他应收款(合计)科目,原来的其他应收款成为新增其他应收款(合计)科目,应收利息和应收股利合并到其他应收款(合计)中。

(2) 新增合同资产,原来的应收账款分拆为应收账款和合同资产。

(3) 新增划分为持有待售的资产。

(4) 新增债权投资、其他债权投资、其他权益工具投资、其他非流动金融资产,这几个科目都属于金融资产类科目。具体情况请参考本章第三节。

(5) 新增使用权资产。使用权资产和租赁负债都是新增科目,对应企业的租赁业务,具体介绍见第三节和第四节。

负债端的主要变化如下。

(1) 新增合同负债科目。原来的预收账款分拆为预收账款和合同负债。

(2) 新增持有待售负债科目。

(3) 新增租赁负债科目。

所有者权益科目的主要变化为:新增专项储备项目。

表5-2 资产负债表中的新科目

(1)	(2) 是否新表科目	(3)	(4) 是否新表科目
流动资产:		流动负债:	
货币资金		短期借款	
交易性金融资产		交易性金融负债	
应收票据		衍生金融负债	
应收账款		应付票据	
应收款项融资	√	应付账款	
预付款项		预收款项	
其他应收款(合计)		合同负债	√
其中:应收利息	√	应付职工薪酬	
应收股利	√	应交税费	
其他应收款	√	其他应付款	
存货		持有待售负债	√

续 表

(1)	(2) 是否新表科目	(3)	(4) 是否新表科目
合同资产	✓	一年内到期的非流动负债	
划分为持有待售的资产	✓	流动负债合计	
一年内到期的非流动资产		非流动负债：	
其他流动资产		长期借款	
		应付债券	
		其中：优先股	
流动资产合计		永续债	
非流动资产：		租赁负债	✓
债权投资	✓	期应付款	
其他债权投资	✓	预计负债	
长期应收款		递延收益	
其他权益工具投资	✓	递延所得税负债	
其他非流动金融资产	✓	其他非流动负债	
长期股权投资		非流动负债合计	
投资性房地产		负债合计	
固定资产		所有者权益（或股东权益）：	
在建工程		实收资本（或股本）	
生产性生物资产		其他权益工具	
油气资产		其中：优先股	
使用权资产	✓	永续债	
无形资产		资本公积	
开发支出		减：库存股	
商誉		其他综合收益	
长期待摊费用		专项储备	✓
递延所得税资产		盈余公积	
其他非流动资产		未分配利润	

续 表

（1）	（2）是否新表科目	（3）	（4）是否新表科目
非流动资产合计		归属于母公司所有者权益合计	
资产总计		少数股东权益	
		所有者权益合计	
		负债和所有者权益总计	

四、资产和负债的辩证分析

根据定义，资产指公司在过去的交易或者事项中形成的、由公司拥有或者控制的、预期会给公司带来经济利益的资源。负债指公司在过去的交易或者事项中形成的、由公司拥有或者控制的、预期会导致经济利益流出公司的现时资源。一般情况下，公司的高资产是正面的信号，高负债是负面信号。但这样的观点也只是相对而言，需要辩证地看待和分析。

首先看资产科目。资产可以分为流动资产和非流动资产。流动资产又可以分为货币资金、交易性金融资产、应收账款、应收票据及存货等。货币资金能够立即变现，但是交易性金融资产采用市值计价，所以存在价格下跌风险，其价值可能在短期内大幅缩水。应收账款有信用风险，公司也可能采取先行购买下期退货的方式虚构应收账款，而残次品、滞销品的存在会虚增存货科目的价值。因此，偏高的应收账款和存货对公司的价值不是正面的信号。

非流动资产通常包括固定资产（建筑物及设备）、流动资产和递延资产等。固定资产须逐年折旧计入成本或者费用，其净值逐年递减，所以拥有大量的固定资产的公司在未来需要持续性支付大量成本或费用，而资产价值会逐年减少。除非该资产能产生足够的现金流弥补折旧，否则高的固定资产也不一定表示公司价值越大。

负债通常分为流动负债和非流动负债。流动负债又分为应付票据、应付账款、合同负债（预收账款）和预提费用等；非流动负债分为公司债、长期借款和准备金等。应付类科目是公司必须偿还的欠款，数量越多风险越大。但如果公司对上游公司有优势，就可以通过对上游公司负债达到无息融资的目的，公司对其供货商会有较大的应付账款。如果公司产品的销路很好，供不应求，客户担心买不到商品，会提前打款来预订，这时公司就会有较多的合同负债。此两类负债多，反而可以提升公司价值。

所以，对资产和负债的价值分析应该具体，不可一概而论。

五、含有未来信息的科目

资产负债表中某些科目也含有未来信息，这些科目包括合同负债、预付账款、在建工程和开发支出。

合同负债对应着公司未来的收入。该科目的上升意味着公司未来收入的增加,表明公司的产品或者服务非常受欢迎,往往是正面的信号。

预付账款对应着公司未来的成本,该科目的大幅上升意味着公司必须提前支付现金去购买上游的产品或者服务,表明公司面临来自上游的压力,往往是负面的信号。

在建工程和开发支出对应着公司的未来的产能和核心技术。这两个科目的增加也往往是正面信号。

六、明确命名的科目和其他类兜底科目

对于公司经常发生的、业务性质确定的资产负债类科目,资产负债表会给予明确的命名,如货币资金、存货、债权投资等。

但是,现实中的公司业务复杂多样,有些资产和负债是已有明确命名的科目无法涵盖的,因此设置了"其他"类科目,作为各资产负债的兜底科目。例如,那些确实属于流动资产,但又无法放入任何一个已经明确命名的流动资产科目中的资产,可放入"其他流动资产"核算。

其他类科目有其他流动资产、其他非流动金融资产、其他非流动资产、其他流动负债和其他非流动负债等。

这类科目的数值如果不大的话,就不用特别关注。如果金额比较大,应该进一步查看明细,分析其合理性。

七、资产负债表和利润表的科目的对应关系

资产可以导致资源流入企业,负债导致资源流出企业,这种流入和流出反映在利润表中就是收入或收益以及成本或费用。因此,可将资产负债表和利润表的科目进行对照分析。

如某家公司的银行存款特别大,就应该关注其利润表中的利息收入科目;如一家公司的应收账款非常高,就应该去关注其信用减值损失科目。一般而言,这两张表在逻辑上表现一致。如果发生背离,就应该引起高度关注。如果那家银行存款特别大的公司,在其利润表上的利息收入特别低,就应该对货币资金的真实性表示怀疑。本章的第四节将进一步介绍这个方法。

表5-3给出了资产负债表和利润表的科目之间的大致对应关系。

表5-3 资产负债表的科目与利润表科目的对应关系

（1）	（2） 利润表对应科目	（3）	（4） 利润表对应科目
流动资产：		流动负债：	
货币资金	利息收入	短期借款	利息支出
交易性金融资产	投资收益、公允价值变动净收益	交易性金融负债	投资净收益

续表

（1）	（2）利润表对应科目	（3）	（4）利润表对应科目
应收票据	信用减值损失	衍生金融负债	投资净收益
应收账款	信用减值损失	应付票据	营业成本
应收款项融资	信用减值损失、其他综合损益	应付账款	营业成本
预付款项	营业成本	预收款项	营业收入
其他应收款（合计）	信用减值损失	合同负债	营业收入
其中：应收利息	投资收益	应付职工薪酬	营业成本、管理销售研发费用
应收股利	投资收益	应交税费	所得税
其他应收款	信用减值损失	其他应付款	其他
存货	营业成本、资产减值损失	持有待售负债	其他
合同资产	营业收入、信用减值损失	一年内到期的非流动负债	其他
划分为持有待售的资产	其他	流动负债合计	
一年内到期的非流动资产	其他	非流动负债：	
其他流动资产	其他	长期借款	利息支出
		应付债券	利息支出
		其中：优先股	股利
流动资产合计		永续债	利息支出
非流动资产：		租赁负债	
债权投资	投资收益、利息收入	长期应付款	其他
其他债权投资	投资收益、利息收入	预计负债	其他
长期应收款	营业收入、信用减值损失	递延收益	其他
其他权益工具投资	投资收益、公允价值变动净收益	递延所得税负债	所得税

续 表

（1）	（2） 利润表对应科目	（3）	（4） 利润表对应科目
其他非流动金融资产	投资收益、公允价值变动净收益	其他非流动负债	其他
长期股权投资	投资收益	非流动负债合计	
投资性房地产	投资收益、公允价值变动净收益	负债合计	
固定资产	营业成本、销售费用、管理费用、资产减值损失	所有者权益（或股东权益）：	
在建工程	营业成本、销售费用、管理费用	实收资本（或股本）	
生产性生物资产	营业成本、销售费用、管理费用、资产减值损失	其他权益工具	
油气资产	营业成本、销售费用、管理费用、资产减值损失	其中：优先股	
使用权资产	营业成本、销售费用、管理费用、资产减值损失	永续债	
无形资产	营业成本、资产减值损失	资本公积	股利
开发支出	资产减值损失、研发支出	减：库存股	
商誉	资产减值损失	其他综合收益	其他综合收益（流量）
长期待摊费用	管理费用	专项储备	
递延所得税资产	所得税	盈余公积	股利
其他非流动资产	其他	未分配利润	未分配利润（流量）
非流动资产合计		归属于母公司所有者权益合计	归母净收益
资产总计		少数股东权益	少数股东收益
		所有者权益合计	
		负债和所有者权益总计	

资产负债表的科目非常多。一般而言，对于给定公司，只需要重点分析其中的若干个重点科目。那如何找到重点科目呢？可以采用下一节介绍的垂直分析、趋势分析以及可视化的数据处理方法，来找到那些重点科目。

第二节 资产负债表垂直分析、趋势分析和可视化处理

一、资产负债表的垂直分析

(一) 资产负债表垂直表的编制

资产负债表垂直分析,是通过计算资产负债表中各科目在总资产或总负债和所有者权益中所占的比重,分析公司资产结构和负债权益结构及其增减变化。

资产负债表垂直表的编制方法如下:首先获取资产负债表的数据。然后以总资产值为100%,分别计算各类资产的比例;以负债和所有者权益为100%,分别计算负债和所有者权益各科目的比例。

还是选择上章使用过的9家有代表性公司的资产负债表,通过计算得到其垂直分析表(见表5-4和表5-5)。

(二) 资产负债表垂直表的分析评价

对资产负债表垂直表的评价分析,可以从以下几个方面进行。

1. 确定重要科目

垂直分析表直观地反映了公司的资产负债状况。考虑到资产负债表中的科目较多,具体分析时,应关注占比较大的科目。建议重点关注占比最高的4—5项资产,作为分析重点。一般情况下,这几项资产的和大于80%,是资产的主要构成部分,值得重点分析。

对于占比较小的资产,可以设定一个忽视阈值,如设定为1%。如果某项资产占比小于1%,就可以忽视该项资产。当然,也应该关注那些占比小于1%但变化很大且对公司未来经营可能产生重大影响的科目。

以长江电力为例,其总资产为3 286亿元。其中,最重要的几类资产为:固定资产占比67%,长期股权投资18%,无形资产6%,货币资金3%,这四项资产占比之和达到了94%,应作为重点关注的科目。其他占比不大的科目,包括应收账款、其他流动资产、其他权益工具投资和在建工程等,占比大概为1%,给予适当关注。

再看万科,其总资产19 386亿元,其中,存货占比55%,其他应收款占比14%,货币资金占比8%,长期股权投资7%,投资性房地产4%,这5项之和达到88%,是其主要资产,重点关注。其他科目,包括递延所得税资产、合同资产、其他流动资产、固定资产和使用权资产,占比大概为1%—2%,给予适当关注。

用类似的方法,可以找到各公司资产的重点分析科目。

使用类似方法,可以找到融资的重点科目。还是以长江电力为例,在负债和所有者权益科目中,流动负债为16%,非流动负债为26%,权益融资占比58%。负债中,长期借款11%、应付债券10%、长期应付款4%,一年内到期的非流动负债5%以及短期借款4%。这些需要重点关注。

重点科目确定后,可参考第四节至第六节的科目分析方法展开具体的科目分析。

2. 结构分析

可以在垂直分析表的基础上进行进一步的结构分析。

表 5-4 九家代表性公司的资产负债表（资产端）及其结构分析

人民币：亿元	600900.SH		600115.SH		000002.SZ		002594.SZ		600519.SH		603288.SH		600276.SH		002352.SZ		000333.SZ	
	长江电力		中国东航		万科A		比亚迪		贵州茅台		海天味业		恒瑞医药		顺丰控股		美的集团	
流动资产：																		
货币资金	99	3%	130	5%	1 494	8%	505	17%	518	20%	198	59%	136	35%	353	17%	719	19%
交易性金融资产	0	0	1	0	0	0	56	2%	0	0	54	16%	51	13%	104	5%	59	2%
衍生金融资产	0	0	0	0	0	0	0	0	0	0	0	0	0	0	0	0	5	0
应收票据	0	0	0	0	0	0	0	0	0	0	1	0	11	3%	3	0	48	1%
应收账款	38	1%	10	0	47	0	363	12%	0	0	0	0	46	12%	304	15%	246	6%
应收款项融资	0	0	0	0	0	0	87	3%	0	0	0	0	12	3%	0	0	103	3%
预付款项	1	0	2	0	672	3%	20	1%	4	0	0	0	10	2%	29	1%	44	1%
其他应收款（合计）	6	0	24	1%	2 661	14%	14	0	0	0	0	0	7	2%	42	2%	31	1%
应收股利	1	0	0	0	0	0	0	0	0	0	0	0	0	0	0	0	0	0
应收利息	0	0	0	0	0	0	1	0	0	0	0	0	0	0	0	0	0	0
其他应收款	6	0	0	0	0	0	13	0	0	0	0	0	7	2%	0	0	31	1%
存货	5	0	18	1%	10 756	55%	434	15%	334	13%	22	7%	24	6%	15	1%	459	12%
合同资产	0	0	0	0	104	1%	85	3%	0	0	0	0			10	0	38	1%
划分为持有待售的资产	0	0	0	0	9	0	0	0	0	0	0	0	0	0	0	0	0	0

续 表

人民币：亿元	600900.SH 长江电力	600115.SH 中国东航	000002.SZ 万科A	002594.SZ 比亚迪	600519.SH 贵州茅台	603288.SH 海天味业	600276.SH 恒瑞医药	002352.SZ 顺丰控股	000333.SZ 美的集团
一年内到期的非流动资产	0	3	0	12	0	0	0	4	199
其他流动资产	30 1%	92 3%	259 1%	85 3%	1 0	1 0	5 1%	75 4%	332 9%
其他金融类流动资产	0	0	0	0	1 351 53%	0	0	0	0
拆出资金	0	0	0	0	0	0	0	0	0
流动资产差额（特殊报表科目）	0	0	0	0	1 351 53%	0	0	0	207 5%
流动资产差额（合计平衡项目）	0	0	0	0	0	0	0	0	0
流动资产合计	179 5%	279 10%	16 003 83%	1 661 56%	2 208 87%	276 83%	302 77%	941 45%	2 489 64%
非流动资产：									
发放贷款及垫款	0	0	0	0	34 1%	0	0	0	0
债权投资	10 0	0	0	0	2 0	0	0	0	9 0
其他债权投资	0	0	0	0	0	0	0	0	0
其他权益工具投资	35 1%	5 0	18 0	29 1%	0	0	8 2%	68 3%	79 2%
其他非流动金融资产	16 0	0	10 0	2 0	0	0	0	0	0
长期应收款	0	0	0	12 0	0	0	0	9 0	59 2%
长期股权投资	607 18%	23 1%	1 444 7%	79 3%	0	2 0	2 0	73 3%	38 1%

续 表

人民币：亿元	600900.SH 长江电力		600115.SH 中国东航		000002.SZ 万科A		002594.SZ 比亚迪		600519.SH 贵州茅台		603288.SH 海天味业		600276.SH 恒瑞医药		002352.SZ 顺丰控股		000333.SZ 美的集团	
投资性房地产	1	0	1	0	860	4%	1	0	0	0	0	0	0	0	49	2%	9	0
固定资产（合计）	2 187	67%	900	31%	128	1%	612	21%	175	7%	36	11%	45	11%	369	18%	229	6%
固定资产	2 187	67%	900	31%	128	1%	612	21%	175	7%	36	11%	45	11%	369	18%	229	6%
固定资产清理	0	0	0	0	0	0	0	0		0	0	0	0	0	0	0	0	0
在建工程（合计）	29	1%	155	5%	34	0	203	7%	23	1%	9	3%	17	4%	86	4%	27	1%
在建工程	29	1%	155	5%	34	0	142	5%	23	1%	9	3%	17	4%	86	4%	27	1%
工程物资	0	0	0	0	0	0	60	2%		0	0	0	0	0	0	0	0	0
使用权资产	6	0	1 247	44%	242	1%	16	1%	4	0	1	0	2	0	173	8%	23	1%
无形资产	202	6%	27	1%	104	1%	171	6%	62	2%	4	1%	4	1%	183	9%	172	4%
开发支出	0	0	0	0	0	0	26	1%		0	0	0	3	1%	3	0	0	0
商誉	10	0	90	3%	38	0	1	0	1	0	0	0	3	0	74	4%	279	7%
长期待摊费用	0	0	25	1%	90	1%	1	0	22	1%	0	0	1	1%	29	1%	14	0
递延所得税资产	2	0	96	3%	335	2%	19	1%	21	1%	7	2%	6	0	16	1%	82	2%
其他非流动资产	0	0	20	1%	78	0	125	4%		1%	0	0		2%	18	1%	364	9%
非流动资产合计	3 106	95%	2 586	90%	3 384	17%	1 297	44%	344	13%	58	17%	91	23%	1 158	55%	1 391	36%
资产总计	3 286	100%	2 865	100%	19 386	100%	2 958	100%	2 552	100%	333	100%	393	100%	2 099	100%	3 879	100%

第五章 资产负债表分析

表5-5 九家代表性公司的资产负债表(负债端)及其结构分析

人民币:亿元	600900.SH		600115.SH		000002.SZ		002594.SZ		600519.SH		603288.SH		600276.SH		002352.SZ		000333.SZ	
	长江电力		中国东航		万科A		比亚迪		贵州茅台		海天味业		恒瑞医药		顺丰控股		美的集团	
流动负债:		0		0		0		0		0		0		0		0		0
短期借款	123	4%	376	13%	144	1%	102	3%		0	1	0		0	184	9%	54	1%
交易性金融负债		0		0	2	0		0		0		0		0		0		0
衍生金融负债		0		0	7	0		0		0		0		0		0		0
应付票据	0	0	7	0	1	0	73	2%		0	5	1%	5	1%		0	328	8%
应付账款	7	0	113	4%	3 304	17%	732	25%	20	1%	16	5%	18	5%	235	11%	660	17%
预收款项		0	0	0	14	0		0		0		0		0		0		0
合同负债	0	0	33	1%	6 369	33%	149	5%	127	5%	47	14%	2	1%	17	1%	239	6%
应付职工薪酬	3	0	28	1%	64	0	58	2%	37	1%	7	2%	0	0	56	3%	75	2%
应交税费	47	1%	18	1%	252	1%	18	1%	120	5%	5	2%	2	0	29	1%	54	1%
其他应付款(合计)	135	4%	39	1%	1 921	10%	413	14%	41	2%	10	3%	7	2%	115	5%	43	1%
应付利息	10	0		0	17	0		0		0		0		0		0		0
应付股利	0	0		0		0		0		0		0		0		0		0
其他应付款	124	4%		0	1 903	10%	413	14%	41	2%	10	3%	7	2%		0	43	1%
一年内到期的非流动负债	174	5%	243	8%	479	2%	130	4%	1	0		0		0	83	4%	289	7%
预提费用		0		0		0		0		0		0		0		0		0

财务报表分析与估值

续 表

人民币: 亿元

项目	长江电力 600900.SH		中国东航 600115.SH		万科A 000002.SZ		比亚迪 002594.SZ		贵州茅台 600519.SH		海天味业 603288.SH		恒瑞医药 600276.SH		顺丰控股 002352.SZ		美的集团 000333.SZ	
递延收益-流动负债	0	0	0	0	0	0	0	0	0	0	0	0	0	0	0	0	0	0
应付短期债券	0	0	0	0	0	0	0	0	0	0	0	0	0	0	0	0	0	0
其他流动负债	45	1%	2	0	558	3%	14	0	15	1%	3	1%	0	0	41	2%	482	12%
其他金融类流动负债	0	0	0	0	0	0	0	0	218	9%	0	0	0	0	0	0	3	0
向中央银行借款	0	0	0	0	0	0	0	0	0	0	0	0	0	0	0	0	2	0
吸收存款及同业存放	0	0	0	0	0	0	0	0	218	9%	0	0	0	0	0	0	1	0
流动负债合计	534	16%	859	30%	13 114	68%	1 713	58%	579	23%	95	28%	34	9%	760	36%	2 229	57%
非流动负债:																		
长期借款	364	11%	282	10%	1 543	8%	87	3%	0	0	0	0	0	0	35	2%	197	5%
应付债券	340	10%	226	8%	530	3%	20	1%	0	0	0	0	0	0	157	7%	0	0
租赁负债	6	0	821	29%	243	1%	14	0	3	0	1	0	2	0	109	5%	15	0
长期应付款(合计)	119	4%	13	0	0	0	0	0	0	0	0	0	0	0	4	0	0	0
长期应付款	119	4%	0	0	0	0	0	0	0	0	0	0	0	0	0	0	0	0
专项应付款	0	0	0	0	0	0	0	0	0	0	0	0	0	0	0	0	0	0
长期应付职工薪酬	0	0	26	1%	0	0	0	0	0	0	0	0	0	0	4	0	18	0
预计负债	0	0	73	3%	3	0	0	0	0	0	0	0	0	0	0	0	3	0
递延所得税负债	19	1%	0	0	13	0	6	0	0	0	0	0	0	0	44	2%	50	1%

第五章 资产负债表分析

续 表

人民币:亿元

项目	600900.SH 长江电力		600115.SH 中国东航		000002.SZ 万科A		002594.SZ 比亚迪		600519.SH 贵州茅台		603288.SH 海天味业		600276.SH 恒瑞医药		002352.SZ 顺丰控股		000333.SZ 美的集团	
递延收益-非流动负债	0	0	1	0				0		0	3	1%	1	0	7	0	12	0
其他非流动负债	0	0	14	1%	12	0	74	3%		0		0		0		0	7	0
非流动负债合计	849	26%	1 457	51%	2 344	12%	202	7%	3	0	4	1%	3	1%	360	17%	303	8%
负债合计	1 383	42%	2 316	81%	15 459	80%	1 915	65%	582	23%	98	30%	37	9%	1 120	53%	2 531	65%
所有者权益(或股东权益):																		
实收资本(或股本)	227	7%	189	7%	116	1%	29	1%	13	0	42	13%	64	16%	49	2%	70	2%
资本公积金	569	17%	419	15%	206	1%	608	21%	14	1%	1	0	34	9%	462	22%	205	5%
减:库存股				0		0		0		0			7	2%	4	0	140	4%
其他综合收益	3	0	−31	−1%	−1	0	−1	0	0	0			0	0	26	1%	−18	0
专项储备		0	8	0		0	0	0		0		0		0		0		0
盈余公积金	243	7%	−71	−2%	1 112	6%	50	2%	251	10%	21	6%	31	8%	9	0	95	2%
未分配利润	768	23%	514	18%	927	5%	265	9%	1 607	63%	169	51%	229	58%	282	13%	1 030	27%
归属于母公司所有者权益合计	1 811	55%	514	18%	2 360	12%	951	32%	1 895	74%	234	70%	350	89%	829	40%	1 249	32%
少数股东权益	92	3%	35	1%	1 568	8%	92	3%	74	3%	1	0	6	1%	150	7%	100	3%
所有者权益合计	1 903	58%	549	19%	3 928	20%	1 042	35%	1 970	77%	235	70%	356	91%	979	47%	1 348	35%
负债和所有者权益总计	3 286	100%	2 865	100%	19 386	100%	2 958	100%	2 552	100%	333	100%	393	100%	2 099	100%	3 879	100%

(1) 流动资产与非流动资产结构。

从流动性角度进行分析。值得注意的是,流动资产的比例多少合适,并没有定论。不同行业有不同的标准,各行业间差异较大。

在重资产的电力行业和航运行业,非流动资产的比例非常高。如表 5-4 中的长江电力,非流动资产占比 95%,而东方航空的非流动资产占比高达 90%。

在有品牌溢价的消费品公司,非流动资产的比例就非常低。如表 5-4 所示,贵州茅台的流动资产比为 87%,而海天味业的流动资产比为 83%,其用于生产的固定资产占比分别只有 7% 和 11%。

(2) 有形资产与无形资产结构。

公司的有形资产和无形资产的结构受到公司特点和行业属性的影响。一般来说,高科技公司和服务型公司的无形资产比重相对较高,而传统公司则较低。表 5-4 中的 9 家公司无形资产的占比都不高。

此外,考虑到无形资产的计量存在不确定性,如果无形资产占公司资产比例过高,投资者对公司的资产质量要进行谨慎评估。

(3) 资本结构和资产结构的期限匹配分析。

资本结构主要指融资中的负债和所有者权益的比例。负债增加,公司可以获得较大的税盾效应,公司价值增加,但高负债带来了高违约风险。因此资本结构应处于某个中间水平。

从表 5-5 可以看到,各公司的资产负债率存在很大差异。东方航空的资产负债率最高,达到 81%;万科的资产负债率也高达 80%,但万科的负债中有 33% 的合同负债,这部分负债不需要现金偿付,是用产品(商品房)偿付,还债压力较小。

恒瑞医药的负债率最低,只有 9%,大部分融资来自所有者权益,比较保守。

(4) 资本结构和资产结构的期限匹配分析。

左边的资产和右边的资本应该在期限上进行匹配。从两者的匹配情况看,主要可以分为以下四类,如图 5-2 所示。

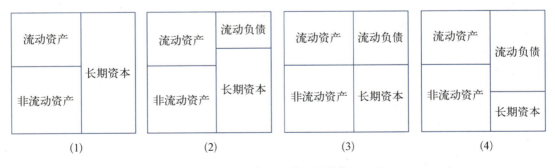

图 5-2 资产结构和融资结构的期限匹配

① 保守型结构。保守型结构是指公司全部资产的资金来源都是长期资本,即所有者权益和非流动负债。保守型结构的优点是公司风险低。但是长期资本的成本较高。现实中的公司多少还是有一些流动负债,这种结构在现实中很少被采用。

② 稳健型结构。稳健型结构是指长期资本不仅要用于满足非流动资产的资金需要，还要满足部分流动资产的资金需要。综合来看，稳健型结构风险相对较小，且资本成本又低于保守型结构，是大部分公司能接受和采用的结构。

③ 平衡型结构。平衡型结构是指长期资本为非流动资产融资，流动负债为流动资产融资。由于流动资产的资金需求全部依靠流动负债，因此，要求流动资产的内部结构和流动负债相适应；如果两者不适应，可能发生资金周转困难，甚至陷入财务危机。平衡型结构适用于经营状况良好，流动资产和流动负债相互适应的公司。

④ 风险型结构。风险型结构也被称为"短贷长投"，流动负债不仅为流动资产融资，还要满足部分长期资产的资金需要。由于借来的资金是短期的，而资产是长期的，需要不断的续借资金才能维持正常经营，一旦金融机构收紧放贷，企业的资金链将面临巨大的压力，这种压力甚至会导致企业破产。风险型结构中，流动负债高于流动资产，公司支付能力较差，财务风险较大。虽然相对于其他结构，风险型结构的资本成本最低，但如果不能解决短期偿债能力问题，存在发生财务危机的可能。

从企业的财务安全角度看，"短贷长投"是非常危险的财务运作方式。"短贷长投"能维系需要两个前提：① 公司的经营性净现金流量为正值，而且能够覆盖短期借款；② 社会融资环境比较宽松，企业容易获得贷款，可以对短期贷款进行搭桥、转贷。如果企业经营情况不佳，或者外部环境银根紧缩，银行没有贷款额度，此时，已有短期贷款又面临到期，公司将立即陷入财务困境。

因此，这种结构只适用于公司资产流动性很好且经营现金流量较充足的情况。从长远来看，公司不宜采取这种结构。

从表5-4和表5-5，提取9家代表性公司的非流动资产(1)、非流动负债(2)、所有者权益(3)的数值和比例，然后将非流动负债(2)和所有者权益(3)相加，得到长期资本(4)，然后计算长期资本和非流动资产的差额(5)，得到表5-6。

表5-6 九家代表性公司的资产和融资结构的期限匹配

	非流动资产(1)	非流动负债(2)	所有者权益(3)	长期资本(4)=(2)+(3)	长期资本%－非流动资产%(5)=(4)－(1)
长江电力(亿元)	3 106	849	1 903	2 752	
600900.SH	95%	26%	58%	84%	－11%
中国东航(亿元)	2 586	1 457	549	2 007	
600115.SH	90%	51%	19%	70%	－20%
万科A(亿元)	3 384	2 344	3 928	6 272	
000002.SZ	17%	12%	20%	32%	15%
比亚迪(亿元)	1 297	202	1 042	1 245	

续 表

	非流动资产 (1)	非流动负债 (2)	所有者权益 (3)	长期资本 (4)=(2)+(3)	长期资本%− 非流动资产% (5)=(4)−(1)
002594.SZ	44%	7%	35%	42%	−2%
贵州茅台(亿元)	344	3	1 970	1 973	
600519.SH	13%	0%	77%	77%	64%
海天味业(亿元)	58	4	235	239	
603288.SH	17%	1%	70%	71%	54%
恒瑞医药(亿元)	91	3	356	359	
600276.SH	23%	1%	91%	92%	69%
顺丰控股(亿元)	1 158	360	979	1 339	
002352.SZ	55%	17%	47%	64%	9%
美的集团(亿元)	1 391	303	1 348	1 651	
000333.SZ	36%	8%	35%	43%	7%

第(5)列的数值小于0的,对应风险型结构,该数值大于0的,对应稳健型结构。从表5-6中的结果可以看出,两家重资产公司长江电力和中国东航属于风险型,比亚迪的数值接近0,属于风险平衡型,而其他公司基本都是稳健型。

当然,并不是被判定为风险型的公司就必然有风险。需要结合公司的现金流的产生能力来评估公司能否偿还当期债务,也要评估公司是否有能再次获得短期融资的能力。

二、资产负债表的趋势分析

(一) 资产负债表趋势表的编制

资产负债表的趋势分析是比较资产负债表的各项资产、负债和所有者权益在较长时间的变化趋势。

资产负债表趋势表的编制步骤如下:第一,确定分析期。通常分析期不少于五年,可根据分析目的选取合适的期限。如果公司上市时间太短,则无法进行趋势分析。第二,查阅上市公司历年的财务报告,获取资产负债表信息。第三,将各年份的数据进行指数化处理。以第一年为基期,指数表示为100。既可以分析全部科目,也可以只分析部分主要科目。

表5-7给出了海天味业2010—2021年的资产负债表的主要科目数据,表5-8给出了其趋势表,以2010年为基数。

表 5-7　海天味业的资产负债表的主要科目(2010—2021 年)

(单位：亿元)

	2010	2011	2012	2013	2014	2015	2016	2017	2018	2019	2020	2021
货币资金	12.14	14.44	25.03	22.65	51.18	45.19	51.97	56.13	94.57	134.56	169.58	198.14
交易性金融资产	0.00	0.00	0.00	0.00	0.00	0.00	0.00	0.00	0.00	48.78	50.55	53.78
存货	6.00	7.08	8.53	10.13	11.54	10.00	9.40	10.41	12.03	18.03	21.00	22.27
其他流动资产	0.79	0.66	0.66	1.06	7.22	16.41	26.66	51.03	50.69	0.22	0.20	0.72
流动资产合计	19.44	22.75	34.65	34.11	70.33	71.75	88.28	117.94	158.08	202.69	242.00	275.79
固定资产	9.38	18.23	20.88	23.61	31.99	32.64	38.30	36.50	37.46	34.48	39.14	36.14
在建工程	9.08	3.81	3.74	7.43	5.05	7.87	5.82	6.15	2.52	4.94	3.69	9.23
非流动资产合计	20.03	23.76	26.45	33.11	39.68	43.23	46.35	45.42	43.36	44.85	53.33	57.59
应付账款	2.72	3.04	3.15	4.64	5.99	5.85	5.47	5.55	6.78	9.01	10.01	16.07
预收款项	7.23	7.85	16.49	17.36	20.22	11.19	18.09	26.79	32.37	40.98	44.52	47.09
流动负债合计	14.16	15.64	24.41	27.92	33.49	27.04	34.04	45.14	61.48	79.78	90.80	94.85
实收资本(或股本)	7.11	7.11	7.11	7.11	15.04	27.06	27.05	27.01	27.00	27.00	32.40	42.13
盈余公积金	0.63	1.34	2.21	3.28	4.96	8.27	10.42	12.91	13.69	13.69	16.39	21.25
未分配利润	4.22	9.08	13.95	15.43	30.92	39.88	49.99	64.45	84.36	111.82	143.99	169.22
归母所有者权益合计	25.29	30.86	36.59	39.14	74.88	87.51	100.14	117.53	138.75	165.82	200.68	234.02
所有者权益合计	25.29	30.86	36.59	39.14	74.88	87.51	100.14	117.64	138.88	165.98	201.66	235.00
负债和所有者权益(资产)总计	39.46	46.52	61.10	67.22	110.01	114.98	134.64	163.36	201.44	247.54	295.34	333.38

表 5-8 海天味业的资产负债表的主要科目的趋势表（2010—2021 年）

	2010	2011	2012	2013	2014	2015	2016	2017	2018	2019	2020	2021
货币资金	100%	119%	206%	187%	422%	372%	428%	462%	779%	1 108%	1 397%	1 632%
交易性金融资产										402%	416%	443%
存货	100%	118%	142%	169%	192%	167%	157%	174%	201%	301%	350%	371%
其他流动资产	100%	84%	84%	134%	914%	2 077%	3 375%	6 459%	6 416%	28%	25%	91%
流动资产合计	100%	117%	178%	175%	362%	369%	454%	607%	813%	1 043%	1 245%	1 419%
固定资产	100%	194%	223%	252%	341%	348%	408%	389%	399%	368%	417%	385%
在建工程	100%	42%	41%	82%	56%	87%	64%	68%	28%	54%	41%	102%
非流动资产合计	100%	119%	132%	165%	198%	216%	231%	227%	216%	224%	266%	288%
应付账款	100%	112%	116%	171%	220%	215%	201%	204%	249%	331%	368%	591%
预收款项	100%	109%	228%	240%	280%	155%	250%	371%	448%	567%	616%	651%
流动负债合计	100%	110%	172%	197%	237%	191%	240%	319%	434%	563%	641%	669%
实收资本（或股本）	100%	100%	100%	100%	212%	381%	380%	380%	380%	380%	456%	593%
盈余公积金	100%	213%	351%	521%	787%	1 313%	1 654%	2 049%	2 173%	2 173%	2 602%	3 373%
未分配利润	100%	215%	331%	366%	733%	945%	1 185%	1 527%	1 999%	2 650%	3 412%	4 010%
归母所有者权益合计	100%	122%	145%	155%	296%	346%	396%	465%	549%	656%	794%	925%
所有者权益合计	100%	122%	145%	155%	296%	346%	396%	465%	549%	656%	797%	929%
资产/负债和所有者权益总计	100%	118%	155%	170%	279%	291%	341%	414%	510%	627%	748%	845%

（二）资产负债表趋势表的分析评价

趋势表的分析评价，主要从以下几个方面展开。

（1）根据公司总资产的变动情况和变动趋势，评价公司规模变动情况，判断公司发展周期和发展潜力。同行业一样，公司也存在起步、快速发展、成熟和衰退等多个阶段。观察较长时间段的数据，有助于更全面地观察和评价公司的发展。

（2）评估公司各类资产的变动情况和变化趋势的合理性。一般来说，公司资产的增加应该和利润的增加匹配，如果两者不相匹配，需要分析存在的问题。

（3）根据公司负债和所有者权益的变动情况和变化趋势，分析资金来源的变动和趋势，评价公司财务运行质量和风险情况。

根据表 5-7，可以对海天味业的趋势表做如下评价。

（1）从最后一行看，该公司的资产从 2010 年的 39.46 亿元增长到 2021 年的 333.38 亿元，增长非常迅速，其他科目也大多呈现增长态势。例如，货币资金科目从 2010 年的 12.14 亿元增加到了 2021 年的 198.14 亿元，增长幅度似乎更大。

但是，从原始数据无法直接看出各类资产的相对变化。表 5-8 就给出了趋势表。趋势表的数据便于分析，一目了然。总资产（总融资）从 2010 年的 100% 增长到 2021 年的 845%。对其他科目增长的评价可以总资产为基准进行。流动资产的增长（1 419%）远远大于非流动资产（288%）的增长，这证明了公司存在规模效应，更高的营业收入并不需要同等规模的固定资产维系。此外，货币资金之外的其他流动资产的增速都远低于总资产增长，表明公司不需要相对规模的营运资金就可以维系营业收入的增长，这也是公司效率的体现。

（2）将资产负债表的趋势表和利润表的趋势表（表 5-9）进行比较。公司的营业收入从 2010 年的 55.16 亿元（100%）增长到 2021 年的 250.04 亿元（453%），由于成本增速（415%）相对较低，使得公司利润增速（804%）远远高于前两者。再和资产负债表进行联系，就发现，资产端多出来的超额现金和融资端堆积的公司的未分配利润正好都来自公司的利润的增加。公司整体呈现出规模效益和现金奶牛的特征。

表 5-9 海天味业的利润表主要科目及其趋势 （单位：亿元）

利润表主要科目	2010	2011	2012	2013	2014	2015	2016	2017	2018	2019	2020	2021
营业收入	55.16	60.91	70.70	84.02	98.17	112.94	124.59	145.84	170.34	197.97	227.92	250.04
营业成本	36.96	39.04	44.34	51.06	58.50	65.57	69.83	79.21	91.19	108.01	131.81	153.37
利润总额	9.73	11.76	14.90	19.76	24.92	30.11	34.13	42.15	52.23	63.77	76.42	78.21
利润表主要科目趋势表												
营业收入	100%	110%	128%	152%	178%	205%	226%	264%	309%	359%	413%	453%
营业成本	100%	106%	120%	138%	158%	177%	189%	214%	247%	292%	357%	415%
利润总额	100%	121%	153%	203%	256%	309%	351%	433%	537%	655%	785%	804%

(3) 从融资端看,公司几乎没有非流动负债,流动负债的增速略低于资产的增速,但是高于营业收入的增速,主要体现为应付账款和预收账款/合同负债的增加。目前的主要融资来源是所有者权益科目下的未分配利润。这是公司多年的利润扣除分红后的剩余部分,是来自公司经营活动的内部融资。

三、资产负债表的可视化

用 Excel 的画图功能来生成资产堆积图和负债堆积图,对资产负债表进行可视化处理。堆积图是将资产中的各类数据一层层堆叠起来,每个资产系列的起始点是上一个资产系列的结束点,这样既能看到各资产系列的走势,又能看到总资产的规模和不同数据项的占比情况。因此同时具备趋势分析和垂直分析的优势。资产堆积图可以描述数据的走势,所以适合随时间变化的数据。

以资产可视化处理为例。首先下载公司的若干年的各类资产数据,然后选择 Excel 的图形堆积图功能,生成如图 5-3 所示的资产堆积图。

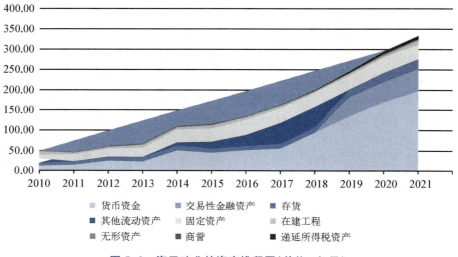

图 5-3 海天味业的资产堆积图(单位:亿元)

从图 5-3 可以看出,海天味业近 12 年来的总资产在逐步累积,渐渐爬高,且各类主要资产都在增加。货币资金的增加尤其突出。图形呈现健康的发展趋势。

下面观察其他公司的资产堆积图。图 5-4 给出长江电力的资产堆积图。从这张图可以看到两个非常明显的特点:① 公司的资产整体在增加,其中以固定资产为主,这也符合长江电力的行业特征。② 在 2016 年,公司资产发生了一次不连续的重大跃迁。如果观察到公司的资产图发生这种情况,分析师应该回头去查询公司当年是否发生过什么重大事件。经查询得知,长江电力在 2016 年有新的水电站开始投入运营,因此资产发生较大变化。

图 5-5 给出了万科的资产堆积图。万科的资产堆积图和海天味业的比较类似,总体呈现渐渐爬高的走势。其主要资产为存货,货币资金偏少,这是房地产行业的主要特征。

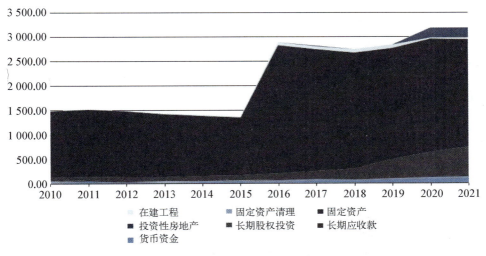

图 5-4 长江电力的资产堆积图(单位:亿元)

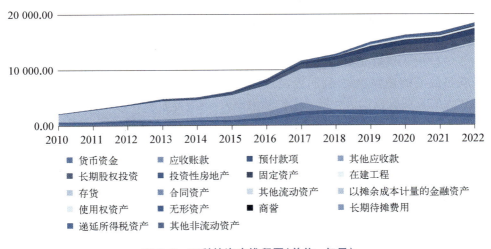

图 5-5 万科的资产堆积图(单位:亿元)

所以,健康公司的资产堆积图具有如下特征:① 资产总体呈现慢慢爬高的态势。② 构成资产的主要部分比较简单,为公司主要业务对应的资产。现金也占据一定比例。

可以再来观察发展情况不乐观的公司的图形。

图 5-6 给出了苏宁易购的资产堆积图。从图中可以看出,从 2019 年后,苏宁易购的资产开始萎缩。从资产构成来看,2016 年之前,主要为货币资金、存货和应收账款等和公司经营相关的正常资产。2016 年之后,出现了较多的复杂资产,如长期股权投资和预付账款等,这些资产与公司的经营活动无关,值得关注。在现金流量表中,我们会继续分析苏宁易购的案例。

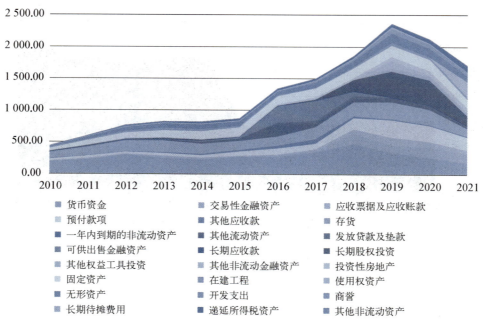

图 5-6　苏宁易购的资产堆积图（单位：亿元）

图 5-7 给出了华谊兄弟的资产堆积图，这张资产堆积图展示出危险企业的特征，资产展示出明显的萎缩态势，结合利润表，公司多年发生亏损，到 2020 年之后更是每况愈下。其占比较大的长期股权投资计提了大量减值损失，现金非常紧张，公司发展不容乐观。

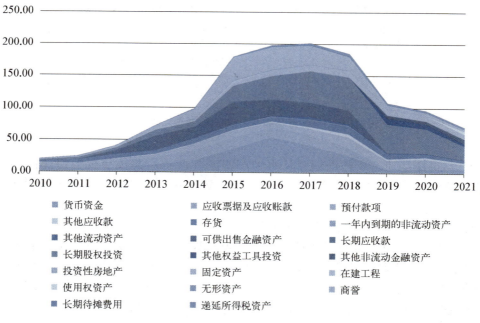

图 5-7　华谊兄弟的资产堆积图（单位：亿元）

表 5-8 给出了重庆啤酒的资产堆积图,重庆啤酒在 2011 年经过乙肝疫苗事件后,国际啤酒巨头嘉士伯入主公司,对公司进行了调整,变卖了和主业啤酒不相关的资产,提高主业的经营效率。直到 2019 年,公司还处于调整的状态,但可以观察到公司的货币资金存量在稳步上升。2020 年之后,公司业绩好转,资产也相应大幅度回升,公司恢复到健康状态。

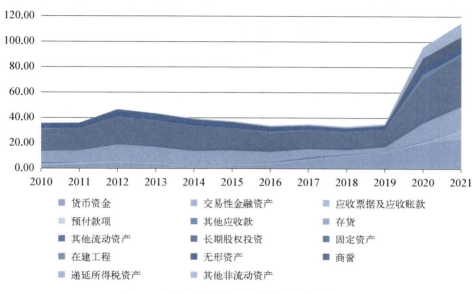

图 5-8　重庆啤酒的资产堆积图(单位：亿元)

负债端也可以同样采用负债堆积图来进行可视化处理。

图 5-9 给出了海天味业的负债堆积图,从图中可以看到,2020 年之前,公司的负债水平非常低。2020 年之后,合同负债增幅较大。这部分负债是无息负债。

图 5-9　海天味业的负债堆积图(单位：亿元)

图 5-10 给出了长江电力的负债堆积图。从图中可以看到,与海天味业不同,长江电力大部分都是有息负债。

图 5-10　长江电力的负债堆积图(单位:亿元)

第三节　资产负债的重新分类

一、资产的重新分类

资产负债表中的资产是按流动性排序的,但大多数情况下,流动性并不体现资产的本质特征。因此有必要根据资产在公司运营中的作用来重新分类。对资产进行重新分类,有助于更好地理解公司的核心价值来源。

可以将资产在公司运营中的作用分为四大类:A 类为货币资金;B 类为营运类资产;C 类为长期经营类资产;D 类为金融投资类资产。如表 5-10 所示。

表 5-10　资产的重新分类

(1) 编号	(2)	(3) 重新分类	(4) 分类标识	(5) 编号	(6) 分类后
	流动资产:				
1	货币资金	A	A 货币资金	1	货币资金
2	交易性金融资产	D			
3	应收票据	B	B 营运类资产	3	应收票据
4	应收账款	B		4	应收账款

续 表

（1）编号	（2）	（3）重新分类	（4）分类标识	（5）编号	（6）分类后
5	应收款项融资	B		5	应收款项融资
6	预付款项	B		6	预付款项
7	其他应收款（合计）	B		7	其他应收款（合计）
7a	其中：应收利息	B		7a	其中：应收利息
7b	应收股利	B		7b	应收股利
7c	其他应收款	B		7c	其他应收款
8	存货	B	B 营运类资产	8	存货
9	合同资产	B		9	合同资产
10	划分为持有待售的资产	B		10	划分为持有待售的资产
11	一年内到期的非流动资产	B		11	一年内到期的非流动资产
12	其他流动资产	B		13	其他流动资产
				16	长期应收款
A	流动资产合计				
	非流动资产：				
13	债权投资	D		21	固定资产
14	其他债权投资	D		22	在建工程
15	长期应收款	B		23	生产性生物资产
16	其他权益工具投资	D		24	油气资产
17	其他非流动金融资产	D		25	使用权资产
18	长期股权投资	D	C 长期经营类资产	26	无形资产
19	投资性房地产	D		27	开发支出
20	固定资产	C		28	商誉
21	在建工程	C		29	长期待摊费用
22	生产性生物资产	C		30	递延所得税资产
23	油气资产	C		31	其他非流动资产

续表

(1) 编号	(2)	(3) 重新分类	(4) 分类标识	(5) 编号	(6) 分类后
24	使用权资产	C			
25	无形资产	C		2	交易性金融资产
26	开发支出	C		14	债权投资
27	商誉	C	D 金融投资类资产	15	其他债权投资
28	长期待摊费用	C		17	其他权益工具投资
29	递延所得税资产	C		18	其他非流动金融资产
30	其他非流动资产	C		19	长期股权投资
B	非流动资产合计			20	投资性房地产
C	资产总计				

第一类是货币资金，A 类，单列，对应原资产负债表中的货币资金。

第二类为营运类资产，B 类，对应参与经营活动的流动资产；第三类为长期经营类资产，C 类，对应参与经营活动的非流动资产；第四类为金融投资类资产，D 类，对应不参与经营活动的投资资产和金融资产。虽然它们属于公司的资产，但没有参与到公司的经营活动中。

其中，营运类资产 B 和长期经营类资产 C 是产生未来自由现金流的资产，称为核心资产。而货币资金，尤其是超额的货币资金和金融投资类资产则无法产生公司未来的经营性自由现金流，因此称为非核心资产。

二、负债的重新分类

和资产一样，负债也需要进行重新分类。23 个负债科目，可以分为无息负债和有息负债两大类，如表 5-11 所示。

表 5-11 负债的重新分类

	负债科目	重新分类	
1	短期借款	无息负债	应付票据
2	交易性金融负债		应付账款
3	衍生金融负债		预收款项
4	应付票据		合同负债

续 表

	负 债 科 目	重新分类	
5	应付账款		预计负债
6	预收款项		其他应付款
7	合同负债		其他流动负债
8	应付职工薪酬		应付职工薪酬
9	应交税费		应交税费
10	其他应付款		递延收益
11	持有待售负债		递延所得税负债
12	一年内到期的非流动负债	有息负债	短期借款
13	其他流动负债		交易性金融负债
14	长期借款		衍生金融负债
15	应付债券		长期借款
16	其中：优先股		应付债券
17	永续债		一年内到期的非流动负债
18	租赁负债		长期应付款
19	长期应付款		其他非流动负债
20	预计负债		租赁负债
21	递延收益		
22	递延所得税负债		
23	其他非流动负债		

无息负债也被称为自发性负债或者商业信用，是随着公司自身的经营行为而自然产生的，是和商品交易联系的负债或信用。例如，公司购买了一批100万元的原材料，但还没有向供应商付款。这时公司资产端增加了100万元的原材料，负债端则增加了一笔100万元的应付账款。此时，供应商为企业提供了一笔短期的无息融资。无息负债主要包括客户先款后货形成的合同负债，以及向供货商延期支付形成的应付票据和应付账款。无息负债是对产业链上下游的短期融资，可减少公司对营运资本的投入。此外，应

付工资和应付税金等应付费用也为企业提供了无息短期资金。

与无息负债对应的是有息负债。有息负债是公司在筹资过程中主动增加的负债，如短期借款和发行债券。有息负债最大的特点是需要支付利息，且偿还时间刚性。如果逾期不还，就会带来巨大的信用风险，严重时甚至可能导致破产。

三、重新分类后的两张表的联系

对资产和负债重新分类后，得到如图 5-11 的资产负债表的结构图。把无息负债和营运类资产进行合并，就得到净营运资本。这样就可以把资产所产生的收益和融资端所产生的成本与利润表进行一一关联，如图 5-12 所示。

图 5-11 资产负债重新分类后的资产负债表结构

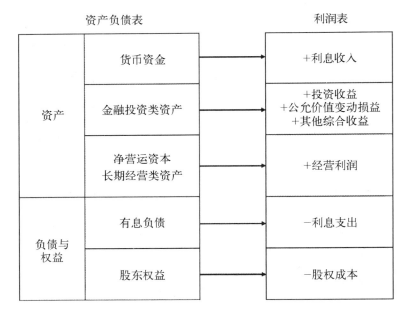

图 5-12 重新分类后的资产负债表和利润表的对应关系

在图 5-12 中可以看到，货币资金对应着利息收入，金融投资类资产对应着利润表中的投资收益、公允价值变动损益和不计入利润表的其他综合收益这几个科目。这都是企业的非核心资产所产生的损益变化。净营运资本和长期经营类资产是公司的核心资产，它们分别是公司的投入主营业务的短期和长期资产，对应到利润表的经营利润。有息负债产生利息支出，股东权益对应股权成本资产。这样，资产负债表和利润表的逻辑关系就理顺了。

第四节 资产负债表中的资产科目分析

一、货币资金

(一) 货币资金的重要性

货币资金是资产负债表中的第一个科目,也是非常重要的一个科目。它如此之重要,以至于要专门用第三张表(现金流量表)来解释它的变化。

货币资金的重要性主要来自它在公司经营中的核心地位。货币资金是实体经济和金融市场的连接点。如图5-13所示,一家非金融公司,首先从股东和债权人处获得货币资金,然后将其转化为营运类资产和长期经营类资产,直接或者间接向供应商支付货币资金,经过内部组织和生产,向客户提供商品和服务,最后营业收入以货币资金的方式回到公司。公司在投入必要资金维系将来的营运后,将多余的资金分配给债权人和股东,资金又回到金融市场。

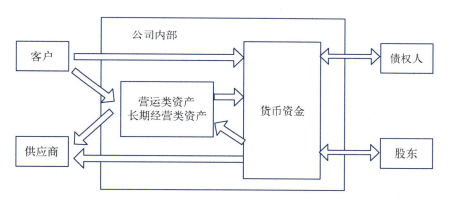

图 5-13 货币资金的重要地位

在自由现金流估值模型中,货币资金不参与到自由现金流的产生过程中,而只是在期初作为非核心资产直接加入到企业价值中。所以,在其他因素不变的情况下,货币资金的增加会增加公司的价值。

观察和了解公司的货币资金的存量和流量以及变化的原因,都非常重要。

(二) 影响货币资金的因素

货币资金变化的原因包括以下九种。

1. 销售规模的变动

公司销售商品或提供劳务是获得货币资金的重要途径。当销售规模发生变动时,货币资金存量也会发生相应的变化。

2. 信用政策的变动

如果公司改变信用政策,货币资金存量规模也会发生变化。如果公司放松信用政策,降低现金销售比例,延长应收账款回收期,则货币资金的规模就会相应下降。

3. 为大笔资金流出做准备

公司在生产经营过程中,可能会发生大笔的现金支出,如准备发放现金股利,偿还到期的银行贷款或公司债券,或集中购买存货和固定资产等。这些原因导致的货币资金规模增加以及事件发生后规模的突然减少都只是暂时性的,不会对公司常规的货币资金规模产生影响。

4. 所筹集资金尚未使用

公司有时候通过发行新股、债券或者银行借款取得大量资金,但由于时间关系这些资金还没有完全用于投资,此时就会形成较大的货币资金余额。

5. 公司的生命周期

一般而言,快速成长期的公司货币资金相对紧缺,而成熟期的公司其货币资金则相对充裕。

6. 行业因素

由于行业的不同特点,不同行业的公司的货币资金规模与比重也会有所差异。零售行业的销售收入大多以现金方式实现,货币资金比较充裕,而房地产行业在购地环节需要垫付大量现金,一般资金都比较紧缺。

7. 公司的融资能力

如果公司信誉良好,融资渠道通畅,则其货币资金规模与比重就可以略微低一些。

8. 公司运用货币资金的能力

如果公司运用货币资金的能力较强,能灵活进行资金调度,则货币资金的规模与比重可以维持在相对较低的水平。

9. 公司的代理问题

代理问题包括第一类代理问题(管理层代理)和第二类代理问题(大股东和小股东)。代理问题较严重的公司,一般货币资金比较多。货币资金相对公司的其他资产容易被挪为他用,方便存在利益冲突的管理层或者大股东使用。

(三) 货币资金占比的分析

接下来分析货币资金规模及变化是否合理。货币资金是公司资产的重要组成部分,任何公司要进行生产经营活动就必须拥有货币资金。但同时,货币资金又几乎不产生收益。因此确定合理的货币资金持有规模对于公司来说具有重要意义。

一般而言,如果货币资金的比重过大,表明公司资金运用效率低,不利于公司的盈利能力。但货币资金作为流动性最强的资产,企业持有货币资金十分必要。根据凯恩斯(1936)提出的货币需求理论,企业会出于交易、预防和投机动机而持有货币,因此持有货币资金有助于企业进行日常交易、避免陷入流动性危机并把握未来的投资机会。如果公司的外部融资存在困难,为了对冲内部现金流波动对投资支出的影响,公司就需要增加当期的现金持有。Opler et al.(1999)利用美国上市公司的数据发现,现金流风险较大、成长性较高的公司倾向于持有更多现金;Han and Qiu(2007)研究发现受到融资约束的企业会因现金流波动性的增大而增加现金持有;Pinkowitz(2003)的跨国研究表明,在高风险和对投资者保护欠佳的制度背景下,公司会持有更高水平的现金。这些结论验证了预防性动机的存在和持有货币资金的原因。

A股市场的不少部分绩优股公司往往拥有非常高比例的货币资金,有息负债少,因此产生了负的财务费用。在这种情况下,市场会认为这些公司的盈利能力很强,账上所保留的大量货币资金使其在未来可随时投资,不需要再到外部市场融资。

例如表5-4中,在海天味业的333亿元总资产中,有198亿元为货币资金,占比高达59%。其他不少公司也呈现这样的特点。

但是,如货币资金的比重过低,则表明公司缺乏运营所必要的资金,且当公司有较大的短期借款时,可能会对公司正常经营形成重大影响。这是公司的真正风险所在。

此外,要关注货币资金科目下的子科目现金、银行存款和其他货币资金的占比。

表5-12给出了海天味业2021年的货币资金的明细,注意到198亿元的货币资金中,绝大多数是银行存款,库存现金和其他货币资金都很少,这属于正常情况。根据附注说明,了解到其他货币资金是海天味业的子公司存放在银行的信用证保证金。

表 5-12　海天味业 2021 年的货币资金科目明细　　　　　　　　（单位:千元）

项　　　目	期　末　余　额	期　初　余　额
库存现金	6	5
银行存款	19 780 810	16 935 315
其他货币资金	32 951	22 355
合计	19 813 767	16 957 675
其中:存放在境外的款项总额	503 041	2 256 000

(四)货币资金存款利率的核算

货币资金中的银行存款余额是公司期末账户余额。但是,这个科目有可能存在造假行为。下面介绍一个简单的方法来识别银行存款是否存在造假行为。

如果一家公司货币资金是不真实的,很可能的情况是公司的货币资金平时一直被占用,并不是一直在账户里,只是在期末审计的时候才临时放回账上。不少上市公司的大股东通过这种手段来侵蚀中小投资者利益,这种行为被称为"隧道行为(tunneling)"。

可以采用下面的方法来检验公司账面上的银行存款是一直在账上还是只是短期在账上。公司在银行的存款是按照天计利息的,因此可以计算公司平均的存款利息率,即当年的利息收入除以平均银行存款。如果存款利息率显著低于市场平均水平,则很可能表明公司存款只是短期存在银行账户上。一般上市公司账户现金较多,银行也有很多针对性的存款产品,正常存款利率水平应在1%—3%的水平。如果显著偏低,则需要进行进一步分析。这是一个很容易操作的方法,建议作为验证公司是否存在造假风险的第一个方法。

如表5-13所示,海天味业的2021年的银行存款的利息收入为6.05亿元,除以两年的平均银行存款余额,得到公司2021年的存款利率=6.05/[0.5×(197.81+169.35)]=3.30%。该公司的存款利率水平基本正常,造假风险不高。

表 5-13　海天味业 2021 年的银行存款利率核算　　　　　　　　　　（单位：千元）

科　　目	2021	2020
利息收入	605 484	
银行存款	19 780 810	16 935 315

专栏 5-2　大存大贷风险

对货币资金的分析需要与公司的有息负债结合。尤其需要警惕公司的大存大贷行为。具有这样特征的公司存在非常大的财务风险。

这种公司从资产端看，货币资金充足，给人不缺钱的印象，但负债端却有很多短期借款、应付票据甚至债券。这种存贷双高的现象在逻辑上是矛盾的。银行存款所获得的利率肯定小于融资的成本。正常情况下，公司既然自己有钱，为什么要用高成本再去借钱？如果没有其他正当理由，那么很有可能存在财务舞弊。一般负债端的数据不会造假，那很可能资金是伪造的。因此，遇到大存大贷的公司，分析师一定要格外谨慎。

以康美药业（600518.SH）为例。2014—2017 年，康美药业的货币资金快速增长，从 100 亿元快速增长至 342 亿元，增幅高达 242%，年均复合增速高达 51%。货币资金金额巨大，占总资产的比重接近 50% 的高水平。

再看负债端，其有息负债金额也非常惊人。2017 年高达 222 亿元。一边是金额巨大的闲置货币资金，另一边却到处借款和发行债券，同时支付高额的利息。2017 年，货币资金仅仅产生 2.69 亿元的利息收入，存款利率水平仅 0.44%，远远低于合理的资金回报水平。而有息负债的利率水平高达 6.74%，也远低于合理的资金回报水平。

2019 年，康美药业发布了《关于前期会计差错更正的公告》，从而揭开了康美药业财务造假的面纱。根据这份公告，康美药业披露了经过自查之后的 2017 年年报存在的会计差错。资产负债表中的 342 亿元货币资金，其中有 299 亿元为多计，实际货币资金只有 42 亿元。

康美药业的造假行为引起了市场的巨大反响。公司在存货、营业收入等其他科目都存在造假行为，但这些科目相对比较复杂，识别难度高。结合大存大贷和偏低的存款利率两个特征，可以很容易识别公司的财务造假。

（五）其他货币资金

其他货币资金是指变现能力比较差的货币资金，其中部分存在着重大变现风险。主要包括被司法机关冻结的存款，被质押的存款，根据借款合同必须保持的最低存款余额，公司信用卡账户存款，为了开具银行本票、银行汇票、银行承兑汇票、信用证而存入银行的保证金和保险公司的资本金存款等科目。

应该注意的是，在现金流量表中，计算公司的现金和现金等价物时，其他货币资金不算入现金和现金等价物。

此外,还需要警惕其他货币资金可能是从其他应收款转移而来。公司这样操作的原因是,放在其他应收款科目,需要计提坏账准备,但放进其他货币资金科目,则无需计提坏账准备。

二、营运类资产

营运类资产主要包括应收预付类科目和存货。

应该注意,根据自由现金流的公式,$FCF_t = EBIT_t - T_t - \Delta NWC_t + DA_t - Capex_t$。净营运资本变化 ΔNWC 是自由现金流 FCF 的扣减项,而营运类资产增加可增加 ΔNWC。所以在其他因素不变的情况下,营运类资产的增加会降低公司的价值。公司在可能的条件下,尽量降低在营运类资产上的投入。但应该注意,营运类资产投入的降低也应该根据具体情况进行判断,如果公司增加营运类资产的目的是增加未来的盈利,那还是值得投资的。

应收预付类科目占据非常重要的地位。其中包括应收账款、应收票据、应收账款融资、其他应收款、合同资产、长期应收款和预付账款。它是公司为它的上下游企业提供的商业信用。

(一) 应收账款

1. 作为商业信用的应收账款的优点和缺点

应收账款是公司在销售商品、提供劳务的过程中向客户提供商业信用所产生的。

应收账款的优点主要体现在以下两个方面。

(1) 可以在激烈的竞争中增加营业收入,减少存货。公司都希望现金销售而不愿赊销。但在竞争激烈的行业,可通过向客户提供商业信用的方式达到稳定销售渠道、扩大销路、减少存货和增加收入的效果。

(2) 应收账款的确认对应着营业收入的确认,同时也对应着存货的结转(减少)。应收账款和存货都是流动资产,但相对存货,应收账款具有相对优势。它是确定收入的债权,而存货除了占用一部分资金外,其持有成本(储存费用、管理费用等)高于应收账款。应收账款还可以用于融资,流动性高于存货。

但应收账款也存在缺点,主要体现为以下四个方面。

(1) 应收账款降低了公司的现金流。公司在前期投入了大量固定资产、原材料和人工,但赊销后,只是换来没有兑现的应收账款。因此,高的应收账款一般对应低的经营活动现金流。

(2) 公司不能及时收回本可以用于投资并获得收益的货款,因此存在机会成本。

(3) 公司需要管理应收账款,也需要催账,这是额外的管理成本。

(4) 应收账款还可能产生坏账损失。这是应收账款的最大危害,也是最大风险所在。

2. 影响应收账款规模和变化的因素

(1) 公司销售规模变动。公司销售产品、提供劳务是形成应收账款的直接原因,在其他条件不变时,应收账款会随着销售规模的变动而变动。

(2) 公司信用政策的变化。当公司为促进销售时,会放宽信用政策,应收账款规模会有增加;相反,当公司执行比较严格的信用政策时,应收账款的规模就会变小。

(3) 公司收账政策不当或收账工作不利。在这样的情况下,应收账款规模就会相对较大。

(4) 应收账款质量不高。当存在长期挂账难以收回的账款,或客户发生财务困难暂时拖欠货款时,应收账款的存量就会较高。

(5) 产业链下游处于相对强势地位。产业链下游如果是特殊的客户,如各级政府(这种业务被称为"to G")、事业单位、超大型国企或者军队等,带有垄断性质又有预算制度的单位,可能存在较大应收账款。这些客户的采购量大、需求稳定、信用也较好,所以即使付款时间较长,不少公司也愿意承担应收账款风险继续与它们合作。

(6) 产业链下游企业的影响。假设公司销售的产品是大型基建设备或者水泥,如果下游的房地产不景气,资金紧张,这种紧张会随着产业链条传递到基建设备行业和水泥行业,导致这些企业的应收账款增多。这种现象在周期性行业多见,一般发生在行业的不景气时间段中。

(8) 特殊行业的结算特征。某些特殊行业,如工程类行业,其时间跨度长,一般采用分批结算的方式,导致应收账款较大。

(9) 公司存在财务舞弊行为时。有些公司会利用应收账款进行财务造假来虚增利润。要特别关注:① 应收账款的不正常增长。如果公司全年的营业收入 1—11 月份都比较平均,唯独 12 月份营业收入猛增,而且大部分是通过应收账款产生的,应予以高度重视。如果确实存在问题,应该予以调整。② 关注应收账款中关联公司所占的金额和比例。利用关联方交易进行盈余管理,是一些公司常用的手段。在关联方企业中,尤其要关注那些大股东自己建立的企业,如果其在公司应收账款中比重或变动过大,可能存在操纵利润的嫌疑。

一般而言,应收账款/收入的占比不应过大,一般以 30% 为警戒线。如果应收账款占比过大,会产生较大的信用风险和现金流问题。

案例 5-1 亚星客车(600213.SH)的巨额应收账款

亚星客车是生产客车和特种车的国家高新技术企业,拥有"亚星""扬子"两个品牌,产品覆盖大、中、轻型,高、中、普档客车。公司曾为北京亚运会、北京奥运会、世界运河名城博览会、亚乒赛、国际马拉松比赛等重大国际盛会提供优质车辆和服务。但这样一家公司,在应收账款上采取非常激进的赊销政策,且应收账款长期存在严重管理问题,导致公司在新能源汽车这个非常好的赛道上失去成长力量,背负巨额债务,陷入流动性危机。

数据处理时,将合同资产一起并入考虑。表 5-14 展示了亚星客车的应收账款与合同资产的数据以及占流动资产、资产和营业收入的比例。

从数据可以看到,2013—2016 年,公司营业收入一路高歌猛进,从 12 亿元涨到 34 亿元,但同时,其应收账款余额也在不断增加。到 2016 年,34 亿元的营业收入对应着 33 亿元的应收账款。应收账款不仅是公司最重要的流动资产,甚至占总资产的 70% 以上。这表明公司采用了过于激进的促销手段,而没有兼顾现金回款。看上去实现了销售收入和利润,但没有收到现金,公司的各项投资和营运没有办法持续,且下一年还要继续赊销。

从 2017 年开始,公司的营业收入每况愈下,但是直到 2019 年其应收账款还在不断累积和增加,现金不能回流到公司,对公司的经营产生了非常负面的影响,研发的投入不能保证,产品质量受到影响,这进一步对营业收入产生负面的冲击。

表 5-14 亚星客车 2013—2021 年的巨额应收账款　　　　　　　　(单位:亿元)

	2013	2014	2015	2016	2017	2018	2019	2020	2021
应收账款	7	12	17	33	37	41	40	31	16
合同资产									5
流动资产合计	14	18	23	43	44	49	47	39	29
资产总计	18	22	27	46	47	52	49	42	32
营业收入	12	15	20	34	24	25	27	19	10
(应收账款+合同资产)/流动资产	50%	67%	74%	77%	84%	84%	85%	79%	72%
(应收账款+合同资产)/总资产	39%	55%	63%	72%	79%	79%	82%	74%	66%
(应收账款+合同资产)/营业收入	58%	80%	85%	97%	154%	164%	148%	163%	210%

2020—2022 年,公司的利润表都出现亏损。看上去是受到新冠疫情的影响,但实际其根源是公司多年的激进的应收账款政策所致。

亚星客车的主要客户是各城市的公共交通公司、长途运输公司、旅游客运公司和一些社会机构。公共交通公司是一种政策性社会福利公司,我国超过 90% 的公交公司处于常年亏损状态,大多是依靠当地政府的补贴在维持经营,因此还款能力较弱。长途运输公司近年来受到高铁的巨大冲击,也处于亏损的边缘。客户的盈利能力较差,这也进一步恶化了亚星客车的应收账款的问题。

3. 坏账准备

坏账准备与应收账款的质量密切相关,因此将两者一起分析。

坏账准备是企业对预计可能无法收回的应收账款、应收票据、预付账款、其他应收款、长期应收款等应收预付款项所提取的坏账准备金。

坏账准备是应收账款的备抵科目,是对可能收不上来的应收账款的一种准备。它是一种"负资产"。计提坏账准备就是把以后可能出现的信用减值损失提前减值,该减值部分放到信用减值损失账户借方。根据财政部的要求[①],应采用预期信用损失模型及时、足额、合理地计提应收账款的坏账准备。计提过程如图 5-14 所示。

---

① 2017 年《企业会计准则第 22 号——金融工具确认和计量(2017 年修订)》。

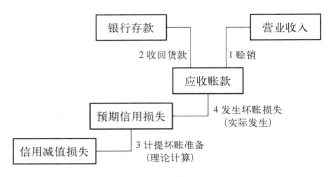

图 5-14 坏账准备的计提过程

对坏账准备的分析主要关注以下几个方面。

第一,分析坏账准备的提取方法、提取比例的合理性。坏账准备的方法和计提比例受到管理层主观判断的影响。一些公司可能出于某种动机,采用不合理的坏账计提方法和比例。

第二,比较坏账计提的方法和比例是否发生改变。一般来说,公司坏账准备的提取方法和比例一经确定,不能随意变更。公司有时通过改变坏账的提取方法和提取比例,少提坏账准备,虚增应收账款净额和利润。有时则相反,多提坏账准备,隐藏利润以达到避税(或延迟交税)的目的。

表 5-4 中,可以看到 9 家代表性公司的应收账款占比在 0—15%,相对比例都不是很大。最大的一家公司是顺丰控股,占比为 15%。下面以顺丰控股为例对应收账款的坏账处理进行说明。

从会计报表附注可以获取顺丰控股的坏账准备提取政策,由此对其坏账准备的情况作出分析评价。

顺丰控股的坏账准备提取分为单项和组合两种情况:① 对于因提供服务、销售商品等日常经营活动形成的应收票据、应收账款和合同资产,按照整个存续期的预期信用损失计量损失准备。② 当单项金融资产无法以合理成本评估预期信用损失的信息时,依据信用风险特征将应收款项划分为若干组合,在组合基础上计算预期信用损失,确定组合的依据如表 5-15 所示。

表 5-15 顺丰控股的应收账款的坏账准备的组合确定法

应收账款、其他应收款	关联方组合
应收账款、其他应收款和合同资产	非关联方组合

应收账款是在提供物流及货运代理等服务时,给部分客户采取定期结算的方式,月末尚未结算的部分形成应收账款。表 5-16 给出了顺丰控股 2021 年的应收账款和坏账准备提取情况,共计 314.77 亿元的应收账款,计提的坏账准备为 10.35 亿元,应收账款净额为 304.42 亿元。坏账准备占应收账款的比例大概为 3%,比较正常。

表 5-16　顺丰控股 2021 年的应收账款和坏账准备提取　　　（单位：百万元）

	2021 年	2020 年
应收账款	31 477	17 076
减：坏账准备	(1 035)	(228)
	30 442	16 849

接下来观察应收账款的账龄和欠款方归集情况，如表 5-17 和表 5-18 所示。

表 5-17　顺丰控股 2021 年的应收账款的账龄分析　　　（单位：百万元）

	2021 年	2020 年
一年以内(含一年)	31 027	16 941
一到两年(含两年)	236	102
两年以上	213	33
	31 477	17 076

表 5-18　顺丰控股 2021 年的余额前 5 名的应收账款归集　　　（单位：百万元）

种　类	金　额	坏账准备	比例(%)
余额前 5 名的应收账款总额	2 737	(5)	8.70%

　　从账龄数据看，一年以内的应收账款为 310.27 亿元，占据应收账款的 98% 以上，也是处于比较正常的范围。而账龄在一到两年(含两年)和两年以上的应收账款都不到 1%。如果账龄长的应收账款占比偏高，则需要引起关注。

　　顺丰控股 2021 年应收账款余额前 5 名余额为 27.37 亿元，占比 8.7%，可见顺丰的应收账款的分布比较分散。应收账款的分布集中不是一个好现象，因为应收账款如果集中在少数客户手里，而这些客户中如果有违约的，就会带来大面积的坏账损失，企业的经营受到很大负面影响。此外，观察到这 27.37 亿元的应收账款提取的坏账准备仅 500 万元，占总的坏账准备 10.35 亿元的不到 0.5%。公司大客户的信用情况比小客户的更好，这也是比较正面的信号。

　　表 5-19 给出了顺丰控股 2021 年的坏账准备提取明细。单项计提意味着该应收账款的违约风险很大，从表中可以看到，按照单项计提坏账准备的应收账款 5.6 亿元，全部为非关联方款项，占全部应收账款不到 2%。由于债务人财务困难，该应收账款全部计提损失，损失率为 100%。5.6 亿元的金额占据全年 10.35 亿元的坏账准备的 54%。因此单项计提坏账准备的应收账款是企业信用风险的集中区域，需要重点关注。

表 5-19　顺丰控股 2021 年的坏账准备提取明细　　　　　（单位：百万元）

种　类	账面余额	整个存续期预期信用损失率(%)	坏账准备	理　由
单项计提坏账准备的应收账款				
关联方款项	/			
非关联方款项	560	100%	(560)	债务人财务困难
组合计提坏账准备的应收账款				
关联方组合	278			
非关联方组合	30 638	1.55%	(475)	
	30 917		(475)	

按组合计提坏账准备的应收账款的余额高达 309.17 亿元,计提坏账准备 4.75 亿元,损失率只有 1.55%,且全部为非关联方组合,风险较低。

如果公司的应收账款中关联方款项占比较高,或者对应的坏账准备提取集中在关联方的占款中,则需要密切关注公司的关联方的交易,可能存在较大的公司代理问题。

(二) 应收票据

应收票据是指公司因销售商品、提供劳务等收到的商业汇票,也属于公司的应收款项。分析方法和应收账款的分析方法类似。两者的区别在于应收票据的信用风险明显低于应收账款。

首先,应收票据分为银行承兑票据和商业承兑票据。

银行承兑汇票由银行兑付,几乎没有风险,银行承兑汇票类似准现金,可随时贴现。商业承兑汇票由客户兑付,里面有客户的信用风险。商业承兑汇票也可到银行贴现,但除非是规模大、信誉好的企业所出具的商业票据,银行不会贴现。在我国以商业承兑汇票为主。

银行承兑汇票的违约风险很小,可不计提坏账准备。商业承兑汇票存在一定的风险,可计提较低的应计提坏账准备。

其次,应该注意应收票据的贴现问题。应收票据贴现是指企业以未到期的商业汇票向银行融通资金,银行按汇票的应收金额扣除一定期间的利息后的余额付给企业的融资行为,是企业与贴现银行之间就票据权利所做的一种转让。贴现一般有两种情形:一种是不带追索权,即贴现票据到期收不回票款的风险和未来经济利益全部转让给了银行;另一种是带追索权,即贴现企业因背书而在法律上负有连带偿还责任,也就是票据到期,如果贴现银行收不到票款,仍向贴现企业收回贴现款。

(三) 应收账款融资

应收款项融资科目用来反映资产负债表日以公允价值计量且其变动计入其他综合收益的应收票据和应收账款等。即用来体现保理融资取得的融资方应收款或应收票据,该款项在无法收回时,可以进行处置获取现金流入。

将票据分类,在分类的基础上确定其管理的业务模式:如仅为收取该金融资产的合同现金流(一直持有至对方付款),则作为"应收票据"核算。例如,业务模式为既以收取合同现金流量为目标又以出售为目标,则进一步判断其背书、贴现时能否终止确认。如果不能够终止确认,则作为"应收票据"核算;如果能够终止确认,则作为"应收款项融资"①。

案例5-2 长城汽车(601633.SH)的应收票据和应收款项融资

长城汽车是一家SUV制造企业。汽车行业的惯例是汽车企业先将汽车销售给4S店,消费者到4S店去购买汽车。因此,汽车企业的直接下游为4S店。长城汽车和4S店主要采用应收票据的方式进行结算。

表5-20给出了长城汽车应收票据和销售等相关数据。从表格中的数据可以观察到如下的现象。

(1)长城汽车与4S店的结算方式以应收票据方式为主。相对应收账款,应收票据的信用等级较高,有利于现金回款。可以观察到其收现比(销售商品、提供劳务收到的现金/营业收入)的比例维持在1以上,且有向上提升的趋势。

(2)应收票据在资产端的科目发生频繁变化。2018年之前,所有应收票据都核算在应收票据科目下,2018年财政部的会计准则发生了变化,长城汽车将其应收票据核算到其他流动资产中。到2019年,应收款项融资科目出现,长城汽车的应收票据都进行了融资,因此又都转移到应收款项融资科目下。因此,在会计准则变化的前后时间,企业的会计核算方法会发生不稳定的现象。

(3)长城汽车的应收票据(忽略其形式上的变化)占营业收入的比重相当高,几乎在30%—40%,2017年和2020年甚至高达约50%,长城汽车在4S店沉积较大的营运资金,其资金压力较大。因此,从2019年后的数据看出,其几乎所有的应收票据到手后都立即去融资,以缓解企业内部的资金压力。

表5-20 长城汽车2013—2021年应收票据和销售相关数据 (单位:亿元)

	2013	2014	2015	2016	2017	2018	2019	2020	2021
应收票据	175	234	282	398	491				32
应收款项融资							314	530	315
其他流动资产	0	7	18	14	3	339	113	116	98
营业收入	568	626	760	984	1 005	978	951	1 033	1 364
销售商品、提供劳务收到的现金	603	671	826	996	1 186	1 262	1 126	1 117	1 619

---

① 2017年5月16日,中国人民银行官方网站发布《小微企业应收账款融资专项行动工作方案(2017—2019年)》,支持小微企业应收账款融资。如果应收账款融资常态化,那它和应收票据就是一回事,所以财政部将两者合并;但在实际运用时,应收账款和应收票据的信用风险存在较大差异,合并后,反而引起了很多弊端。之后将其拆分。为方便核算应收款融资,增加应收款项融资科目。

续 表

	2013	2014	2015	2016	2017	2018	2019	2020	2021
收现比	1.06	1.07	1.09	1.01	1.18	1.29	1.18	1.08	1.19
应收票据/营业收入	0.31	0.37	0.37	0.40	0.49	0.35	0.33	0.51	0.23

(四) 其他应收款(合计)

其他应收款(合计)科目核算与企业经营业务无关的债权,包括各种赔款、罚款、存出保证金、备用金、应向职工收取的各种垫付款项等所有跟主业无关的应收款。同时,将应收利息、应收股利合并进来。

对其他应收款主要关注以下几方面的内容。

第一,其他应收款规模及变动情况。如果其他应收款规模过大,甚至超出应收账款的数量,或者有异常增长的情况,就应当重点予以关注。

第二,其他应收款包括的内容。这部分内容主要来自会计报表附注。要关注其他应收款的构成有哪些,是否有不应计入的科目被计入其中。

第三,关联方其他应收款数量和账龄。近年来屡次发生大股东占用上市公司资金的案例,其中相当一部分就是利用其他应收款账户。因此,要特别注意其他应收款中,关联方所占的比例。如果对关联方长期、大量持有其他应收款,就有被占用资金的嫌疑。

这个科目是一个兜底科目,有些公司会用它来干"坏事",如截留投资收益,大股东占用上市公司资金、私设小金库,将资金转移到账外和调节利润表。因此,也是容易发生财务造假的科目,当出现异常增长和异常比例时,应该给予高度关注。

(五) 合同资产

合同资产[①]从原应收账款分离出来,两者比较类似。应收账款对应的是无条件收取合同对价的权利,仅仅随着时间流逝即可收款的是应收账款,即应收账款只承担信用风险。合同资产是一种有条件的收款权利,除了时间流逝之外,还取决于其他条件,如履约义务执行情况等。因此,合同资产除了信用风险外,还要承担履约风险等。从收取款项的确定性看,合同资产弱于应收账款。

从企业的实践看,有部分企业确实会确认合同资产,即将原来的应收账款部分分离出来,确认为合同资产,不过应收账款转为合同资产的比例不大。

以比亚迪(002594.SZ)为例,公司为 A+H 两地上市,因此从 2018 年开始采用新收入准则。从表 5-21 的数据可以看出,2018 年应收账款和合同资产共计 556 亿元,其中的 63 亿元,约 11% 确认为合同资产。之后的年份,合同资产的确认比例不超过 20%。

---

① 合同资产是在 2018 年和 2020 年新收入准则实施后的新科目。在新准则中的"合同资产"加上"应收账款"相对于新准则实施前的"应收账款"。在境内外同时上市的企业以及在境外上市并采用国际财务报告准则或企业会计准则编制财务报告的企业,自 2018 年 1 月 1 日起执行新收入准则。其他在境内上市的企业,要求自 2020 年 1 月 1 日起执行新收入准则。

表 5-21　比亚迪 2013—2021 年的合同资产和合同负债　　　　（单位：亿元）

	2013	2014	2015	2016	2017	2018	2019	2020	2021
应收账款	77	138	215	418	519	493	439	412	363
合同资产						63	70	53	85
合同资产/(合同资产＋应收账款)						11％	14％	11％	19％
预收款项	13	36	24	19	47	0	0	0	0
合同负债						35	45	82	149

（六）预付账款

预付账款是企业因购货和接受劳务，按照合同规定预付给供应商的款项，包括预付货款和预付工程款。预付账款是一项流动资产。

预付账款一般在下面几种情况下发生：① 如果供应商比较强势，或其商品处于稀缺状态，则公司需要先预付款项才能够拿到货。② 行业惯例。比较典型的情况是房地产行业。房地产行业的商品生产周期很长、金额巨大，房地产企业需要预付地价款、土地保证金、工程款及设计费等，才能维系上游企业的正常经营。

一般而言，这个科目的金额越小越好。可以关注预付账款占营业成本或总资产的比例，如果出现大幅波动，需要查看预付账款是否具有商业实质，是否是关联方，是否被大股东占用；同时也要看账龄，如果账龄较长，要考虑资金被挪用的可能性，也应该关注是否计提了减值。

和应收账款一样，预付账款也是容易出现财务造假的科目。造假公司可通过增加预付账款，比如增加预付采购款或者预付工程款，再通过关联方以营业收入的方式流回来，造成营业收入大增的假象。

（七）存货

存货是公司最重要的流动资产之一，通常要占流动资产的一半以上。因此，要特别重视对存货的分析。

1. 存货规模和结构分析

存货资产遍布于公司生产经营的全过程，种类繁多。按照其性质可以分为原材料、在产品、产成品、包装物和周转材料等。存货的分析主要是考察各类存货的变动情况和变动趋势，分析各类存货增减变动的原因。

存货结构分析是指计算各种存货资产在存货总额中的比重。各种存货资产在公司生产过程中的作用是不同的。其中，原材料是维持生产过程的基础，应当将原材料的数量维持在保证生产正常进行的水平上。在产品是保证生产过程连续性的存货，公司的生产规模和生产周期决定了在产品存货的存量。生产规模越大，生产周期越长，则在产品存货越多。产成品是存在于流通领域的存货，它不是保证生产过程进行的必要条件，占比不应过高。在正常情况下,公司的存货结构应保持相对稳定。

如果公司大幅储备库存中的原材料,可能代表它看好后市产品的销售,或者担心原材料涨价或者紧俏不方便购买,因此提前进行囤积。如果公司大幅储备待出售的产成品,则可能是产品滞销,或者是未来价格看涨待价而沽。

根据海天味业2021年年报和附注提供的信息,其存货规模和结构如表5-22所示。

表5-22 海天味业的存货结构 (单位:亿元)

科 目	账面余额	存货跌价准备	账面价值	占 比	占总资产比
原材料	5.71		5.71	26%	1.71%
在产品	10.98		10.98	49%	3.29%
库存商品	4.86		4.86	22%	1.46%
包装物	0.70		0.70	3%	0.21%
合 计	22.26		22.26	100%	6.68%

从表5-22中可以看到,海天味业的存货规模为22.26亿元,占总资产的比例为6.68%,处于合理范围。在存货内部结构中,库存商品为4.86亿元,占比为22%,在产品和原材料分别占49%和26%。选取同行业的三家公司,进行存货规模和存货结构的比较,如表5-23所示。

表5-23 海天味业的存货结构 (单位:亿元)

	海天味业		加加食品		千禾味业		恒顺醋业	
科 目	账面价值	占比	账面价值	占比	账面价值	占比	账面价值	占比
原材料	5.71	26%	1.18	34%	1.24	21%	0.87	23%
在产品	10.98	49%	1.88	54%	3.10	53%	0.97	26%
库存商品	4.86	22%	0.26	7%	1.29	22%	1.22	32%
包装物	0.70	3%	0.19	5%	0.20	3%	0.32	8%
存货合计	22.26	100%	3.51	100%	5.85	100%	3.79	100%
资产占比		6.68%		20%		30%		20%
营业成本	153.37		14.03		11.48		11.82	
存货周转天数(天)	53		91		186		117	

从表 5-23 中可以看到,海天味业的存货规模的绝对值远远大于同行业其他公司,这也是海天规模效应在存货上的体现。但其占总资产的比例是最低的,相对其他公司具有优势。从存货周转天数来看,海天味业的周转天数为 53 天,而同行业的其他三家公司的存货周转天天数为 91 天、186 天和 117 天。海天味业在存货的效率上存在非常大的优势。

2. 不同行业的存货分析

存货需要根据不同行业、细分构成和不同环境具体分析。

对于服装、电子和食品行业,存货越多风险越大,这些存货一旦过季还卖不出就面临减值风险。因此在服装行业,普遍认为库存非常重要,一旦发生商品周转率差或者库存积压,就会带来非常负面的影响。

住宅地产公司,如万科,存货占比非常重,是房地产公司最重要的资产。其存货包括待开发的土地、在建的地产、已完工的地产等细分类别。房地产行业的存货非常特殊,各个楼盘具有独有的特征,公司会一一列出所有在开发中的楼盘名称和价值。如果房地产价格处于上升周期时,土地储备和可供出售的房源成为竞争力,特别是以低价购得的土地储备。但反过来,如果房地产价格大幅下跌,这些存货就得计提巨额减值准备了。

电力公司,尤其是水电公司,如长江电力,存货非常少,因为电力公司的唯一产品(电)是不可储存的商品。

酿酒行业,如贵州茅台,其存货是最重要的经营资产。占比大是因为其独特的生产工艺,需要耗费几年的时间才能产出好酒,存货存放的时间越久价值越高,所以茅台的存货是公司未来竞争力的基石。其产品没有一般食品行业产品的保质期。

3. 存货的财务造假问题

农林牧渔行业的存货主要为消耗性生物资产,这类存货的特点是难以核实,又易受到天气和自然灾害的影响,存在较大的波动,但也正是这种自然风险的客观存在,使得农林牧渔行业的存货成为造假的高危区域。例如,银广夏、蓝田股份、紫鑫药业、绿大地、新大地、万福生科和獐子岛等造假公司都在这个行业中。

2014 年 10 月 30 日,獐子岛(002069.SZ)发布公告称,因北黄海遭遇几十年一遇异常的冷水团,公司在 2011 年和部分 2012 年播撒的 100 多万亩即将进入收获期的虾夷扇贝绝收。受此影响,獐子岛 2014 年巨亏 13 亿元。该事件震惊整个市场。2018 年 1 月,獐子岛又发布公告,称由于 2017 年降水减少导致扇贝的饵料生物数量下降,养殖规模的大幅扩张更加剧了饵料短缺,再加上海水温度的异常,最后诱发大量扇贝饿死。2017 年,公司再度发生巨亏。证监会对该公司进行了深入调查。但是由于扇贝作为一种生物资产,分散在大面积的海域底部,审计核实难度很大,之后采用北斗星渔船定位技术,才对其中的一些相关数据进行核实。2020 年 9 月,证监会官方网站发布消息称,獐子岛(002069.SZ)涉嫌构成违规披露、不披露重要信息罪,证监会决定将獐子岛及相关人员涉嫌证券犯罪案件依法移送公安机关追究刑事责任。证监会认为,獐子岛财务造假性质恶劣,影响极坏,严重破坏了信息披露制度的严肃性,严重破坏了市场诚信基础,依法应予严惩。

4. 存货跌价准备计提和分析

期末存货应当按照账面价值与可变现净值孰低的原则进行计量。存货的可变现净值等于其预计市场售价减去至出售时估计将要发生的成本、估计的销售费用以及相关税费后的金额来确定。将这个可变现净值与账面价值进行比较,选择较低的那个作为存货的价值。如果可变现净值低于账面价值,就应该计提存货跌价准备。应该关注公司的存货减值准备是否提取正确与充足。

在现实中,公司存货大幅增加的原因有:① 为了避免缺货而大量囤积。但这种情况可能造成产品滞销,最后只能折价甩卖。例如,零售业囤积过季服装、生鲜果品等。② 为了压低营业成本而增加库存资产。因为如果单次进货量大,单价就会低,压低进货成本,从而压低营业成本,但同时导致存货资产增加,可能产生存货贬值、资金运作效率降低、营业现金流减少等不良后果。

案例 5-3 海澜之家(600398.SH)的存货跌价准备

海澜之家是一家销售男装为主的服装企业,公司采取了轻资产战略,即"总部品牌管理＋生产外包＋总库物流＋连锁销售"的经营模式。公司负责品牌和销售环节,而将服装制造环节外包,从代工厂购买服装,贴牌进行销售。

销售模式上,主要采用加盟商模式。开设新店时,由加盟商负责店铺装修费用、租金费用和店铺人员工资等开支,海澜之家负责门店的运营,加盟商不能顺利销售的商品,可以退给公司,不用为库存滞销承担风险。通过加盟商扩张的模式,海澜之家近年在全国的开店数快速增加。应该注意,放在加盟商店面的商品也是列入存货中的"委托代销商品"进行核算的,直到其销售出去为止。

同样,从供应商采购的模式,分为不可退货模式和可退货模式。在可退货模式下,公司和供应商签订附带滞销商品可退货条款。销售季节结束后仍未销售的产品,可剪标后退还给供应商,由供应商承担滞销风险。该公司的采购模式以可退货为主。以 2021 年为例,公司期末存货和存货跌价准备分布如表 5-24 所示。

表 5-24 海澜之家的存货采购模式 （单位：亿元）

采购模式	账面余额	是否存货跌价计提	跌价准备	账面价值
可退货商品	53.50	否	0	53.50
不可退货商品	31.60	是	9.87	21.59

对于可退货商品,公司按照库龄的长短与是否为"海澜之家"品牌进行存货跌价准备的计提,具体规定如表 5-25 所示。

表 5-25 海澜之家的存货跌价准备的计提标准

品牌	库龄 1 年以内	库龄 1—2 年	库龄 2—3 年	库龄 3 年以上
海澜之家品牌	0	0	70%	100%
其他品牌	根据存货可变现净值单独测试			

有些分析师会质疑公司的存货跌价准备计提过低。如果只观察存货的跌价准备和总存货价值的比例,为13%(9.87/75.09),显著低于行业平均水平。但是如果计算不可退货商品的跌价准备占存货账面余额的31%(=9.87/31.60),这和行业的标准相差不大。

其中潜在的风险是,公司和供应商之间其实是长期博弈关系,如果供应商手里压着大量的退回的产成品,就无法维系以后的持续生产。那些没有顺利销售的存货,海澜之家再通过"海一家"这个品牌,以更低的价格二次采购供应商的部分产品,通过剪标的方式,折价出售。具体情况涉及公司的商业机密,没有披露,考虑到快消品行业的快速变化特征,这样的处理可能会增加公司的存货虚增风险。

(八) 划分为持有待售资产

持有待售是对长期资产的一种分类。长期资产一般主要是用来参予公司经营活动的,是通过对它的使用来实现其价值,不是像流动资产(如存货)通过出售(交易)来实现其价值的。

当长期资产不再通过使用来回收其价值,而是打算出售,那它的价值实现模式就改变了,所以应该按照待售模式来核算,改为对非流动资产的持有待售分类。

持有待售的非流动资产分类,改变原非流动资产的核算模式。把它原来由成本计量的折旧模式,调整为期末公允价值计量模式。如果期初与期末之间的公允价值下降,需要计提减值准备。

该科目一般金额不大。

(九) 一年内到期的非流动资产

一年内到期的非流动资产反映企业将于一年内到期的非流动资产科目金额。包括一年内到期的持有至到期投资、长期待摊费用和一年内可收回的长期应收款。

该科目一般金额不大。

(十) 其他流动资产

其他流动资产是指资产负债表所列的流动资产科目以外的其他的流动资产,属于"兜底资产"。内容包括待处理流动资产净损益和一些金融资产。其他流动资产核算内容比较复杂,如果占比比较高,就需要给予关注。

例如,美的集团(000333.SZ)账面上一直有数值相当大的其他流动资产。2021年,其他流动资产为332亿元,该科目在2018年最高达764亿元。因此需要查看附注。在这332亿元的其他流动资产中,主要明细科目为237亿元的固定收益类产品,还有61亿元的待抵扣增值税进项税(见表5-26)。可以判断,美的集团的其他流动资产科目其实只是低风险的公司理财产品,是对账面超额现金的低风险投资。

表5-26　2021年美的集团的其他流动资产明细　　　　　　　　(单位:亿元)

	账　面　价　值
固定收益类产品	237
待抵扣增值税进项税	61

	续 表
	账 面 价 值
待摊费用	8
其他(可转让大额存单)	25
总　　计	332

但有的公司的其他流动资产科目的风险就非常大。比如广东明珠(600637.SH)，该公司从 2015 年开始，其他流动资产突然增加，其中主要的子科目是"兴宁市南部新城首期土地一级开发及部分公共设施建设项目"[①]，公司为了参与该土地开发，预付了大量资金，计入其他流动资产科目，此后，该科目的金额逐年累加，在 2017 年达到最高值。该建设项目高达 30 亿元，而公司当年的总资产仅 67 亿元(见表 5-27)。

2015—2017 年，公司获得的土地出让的实际情况与前期的协议约定存在较大差异，公司未及时披露相关进展。到 2021 年，公司其他流动资产因合同全部到期，出现较大的偿付风险。经评估机构评估后，对共同合作投资房地产项目的合作方的偿债能力进行评估，计提预期信用损失 5.2 亿元。该项投资的失败给公司的长期经营带来十分恶劣的影响。

表 5-27　广东明珠 2013—2021 年的其他流动资产　　　　　(单位：亿元)

	2013	2014	2015	2016	2017	2018	2019	2020	2021
其他流动资产	0	2	13	31	43	33	27	0	16
资产总计	19	27	32	58	67	70	78	81	54
占　比	0.05%	5.66%	39.94%	53.03%	64.75%	46.75%	34.92%	0.36%	30.04%

三、长期经营类资产

资产端的第三类科目是公司的长期经营类资产，共包含了以下科目：固定资产、在建工程、使用权资产、无形资产、开发支出、商誉、长期待摊费用、递延所得税资产和其他非流动性资产等。对于特殊行业，还包括油气资产和生产性生物资产。

应该注意的是，流动资产的资产减值是可以转回的。但长期资产一旦计提减值准备，就不能转回。也应该注意，公司当期是否有大规模的长期资产处置。有的公司在面临业绩压力的情况下，可能选择出售长期资产来获得当年的比较好看的盈利数据。尤其注意处置长期资产的对象是否为关联方，价格是否公允。

---

① 公司公告称与兴宁市人民政府、兴宁市土地储备和征地服务中心、恩平市二建集团有限公司签署协议，以货币资金共同出资，负责兴宁市南部新城首期土地一级开发及部分公共设施建设项目的相关工作。

资本支出 Capex 是公司当期在固定资产、无形资产等长期经营类资产的支出,根据自由现金流的公式,$FCF_t = EBIT_t - T_t - \Delta NWC_t + DA_t - Capex_t$。资产支出会降低自由现金流,但这并不意味着公司应该尽量减少资本支出。公司增加长期经营类资产的目的是增加未来的盈利,且这两个现金流在时间上存在前后的差异。当未来的盈利能力增加足以弥补当前的资本支出时,资本支出是有价值的。

(一) 固定资产

固定资产是公司最重要的非流动资产,对公司的盈利能力有重大影响。需要重点进行分析。一方面,固定资产需要计提折旧,折旧进入公司当期成本或费用,在利润表中扣除。另一方面,固定资产在期末要进行减值测试。一旦可变现净值低于账面价值,应计提固定资产减值损失,且不能再转回来。原来的"固定资产清理"科目归并至"固定资产"科目(新准则)。

固定资产与在建工程占资产的比重高低是判断公司属于轻资产还是重资产运营的关键指标。轻资产的公司竞争大多依靠无形资产,而重资产公司需要依靠固定资产。固定资产比重高的公司需要不断购建固定资产才能增长,不断将所赚的利润重新投回公司进行资本支出,所以一般现金比较紧张。

重资产的公司具有周期性的特征。它们具有两个高杠杆:固定资产比重大的公司不管当年的产量和销量如何,每年必须提取折旧,成本刚性,因此一旦收入增加,利润就会巨幅增长,收入下降,又面临亏损,这就造成了这类公司的利润更容易波动,即经营杠杆比较大。同时,为了购建巨额固定资产又需要大额融资,所以此类公司通常背负巨额负债,财务杠杆大。两个杠杆的叠加使得利润波动更加剧烈,这也正是周期股票股价巨幅波动的原因。

固定资产的分析主要关注以下几个方面。

第一,固定资产规模的变动情况分析。固定资产规模的变动情况主要从固定资产原值和固定资产净值两个方面来进行。固定资产原值是反映固定资产占有量的指标。固定资产原值反映了公司固定资产规模,其增减变化受到当期固定资产增加和固定资产减少的影响。当期固定资产原值增加的原因有投资购入、自行建造、接受投资和在建工程转入等。当期固定资产原值减少的主要原因有对外投资转出、出售、固定资产处置和报废等。固定资产净值的变化则取决于两个方面:一是固定资产原值的变动;二是折旧和减值准备的变动。折旧或减值准备的变动完全取决于会计政策的选择。因此,固定资产净值变动情况分析就是分析固定资产原值变动和固定资产折旧及减值准备变动对固定资产净值的影响。

根据海天味业 2021 年会计报表附注提供的信息,可以得到公司固定资产情况,如表 5-28 所示。

表 5-28 海天味业 2021 年固定资产情况 (单位:百万元)

科　　目	房屋及建筑物	机器设备	办公设备及其他工具	运输工具	合　　计
一、账面原值:					
1. 期初余额	2 128	4 844	9	7	6 987

续 表

科 目	房屋及建筑物	机器设备	办公设备及其他工具	运输工具	合 计
2.本期增加金额	19	405	2	0	426
1) 购置	0	2	0	0	2
2) 在建工程转入	19	403	2	0	423
3) 企业合并增加					
3.本期减少金额	1	22	0	1	25
1) 处置或报废	1	22	0	1	25
4.期末余额	2 146	5 227	10	6	7 388
二、累计折旧					
1.期初余额	695	2 369	5	5	3 073
2.本期增加金额	108	600	1	1	710
1) 计提	108	600	1	1	710
3.本期减少金额	1	7	0	1	9
1) 处置或报废	1	7	0	1	9
4.期末余额	802	2 962	5	4	3 774
三、减值准备					
1.期初余额					
2.本期增加金额					
1) 计提					
3.本期减少金额					
1) 处置或报废					
4.期末余额					
四、账面价值					
1.期末账面价值	1 343	2 265	5	1	3 614
2.期初账面价值	1 433	2 475	4	2	3 914

这张表比较复杂。可以从垂直方向和水平方向观察。垂直方向的数量关系是：期末账面价值＝账面原值－累计折旧－减值准备。每个科目又分别按照期末余额＝期初余额＋本期增加金额－本期减少金额的关系进行核算。

水平方向则是将固定资产分为不同的类型，大致上可以分为房屋及建筑物、机器设备、办公设备及其他设备和运输工具，最右边一列为合计的总数。

从表中最右边一列可以看到，海天味业2021年固定资产的账面原值为73.88亿元。不过，原值并不是很重要。关键的数据是账面价值为36.14亿元。考虑到累计折旧为37.74亿元，账面价值和原值相差较大。

第二，需要分析固定资产的结构。在各类固定资产中，生产用固定资产，特别是其中的房屋建筑和机器设备，与公司生产经营直接相关，在固定资产中应占较高比重。其他类型的非生产性固定资产对固定资产的有效使用不利，其规模不宜过大。

从表5-28中可以看到，在36.14亿元的固定资产中，房屋和建筑物为13.43亿元，机器设备为22.65亿元，占据了绝大部分。这个比例是比较合理的。

第三，需要分析固定资产折旧方法。折旧是指在固定资产的使用寿命内，按照固定的方法对应计折旧额进行的系统分摊。新会计准则下，允许使用的固定资产折旧方法，包括年限平均法、工作量法、双倍余额递减法和年数总和法。通常，一般建筑物采用直线折旧法，除此之外的有形资产采用加速折旧法。分析固定资产折旧，主要关注固定资产折旧方法的合理性，包括方法的选用，固定资产预计使用年限和净残值的估计是否符合相关国家规定等。

在表5-28中可看到，海天味业当年计提折旧7.1亿元，占公司营业成本153亿元的4.64%，占比较低。如果是重资产公司，该项占比会比较高。

根据海天味业会计报表附注提供的信息，可以得到公司固定资产折旧提取方式，如表5-29所示。该公司的固定资产都采用了年限平均法，各固定资产的折旧年限也处于比较正常的水平。

表5-29　海天味业固定资产折旧方法

类　别	折旧方法	折旧年限(年)	残值率(%)	年折旧率(%)
房屋及建筑物	年限平均法	5—20	3—10	4.50—19.40
机器设备	年限平均法	2—15	1—10	6.00—49.50
办公设备及其他设备	年限平均法	2—5	1—10	18.00—49.50
运输工具	年限平均法	3—5	3—10	18.00—32.30

同时，要特别留意固定资产折旧方法是否发生了变更。固定资产折旧方法一经确定，一般不得随意变更。公司如果变更固定资产折旧方法，可能有调节利润的嫌疑。采用加速折旧法(保守型)，可以尽早将费用摊销完，达到节税的目的；在获利未达预期的时候采

用直线折旧法(激进型),可以达到增加利润的目的。

第四,应该注意,在"固定资产"和"在建工程"等非流动性资产科目造假比在流动性科目上造假更隐蔽、更难以发现。所以,固定资产也是财务造假的重灾区。企业如果在流动资产上造假,必须短时间内弥补。如果在应收账款上造假,会造成利润和经营现金流背离,且一年后就要计提坏账,容易暴露。在非流动资产上造假,只要造假没有被发现,以后就比较容易通过减值、折旧等方式将财务造假掩盖。

固定资产相关的财务造假识别方法主要有：① 在建工程的增长是否异常；② 与同行对比固定资产周转天数。如果存在明显提高,则可能有部分固定资产是虚增的；③ 与同行对比固定资产金额与营收总额是否有明显的差异,如果固定资产与收入比(平均固定资产净值/销售收入)远远大于同行的水平,则可能存在固定资产虚增问题。

(二) 在建工程

对在建工程的分析可以与固定资产联系。当期的在建工程完工后将转入固定资产。

在建工程也是一个容易出现财务造假的科目。在建工程用来核算一些与工程有关的费用和支出,随意性较大。公司容易将期间费用"挤入"在建工程,来虚增利润。

专栏 5-3

轻资产运营

"轻资产运营"是国际著名管理顾问公司麦肯锡特别推崇的战略,以轻资产模式扩张,与以自有资本经营相比,可以获得更强的盈利能力、更快的速度和更持续的增长力。

资产的轻重是个相对的概念。厂房、设备、原材料等往往需要占用大量的资金,属于重资产。而企业的轻资产包括企业的经验、规范的流程管理、治理制度、与各方面的关系资源、资源获取和整合能力、企业的品牌、人力资源、企业文化等。轻资产占用的资金少,显得轻便灵活,所以"轻"。

固定资产与总资产或者销售收入之比非常低的公司属于轻资产。轻资产运营是一种以价值为驱动的资本战略,是网络时代与知识经济时代企业战略的新结构。

轻资产公司运营一般通过两种方式：或者将重资产业务外包或转让出去；或者收购其他企业的一部分股权,本企业输出品牌和管理,利用自己少量的资金盘活被收购企业的重资产。

可以看出,轻资产公司的核心理念是用轻资产去调用更多的资源、赚取最多的利润。要实现这个目的,企业的客户资源、治理制度、管理流程等轻资产,必然要取代生产线等重资产,成为企业获利的主角。

轻资产公司的资产规模较小、资产质量较高,资产形态倾向于品牌、客户关系等无形资产,一般采用外包的方式。这种模式的好处是可以降低资金投入,提高效益,降低风险。

(三) 生产性生物资产

生物资产是比较特殊的资产,和其他资产不同,它记录的是有生命的动植物。生物资产具有消耗性生物资产和生产性生物资产(非流动性资产)的双重特性,并且在一定情况下可以相互转化。对牛、羊等生物资产,在人类以取得肉、皮等产品为目的时,这些牛羊只能利用一次,价值一次性地转移,即具有流动性资产的性质;当人类以取得毛、乳等产品为目的时,这些牛羊可以反复利用,价值逐步转移,即具有长期性资产的性质。在农林牧渔行业中,前者计入存货,后者计入生产性生物资产。

生产性生物资产需要计提折旧,折旧方法可以选择年限平均法、工作量法和产量法等。除了折旧外,生产性生物资产还需要进行减值测试,如果因为自然灾害、市场需求变化等原因导致资产可变现价值低于账面价值,则要进行减值,生产性生物资产的减值不允许转回。

需要注意的是,生物资产的准确价值难以判断,所以也使其成为造假的高危地带。

案例 5-4　牧原股份的存货和生产性生物资产(002714.SZ)

养猪行业的主要资产包括消耗性生物资产和生产性生物资产,消耗性生物资产主要是猪苗和肉猪,生产性生物资产是用来做繁育用的种猪。养殖企业的存货和生产性生物资产很难进行审核,即使是专业的会计师事务所,在其审计过程中,也很难做到高效准确地盘点,容易出现偏差。

2019 年和 2020 年,非洲猪瘟接近尾声,猪企因猪肉价格高企,赚取了大额利润。但随着出栏量的迅猛增加,2020 年下半年开始,猪肉价格迅速回落,2021 年绝大多数猪企都受到了严重影响。因此,存货面临较大的风险。

2021 年,公司存货高达 345 亿元,其中消耗性生物资产 271 亿元,同时,生产性生物资产为 74 亿元(见图 5-15)。如此高的存货和生产性生物资产,如果发生 10% 的误差,就能影响近 30 亿元的利润,而公司的 2021 年的净利润大约为 76 亿元。

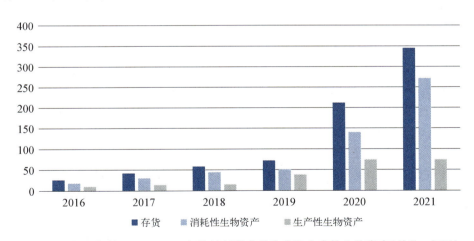

图 5-15　牧原股份 2016—2021 年的消耗性生物资产和生产性生物资产(单位:亿元)

(四) 油气资产

油气资产(oil and gas assets)是指某一主体拥有权益的、已经花费了努力的、预期可为该主体带来未来经济利益的地下石油天然气资源。油气资产一般包括油气开采企业所拥有或控制的井及相关设施和矿区权益。企业(石油天然气开采)与油气开采活动相关的辅助设备及设施在固定资产科目核算。

石油天然气资产不同于其他有形资产,它虽然亦有实物形态,但它在地下,难以直接观察;它属于长期资产,从勘探到全部开采出来,往往需要很长的时间,有时长达十年以上;石油天然气资产会随着开采而逐渐减少,属于递耗资产。

石油天然气是石油天然气企业经营的物资资产。如图 5-16 所示,中国石油(601857.SH)的油气资产规模常年维持在 8 000 亿元以上,占到公司的总资产超过 30%。

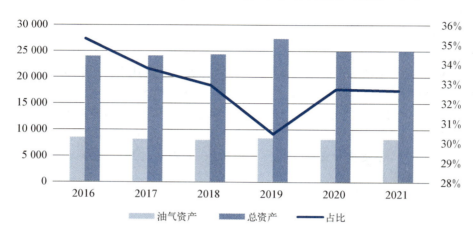

图 5-16　中国石油 2016—2021 年的油气资产及在总资产中的占比(单位:亿元)

当油气资产出现减值迹象时,应该对资产进行减值风险测试。若资产实际价值低于账面价值,就需要计提资产减值。资产实际价值一般采用资产的预计未来现金流量,折现率参考油气行业的加权平均资本成本。在对资产未来现金流计算中,采用的技术及经济参数均为预测值,反映了企业对资产剩余使用期限内的规划和预期。

计提资产减值有两个方向的影响:短期看,计提资产减值会降低当期利润,可能造成资产永久损失,损害利益相关方和市场信心;长期看,资产减值降低了未来资产折旧、折耗与摊销的基础,有利于降低未来成本,提升长期财务表现。因此,计提资产减值与否反映了企业对待资产的态度,也反映了企业对行业未来发展趋势的判断。

2021 年,中国石油油气资产计提影响损益的耗损金额为 1 382 亿元,其中勘探和生产板块的油气资产计提减值 195 亿元,主要原因是有些油田的油气储量下降,有些项目无法进一步勘探开采。折现率采用油气行业的加权平均资本成本,并按照不同国家和地区的特定风险进行相应调整。集团大部分油气采用的税后折现率为 7.6%—15%。

(五)使用权资产

2021 年,A 股上市公司和其他执行企业会计准则的企业已经全面执行新租赁准则,即《财政部关于修订印发〈企业会计准则第 21 号——租赁〉的通知》(财会〔2018〕35 号)。新租赁准则的核心是取消旧租赁准则中经营租赁和融资租赁的区分,将经营租赁表内化,所有租赁都确认使用权资产和租赁负债。除短期和低价值租赁的豁免外,所有租赁交易都需在承租人的财务报表中反映。

租赁是指在约定的期间内,出租人将资产使用权让渡给承租人以获取租金的行为。对于承租人来说,租赁是一种以一定费用获得一定时间内实物使用权的经济行为;对于出租人而言,租赁是将自己所拥有的某种物品交与承租人使用并且定期收取费用的经济行为,而物品的所有权仍保留在出租人手中。

作为一种新的融资渠道,租赁对广大企业尤其是中小企业而言具有特殊意义:短期或小额租赁可以灵活满足企业对固定资产的需求,并且节省了直接购买这些资产的资金;大额长期租赁相当于企业按照固定利率进行全额融资,使得企业及时获得固定资产用于扩大生产经营规模,如新的厂房、车间、办公场所和大型机器设备。一方面,这避免让承租人立即支付高额现金,缓解了处于增长期的中小企业资金紧张问题;另一方面,这也保留了企业在银行的贷款额度和紧缺的现金资源,降低营运成本,提高了企业营运资金的灵活运用能力。

专栏 5-4

租赁会计新准则

近年来,中国的租赁行业整体保持着增长的趋势,根据中国租赁联盟发布的《2021年中国租赁业发展报告》,2006—2021年,中国的融资租赁业合同规模从80亿元人民币增长到62 100亿元人民币,年化增长率达到55.84%,虽然近两年增速放缓,但总体规模仍然庞大(见图5-17)。未来随着经济形势不断好转,租赁行业规模有逐渐回到高增长时代的可能。

图 5-17 2016—2021 年中国融资租赁行业规模

资料来源:Wind

由于租赁在公司发展中扮演的重要角色,租赁会计也一直是各方的焦点,与租赁相关的信息如何更加准确全面、公正公开地进行披露,也引起了广泛关注。我国财政部曾在2006年2月颁布租赁相关的会计准则《企业会计准则第21号——租赁》,对企业发生的租赁业务的确认、计量和相关信息的列报进行了规范,在当时对租赁业务的财务列报起到了积极的作用。在2006年颁布的租赁准则下，承租人和出租人在租赁开始日，应当根据与资产所有权有关的风险和报酬是否全部被转移，将租赁分为融资租赁和经营租赁。对于融资租赁，承租人需要在资产负债表中确认租入资产和相关负债；对于经营租赁，承租人不需要在资产负债表中确认资产或负债，仅需在每个期间确认相关的成本费用即可。

随着这十多年来经济的快速增长，租赁行业市场交易的多样性和复杂性逐渐提升，租赁相关的会计处理面临一些新的问题，原租赁准则难以实现全面覆盖和解决。例如，原租赁准则规定，自租赁开始日，承租人与出租人需要以资产所有权相关的全部风险和报酬是否转移为判断标准，将租赁界定为经营租赁和融资租赁。融资租赁和经营租赁的判定对于出租人而言影响较小，但对于承租人而言影响较大，因为这关系到租赁是否计入资产负债表。由此，承租人为了粉饰财务报表，有动力在租赁业务以及财务报表编制过程中构建经营租赁以减少对资产负债表的影响，这不仅仅导致承租人财务报表未全面反映租赁交易带来的权利和义务，也降低了财务报表的可比性，不利于投资者对公司形成真实客观的认识。另外，国际会计准则理事会（International Accounting Standards Board，简称IASB）于2016年1月修订发布了《国际财务报告准则第16号——租赁》（International Financial Reporting Standards 16，简称IFRS 16），自2019年1月1日起实施，其核心变化是取消了承租人关于融资租赁与经营租赁的分类，要求承租人对除了小额和短期租赁以外的其他所有租赁确认使用权资产和租赁负债，并分别确认折旧和利息费用。

在此背景下，为进一步规范租赁的确认、计量和相关信息的列报，同时保持我国企业会计准则与国际财务报告准则持续全面趋同，我国借鉴国际租赁准则，并结合我国实际，修订形成了新租赁准则（即《财政部关于修订印发〈企业会计准则第21号——租赁〉的通知》），新租赁准则的颁布和实施有助于完善承租人的会计信息完整性，使得财务报表更加有效全面地反映财务真实情况，同时对于我国上市公司的投融资和估值水平有着非常重要的影响。

资产的定义是由企业控制的，预期会给企业带来经济利益的资源。显然，承租人企业只拥有租赁资产的使用权，并不能控制该项资产。承租人实际上"控制"的不是资产本身，而是使用该资产的权利。所以，这个科目叫"使用权资产"，而不叫"租赁资产"，即使用权资产是承租人从出租人那里租入资产并享有资产的使用权。

由于资产是属于出租人的，承租人不能用资产的公允价值去表示资产的价值。承租人以获得这项资产使用权付出的代价（成本）来衡量资产的多少。其中有一些代价是现在支付的，也有一些是未来支付的。未来支付的费用需要进行折现，而这些费用资本化后就构成了"使用权资产"。使用权资产需要在未来的某段期限内进行摊销。这些代价包括：① 租赁负债，即租赁期开始日以后将支付给出租人的金额的现值；② 租赁期开始日当日或租赁期开始日以前已经支付的租赁付款额；③ 承租人发生的初始费用；④ 承租人为拆卸及移除租赁资产、复原租赁资产所在场地，或将租赁资产恢复至租赁条款约定状态预计将发生的成本。

在具体操作中,承租人借方确认使用权资产,贷方确认租赁负债。使用权资产等于租赁负债加上与租赁相关的费用(运费、安装费、拆除费等)。在后续计量中,对使用权资产做折旧减值,对租赁负债计算融资利息。租金支付体现在现金流量表的筹资活动流出中。

案例5-5 中国东航(600115.SH)的使用权资产

东方航空的主要业务是提供客运业务,其主要资产为飞机及发动机。在新租赁准则实施前的2018年,固定资产账面价值为1 757亿元,占总资产的72%。其中包含了不少融资租赁的飞机,但在老的会计准则下,两者是不分开核算的。从2019年开始,融资租赁的飞机和公司自有飞机分别在使用权资产和固定资产两个科目下核算。

2019—2021年,中国东航的使用权资产分别为1 274亿元、1 168亿元和1 247亿元,规模大于固定资产(对应自购飞机),由此可见,中国东航的飞机以融资租赁为主而以自购飞机为辅,融资租赁部分的占比为55%以上(见图5-18)。

图5-18 2016—2021年中国东航的使用权资产和固定资产(单位:亿元)

从年报数据可以发现,中国东航机队中经营租赁占比从2018年年末的27.94%下降至2019年年末的27.66%,在2020年进一步下降至26.76%,由此可见新租赁准则下经营租赁占比下降,通过经营租赁进行表外融资的方式不再适用于公司;而自有方式持有的飞机比重则由2018年年末的33.82%上升至2019年年末的36.1%。中国东航在适当降低经营租赁飞机的比重的同时,部分转为自有方式,以尽量减少新租赁准则对财务报表的冲击。但新租赁准则的实施不会对东航的机队结果造成过大的影响,租赁相比于自购有独特的优势,如现金流出少、抗风险能力强和灵活度高,因此在未来经营过程中,东航仍然会保留一定的经营租赁和融资租赁比重,在此基础上根据企业自身需求配置飞机。

(六)无形资产

2017年出台的《资产评估执业准则——无形资产》准则定义无形资产为"特定主体拥有的无实物形态但可引进经济利益的特殊资源"。

无形资产具有四个特征:① 无实物形态。无形资产的存在布局与实体性,是企业中隐性存在的资产,其形态表现为一种企业外在形象或一种社会经济利益关系。② 可辨认性。无形资产之所以可脱离市场实体单独存在,或和相关资产、合同一起,用于出售、租赁、转让等,主要原因在于其存在可辨识的特性。应重点关注的是,商誉的存在与企业无法分离,所以不具备可辨认性。③ 非货币性长期资产。作为非货币性资产,无形资产可在多个会计期间助力企业增加经济收益。若无形资产的使用期限超过1年时间,则价值会在受益期间逐步摊销。④ 垄断性。在严格的法律保护下,无形资产不允许竞争者无偿使用,有些无形资产甚至享有独有使用权。

无形资产可以分为技术型和非技术型两大类,如表5-30所示。技术型无形资产包括专利、专有技术、工业版权等;非技术型无形资产包括土地使用权和特许经营权等,如高速公路公司的道路收费权。我国的非技术型无形资产占据大部分份额,但近年来,随着国家政策的鼓励和创新技术的推广,技术型无形资产的占比越来越大,发挥着更加重要的作用。

表5-30 无形资产的分类

无形资产 (intangible assets)	技术型无形资产 (technical intangible assets)	专利(patents)
		专有技术(know-how)
		工业版权(industrial copyrights)
	非技术型无形资产 (non-technical intangible assets)	土地使用权(land-use rights)
		特许经营权(franchise rights)
		其他(others)

2018年,我国《企业会计准则第6号——无形资产》新准则对无形资产研发投入的资本化与费用化会计处理进行了重新界定,将以往只能费用化的研发投入改为可部分资本化[1]。具体而言,公司内部研发科目的支出,应当区分研究阶段支出与开发阶段支出。研究阶段的研发支出依然是费用化处理;开发过程研发支出,在符合相关条件后可"资本化"处理。

此外,公司研发支出还可按实际发生额的150%抵扣当年度的应纳税所得额[2],对新技术、新产品、新工艺的研发费用,允许加计扣除(在原有100%的基础上再加一个比例)。这相当于一种减税行为,对公司利润和业绩都是正面的影响。

公司自行研究所形成的专利技术是含金量高的无形资产子科目。专利技术一般多见于医药公司与高科技公司,如中兴通讯、京东方A、比亚迪等,成为这类型公司竞争力的来源。不过,不少公司会选择将研发支出计入当期费用,而不是形成无形资产。

---

[1] 资本化的条件:① 完成该无形资产以使其能够使用或出售在技术上具有可行性。② 具有完成该无形资产并使用或出售的意图。企业应该能够说明其开发无形资产的目的。③ 无形资产产生经济利益的方式,包括能够证明运用该无形资产生产的产品存在市场或无形资产自身存在市场;无形资产将在内部使用的,应当证明其有用性。④ 有足够的技术、财务资源和其他资源支持,以完成该无形资产的开发,并有能力使用或出售该无形资产。⑤ 归属于该无形资产开发阶段的支出能够可靠地计量。

[2] 依据是2007年公布、2018年第二次修正的《中华人民共和国企业所得税法》及2007年公布、2019年修订的《中华人民共和国企业所得税法实施条例》。

资本化的方式有利于鼓励企业的创新行为,但也有其负面效应。有些公司可能会利用研发投入达到调节利润甚至规避税收的目的。在实际情况中,开发和研究两个阶段往往很难区别,不同的分类有可能造成对利润表影响的时点变化不同,因此也给相关公司带来很大的利润调控余地。另外,由于存在所得税抵扣,上市公司很可能"虚增"研发费用,这种情形显然对公司的长期发展不利。

无形资产有摊销和减值两种后续计价方式。对有明确使用年限的无形资产,以成本减累计摊销及减值准备后在资产负债表内列示。对于使用年限不明确的无形资产,一般不予摊销,而是在年底进行减值测试。应关注企业无形资产的摊销年限是否合理。表 5-31 给出了海天味业 2021 年各无形资产的摊销年限。

表 5-31 海天味业 2021 年无形资产摊销年限

科　　目	折旧年限(年)
土地使用权	37—50
ERP 系统	5
其他计算机软件	3—5
商标和其他	3—10

此外,煤矿等资源性行业的无形资产比较特殊,应予以关注。此类行业最为重要的资源是其矿产储备,企业在"无形资产"科目下增设"采矿权"明细科目,核算企业通过交纳采矿权价款取得的采矿权。作为对比,石油公司的油田储备计入"油气资产"中,并不计入无形资产内。

(七) 开发支出

企业自行研发的无形资产分为研究和开发两个阶段。研究阶段发生的支出全额计入研发费用,进入当期的利润表。开发阶段发生的支出符合资本化条件的计入"开发支出——资本化支出",当无形资产达到预定可使用状态时,"开发支出"一次性结转到无形资产科目。不符合资本化条件的,转入研发费用。

注意,不要将这个科目和研发费用混淆。研发费用是利润表中的费用科目,而开发支出是一个资产科目,是研发支出资本化的一个过渡阶段。

(八) 商誉

商誉(goodwill)是能使企业中的人、财、物等因素在经济活动中相互作用,形成一种"最佳状态"的客观存在。商誉是指能在未来期间为公司经营带来超额利润的潜在经济价值,或一家公司预期的获利能力超过可辨认资产正常获利能力(如社会平均投资回报率)的资本化价值。商誉是公司整体价值的组成部分。

在企业合并时,它是购买企业投资成本超过被合并企业净资产公允价值的差额。我国《企业会计准则第 20 号——企业合并》中规定:"购买方对合并成本大于合并中取得的被购买方可辨认净资产公允价值份额的差额,应当确认为商誉。"

因此,商誉有下面几个特征:① 商誉的计量是在企业合并时候计算的。② 商誉不能脱离具体的企业存在。③ 商誉是指企业由于种种原因,在用户中享有较高信誉、经营情况特别良好而形成的高于同行业一般水平的获利能力。即商誉是一种属性、一种能力。

商誉和无形资产之间存在以下差别:① 商誉是无法辨识的,无形资产是可以辨识的。要辨识一项资产,就得提供相应的有形的证据。知识产权作为常见的无形资产,可以有专利证书;软件作为无形资产,有开发文档或著作权专利证;商标作为无形资产,有商标注册证明。而商誉是无法拿到一个有形证明的。例如,并购中的协同效应只有在两家公司合并数年后才能证明。② 无形资产可每年摊销,商誉则不需要。商誉必须每年进行资产减值测试。③ 无形资产作为企业的资产,拥有物权的所有属性,可以出让、抵押等。但商誉无法出让和抵押。

对商誉的分析主要关注以下几个方面:① 商誉的数值是否与公司自身规模相适应。由于商誉多由公司并购行为产生,所以商誉的大小反映的是公司的购买行为,其应该与公司的获利能力相适应。② 商誉的操纵风险。商誉的特性导致其很容易发生减值,而其确认方式又导致其金额很容易被操纵,因此过高的商誉可能导致风险。根据经验,如果商誉计入无形资产的数值超过净资产的 50%,则有过大的嫌疑。③ 大额计提商誉的问题。有的公司可能通过计提大额商誉减值达到"大洗澡"的目的,从而提升后续年度利润。

(九) 长期待摊费用

长期待摊费用是公司已经支付的、分摊期限大于 1 年的各项费用,如公司的开办费用等。长期待摊费用虽然在公司资产负债表的资产科目,但是它本质上是已经花掉的钱。经营良好的公司一般长期待摊费用金额非常小,或者为 0。如果长期待摊费用较大,说明公司有将费用资产化的偏好,其背后的目的是虚增公司利润。这项费用越大,可能意味公司资产质量越差。

(十) 递延资产

递延资产是指不能全部计入当年损益,应在以后年度较长时期的摊销的除固定资产和无形资产以外的其他费用支出,包括开发费、租入固定资产改良支出等。递延资产实质是已经支付的费用,它没有实体。其中,比较常见的是递延所得税资产。

由公允价值变动带来的利润或亏损,虽然算进了当期净利润,但税务局是不认的。只有等资产卖出时,产生了利润,税务局才收税。税务局和公司对费用、收入或者收益的不同政策,是产生递延所得税资产(递延所得税负债)的原因。当公司当期多付了税款,今后有权利少付给政府税款,这项权利就成为公司的资产。只要税法上的利润高于会计上的利润,就会产生"递延所得税资产"。递延所得税资产会减少企业当期的经营性现金流。

同样地,如果公司当期少付了税款,今后必须要多付政府税款,这项义务就成为公司的负债。税法上的利润低于会计上的利润,就会产生"递延所得税负债"。递延所得税负债会增加企业当期的经营性现金流。

(十一) 其他非流动资产

其他非流动资产,是指不能列入前述各项长期资产中的其他资产,包括预付设备采购款、预付工程款和预付土地款等。

其他非流动资产包含的内容非常杂，有点像一个"垃圾篓"。企业会将找不到合适科目摆放的长期资产，暂时放到这个科目里。例如，预付土地款先放入其他非流动资产，等土地买下来，这笔资产便可转入无形资产科目。所以，其他非流动资产的科目内容常常发生变化。

如果企业在该项金额比较大，应该进入明细进行检查，看它是否符合企业的日常经营行为，是否异常。由于该资产并非经营资产，无法产生经营利润，因此该项资产金额不宜过大。

四、金融投资类资产

现代企业在某种意义上是传统工商业模式和金融模式的组合体。传统工商业是依靠生产、销售产品或者提供服务来获利的，需要原材料和设备的支持。在这个过程中，货币需要变成中间态的商品，再从中间态的商品转回货币，只不过最后的货币相对开始投入的货币增值了。传统工商业的模式运行了很长时间，它们提供的商品和服务保障了人类的基本需求。

金融模式则和工商业模式有巨大的差异，在这个过程中，不需要将货币转化为原材料和设备，而是跳过中间态的商品，直接由货币产生更多货币。这是"钱生钱"的业务。

观察资产端科目，可以发现非金融公司的资产科目中有不少金融和投资类的相关科目，这些科目和公司的主业经营活动没有关系，一般将这些金融投资类资产归为非核心资产。

专栏 5-5

新会计准则中的金融资产

财政部 2019 年一系列新会计准则的推进是有其国际大背景的。国际财务报告准则理事会（IASB）要求从 2018 年 1 月起开始执行新金融工具准则 IFRS9（2014）以取代 IAS39。我国新会计准则的推进分为三个部分：① 租赁准则。境内外同时上市的企业以及在境外上市并采用国际财务报告准则或企业会计准则编制财务报表的企业自 2019 年 1 月 1 日起实施。其他执行企业会计准则的企业（包括 A 股上市公司）自 2021 年 1 月 1 日起实施。② 收入准则。在境内外同时上市的企业以及在境外上市并采用国际财务报告准则或企业会计准则编制财务报表的企业，自 2018 年 1 月 1 日起施行；其他境内上市企业，自 2020 年 1 月 1 日起施行；执行企业会计准则的非上市企业，自 2021 年 1 月 1 日起施行。③ 金融工具准则。境内外同时上市的企业以及在境外上市并采用国际财务报告准则或企业会计准则编制财务报告的企业自 2018 年 1 月 1 日起施行；其他境内上市企业自 2019 年 1 月 1 日起施行新金融工具准则（保险公司除外），执行企业会计准则的非上市企业自 2020 年 1 月 1 日起施行。

在新准则里，金融工具分为三大类：① 以摊余成本计量（atmortized cost，AMC）的金融资产；② 以公允价值计量且其变动计入其他综合收益（fair value through other comprehensive income，FVTOCI）的金融资产；③ 以公允价值计量且其变动计入当期损益（fair value through profit or loss，FVTPL）的金融资产。

以摊余成本计量的金融资产是指企业管理的金融资产旨在通过在金融资产存续期内收取合同付款来实现现金流量,而不是通过持有并出售金融资产产生整体回报。债权投资就是 AMC。

以公允价值计量且其变动计入其他综合收益的金融资产是指以收取合同现金流量和出售金融资产为目标,为以公允价值计量且其变动计入其他综合收益的金融资产。包括其他债权投资和其他权益工具投资。将金融工具纳入 FVTOCI 的主要原因是,公司持有该金融工具的公允价值会持续波动,如果直接将公允价值计入利润表的"公允价值变动收益"科目,会对利润表形成巨大冲击,影响公司 ROE 和 EPS 等敏感的盈利指标。为了避免这样的情况发生,把这类金融资产指定为 FVTOCI 类型,这样资产价格波动计入"其他综合收益",不会对利润表形成冲击。

以公允价值计量且其变动计入当期损益的金融资产是兜底分类,当一项金融资产既不是 AMC,也不是 FVTOCI,就归为 FVTPL。包括交易性金融资产和其他非流动金融资产(另类投资,私募股权等)。金融资产分类以及新旧准则的对照如表 5-32 所示。

表 5-32 金融资产的分类

新准则分类	归类	旧准则分类
交易性金融资产	FVTPL	以公允价值计量的且其变量计入损益表的金融资产
债权投资	AMC	持有至到期
其他债权投资	FVTOCI	可供出售金融资产
其他权益工具投资	FVTOCI	可供出售金融资产
其他非流动金融资产投资	FVTPL	可供出售金融资产

新准则和旧准则的分类存在较大差异。在旧准则里,金融资产分到哪一类,取决于管理层意图。例如,管理层购买该金融资产的目的是短期内抛出获利,那就分类为"以公允价值计量且其变动计入当期损益的金融资产"。如果管理层购买金融资产的目的是持有至到期收取本金和利息,且管理层意图明确将持有至到期,就分类为"持有至到期的金融资产";如果一项金融资产对应不到上面的类别,就考虑归入"可供出售金融资产"。

新准则中区分金融资产种类最重要的依据是业务模式和取得现金流的方式,而较少受到管理层的意图的影响。例如,一项金融资产在整个持有过程里只收取本金和利息,就属于以摊余成本计量的金融资产;一项金融资产在持有过程中既收取合同现金流量,又有出售该金融资产的现金流量,就属于以公允价值计量且其变动计入其他综合收益的金融资产;如果不属于上面两种,那就归类到以公允价值计量且其变动计入当期损益的金融资产。

旧准则里面是作为可供出售金融资产的,在持有期间产生的公允价值变动计入其他综合收益,处置的时候转到投资收益,计入利润。而在新准则下,当一项金融资产指定为

FVTOCI后,其持有期的收益和处置永远不能进入利润表。持有期时,公允价值波动计入权益类的其他综合收益,最终处置时,将累计的其他综合收益直接转留存收益,也不进入利润表。

(一) 交易性金融资产

交易性金融资产是公司持有的短期的、以获取价差为目的、有活跃交易市场的金融资产。它的流动性仅次于货币资金,能随时变现,所以它在资产负债表中的位置紧排在货币资金下面。

交易性金融资产具有以下特点:① 企业持有的目的是短期获利。短期的意思是不超过一年(包括一年)。② 该资产具有活跃市场,公允价值能够通过活跃市场获取。③ 交易性金融资产持有期间不计提资产减值损失。

交易性金融资产主要包括下面四个类型:① 债券。包括政府债券、金融债券、企业债券等。② 基金和股票。这些股票和基金被公司持有,是为了近期交易获取收益。③ 其他交易性金融资产,如理财产品、资管计划等。例如,商业银行的结构性存款,即嵌入金融衍生产品的存款,通过与利率、汇率、指数等的波动挂钩或者与某实体的信用情况挂钩,使存款人在承担一定风险的基础上获得相应的收益,企业归入以公允价值计量且其变动计入当期损益的金融资产,计入"交易性金融资产"科目。④ 衍生工具等其他权益投资。例如,远期合同、期货合同、互换和期权等。但如果衍生工具被企业指定为有效套期工具或属于财务担保合同的除外。衍生工具通常存在活跃的交易市场,除非被企业指定为套期工具,否则都是为了从标的价格或衍生工具合约本身价格的波动中获利,符合为交易而持有的特征。这里的衍生产品必须是可随时交易的衍生工具。

在会计处理上,交易性金融资产以公允价值计量且其变动计入利润表。一般以"公允价值变动损益"科目核算企业交易性金融资产等公允价值变动而形成的应计入当期损益的利得或损失,以"投资收益"科目核算企业持有交易性金融资产等期间取得的投资收益,以及处置交易性金融资产等实现的投资收益或投资损失。交易性金融资产与公司正常的生产经营活动无关,这样的会计处理方式一方面增强了资产的流动性,提高了闲余资产的获利能力,另一方面也在一定程度上增加了资产和负债的价值波动。

对于交易性金融资产的分析,主要关注以下几个方面。

第一,分析交易性金融资产的规模及占比。交易性金融资产与公司的生产经营活动无关,并不是公司所必需的资产,因此其在整体资产中的比例不应过高。同时,交易性金融资产价值变动直接计入当期损益,造成公司利润的波动。因此,如果交易性金融资产规模过大,会对公司的利润带来较大的扭曲。

第二,分析交易性金融资产的内部结构。交易性金融资产的投资对象可能包括股票、债券、基金、衍生品等。不同的金融工具具有不同的风险收益特征。如果公司的交易性金融资产主要投向债券,则风险较低,说明企业现金量充足,交易性金融资产可以看成货币资金的补充。而如果投资的主要对象是股票,则面临的风险较高,金融市场的波动会给公司利润造成较大的影响。应该关注交易性金融资产对利润和股价的影响。因为持有股票的价格波动会计入企业当期利润,所以持有的股票涨跌会对企业本身的股价起到助涨或助跌作用。假设公司的市盈率不变,每一单位投资对象的价值变化会转化成利润,最后以市盈率(N 倍)的方式在股票价格中体现出来。

第三,若当年公司的交易性金融资产变化较大,应注意存在公司通过处置此类资产以调节利润的可能性。

案例 5-6　云南白药(000538.SZ)的交易性金融资产

云南白药是一家医药行业的制造公司,但公司从 2017 年开始大幅增加交易性金融资产的配置,不过却收益平平。但到了 2019 年,其在股票投资上的收益达到 6.51 亿元,因此在 2020 年增持权益类投资(包括短期的交易性金融资产和长期的其他非流动金融资产)的配置,两项 FVTPL 的金额高达 120 亿元,占总资产的 22%。当年,金融资产的投资收益高达 24.7 亿元,占当年利润的 36%。但股票市场的风险伴随收益而产生,到 2021 年,公司年报显示,云南白药投资股票和基金共亏损近 15 亿元,其中有 4 亿元的交易性金融资产投资收益和 19 亿元交易性金融资产公允价值变动损益,后者占利润总额的 43%。2021 年,公司利润仅 35 亿元,同比几乎腰斩。这是云南白药近十年来利润增速首次为负。

回头看公司的主营业务,其营业收入和扣除金融损益的主业经营利润其实都在稳定上升。如表 5-33 中数据所示,营业收入从 2018 年的 267 亿元增加到 2021 年的 363 亿元,扣除金融损益的主业经营利润从 2018 年的 35.14 亿元增加到 2021 年的 49.81 亿元。考虑到疫情的影响,应该说该公司的主营业务的发展还是比较稳健的。

公司投入约 20% 的资源到交易性金融资产和其他非流动金融资产,这部分资产天然的波动特征使得整个公司的收益特征和市值波动发生了异化。如图 5-19 所示,公司的股票价格从 2019 年的 50 元左右启动,受到公司利润增长的刺激,最高涨到 2021 年 3 月的 110 元,但随后随着公司逐个季度披露的公允价值变动净收益的负面消息的公布,股票价格一路回落到 2022 年 9 月的 50 元附近。云南白药的股票价格不再反映公司白药和相关产品的盈利状况和前景,而深刻地受到公司所持有的股票资产的波动影响。

表 5-33　云南白药(000538.SZ)2018—2021 年的金融资产投资和收益数据　　(单位:亿元)

	2018	2019	2020	2021
货币资金	30.17	129.94	152.80	188.71
交易性金融资产	72.65	88.21	112.29	47.20
其他非流动金融资产		5.60	9.63	8.68
资产总计	303.78	496.58	552.19	522.93
(1) 货币资金占总资产比	10%	26%	28%	36%

续 表

	2018	2019	2020	2021
(2) 两项 FVTPL 占比	24%	19%	22%	11%
营业收入	267.08	296.65	327.43	363.74
投资净收益	2.82	14.70	3.92	10.44
其中交易性金融资产的收益	2.70	4.24	2.30	4.30
公允价值变动净收益	0.42	2.27	22.40	−19.29
营业利润	38.32	47.43	68.12	34.85
利润总额	38.26	47.26	68.01	34.82
(3) 金融投资收益	3.12	6.51	24.70	−14.99
(4) 主业经营利润	35.14	40.75	43.31	49.81
(5) 金融损益/利润	8%	14%	36%	−43%

图 5-19　2018—2022 年云南白药(000538.SZ)的股票价格波动

(二) 债权投资

债权投资是到期日固定、回收金额固定或可确定,且企业有明确意图和能力持有至到期的非衍生金融资产,属于以摊余成本计量的金融资产,一般持有至到期,不会在到期日前卖出。一般包括公司持有的在活跃市场上有公开报价的国债、企业债券、金融债券等。

核算时为取得投资而发生的税金、佣金和手续费等费用,购入时计入投资成本,分期摊销时计入摊销期投资收益。持有期间收益按权责发生制确认利息收入。债权投资可能发生减值损失。

相对而言,此类资产的风险较小,其收益也较小。

(三) 其他债权投资

其他债权投资是以公允价值计量且其变动计入其他综合收益的债权类金融资产。这样的投资可能会持有至到期,但如果到期日前有机会,也可能在到期日前卖出以获取利差。

债权投资和其他债权投资的区别在于业务模式和合同现金流量特征不同。如果投资该金融资产只是为了获取利息,到期再卖出的,则归为债权投资。如果不单纯为了获取利息,在需要现金流时可能在到期日前进行处置,这种抱着双重目的的债权类金融资产就划分为其他债权投资。

因为业务模式不同,两者的计量模式也不同。债权投资以摊余成本模式计量,其他债权投资以公允价值模式计量,其公允价值的变动计入其他综合收益,属于FVTOCI。

(四) 其他权益工具投资

其他权益工具投资是以公允价值计量且其变动计入其他综合收益的权益类金融资产,也属于FVTOCI。

企业投资权益性金融资产,一般可以分为三种情况:① 如果权益性投资的目的是出于对被投资者的长期控制、共同控制或者能够施加重大影响,则该项权益性投资无论是否具有活跃市场和公允价值,均应按相关规定确认为长期股权投资。② 如果持有权益性投资是为了短期获取价差,就归为交易性金融资产。③ 其他的情况,就确认为其他权益工具投资。应该注意,若企业指定某项金融资产为非交易性权益工具,该指定一经作出,不得撤销。

其他权益工具投资的股息进入投资收益科目,持有期间公允价值变动进入其他综合损益,不能计入公允价值变动损益,出售时公允价值变动损益归入其他综合损益科目。也就说,除了股息收入能进入利润表,其他科目都不能进入利润表。

(五) 其他非流动金融资产

其他非流动金融资产是指自资产负债表日起超过一年到期且预期持有超过一年的以公允价值计量且其变动计入当期损益的非流动金融资产。也就是说,其他非流动性金融资产和交易性金融资产的性质非常类似,它的公允价值变动进入损益表,属于FVTPL。

公司持有其他非流动金融资产就是为了获取价差,持有期间的市值波动和获得的利息或者红利,都计入利润表的投资收益。如果持有期比较短,就归入交易性金融资产,如果持有时间一年到期(或无固定期限)且预期持有将超过一年的,记录为"其他非流动金融资产"。

最常见的其他非流动金融资产是公司持有一些投资型企业。例如,分众传媒(002027.SZ)投资了很多有限合伙的基金公司和投资公司,这些投资公司再去投资权益类资产,分众传媒持有的这些投资公司的股权属于其他非流动金融资产。这种投资并不是为了长期的控制权,而是一种期限比较长的赚钱方式。

(六) 长期股权投资

公司持有其他公司的股权,按照控制被投资单位的程度可分为四个等级——控制、共同控制(合营)、重大影响(联营)和三无投资(参股):① 控制,持股50%以上;② 共同控制,持股50%;③ 重大影响,持股20%—50%;④ 三无投资,即持股小于20%,不具有控制、共同控制或重大影响,无活跃市场报价,投资比例低于20%的普通公司股权。

对于这四种情况,财务处理是不同的。

(1) 对于控制的情况,公司作为被投资公司的母公司,进行并表处理,被投公司的所有财务数据都进入合并报表中,不单独列示。在实际分析时,遵循实质重于形式的原则。只要是对投资对象有控制权的,即使持股比例小于50%,也可以合并报表。

(2) 对共同控制的情况(持股50%),如果有实际控制权,就合并报表;不具有实际控制权,被投资公司的重大决策,公司一方不能决定,必须与合营方协商后才能决定的,计入长期股权投资。

(3) 重大影响,持股20%—50%的,计入长期股权投资。所谓的重大影响是指,投资方对联营企业的财务、生产经营具有参与决策权。这里的持股比例20%—50%只是参考数值。如果持股比例在20%以下,对投资对象在人事、财务和其他重大决策上也能有重大影响的,也算重大影响。

(4) 持股小于20%,不具有控制、共同控制或重大影响的普通公司股权,计入"交易性金融资产"或"其他权益工具投资"。两者的区别是,其他权益工具投资在活跃市场没有报价,且不能可靠计量,但交易性金融资产是二级市场取得,所以有可靠的公允价值。

控制的情况,使用成本法。投资计价按照历史成本。被投资单位实现净利润时不处理,只有当其分派利润或现金股利,才确认为投资收益。共同控制和重大影响的情况,使用权益法。按照被投资单位的当期损益和持有比例确认投资收益,进入利润表,而其分派的利润或现金股利减少投资的账面价值。参股的情况,采用以公允价值计量且其变动计入当期损益(交易性金融资产),或者以公允价值计量且其变动计入当期损益("其他权益工具投资")。

公司持有其他公司的长期股权有不同的情况,需要具体情况具体分析。大致来看有如下三种模式。

1. 公司自身业务盈利能力较好,增长也比较强劲

公司通过长期股权投资进行扩展,实现产业链上的横向或者纵向的拓展。以万科为例,根据2021年的公司年报,公司的定位从"三好住宅供应商"延展为"城市配套服务商",公司未来的发展方向是物流服务、物流仓储、长租公寓和商业。万科希望通过长期股权投资的方式来实现这些业务的发展。

2015—2021年万科的长期股权投资余额分别为335亿元、617亿元、812亿元、1 295亿元、1 305亿元和1 419亿元和1 444亿元,占公司资产的比率为5%—8%。其中,大部分为房地产公司和物业公司,还包含徽商银行股份股权(2013年,参与徽商银行IPO认购)、物流地产投资基金、普洛斯物流地产(2017年,万科以170亿元持有普洛斯21%的股份,该公司为新加坡物流设备供应商)、金晟硕庆基金母基金和子基金、目标规模医疗健康专项基金、和谐鼎泰基金等。

2. CVC投资模式

企业风险投资(corporate venture capital,CVC)是一种创新的投资组织形式。指直接投资于外部创业公司的企业基金,不包括企业内部投资或通过第三方投资,是由公司提

供风险资本,进而投资到另外一家公司的活动。

从投资企业角度出发,CVC是公司进行外部投资的一种方式,公司在资金充足的情况下,会划出一部分的资金,设立战略投资部门或产业基金,主要围绕公司业务本身进行战略布局式投资,以更加快速有效地实现战略目的。

2008年,腾讯成立投资并购部。2011年,腾讯宣布成立投资规模为50亿元的腾讯产业共赢基金,开启腾讯投资系统化的布局,主要使命是投资产业链上的优质公司,更好地服务腾讯开放平台上用户。腾讯投资专注于全球范围内消费互联网和产业互联网相关领域投资,包括文娱传媒、消费零售、民生教育、金融科技、企业服务及海外投资等领域。过去十年腾讯已经投出近千亿元人民币,回报率惊人。截至2021年年底,腾讯投资了超过800家公司,其中包括很多独角兽公司,包括B站、快手、虎牙、知乎、58同城、拼多多、海澜之家、喜茶、步步高、京东物流、猿辅导、每日优鲜、兴盛优选等,腾讯的投资包含百余家上市公司及独角兽企业,投资地域覆盖全球二十多个国家和地区。

3. 过度扩张,主业和投资都出现问题

一个典型的例子就是华谊兄弟(300027.SZ)。华谊兄弟的业务范围包括:电影、电视剧的制作、发行及衍生业务;艺人经纪;影视文旅实景项目;互联网娱乐板块以及产业投资及产业相关的股权投资。2018—2021年,公司已经连续4年亏损,尤其是2019年,亏损高达40亿元。华谊兄弟如今的困局,与公司一连串的高溢价收购有关。

作为国内知名的大型综合性娱乐集团,华谊兄弟是靠外延式并购而快速扩大规模的。1994年,王中军、王中磊兄弟创立华谊兄弟,并于2009年率先登陆创业板,被称为"中国影视娱乐第一股"。上市后,借助资本市场,华谊兄弟开启了大规模的发展模式。2013—2016年,华谊兄弟相继收购了银汉科技50.88%股权、浙江常升70%股权、东阳浩瀚70%股权、英雄互娱20%股权、东阳美拉70%股权等。这些收购合计耗资约50亿元。这些股权交易的溢价高得令人吃惊。以冯小刚旗下的东阳美拉为例,当时,成立仅两个月的东阳美拉注册资本500万元,总资产为1.36万元,净资产为-0.55万元,而标的公司估值却高达15亿元。这一系列资本操作在公司账面上累积了大量的长期股权投资和商誉。

然而,从2016年开始,公司的主营业绩就走下坡路,并逐步陷入亏损困境。2016年,公司实现营业收入35亿元,同比下降9.55%。2018—2020年,公司实现的营业收入分别为38.14亿元、22.44亿元、15亿元,同比下降3.34%、41.18%、33.14%。主营业务利润从2015年的7.8亿元降到2016年的1.33亿元,且此后一直低迷。但2016年和2017年的投资收益非常丰厚,分别为11.19亿元和7.7亿元,弥补了主营业务的缺憾,使得总的营业利润基本保持稳定。

但是,从2018年开始,公司前期的高价收购的签订的业绩对赌协议发生业绩爽约,因此带来了资产减值损失,股权投资部分的投资收益也变为亏损。例如,2018年和2019年分别就确认了13.81亿元和26.93亿元的高额资产减值损失,2019年,原本微利的主营业务也发生巨额亏损6.19亿元。受到来自两方面压力的夹击,公司2018年发生亏损,高达9.35亿元,到2019年,更是巨亏38.14亿元(见表5-34)。

表 5-34　华谊兄弟(300027.SZ)2018—2021 年的长期股权投资和收益数据（单位：亿元）

	2013	2014	2015	2016	2017	2018	2019	2020	2021
营业收入	20.14	23.89	38.74	35.03	39.46	38.14	22.44	15.00	13.99
主营业务利润	5.33	7.82	7.80	1.33	1.99	0.96	−6.19	−3.54	−4.09
投资净收益	3.74	4.26	6.27	11.19	7.70	2.13	−2.57	−3.33	6.10
资产减值损失	0.84	0.30	0.18	0.74	2.80	−13.81	−26.93	−4.40	−4.61
营业利润	8.23	11.79	13.88	11.77	8.16	−9.35	−38.14	−11.62	−1.95
长期股权投资	8.78	7.84	24.47	36.18	48.25	51.08	43.75	37.31	21.17
商誉	3.54	14.86	35.70	35.70	30.47	20.96	5.95	4.09	2.93
资产总计	72.12	98.19	178.94	198.53	201.55	183.61	108.30	96.02	70.94
占比	12.17%	7.98%	13.67%	18.22%	23.94%	27.82%	40.40%	38.86%	29.84%
商誉占比	4.91%	15.13%	19.95%	17.98%	15.12%	11.42%	5.49%	4.26%	4.13%

（七）投资性房地产

投资性房地产是指为赚取租金或资本增值，或者两者兼有而持有的房地产。从含义可以看出，投资性房地产或者是让渡房地产使用权以赚取使用费收入，或者是持有并准备增值赚取增值收益，这使得房地产在一定程度上具备金融资产的属性。

投资性房地产有两种计价模式，企业可以根据自己的情况进行选择：① 成本模式。在成本模式下，投资性房地产按照历史成本记账，后续同固定资产或无形资产，按期计提折旧或摊销。由于不考虑公允价值变动因素，可调节财务报表的空间相对较小。② 公允价值模式。投资性房地产的计价按照公允价值计价，后续计量期间房地产的公允价值变动计入当期损益，且从其他会计科目转至投资性房地产的过程中其价值的差额影响所有者权益，给予企业较大的报表调整空间。

在成本计量模式中，企业拥有的投资性房地产的现价由取得时的历史成本而定，不会随着市场的波动而变化。在公允价值计量模式中，买卖双方接受在公平交易条件和自愿的情况下所确定的价格与成本模式计量相比，公允价值计量模式不仅考虑了市场的实时变化，也考虑了未来影响。

公允价值计量条件有两个：① 活跃的房地产交易市场；② 企业能够从活跃的交易市场上取得同类或类似房地产的市场价格及其他相关信息。对一般企业来说，进行日常计量核算要满足这两个条件比较困难，为此，会计准则提供了两种计量模式供企业选择。

在分析的时候，应该注意企业可能会通过公允价值变动进行盈余管理。采用公允价值计价后，每年对投资性房地产价值进行重新评估，评估增值计入"公允价值变动收益"科目，直接提高账面利润，企业亦可通过评估减值来达到平滑利润的目的。为减少公允价值变动损益的影响，可以分析企业利润结构，区分公允价值变动部分对利润的影响。如果影响较大，可剔除公允价值变动后分析公司业绩。

第五节　资产负债表中的负债科目分析

根据本章第三节的介绍，公司负债在进行重新分类后，可分为无息负债和有息负债两大类（见表 5-11）。下面分别进行介绍。

一、无息负债

无息负债是净营运资本（NWC）的抵扣项，因此无息负债的增加会减少 NWC 的增加，从而增加公司的自由现金流。因此，在其他条件不变的情况下，增加无息负债可增加公司的价值。

无息负债主要包括应付账款、应付票据和合同负债，对应的是公司从上下游获得的商业信用。

（一）应付账款和应付票据

应付账款是指企业因购买原材料、商品或接受劳务供应等而发生的债务。在会计处理上，应付账款的形成是因取得原料或服务与支付购货款在时间上的不一致而产生的债务。

导致公司应付账款和应付票据变化的主要原因有以下四个。

1. 企业的经营规模

当销售规模扩大时，会增加对各类材料、商品和劳务的需求，使应付账款和应付票据规模扩大。而当公司销售规模缩小时，两者也会相应缩小。

2. 提供商业信用的公司的信用政策变化

如果交易中的对手方放宽信用政策，则公司的应收账款和应收票据规模会相应增加，如果对手方收紧信用政策，两者规模则会缩小。

3. 公司在产业链中相对上游供应商的地位

公司和公司产品在市场上的竞争地位进一步增强，在市场上有更多的话语权，则有机会和可能占用供货商更多的资金，以提高企业资金的使用效率。如果企业在产品和市场上有足够的话语权，那么企业可以在与供应商签订的合同中可以"理所应当"地将支付货款的时间约定为 30 天、60 天，或更长的时间，以占用供货商更多的资金，从而降低企业资金的运行成本。现实中，有的企业的无息债务占负债总额的 50%，甚至更多，由此占用的资金，整体降低了企业的资金成本。企业应付账款的增加导致企业自有资金的需求量降低，使得企业可以支配的现金更加充足。企业可以利用这部分无息资金，参与到日常的生产经营中，还可以用结余的资金偿还银行贷款等有息债务，甚至可以将资金投入企业新项目的运作过程中。用别人的钱做生意，也是企业善用财务杠杆，让企业快速发展的有效途径。

但这种利用他人资金发展自己的业务的行为，也存在一定弊端。企业如果刻意压制对方的货款，这属于商业不诚信行为。欠款行为导致供货商资金紧张，尤其是规模小、在市场上没有话语权的中小企业会承受更大压力。这导致有效的供应链系统无法建立，而且如果销货方通过法律途径索要货款，则企业不仅要支付货款，还要支付滞纳金，那么企业占用的这部分资金也就不再是无息债务。

4. 公司资金的充裕程度

应付账款的额外增加除了上述的情况,还有另外一种可能性,就是企业自己资金紧张,不能即时清偿应付账款和票据,所以会尽量拖延付款时间,导致两者规模相应较大。另外一种情况是所谓的"三角债",即客户欠款较多无法及时追回,导致现金紧张无法支付供货商的货款。这对应着公司同时具有偏高的应收账款和应付账款。

可以把无法及时偿还的应付账款称为"被动的"应付账款,而把有能力偿还而有意不偿还的应付账款称为"主动的"应付账款。那么应该如何区分这两种情况呢?可以分析公司资产端的货币资金。如果货币资金余额很低,那大概率是被动的情况,反之则是主动的应付账款。

对应付科目的分析可关注以下两个方面。

(1) 关注公司是否运用应付账款和应付票据对利润进行调节。

和应收款项一样,公司也经常使用应付款项进行利润调节,或向关联方转移利润。因此要特别关注:① 应付账款和应付票据的不正常增长。如果公司应付类款项远远超出营业收入的增长,则应当予以高度关注。② 关注应付款项中关联公司所占的金额和比例。如果一个公司应付账款和应付票据中关联方所占比重或变动过大,就存在操纵利润的嫌疑。

(2) 应付账款和应付票据的相对变化分析。

应付账款和应付票据都是对供应商的欠款,但两者存在一定区别。在我国,大部分应付票据是银行票据,银行承兑票据需要动用银行授信的,还款优先级高。如果一家公司的应付账款和应付票据总和不变,而由原来的应付账款为主转为应付票据为主,可能意味着供应商变得比较强势了。反之,则是公司自身变强势了。

表 5-35 给出了比亚迪 2013—2021 年的应付账款和应付票据的数值和占总融资的占比数据。从表中可以看到,近年来随着比亚迪在新能源汽车和新能源电池行业的快速发展,应付两项也在快速增加,应付票据和应付账款之和从 2013 年的 223 亿元增长到 2021 年的 805 亿元,在总融资中的占比在 20%—30% 波动,这意味着比亚迪对供应商的占款成为公司融资的一个主要来源。观察其货币资金的数据,占比为 7% 左右,且处于上升趋势,表明公司的应付账款是"主动的";再看应付账款相对应付票据的变化,两者呈现明显的背离趋势。应付票据从 2013 年的 130 亿元(占比 17%)降到 2021 年的 73 亿元(占比 2.5%),期间数值虽然有所上升,但占总融资的占比一直呈现下降。应收账款则在数值和比例上都呈现强劲的上涨,到 2021 年占比高达 24.7%,这表明比亚迪在产业链中的地位更加稳固,对于供应商的话语权更加强势,因此可以采用更多的不需要授信的应收账款方式从供应商处购货。

表 5-35　2013—2021 年比亚迪应付票据和应付账款　　　　　　（单位：亿元）

	2013	2014	2015	2016	2017	2018	2019	2020	2021
应付票据	130	146	129	157	170	211	136	89	73
应付账款	93	113	186	195	233	251	225	430	732

续 表

	2013	2014	2015	2016	2017	2018	2019	2020	2021
应付票据及应付账款	223	259	315	352	403	463	362	519	805
应付票据占比%	17.1	15.5	11.2	10.9	9.5	10.9	7.0	4.4	2.5
应付账款占比%	12.1	12.1	16.1	13.4	13.1	12.9	11.5	21.4	24.7
应付票据加应付账款占比%	29.2	27.6	27.3	24.3	22.6	23.8	18.5	25.8	27.2
货币资金%	7.0	4.7	5.7	5.3	5.6	6.7	6.5	7.2	17.1

（二）其他应付款

其他应付款是指公司在生产经营过程中产生的，又不能归入应付票据、应付账款、预付账款等科目的其他各项应付和暂收款项。

分析其他应付款应主要关注以下几点。

（1）其他应付款规模及变动情况。如果其他应付款规模过大，甚至超出应付账款和应付票据的数量，或者有异常增长的情况，就应当重点予以关注。

（2）其他应付款包括的内容。其他应付款包括的内容比较庞杂，不同原因的其他应付款对公司经营有不同的影响，因此要关注其他应收款的构成有哪些项目，以判断其他应付款科目是否合理。

相反，如果存在长期挂账的"其他应付款"，对应科目借方发生额多为"银行存款"时，可能存在隐瞒收入的情形。这也是企业推迟或隐瞒收入惯用的伎俩。

（三）合同负债和预收账款

根据新会计准则，企业因转让商品收到的预收款，使用"合同负债"科目核算，不再使用"预收账款"及"递延收益"科目。这意味着，合同负债科目反映的是公司在没有提供产品或服务的情况下预先获得的收入。合同负债的确认发生在商品销售和提供劳务之前。在会计上，该款项不满足收入确认的条件而不得列入当期收入。合同负债是公司流动负债的一部分，但公司对此项负债的偿还并不需要现金支付，而是按照客户的要求按时提供客户所需的产品和服务即可。

新会计准则实行后，原来"预收账款"科目下的大部分余额转移到"合同负债"中。"预收账款"科目并未取消，仍有其使用场景。比如，企业预收了3年的房屋租金，此时收到的款项计入"预收账款"。这是因为，收入准则适用于所有与客户之间的合同，但不包括投资、金融工具、租赁、保险及部分非货币性资产交换合同。房屋租金属于租赁业务，因此不算到收入中。

下面几类公司的合同负债会比较高：① 产品供不应求的公司，如贵州茅台就有较高的合同负债，这类负债被称为"最幸福的负债"。这个数据及其变化在预测这类公司来年的收入和增长具有非常重要的参考价值。②连锁的服务业公司,如会员制的美容沙龙、健身房等,它们可能以巨额折扣吸引消费者提交预收款。③单位产品资金需求大、开发周期长,或者专业化特征明显,需要量身定做的行业,如设备制造、建筑工程、房地产等,合同负债也会成为公司重要的资金来源。④软件公司。很多软件公司的产品采用1次付款,后期多年使用的方式。例如,付款后合同约定有效使用期为3年,总价格为3亿元,那么这3亿元在第一年会有1亿元计入利润,剩余的2亿元计入合同负债,在后续年度计入利润。

合同负债也存在较大的利润操纵空间。因为合同负债和当期的营业收入都对应着当期的经营活动现金流入,在当期的经营活动现金流入给定的条件下,如果公司有盈利的压力,就可能把合同负债转移到营业收入中,导致合同负债不合理地降低,而同期的营业收入增加,这其实是公司在提前确认获利。反之,则可能是公司在隐藏获利。

专栏 5-6

OPM 战 略

OPM(other people's money)战略的意思是"用别人的钱赚钱"。OPM 战略主要是指运用供应链上相关方的无息负债,即资产负债表负债中的无息负债(经营负债)来垫付自己的营运资本。

运用 OPM 战略的第一种,也是最传统的做法,就是要求供应商提供一定时长的账期,如沃尔玛、苏宁、国美、家乐福这些传统的线下商场和卖场以及互联网经济下发展起来的京东、当当、1号店等网上商场。这些公司通过供应商压在企业的存货来进行销售、赚取利润,销售完毕后通过账期延迟的方式再运用供应商手中货款。由于许多钱都是供应商或用户的,所以这类企业的现金流很强大,而强大的现金流又让这类企业有很强的复制能力,进而产生规模效应,以较低的成本将顾客牢牢锁住。

运用 OPM 战略的第二种做法是利用客户的预付款,如茅台、万科等属于这种卖方市场或先款后货的模式。茅台 2021 年年报显示,其合同负债高达 127 亿元,占整个茅台集团全部负债的 22%;万科在 2021 年年报显示,其合同负债高达 6 369 亿元,占万科负债的 41%,公司的货币资金只有 1 494 亿元,即预收账款为公司整个资金量的 4.26 倍。这些企业的经营主要是运用客户的钱。

(四) 应收账款、合同资产、预付账款、应付账款和合同负债的综合分析

应收账款、合同资产、预付账款、应付账款和合同负债这五个科目之间有很强的联系,也容易混淆,它们都和公司与上下游的公司相关,因此对其有必要进行综合分析。

如图 5-20 所示,若现金支付早于交易确认,则交易双方各自分别计入合同负债和预付款项;若现金支付晚于交易确认,则交易双方各计入应收款项或合同负债和应付款项。

首先,应该明确应收账款、合同负债和预付账款为流动资产,分别与公司向上下游企业的垫款相对应;应付账款和合同负债为流动负债,来源于上下游企业支付给公司的垫款。

其次,一家公司的应收账款/合同资产与客户的应付账款相对应,一家公司的预收账

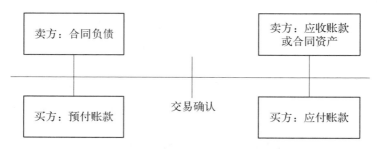

图 5-20　应收、预收项目与应付、预付项目

款与供应商的合同负债相对应。若交易双方均为上市公司,则在分析时可以相互参考和检查。可参考本章末的案例。

最后,应收账款/合同资产和合同负债最终都将计入利润表中的营业收入科目;而应付账款与预付账款也终会确认为营业成本计入利润表中,之间的差别存在于确认时点有所不同。

在商业现实中,大部分的销售都是以应付/应收(即赊销)的方式进行,与之对应的是有效需求不足的买方市场;少部分的交易以预收/预付方式进行,与之对应的是供给相对短缺的卖方市场。因此,对合同负债和应收账款与合同资产的比较分析也可结合公司与其客户的博弈关系进行:若公司比较强势,则更可能在交易确认前收到现金,因此在资产负债表上体现为合同负债多而应收账款和合同资产少;对预付账款和应付科目的比较分析也可与公司与供应商之间的博弈关系相结合,对供应商有优势的公司,其资产负债表中应付账款多而预付账款少,现金支付较交易确认被推后。

(五) 其他流动负债

其他流动负债,是指不能归属于短期借款、应付短期债券、应付票据、应付账款、预收账款等有明确内容的科目的流动负债。"其他流动负债"科目反映其期末应付尚未偿付的金额,是一项负债。仔细阅读"其他流动负债"的财报注释。

其他流动负债一般金额比较小,部分上市公司没有其他流动负债。如果公司的其他流动负债很多,值得深究警惕。在其他流动负债科目中,短期应付债券较为常见。

(六) 应交税费

公司在一定时期取得的营业收入和实现的利润,要按照规定向国家交纳各种税金,这些应交的税金在尚未交纳之前暂时留在公司,就形成了应交税费科目。应交税费的变动与公司的营业收入、利润的变动相关。营业收入和利润越高则应交税费也会相应越高。分析应交税费时要注意其规模及变动情况,如发生异常变动,则要予以重点关注。应交税费包括流转税和所得税等。如果科目净额过多,表明该公司有拖欠国家税款的现象。

(七) 应付职工薪酬

这个科目是短期的应付工资薪酬,其产生和工资的方法周期有关,本身意义不是很大。

但可以关注应付职工薪酬明细表格中的"本期减少数额",它对应的是企业在当年发放给员工的总薪酬数,可以用此来计算公司的平均工资。

表 5-36 给出了海天味业及同行业公司在 2021 年的应付职工薪酬的明细数据对比。表格中,海天味业的"本期减少"为 13.8 亿元,这是海天味业在 2021 年发给员工的短期薪酬,合计数则还包括离职福利和辞退福利。再从年报中找到企业的员工总人数为 6 678 人,这样得到其员工的平均工资为 138 072/6 678＝20.66 万元。

表 5-36 海天味业的应付职工薪酬的同行业对比

科　　目	海天味业		千禾味业		中炬高新		恒顺醋业	
	短期薪酬	合计	短期薪酬	合计	短期薪酬	合计	短期薪酬	合计
期初(百万元)	827	828	27	27	147	147	19	19
本期增加(百万元)	1 288	1 342	222	241	524	588	293	314
本期减少(百万元)	1 380	1 434	220	240	609	672	290	311
期末余额(百万元)	734	736	29	29	62	63	22	22
员工人数(人)	6 678		2 334		5 073		2 596	
人均工资和人员总福利(万元)	20.66	21.47	3.29	3.59	9.12	10.06	4.34	4.66

同样,进行同行业的比较,得到千禾味业、中炬高新和恒顺厨业的平均员工工资为 3.29 万元、9.12 万元和 4.34 万元。很显然,海天味业为其员工提供了非常具有吸引力的工资,这也充分展示了公司在行业内具有较强的竞争力,能吸引且留住行业内的人力资源。

二、有息负债

有息负债主要包括短期借款、交易性金融负债、衍生金融负债、一年内到期的非流动负债、长期借款和应付债券等科目。这些科目的对应的是公司的融资行为,账面的负债需要支付利息。

在自由现金流贴现估值模型中,有息负债是股东价值的扣减项。

(一) 短期借款

短期借款是指公司向银行或其他金融机构等借入的期限在一年以下(含一年)的各种借款。

从金融机构借款的形式大致有四类:质押借款(pledge)、抵押借款(mortgage)、保证借款(guaranty)和信用借款(credit)。

质押借款和抵押借款比较相似,都属于担保。担保是指法律为确保特定的债权人实现债权,以债务人或第三人的信用或者特定财产来督促债务人履行债务的制度。在质押借款和抵押借款中,都是借款者须以一定物品作为保证向银行取得的贷款。两者均是银行常见的放款形式。

两者的区别在于质押物和抵押物的占有现状不同。抵押借款不改变其占有现状，仅作为担保，而质押借款则需要将相关手续和权利证明转移至银行。质押物的范围比较广泛，包括国库券、银行票据、知识产权、股权等。根据质押物的变现能力，最高质押率为50%—90%。

保证借款与信用借款有些相似，都不需要用物品作为保证就可以直接获得贷款。两者的区别在于保证借款是第三方作为担保人，担保人以其自有资金和合法资产保证借款人按期归还贷款本息的一种贷款形式。

信用贷款则无需抵押物或担保人就可以直接获得银行的信贷。信用借款的可借款额根据银行对借款人的信用评估。

公司短期借款的数量，取决于以下几个因素：① 公司生产经营活动的需要。一般来说，公司生产经营活动规模越大，对流动资金的需求也越大，短期借款的规模也会越大。② 公司的筹资政策。公司增加短期借款，就可以相应减少对非流动负债的需求，达到调整负债结构的目的。

总体来看，一定数量的短期借款是可以允许的。短期借款可以满足短期资金需求，并且成本较低。但是相对于长期借款，短期借款的风险大。如果现金流不能支持还款需求，会导致支付困难，使公司信用等级下降，严重的时候甚至会导致破产。大多数情况下，是公司的盈利能力下降，渐渐蚕食公司现金，负债增加，最终导致无力偿还负债。由于长期负债的偿还年限还较长，短期借款才是公司需要近期马上要还的欠款，因此，高额的短期借款是公司负债中最高级别的风险信号。

对短期借款的分析需要结合公司的现金和现金等价物以及其他可以及时变现的资产来分析。如果资产端可以拿出足够的现金来偿还债务，就不会出现上述风险。当然，如同在资产科目分析中所提到的，如果公司同时在资产端有大量的货币资金和大量的短期借款，则有财务舞弊的可能性。

（二）交易性金融负债

交易性金融负债，指企业采用短期获利模式进行融资所形成的负债，如应付短期债券。

符合以下条件之一的金融负债，企业应当划分为交易性金融负债：承担金融负债的目的，主要是近期内出售或回购；金融负债是企业采用短期获利模式进行管理的金融工具投资组合中的一部分；属于衍生金融工具。

发行短期债券是一种常见的利用交易性金融负债的筹资方式。短期债券是指发行的不超过1年（含1年）的债券。在我国，短期债券可以在银行间债券市场或者在交易所发行。

不过并不是所有企业都可以在交易所发行短期债券。对公司有明确要求[①]。符合条件的企业包括中央汇金投资公司、中石油、国家电网、大同煤矿和首钢集团等。

---

① 2020年5月21日，上海证券交易所和深圳证券交易所同期发布《关于开展公开发行短期公司债券试点有关事项的通知》（上证发〔2020〕40号、深证上〔2020〕429号，以下简称《通知》）。相关主体行业主要为制造业、电力、热力、燃气及水生产和供应业、采矿业、综合等行业，现金流及短期偿债能力偏弱，对经营性现金流及速动比例进一步筛选后，符合条件的非金融企业数量并不多。

需要注意的是，衍生金融工具也属于交易性金融负债。衍生金融工具是一种特殊的交易性金融负债，是指其价值随某些因素变动而变动，不要求初始净投资或很少净投资，以及在未来某一时期结算而形成的企业金融资产、金融负债和权益工具。衍生金融工具包括远期合同、期货合同、互换和期权，以及具有远期合同、期货合同、互换和期权中一种或一种以上特征的工具。

衍生金融工具分为资产和负债。同一个衍生金融工具，资产负债表日公允价值是正的，就是衍生金融资产；资产负债表日公允价值是负的，就是衍生金融负债。

企业投资衍生金融工具的目的有两个：投机和套期保值。由于套期保值是为了规避风险，属于具有特殊目的的衍生金融工具投资，因投机而持有衍生金融工具称为一般业务。

（三）长期借款

长期借款是指公司从银行或其他金融机构借入的期限在一年以上（不含一年）的借款。影响长期借款规模和变动的主要因素有：① 公司采用的资本结构。在上一章中提到，公司可以采用不同的资产结构来满足资产配置的需求。如果公司的资本结构偏保守，则对包括长期借款在内的非流动负债需求较大；而如果公司的资本结构偏激进，则长期借款的比重相对较小。② 公司经营规模。公司经营规模扩大，其长期借款规模也相应增加。③ 银行信贷政策及资金市场的供求状况。如果市场中资金偏紧，银行收缩信贷，则公司获取长期借款的难度加大，长期借款的规模相应缩小。如果市场中资金宽松，则长期借款规模会较大。

在分析长期借款时，要特别关注借款资金投向，是否有相应的固定资产增加，否则将导致公司资金成本过高。另外，也要关注贷款类型，是抵押贷款、担保贷款，还是信用贷款。如果是以信用贷款为主，说明公司资信状况较好。

（四）应付债券

公司发行的超过一年期以上的债券，构成公司的长期负债，计入应付债券科目。在我国，长期债券发行条件严格。如果公司采用长期债券方法筹资，说明公司综合实力较强，经营状况良好。

由于长期债券的发行条件严格，所以如果公司采用长期债券的方法筹资，说明公司比较正规，经营状况良好。

我国对发行债券的公司在获利水平、流动比率等方面有严格的规定。所以发行债券的公司一旦业绩和经营状况恶化，就可能为了避免触发限制条款而造假。特别需要关注发行可转债的公司，因为转股价是由公司确定的，为了促使投资人转股，公司有动力拉升股价。如果基本面不能支持已经很高的股价，公司就存在造假的动机。

此外，可转债在会计上应该计为负债。在分析时应该注意，可转债所记录的利息费用可能低估其真实的债务融资成本；如果转股可能性很高，可能会对公司的资本结构形成重大影响。

（五）长期应付款

长期应付款是指公司除长期借款和应付债券以外的其他各种长期应付款项，主要包括融资租入固定资产的租赁费、以分期付款方式购入固定资产发生的应付款项等。因此，分析长期应付款，应注意和固定资产科目相结合进行综合分析。

三、关于负债的进一步讨论

(一) 或有负债和预计负债

或有负债(contingent liability)是指：① 由过去的交易或事项形成的潜在义务，其结果须通过未来事项的发生或不发生予以证实；② 由过去的交易或事项形成的现时义务，不是很可能导致经济利益流出企业；③ 由过去的交易或事项形成的现时义务，其金额不能可靠计量。

对比负债的定义，即"一项由获取的交易或事项行程，很可能导致经济利益流出企业，并且金额能否可靠计量的现时义务"，可以发现，"或有负债"并不满足负债的确认条件，因此被称为或有负债。

在定义中，"很可能"的发生概率大于50%。如果概率低于50%但大于5%，则为"可能"。如果概率小于5%，则为"极小可能"。

许多航空公司为了吸引客户纷纷推出里程奖励计划，对那些累计达到一定里程后的经常性客户，赠送一定的免费服务。航空公司是否因为奖励的飞行承诺而承担了一项负债，就此确认或有负债，理论界存在争议。部分人认为航空公司有权利在任何时候更改和终止计划内的规定，所以不应该确认或有负债。但应该考虑到可能因此引起诉讼的情况。

很多厂商对已售出产品提供明确的售后服务担保(product warranty)，承诺在一定期限内向消费者提供免费修理、维护甚至调换新产品。按照会计规定，与销售相关售后服务费用应该在销售完成后立即确认为预提费用，数值应该根据历史信息进行估计，不得在实际发生时再确认为费用。

由于或有负债不满足负债的确认条件，不需要在资产负债表当中确认。但对事项发生概率大于5%的部分，需要在资产负债表中进行相应的披露。

预计负债(estimated liabilities)是与或有负债相对应的一个概念。上述三个条件如果不再都满足，即如果或有负债变成了现时义务，或者很可能导致经济利益流出企业，或者金额能够可靠计量时，就将或有负债确认为预计负债。预计负债是一个表内科目，是负债科目中的一个一级科目。该科目数额一般不大。

(二) 可转债

可转债在转为股份之前，和一般债券的会计处理方法一致，按期计提利息，并摊销溢价或折扣。在债券持有人形式转换权利时，按照债券账面价值转结为股份。

分析该科目时应评估转股的可能性。如果转股可能性很高，可能会对公司的资本结构产成重大影响。

第六节 资产负债表的所有者科目分析

一、实收资本(股本)

实收资本的变动主要是由以下原因引起的：① 公司增发新股、配股、可转债转股等。这种情况下，投资者追加投资导致的股本变化。② 资本公积、盈余公积转股本。这种情况下，虽然股本增加，但所有者权益总额不变。

二、资本公积分析

资本公积是公司资本储备的一种形式。其来源主要是公司收到投资者的超出其在公司注册资本(或股本)中所占份额的投资、直接计入所有者权益的利得和损失,以及财产重估增值、捐赠和住房周转金转入。公司的资本公积可以用来转增股本或者弥补亏损。因此,资本公积越多,公司抗风险能力就越强。

三、留存收益分析

留存收益分为盈余公积和未分配利润两部分。

盈余公积是指公司按照规定从净利润中提取的各种积累资金。公司的盈余公积分为法定盈余公积和任意盈余公积。两者的区别在于其各自计提的依据不同。前者以国家法律为依据提取,后者则由公司自行决定。公司提取的盈余公积主要用于弥补亏损、转增资本或扩大公司生产经营。

未分配利润是公司留待以后年度进行分配的结存利润。从数量上讲,未分配利润是期初未分配利润,加上本期实现的净利润,减去提取的各种盈余公积和分出利润后的余额。因此,引起未分配利润发生变化的原因主要有两点:第一是公司生产经营活动的业绩,公司的业绩越好,未分配利润积累就会越高;第二是公司的利润分配政策,公司采取高股利分配政策,未分配利润就会较低,公司采取低股利分配政策,则未分配利润就会较高。相对于所有者权益的其他部分来讲,公司对未分配利润的使用分配具有较大的自主权。从这个意义上,利润表是对这个科目的展开。利润表和资产负债表的连接科目。

综合来说,留存收益数量越大,公司资本积累能力、弥补亏损能力和股利分配能力就越强,公司的抗风险程度就越高。

总体而言,一般变化不大。但在发新股、增发、可转债转股等时候会发生一次性的显著变化。

四、专项储备

专项储备是新会计准则的新科目,是高危行业按照国家规定提取的安全生产费,相当于准备金的性质,类似于法定盈余公积,目的是提高企业应对风险的能力。

专项储备的提取一般都是从产品中提取,比如每生产1吨提取5元,这笔费用就应该由产品来承担。专项储备达到法定金额就停止提取。如果发生危险事故,就可以使用。

股本和资本公积是向股东筹集的资金,而盈余公积(借力于人)和未分配利润是公司自己赚来的并留下的钱(自食其力)。

一般伴随业务的成长,盈余公积所占比例会越来越大。

五、少数股东权益

少数股东权益是通过公司并购而来的。公司未必获取子公司的所有股票,子公司不属于母公司的那部分股权就是少数股东权益。如果并购发生较多,少数股东权益就不断累积。

应该注意的是,即使将少数股东权益列入股东权益栏中,但它并不属于上市公司权益。如果分析上市公司的股东权益,就应该将少数股东权益扣除。

如果子公司出现超额亏损(净资产为负数)的情况,如少数股东有义务承担该超额亏损的相应份额且也有能力承担的,少数股权可以为负数。

所有者权益中主要是未分配利润和少数股东权益的变动。前者来自利润表,是公司内涵的增长,后者和并购有关,来自公司外延的增长。

一般而言,股东权益的财务操纵有限。

应注意,所有者权益与负债的相对关系与公司的经营模式有关。一般重资产经营的公司的资金需求大,其发展需要依赖于对外的债务融资,尤其是依靠长期有息负债筹集资金,如电力公司;而从事服务业的公司对资金的需求则相对较少,如互联网行业,以自主融资和向上下游的融资为主,有息负债仅占很小的部分。

第七节 资产负债表的几个重要指标

资产负债表中也有几个非常重要的经常用于财务报表分析的指标,它们也不直接出现在财务报表中,需要计算才能得到。

一、营运资本和净营运资本

营运资本和净营运资本是一组容易混淆的重要概念,它们都是从资产负债表中计算出来的数据。

营运资本(working capital,WC)是公司运营中的一个重要概念,是公司在流动资产中的投入。它的计算方法是流动资产减去流动负债。这个概念认为流动负债可以抵扣公司在流动资产上的投入,两者差额为公司在经营活动中的营运资本投入:

$$营运资本 = 流动资产 - 流动负债 \qquad (5-1)$$

净营运资本(net working capital,NWC)是公司在营运资本中的净投入,其计算方法是非现金流动资产减去无息流动负债:

$$净营运资本 = 非现金流动资产 - 无息流动负债 \qquad (5-2)$$

相对营运资本,净营运资本的资产端扣除了现金。这是考虑到除了金融企业,现金并不直接产生经营利润。公司是通过低买高卖产品与服务的经营活动获利。

负债端只是扣除无息流动负债,这对应的是来自经营活动的产业链上的融资。负债端不包含公司的有息流动负债,如短期借款。

两者的关系如图5-21所示。净营运资本的定义更加精确,被更加广泛地应用。

二、使用资本和投资资本

使用资本(capital employed,CE)和投资资本(invested capital,IC)是另外一组容易混淆的概念(见图5-22)。

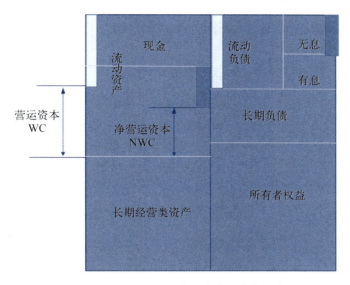

图 5-21　营运资本和净营运资本

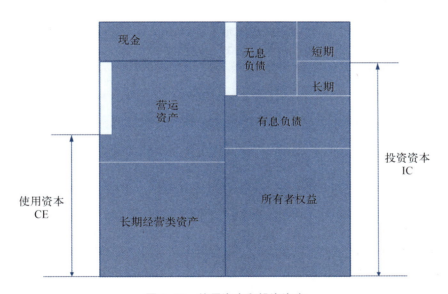

图 5-22　使用资本和投资资本

使用资本是指一个公司经营活动中真正使用的资本。资本是相对长期的,公司的长期资产,包括固定资产、无形资产及商誉和净营运资本均需要资本支持。

如公式(5-3a)所示,使用资本等于非现金资产减去无息负债:

$$使用资本 = 非现金资产 - 无息负债 \qquad (5\text{-}3a)$$

同样地,使用资本的资产端也不包含现金,这和净营运资产的概念是一致的,也认为现金并非公司投入的资本,是"未被使用的"资本。

从资产负债表的左侧资产端看,主要分三个部分:现金、营运资产和长期经营类资产[①],而营运资产减去无息负债后,剩下的为净营运资本。所以,长期经营类资产、净营运资本就构成了使用资本,得到公式(5-3b):

$$使用资本 = 长期经营类资产 + NWC \tag{5-3b}$$

又因为,资产=现金+营运资产+长期经营类资产=负债+股东权益,等式两边都减去现金和无息负债。左边得到使用资本,即使用资本=资产-现金-无息负债。右边等于股东权益+负债-无息负债-现金=股东权益+有息负债-现金,因此得到公式(5-3c)。即使用资本也可用股东权益加有息负债再减去现金来得到,这与长期经营类资产加上净营运资本完全一致:

$$使用资本 = 股东权益 + 有息负债 - 现金 \tag{5-3c}$$

投资资本是另外一个经常被使用的概念,其定义为:总资产减去无息流动负债:

$$投资资本 = 总资产 - 无息流动负债 \tag{5-4}$$

三、有形资产和有形净资产

在分析资产的形态时,经常需要区分有形资产(tangible asset)和无形资产(intangible asset)。一般将无形资产和商誉之外的资产视为有形资产。

有形资产的定义为:

$$有形资产 = 资产 - 无形资产 - 商誉 \tag{5-5}$$

有形净资产的定义为:

$$有形净资产 = 净资产 - 无形资产 - 商誉 \tag{5-6}$$

案例分析

美的的产业链

美的集团于1968年成立,1980年正式进入家电行业,经过数十年的发展,已成为一家覆盖智能家居、工业技术、楼宇科技、机器人与自动化、数字化创新五大业务板块的全球化科技集团,提供多元化的产品种类与服务。公司在1993年11月完成股份制改革,美的电器(000257.SZ)在深交所上市,成为国内第一家上市的乡镇企业,主营业务包括传统白电和电机、压缩机零部件等。2013年,美的集团发行6.86亿股(对价305.86亿元),换股合并美的电器全部股权,同年美的集团(000333.SZ)上市。随着国内家电行业进入红海,美的积极求变,2011年确立了"产品领先、效率驱动、全球发展"的三大战略,经营原则由"规模导向"转向"利润导向",开启10年的转型实践。在一系列降本增效的措施下,2011—2020年,公司毛利率从19.12%逐年上升至25.11%,净利率从4.95%逐年上升至9.68%,成效显著。2021年,公司实现营业收入3 433.6亿元,

---

① 为简单起见,这里忽略公司可能持有的金融投资类资产。如果公司资产端包含此类资产,视为现金处理。

是白电三巨头(美的、格力、海尔)中体量最大的企业。

围绕美的集团的产业链,从材料、零配件、电子元器件到电机、压缩机等各类模块,存在着一大批家电产业链相关企业,其中不乏上市公司,如万朗磁塑、宏昌科技、美硕科技、华光新材、会通股份、德业股份、协诚股份(新三板)等。

以宏昌科技为例,该公司创立于1996年,2021年6月在深交所上市。公司主营业务是生产流体电磁阀、传感器及其他电器配件,产品主要应用于洗衣机、洗碗机、净水器等家用电器。宏昌科技在电子元器件行业打拼的20多年中,与下游知名家电企业建立了长期合作关系,其中包括美的集团、海尔集团、海信集团、松下集团等。洗衣机进水阀是公司最具备竞争力的核心产品,我国洗衣机行业中海尔、美的等龙头企业占据了绝对市场份额,而公司产品占海尔集团洗衣机产品的份额在80%左右,占美的集团洗衣机产品的份额在65%左右。公司依托下游龙头客户,在家电配件市场中取得了优势地位。

宏昌科技与美的、海尔等家电巨头形成的合作模式,是一种"链主制"的产业协同关系。"链主"企业一般是在整个产业链中占据优势地位,对产业链大部分企业的资源配置和应用具有较强的直接或间接影响力,并且对产业链的价值实现予以最强烈关注,肩负着提升产业链绩效重任的核心企业。链主可带头突破关键核心技术,同时带动更多中小企业融入供应链,实现大中小企业协同发展。一般而言,链主更多地会出现在下游或终端,他们更贴近终端市场的需求动向。链主打通产业链上的信息和资源流通,通过数字化管理,指挥优化产业链上中小企业的生产运营,助推产业链的降本增效。同时,凭借自身的体量,链主能够向上游的供应商提出要求,甚至成为产业标准的制定者,以此产出质量更好的产品。随着链主在终端市场的竞争力加强,就能为上游供应商提供更多订单,形成共赢。

一家优质链主企业可以带动上千家产业上下游企业共同发展。美的、联想、苹果、华为都是典型的链主企业。联想集团在全球有30多个数字化制造基地,2 000余家核心零部件供应商,280万家分销商和渠道商,服务180多个国家和地区的客户。在国内,联想目前共有494家供应商,中小企业约220家,占比为45%;其中,专精特新企业45家、单项冠军15家、单项产品冠军7家。苹果公司的供应商名单也一直备受关注,在其公布的2021财年供应商名单中共有190家企业,其中包括歌尔股份、立讯精密、超声电子、京东方、蓝思科技等A股上市公司,厂商进入"果链"意味着其技术实力被认可,但也必须紧跟苹果公司的研发步伐。

抓住链主企业就抓住了产业链的"牛鼻子"。培育优质链主企业,是构建现代化产业体系的重要一环。2020年,工信部表示,"十四五"期间将发挥优质企业重要作用,培养一批具有生态主导力的产业链链主企业。2021年6月,工信部等六部门发文指出,要充分发挥优质企业在增强产业链供应链自主可控能力中的中坚作用,组织参与制造业强链补链行动,打造新兴产业链条,提升产业链供应链稳定性和竞争力。

表5-37给出了美的集团和宏昌科技的2020年和2021年的应收应付和预收预付各科目的数据。

表 5-37　宏昌科技(301008.SZ)和美的集团的应收应付科目(百万元)

	美的集团				宏昌科技			
	2020		2021		2020		2021	
货币资金	81 210	22.53%	71 876	18.53%	47	6.79%	440	31.91%
应收票据	5 305	1.47%	4 785	1.23%	123	17.77%	112	8.12%
应收账款	22 978	6.38%	24 636	6.35%	214	30.92%	301	21.83%
应收款项融资	13 902	3.86%	10 274	2.65%	39	5.64%	37	2.68%
合同资产	3 237	0.90%	3 823	0.99%	0	0.00%	0	0.00%
<u>应收科目之和</u>	45 422	12.60%	43 518	11.22%	376	54.34%	450	32.63%
预付款项	2 764	0.77%	4 353	1.12%	2	0.29%	1	0.07%
流动资产合计	241 655	67.06%	248 865	64.15%	501	72.40%	1 126	81.65%
资产总计	360 383	100.00%	387 946	100.00%	692	100.00%	1 379	100.00%
应付票据	28 250	7.84%	32 752	8.44%	107	15.46%	158	11.46%
应付账款	53 930	14.96%	65 984	17.01%	135	19.51%	182	13.20%
应付票据及应付账款	82 180	22.80%	98 736	25.45%	242	34.97%	341	24.73%
合同负债	18 401	5.11%	23 917	6.17%	4	0.58%	3	0.22%
流动负债合计	184 151	51.10%	222 851	57.44%	306	44.22%	413	29.95%
负债合计	236 146	65.53%	253 121	65.25%	309	44.65%	419	30.38%
营业收入	285 710		341 233		577		768	
营业成本	212 840		264 526		424		623	
应收科目周转率			767.33%				185.96%	
应付科目周转率			292.43%				213.72%	

请分析:
(1) 美的集团和宏昌科技两家公司之间的联系何在?它们之间又有什么差异?
(2) 请对比两家公司的应收科目和应付科目,分析两家公司在产业链中的地位。

本 章 小 结

本章首先介绍了资产负债表的结构和特点。然后介绍对资产负债表进行垂直分析、趋势分析和可视化处理的方法。然后对资产进行重新分类,分为货币资金、营运类资产、长期经营类资产和金融投资类相关资产,并一一进行分析。按照将负债分为无息负债和有息负债,并对负债表和所有者权益的各个科目进行分析。最后介绍了美的集团和宏昌科技的应收应付的案例。

关 键 词

原生科目、衍生科目、确定科目、其他类科目、资产堆积图、负债堆积图、大存大贷、OPM战略、营运类资产、长期经营类资产、金融投资类资产、有息负债、无息负债、FVTPL、AMC、FVTOCI、或有负债、预计负债、营运资本、净营运资本、使用资本、投资资本

思 考 题

1. 如何对资产和负债进行重新分类?请讨论重分类后的资产与负债对公司价值的影响。
2. 找出报表中的重点科目,并尝试利用本章方法进行分析。
3. 思考应收应付科目以及预收预付科目和公司上下游之间的关系。

第六章

现金流量表分析

> **学习目标**
> 1. 现金流量表的几个基本概念
> 2. 三类现金流与三张报表的关系
> 3. 三类现金流量的正负结构与公司生命周期的关系
> 4. 对现金流量分别进行垂直、水平和趋势分析
> 5. 对苏宁云商的财务困境分析

上一章提到，货币资金非常重要。现金水平偏低的公司面临较大的破产风险。同时，现金的流量也很重要，要了解公司的现金持有水平为什么变化，还需要关注现金的流入和流出。因此，就产生了第三张表——现金流量表。

现金流量表反映公司在一段时期内从事经营活动、投资活动和筹资活动所产生的现金流量，反映企业在一定时期内的现金的流入和流出，表明企业获得现金和现金等价物的能力。与前两张表不同，现金流量表提出了公司"活动"及其分类标准。基于活动分类来重新审视财务报表，可以对公司的价值创造有更清晰的认识。

可以将利润表与现金流量表进行对比。利润表的基础是权责发生制，强调付出的努力和所获得成果的配比关系。现金流量表的基础是收付实现制，只关注现金的流入和流出状况。利润表的分析侧重点在发展，而现金流量表的分析更强调生存。从公司破产风险角度考虑，显然现金比利润更加重要。有时，利润表上盈利的公司因为没有现金偿还短期债务也会发生破产，而有些多年亏损而现金流良好的公司的发展反而还比较好。因此，现金流比利润更能显示公司的价值，这也是自由现金流贴现模型成为主流估值模型的主要原因。

会计准则要求我国上市公司同时提供两种不同方法编制的现金流量表。现金流量表主表采用直接法编制，同时在会计报表附注中提供间接法编制的现金流量表。

第一节 现金流量表基本概念

一、现金和现金等价物与货币资金

现金流量表是一个流量表，刻画了公司现金流量的变化。这里所指的现金是指使用

不受限制的货币现金和现金等价物。它与资产负债表中的第一个资产科目"货币资金"的概念比较接近,但并不完全相同。

资产负债表中的货币资金可分为库存现金、银行存款和其他货币资金三类。其中,库存现金是公司拥有的可以随时用于支付的现金,都可算入现金中;银行存款中,除了不能随时支取的定期存款,都算为现金。不能随时支取的定期存款的使用受到限制,不算入现金;其他货币资金中,不受限制的银行汇票和本票存款、信用证保证金存款和信用卡存款算入现金。

现金等价物指持有期限短、流动性强、易于转变为已知金额的现金及价值变动风险小的短期投资资产,通常在三个月内到期。一般指国债投资,可以在债权资产科目中找到。

还是以海天味业为例,在其货币资金科目找到不受限制的货币现金,如表6-1所示。

表6-1 海天味业2021年货币资金科目明细 (单位:元)

科　　目	期末余额	期初余额
货币现金	5 575	4 545
银行存款	19 780 810 443	16 935 315 661
其他货币资金	32 951 408	22 354 808
合计	19 813 767 427	16 957 675 015
其中:存放在境外的款项总额	503 040 614	2 256 000 000

说明:集团2021年年末持有的银行存款中包括期限超过三个月且拟持有到期的定期存款本金人民币5 660 000 000元。集团的其他货币资金为高明海天、醋业集团、前海天益、南宁海天存放在银行的信用证保证金,其使用受到限制。

从表中可看到,公司的现金是货币现金加上银行存款,但应减去其中56.6亿元的定期存款,大约为140亿元,这个数值与现金流量表中的期末现金和现金等价物余额非常接近。由此可以判断公司的现金等价物很少,可以忽略。

二、影响现金流量的因素

公司在其会计期内会发生大量的活动。这些活动有的会影响公司的现金流,有的则不会。比较方便的处理方式是观察公司的活动或者交易的会计处理所对应的科目。可以将它们分为三类,其中前两类不会影响公司的现金流,只有最后一种会影响公司的现金流。

(一) 借贷科目都是现金类科目

现金各科目之间的增减变动不会影响现金流量净额。例如,从银行提取现金、将现金存入银行,或用现金购买2个月到期国债,这些活动都只涉及现金科目间的转换,不会影响现金流量净额。

(二) 借贷科目都不是现金类科目

非现金各科目之间的增减变动也不会影响现金流量净额。例如,用固定资产(存货)偿还债务、用原材料(固定资产)对外投资等,这些经济活动不涉及现金增减,不会反映在现金流量表中。

（三）借贷科目有一方是现金类科目，有一方不是现金类科目

现金各科目和非现金各科目之间的增减变动会影响现金流量净额。例如，用现金购买原材料、用现金对外投资、收回长期债券投资。

三、经营活动、投资活动和筹资活动

现金流量表将公司活动划分为经营活动、投资活动和筹资活动，从活动的角度反映公司的现金流入与流出。这种基于活动的分类方法是前两张表所不具有的新特点。

（一）经营活动

经营活动(operating activities)是公司利用资产生产商品或者提供服务，通过销售实现预期营业的价值的活动，经营活动所增加的价值等于客户支付的价值减去公司提供产品所付出的成本。对一般公司来说，经营活动主要包括销售商品、提供劳务、购买商品、接受劳务和支付税费等。经营活动产生的现金净流额简称"净经营现金流"（Net Operating Cash Flow，NOCF），它是由公司正常的经营活动产生的。净经营现金流是公司现金流量表最重要的组成部分，对公司高层经理、投资者、银行和政府主管机关来说，都非常重要。

（二）投资活动

投资活动(investing activities)是指公司长期资产（固定资产、无形资产和商誉等资产）和不包括现金和现金等价物在内的金融资产的投资及其处置活动。可以把投资活动分为战略性投资活动和理财性投资活动。

战略性投资活动是长期经营资产的购置和处置、并购活动和战略性联营公司和合营公司的股权投资等。理财性投资活动是公司利用闲置资金进行金融资产的投资。前者是为了维持公司未来在经营活动上的盈利能力而进行的，是真正意义上的公司投资行为。而后者是公司利用闲散资金进行的与公司主业无关的"投机"行为。虽然利用闲散资金投资可为股东获得收益，但投资到金融资产来获取利润并不是非金融公司的主要业务，也可能伴随着较大的风险。

（三）筹资活动

筹资活动(financing activities)是指导致公司资本及债务规模和构成发生变动的活动，它通常为从投资者那里筹措资金，并根据承诺返回现金的活动，以及发行（回购）股票、分配利润等。在报表中体现为：发行股票、配股、增发和股利支出或者回购；从银行获得借款和还本付息、发行债券（包括可转债、夹层债券）和还本付息；通过银行发行理财产品；委托贷款、民间融资；风险投资融资、应收账款融资和金融租赁等。

一项经济活动究竟该如何分类，需要具体情况具体分析。例如，购买土地的支出对一般公司来说属于"投资现金流出"，但对房地产公司则是"经营活动流出"。

（四）三类活动和三张报表的关系

对利润表和资产负债表进行回顾和重新整理，可以发现，公司的这三类活动其实同时都反映在三张报表中。即从三类活动的角度看，利润表和资产负债表也都有三类活动的属性，且同一类活动在不同报表之间的科目具有内在的逻辑联系。在分析公司的三张表时，应将其进行联系和对比。

在第五章中，我们对资产负债进行了重新分类，融资端对应着有息负债和股东权益，

资产端可以分为货币资金、净营运资本（营运类资产减去无息负债）、长期经营类资产和金融投资类资产。在这一章中，分类上进行少许调整，即将长期股权投资从金融投资资产中剥离出来。长期股权投资是一种特殊的金融投资类资产，当公司使用长期股权投资来扩展自己的产业链时，它又与公司的经营活动密切联系。可以认为，长期股权投资兼具经营资产和金融投资资产双重属性。利润表中，"对联营企业和合营企业的投资收益"在投资收益中单列，也体现了这种特殊性。如下段所述，投入长期股权投资的现金流与投入其他金融投资资产的现金流在投资现金流中也将分开来。

图 6-1 给出了三张报表和三类活动的关系。图左侧为现金流量表，经营活动现金流出 O^- 形成净营运资本。投资活动现金流出分为三类（分别为 I_1^-、I_2^- 和 I_3^-），其中 I_1^- 形成公司的长期经营资产，I_2^- 形成公司的长期股权投资，I_3^- 形成金融投资资产，正好形成了对应的关系。融资活动的现金流分为两大类：来自股东的融资形成股东权益，来自债权人的融资形成有息负债。

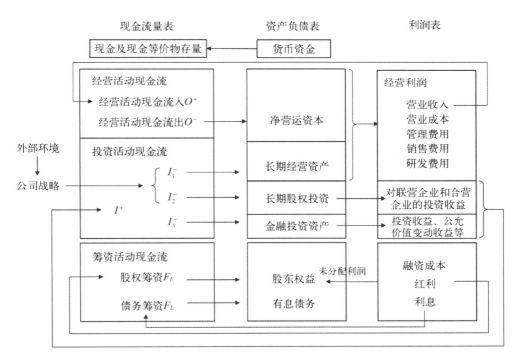

图 6-1　三张报表和三类活动

在图 6-1 的右侧，将利润表也加入进来，公司的净经营资本和长期经营资产共同合作，产生利润表中的经营利润。长期股权投资和金融资产产生投资收益和公允价值变动收益。在扣除利息和红利后，产生未分配利润，加入下期的股东权益中。

应该注意，构建长期资产的投资活动的现金流出后（I_1^-），公司获得了一系列长期经营资产。I_1^- 的现金流出在未来产生的是经营活动的现金流入 O^+；购买长期股权投资和金融资产的投资活动的现金（I_2^-、I_3^-）流出后，在未来产生的是投资活动的现金流入 I^+，两者存在明显的区别。

第二节 现金流量表的可视化处理

现金流量表的可视化处理可以考虑这样几个角度：一是三类现金流净额的正负结构分析，以综合判断公司的现状和发展趋势；二是对比现金流量和利润表中相关科目，以揭示公司利润的质量。

一、现金流量表的三类现金流

在数据时间的选择上，可以选择尽可能长的时间。选择从 2010 年开始，对海天味业 2010—2021 年现金流量表主表的三类活动的现金流数据进行可视化处理，结果如图 6-2 所示。这是用 Excel 软件生成的堆积柱状图，同一年的三类现金流在一个柱状图上进行堆积。堆积图的第一个柱子是最被关注的"经营活动产生的现金流量净额"，之后是"投资活动产生的现金流量净额"，最后是"筹资活动产生的现金流量净额"。

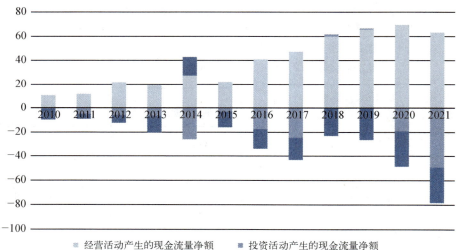

图 6-2　海天味业的三类现金流堆积图（单位：亿元）

可以看到，作为一家调味品的龙头企业，海天味业的三类现金流最显著的特点是：① 除了 2014 年和 2021 年有较大的负投资现金流出以及绝对值较大的筹资活动现金流，在其他年份，经营活动产生的现金流量净额在所有三类现金流中占据主要地位。② 从时间变化上看，经营活动产生的现金流量净额持续为正，且基本呈现持续上涨的态势。③ 在大多数时间，投资活动产生的现金流量净额为负，表明公司需要持续追加新的长期资产，公司在持续增长中。④ 公司的筹资现金流也在大多数年份为负，这意味着公司分红或偿还债务较多，而从投资者所获融资较少，可能表明公司进入成熟期。

图 6-3 给出了长江电力 2010—2021 年的现金流量表主表的三类活动的现金流的可

视化结果。从图形上看,长江电力的现金流在2016年前后呈现两个平台,这是规模扩张前后的差异,但在两个平台上并没有明显的增长趋势。和海天味业一样,在大部分年份,经营活动产生的现金流量净额在所有三类现金流中占据主要地位。净投资活动现金流持续为负,表明水电业务需要持续的资本支出支持。除2016年外,筹资活动现金流持续为负,表明公司经营现金流充足,基本可以满足自身投资需要,不太需要从投资者处融资,其主要形式为支付利息和偿还本金。

图6-3 长江电力的三类现金流堆积图(单位:亿元)

图6-4给出了华夏幸福(600340.SH)2010—2021年的现金流量表主表的三类活动的现金流的可视化结果。从图形上看,华夏幸福的经营活动产生的现金流的特征与前面两

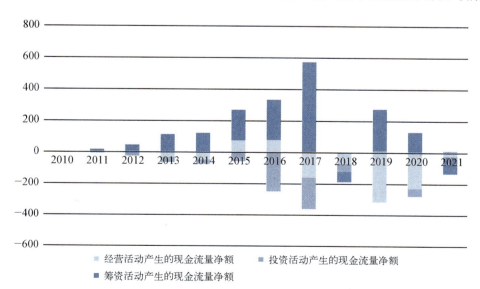

图6-4 华夏幸福的三类现金流堆积图(单位:亿元)

家公司呈现显著差异。在大多数年份,经营活动产生的现金流量净额在三类现金流中不占据主要地位,其主要现金流是由筹资活动产生的。这表明公司不能从经营活动中获得应有的现金,而只能靠外部筹资来维系其生存。2017年后,经营活动的现金流持续5年为负,公司资金链紧张,继续向外的投资能力和从外部融资的能力都变差,现金流整体萎缩,公司呈现出经营困难的特征。

二、营业收入和经营活动现金流入比较

现金流量表的可视化的第二步是比较公司经营活动现金流和营业收入的长期趋势。营业收入来自利润表,经营活动现金流可以验证营业收入的质量。时间期间也可以选择较长的区间。

图6-5给出了海天味业2010—2021年的经营活动现金流和营业利润的可视化比较结果。这张图呈现出健康发展的公司的两类流量的基本特征。从图形可以看出,经营活动现金流和营业收入两者紧紧贴贴,持续向上增长。一般情况下,如果应收预收科目没有异常,经营活动现金流入比营业收入高,其高于营业收入的部分是增值税。营业收入的增加获得同样增长的经营活动现金流入的支持,这是比较理想的现金流形态。

图6-5 海天味业的经营活动现金流和营业收入的比较图(单位:亿元)

图6-6给出了长江电力2010—2021年的经营活动现金流和营业利润的可视化比较结果。这张图和海天味业也呈现类似特征,经营活动现金流和营业收入两者紧紧相贴,经营活动现金比营业收入高,在新水电站投产的前后两个期间,两类现金流基本没有明显趋势,呈现波动状态。

图6-7给出了华夏幸福2010—2021年的经营活动现金流和营业利润的可视化比较结果。这张图和前面两张图呈现出本质性的差异。2017年,经营活动现金流入不再增长,而营业收入还在增长,两者发生背离。到2018年,经营活动现金流入已低于还在继续增长的营业收入,两者背离程度进一步扩大。从2020年,营业收入也开始下降,到2021年,两者都发生巨幅下挫,公司陷入经营困境。由此可见,经营活动现金流对华夏幸福的经营困境具有预警作用。

图 6-6　长江电力的经营活动现金流和营业收入的比较图（单位：亿元）

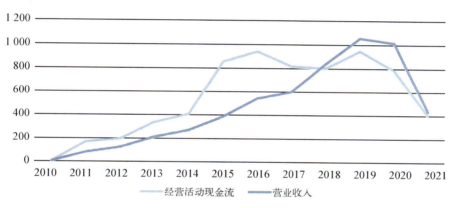

图 6-7　华夏幸福的经营活动现金流和营业收入的比较图（单位：亿元）

三、净利润和经营活动产生的现金流量净额比较

图 6-8 给出了海天味业 2010—2021 年的经营活动产生的现金流量净额和净利润的可视化比较结果。这张图呈现出健康发展的公司的两类流量的基本特征。从图形可以看

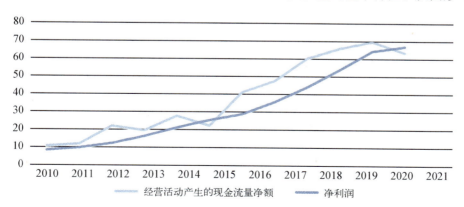

图 6-8　海天味业的经营活动产生的现金流量净额和净利润的比较图（单位：亿元）

出,经营活动产生的现金流量净额和净利润两者紧紧相贴,持续向上增长。除了 2015 年和 2021 年,经营活动产生的现金流量净额均高于净利润。净利润的增加有同样增长的经营活动产生的现金流量净额作为支持。这是健康公司应呈现的现金流状态。

图 6-9 给出了长江电力 2010—2021 年的经营活动产生的现金流量净额和净利润的可视化比较结果。从这张图看,经营活动产生的现金流量净额明显高于净利润,且在新水电站投产的前后两个期间,两类现金流基本没有明显趋势,呈现波动状态。经营活动产生的现金流量净额高于净利润是重资产公司的一个明显特征。2021 年,长江电力的折旧高达 113 亿元,且保持稳定的数值,因此导致经营活动产生的现金流量净额高于净利润。在现金流量表的间接法分析中,将继续讨论这个问题。

图 6-9　长江电力的经营活动产生的现金流量净额和净利润的比较图(单位:亿元)

图 6-10 给出了华夏幸福 2010—2021 年的经营活动产生的现金流量净额和净利润的可视化比较结果。这张图和前面两张图也呈现本质性的差异。从 2010 年开始,公司的经营活动产生的现金流量净额低于净利润,除了 2015 年和 2016 年两年为正数,其他年份都为负数。这在很大程度上意味着公司的净利润质量较差。

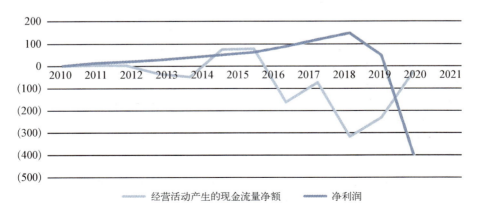

图 6-10　华夏幸福的经营活动产生的现金流量净额和净利润的比较图(单位:亿元)

第三节　现金流量表主表及其分析

本节对现金流量表的主表进行分析,第四节分析现金流量表的附表。

一、现金流量表主表

(一) 基本结构

主表采用直接法编制。表 6-2 给出了 9 家代表性公司的现金流量表主表。从科目上看,现金流量表的科目数很多,但从分类看,逻辑其实还是比较简单。

在直接法下,现金流量表分别列示三类活动的现金流。分别以 O、I、F 代表经营活动、投资活动和筹资活动,"+"和"−"表示流入和流出。

净经营现金流(NOCF)等于经营活动现金流入减去经营活动现金流出,即:

$$NOCF = O^+ - O^- \qquad (6-1)$$

净投资现金流(NICF)等于投资活动现金流入减去投资活动现金流出,即:

$$NICF = I^+ - I^- \qquad (6-2)$$

净筹资现金流(NFCF)等于筹资活动现金流入减去筹资活动现金流出,即:

$$NFCF = F^+ - F^- \qquad (6-3)$$

总净现金流(NCF)入等于上面三者之和,即:

$$NCF = NOCF + NICF + NFCF \qquad (6-4)$$

总净现金流加上汇率对现金的影响(NEXCF),就得到当期现金和现金等价物的净增加额,即:

$$\Delta Cash = NCF + NEXCF \qquad (6-5)$$

最后两行是期初和期末的现金和现金等价物金额,这两行的数值为"存量"。该表的其他科目都是流量。这两者的差额等于前面的现金和现金等价物的净增加额。在表中的倒数第三行呈现。这就是非金融公司的现金流量表的基本结构。

但从表 6-2 可以看到,贵州茅台和美的集团在经营性现金流的流入和流出部分都有非零的金融企业科目,如"客户存款和同业存放款项净增加额""收取利息和手续费净增加额"和"客户贷款及垫款净增加额"。这是因为这两家公司有并表的金融行业子公司,所以需要披露。如果不包含金融行业的子公司,就不会出现上述科目。

现金流量表本身并不是一张独立的表,其中的科目都是在资产负债表和利润表的基础上计算出来的。因为现金流量表中的科目是"流量"变量,所以它的科目数额是以同为"流量"变量的利润表为基础,调整基于"存量"的资产负债表的变化量而得到。存量科目的期末相对期初的变化量可视为"流量"变量,可与流量表的科目进行加减合并。存量科目本身不能直接与流量科目相加减。

表6-2 九家代表性公司的现金流量表及其结构

(单位：亿元)

	600900.SH	600115.SH	000002.SZ	002594.SZ	600519.SH	603288.SH	600276.SH	002352.SZ	000333.SZ
	长江电力	中国东航	万科A	比亚迪	贵州茅台	海天味业	恒瑞医药	顺丰控股	美的集团
经营活动产生的现金流量：									
销售商品、提供劳务收到的现金	628.61	723.59	4 640.51	2 026.66	1 193.21	284.77	250.24	2 120.73	3 104.9
收到的税费返还		0.12		48.55		0.13	1.67	1.62	99.68
收到其他与经营活动有关的现金	7.01	108.38	201.65	58.97	16.44	2.32	4.85	904.71	66.01
经营活动现金流入（金融类）					106.57			0.10	20.69
保户储金净增加额									
客户存款和同业存放款项净增加额					75.11				
向中央银行借款净增加额									
向其他金融机构拆入资金净增加额								0.10	
收取利息和手续费净增加额					31.46				1.79
经营活动现金流入小计	635.62	832.09	4 842.16	2 134.19	1 316.21	287.22	256.77	3 032.61	3 304.15
购买商品、接受劳务支付的现金	110.95	468.98	3 606.04	1 043.99	77.46	161.19	10.26	1 566.12	2 092.16
支付给职工以及为职工支付的现金	28.03	228.94	185.94	287.6	100.61	14.35	71.45	283.42	320.96
支付的各项税费	131.23	22.32	601.03	78.05	446.1	29.19	17.75	54.62	156.13
支付其他与经营活动有关的现金	8.08	54.93	408.01	69.88	43.69	19.26	115.12	974.88	342.26

续 表

	600900.SH	600115.SH	000002.SZ	002594.SZ	600519.SH	603288.SH	600276.SH	002352.SZ	000333.SZ
	长江电力	中国东航	万科A	比亚迪	贵州茅台	海天味业	恒瑞医药	顺丰控股	美的集团
经营活动现金流出（金融类）					12.07				41.64
客户贷款及垫款净增加额					4.84				40.62
存放央行和同业款项净增加额					5.59				
支付原保险合同赔付款项的现金									
支付手续费的现金					1.63				1.01
支付保单红利的现金									
经营活动现金流出小计	278.30	775.17	4 801.03	1 479.52	675.92	223.99	214.58	2 879.04	2 953.24
经营活动产生的现金流量净额	357.32	56.92	41.13	654.67	640.29	63.24	42.19	153.58	350.92
投资活动产生的现金流量：									
收回投资收到的现金	1 402.53	2.88	8.56	2.04	0.06	61.17	140.45	12.39	1 216.28
取得投资收益收到的现金	19.74	1.04	59.57		0.01	1.72	2.60	4.90	56.48
处置固定资产、无形资产和其他长期资产收回的现金净额	0.22	38.54	0.64	8.26	0.02	0.17	0.16	1.47	3.36
处置子公司及其他营业单位收到的现金净额		1.17	36.10	2.22				23.38	1.88
收到其他与投资活动有关的现金	87.39		59.00	114.69	0.10	6.04		1 254.85	

续表

	长江电力 600900.SH	中国东航 600115.SH	万科A 000002.SZ	比亚迪 002594.SZ	贵州茅台 600519.SH	海天味业 603288.SH	恒瑞医药 600276.SH	顺丰控股 002352.SZ	美的集团 000333.SZ
投资活动现金流入小计	1 422.49	131.02	163.87	127.22	0.19	69.10	143.20	1 296.99	1 278.01
购建固定资产、无形资产和其他长期资产支付的现金	34.74	108.07	95.78	373.44	34.09	10.31	16.65	191.96	68.25
投资支付的现金	1 453.41	1.40	152.50	35.27	21.50	108.05	132.02	6.56	1 053.47
取得子公司及其他营业单位支付的现金净额			172.43					90.44	20.29
支付其他与投资活动有关的现金			5.97	172.56	0.23			1 179.35	
投资活动现金流出小计	1 488.15	109.47	426.67	581.26	55.82	118.36	148.67	1 468.30	1 142.02
投资活动产生的现金流量净额	−65.65	21.55	−262.81	−454.04	−55.62	−49.25	−5.46	−171.31	136.00
筹资活动产生的现金流量:									
吸收投资收到的现金	1.55	111.03	387.94	373.14			3.42	237.95	15.51
其中：子公司吸收少数股东投资收到的现金	1.55	2.83	387.94			1.43	3.42	38.85	0.63
取得借款收到的现金	780.54	1 152.33	1 072.36	328.72					160.34
收到其他与筹资活动有关的现金	11.60	6.86				4.42		0.08	5.61
发行债券收到的现金		113.86	149.77						30.00

续　表

	600900.SH	600115.SH	000002.SZ	002594.SZ	600519.SH	603288.SH	600276.SH	002352.SZ	000333.SZ
	长江电力	中国东航	万科A	比亚迪	贵州茅台	海天味业	恒瑞医药	顺丰控股	美的集团
筹资活动现金流入差额（特殊报表科目）								444.68	
筹资活动现金流入小计	793.69	1 384.08	1 610.07	701.86		5.85	3.42	682.71	211.45
偿还债务支付的现金	803.88	1 188.42	1 145.94	498.79		1.31		272.48	182.25
分配股利、利润或偿付利息支付的现金	200.08	52.44	415.64	26.19	264.76	33.42	10.66	23.80	128.94
其中：子公司支付给少数股东的股利、利润	0.27		147.12	1.86	22.40				4.27
支付其他与筹资活动有关的现金	73.54	168.48	47.31	5.25	0.88	0.24	2.74	174.23	152.30
筹资活动现金流出差额（特殊报表科目）			232.22	11.00					60.00
筹资活动现金流出小计	1 077.50	1 409.34	1 841.11	541.24	265.64	34.96	13.40	470.51	523.50
筹资活动产生的现金流量净额	-283.81	-25.26	-231.04	160.63	-265.64	-29.11	-9.98	212.20	-312.05
汇率变动对现金的影响	-0.86	-0.22	3.17	-0.44	-0.02	-0.03	-0.17	-0.99	-4.85
现金及现金等价物净增加额	7.01	52.99	-449.54	360.81	319.00	-15.16	26.57	193.47	170.02
期初现金及现金等价物余额	92.24	76.51	1 856.62	137.38	1 467.41	155.17	104.63	154.66	235.49
期末现金及现金等价物余额	99.25	129.50	1 407.08	498.20	1 786.41	140.01	131.20	348.14	405.50

（二）经营活动的现金流

1. 科目编制方法

在直接法中经营活动产生的现金流量的核算从利润表的科目开始，调整与经营活动有关科目的增减变动而得到。

以现金流量表中第一个科目"销售商品、提供劳务收到的现金"为例。这是现金流入中最重要的科目。该科目在利润表"营业收入"的基础上进行若干调整计算出来。计算公式如下：

$$\text{销售商品、提供劳务收到的现金} = \text{营业收入} \times (1+\text{增值税率}) - \text{应收类科目净增加}$$
$$- \text{计提应收科目的信用减值损失}$$
$$+ \text{合同负债的增加} + \text{其他} \tag{6-6}$$

首先，按照我国的增值税规定，销售商品、提供劳务收到的现金中包含了增值税，因此需要加入增值税。计算中可能遇到的问题是，由于公司不同产品对应不同的增值税，外部人可能无法准确计算。

按照权责发生制原则，在本期确认的营业收入在没收到现金时，计入应收类科目。应收类科目包含应收账款、合同资产、应收票据和应收款项融资。因此，本期应收类科目的增加表明收入实现但是没有收到现金，所以该增量应该从现金流入中减去。反之，如果应收类科目减少，表明本期收回了上期的应收类科目，有现金净流入，应该加回。四个应收类科目可能存在有增、有减的情况，因此计算四者之和的净增加。计提的信用减值损失减少了应收类科目余额，但没有对应的现金流入，应该减去。

合同负债不算入本期确认的收入，但是对应本期现金流入，应该加上。

下面还是以海天味业2021年的年报为例，看如何计算现金流量表中的"销售商品、提供劳务获得的现金"。

表6-3的a—f行给出了计算所需要的相关数据，包括营业收入、增值税率和相关资产负债科目的变化值。因此：

$$\text{销售商品提供劳务获得的现金1(g行)}$$
$$= \text{营业收入} \times (1+\text{增值税率}) - \text{应收类科目净增加}$$
$$- \text{计提的应收科目的信用减值损失} + \text{合同负债的增加}$$
$$= 250.04 \times (1+13\%) - 0.15 - 0 - 0.03 + 2.57 = 284.94(\text{亿元})$$

表6-3 销售商品提供劳务获得的现金的科目计算

科目	标识字母	数值（亿元）	备注
营业收入	a	250.04	
增值税率	b	13%	少部分产品为9%和6%
应收账款和合同资产款加	c	0.15	

续　表

科　　目	标识字母	数值（亿元）	备　　注
应收票据增加	d	0	
计提的应收类信用减值损失	e	0.03	
合同负债增加	f	2.57	
销售商品提供劳务获得的现金1	g	284.94	a×(1+b)−c−d−e+f
销售商品提供劳务获得的现金2	h	284.77	现金流量表第一行抄过来
误差率	i	0.06%	(g−h)/h

"销售商品提供劳务获得的现金2"（h行）是直接从现金流量表的第一行抄过来的数据，等于284.77亿元，两者存在1 700万元的差异。误差的主要原因是公司少部分产品因为销售税收减免政策，增值税率为9%和6%，导致实际的销售商品提供劳务获得的现金低于根据13%的增值税率计算出来的销售商品提供劳务获得的现金。

两者的误差率＝$\frac{销售商品提供劳务获得的现金1-销售商品提供劳务获得的现金2}{销售商品提供劳务获得的现金2}$＝$\frac{(284.94-284.77)}{284.77}$＝0.06%（i行），误差率非常小，可以接受。

同理，现金流量表中另外一个重要的科目"购买商品、接受劳务支付的现金"是在利润表"营业成本"的基础上进行若干调整计算出来的。公式如下：

购买商品、接受劳务支付的现金＝营业成本×(1+增值税率)
　　　　　　　　　　　　　−应付账款和应付票据的增加＋存货的增加
　　　　　　　　　　　　　＋预付账款的增加＋其他　　　　　　　(6-7)

建议读者自己动手进行计算，以加深对现金流量表的理解。

2. 分析

可以使用下面三个比率来分析公司的收入、成本费用和净利润对应的现金收支水平，分别是营业收入收现率、成本费用付现率和净利润现金率。

$$营业收入收现率＝\frac{销售商品提供劳务获得的现金}{1.13×营业收入} \quad (6-8)$$

营业收入收现率在公司扩张期会小于1，之后会逐渐到1左右。

$$成本费用付现率＝\frac{\frac{采购商品、接受劳务支付的现金}{1.13}+支付给职工以及为职工支付的现金}{营业成本＋税金及附加＋销售费用＋管理费用＋研发费用} \quad (6-9)$$

成本费用付现率在公司经营初期大于1，之后会逐渐到1左右，如果对供应商相对强势，该指标可能会小于1。上述两个公式除以1.13，是要扣除现金中包含的增值税。

$$\text{净利润现金率} = \frac{\text{经营活动净现金流入}}{\text{净利润}} \tag{6-10}$$

该比率大于1,说明净利润质量较好。在计算中,如果分子或者分母为负数,指标的经济含义不大。

(三)投资活动的现金流

投资活动分为战略性投资与理财性投资,此时主要看投资活动现金流出。前者对应图 6-1 的 I_1^- 和 I_2^-,后者对应图中的 I_3^-。

1. 战略性投资

战略性投资活动在财务报表分析中占据十分重要的地位,它是公司战略在财务报表中最直接的体现。

(1)长期经营资产投资。

公司对长期经营资产的投资是战略投资的主要部分。长期经营资产代表一家公司的生产经营能力和规模,一家公司选择什么样的行业,就必须有该行业相匹配的长期经营资产。例如,中国东航在航空运输行业发展,它必须有飞机;比亚迪主要生产电动汽车和新能源电池,它必须有相关的机器设备。长期经营资产具有专用属性,一旦构建则很难用于其他用途,因此长期经营资产决定了公司在未来相当长一段时期的所处行业和经营特征。长期资产的投资决策具有重大意义。

首先,计算公司在长期经营资产上的净投资,计算方法如下:

$$\text{长期经营资产净投资} = \text{购置固定资产、无形资产和其他长期资产所支付的现金} - \text{处置固定资产、无形资产和其他长期资产所收到的现金} \tag{6-11}$$

长期经营资产净投资也被称为"资本支出",这是一个非常重要的概念。

其次,公司对在长期经营资产的投资,可进一步细分为维持性(maintenance)投资和扩张性(expansion)投资两个部分。前者是指使得现有资产能够维持企业当前生产经营水平所需要的净投资,后者是指用于购买新的资产或扩大现有资产规模的投资。这两个数据在公司预算时非常重要,但一般不会在财务报表中披露。建议采用公司当年的长期资产的折旧和摊销来近似地表示维持性投资:

$$\text{长期经营资产的维持性投资} = \text{公司当年在长期资产上的折旧和摊销} \tag{6-12}$$

折旧和摊销是长期资产在使用过程中被消耗的程度。因此,公司每年需要大概需要投入数值等于折旧和摊销的新增投资来维系公司的生产能力。

这样,长期经营资产的扩张性投资为:

$$\text{长期经营资产的扩张性投资} = \text{长期经营资产净投资} - \text{公司当年在长期资产上的折旧和摊销} \tag{6-13}$$

当长期经营资产的扩张性投资远远大于0,表明公司采用了扩张战略。如果该数值远远小于0,表明公司采用了收缩战略。如果该数值接近0,表明公司采用了维持战略。

当长期经营资产的扩张性支出大于0时,还可以计算长期资产的扩张性资本支出占比,该占比等于(长期经营资产净投资-公司当年在长期资产上的折旧和摊销)/长期经营资产净投资。

(2) 并购投资。

公司的战略投资的第二个重要内容是对子公司以及联营和合营公司的投资。公司在当年的并购投资规模等于：

$$\text{并购投资规模} = \text{取得子公司以及其他营业单位支付的现金净额} - \text{处置子公司以及其他营业单位支付的现金净额} \quad (6-14)$$

如果该数值较大，就需要在年报中查找并购相关信息，包括并购标的所在的行业是否和公司一致？是否上下游关系？是否在战略上具有协同效应？当然，也应该关注并购价格和标的公司的未来经营状况分析。

将公式(6-13)和(6-14)相加，得到公司的总战略投资：

$$\text{总战略投资} = \text{长期经营资产净投资} + \text{并购投资} \quad (6-15)$$

2. 理财性投资

理财性投资是指公司利用闲散资金的金融投资行为，一般和公司战略关系不大。在收回投资收到的现金、取得投资收益收到的现金、收到其他与投资活动有关的现金、投资支付的现金和支付其他与投资活动有关的现金这几个科目较多的公司中，有较多余钱的公司一般会进行理财性投资。这些金融资产形成了公司的闲散资金池，也可以快速变现。应该注意，"收回投资收到的现金"科目中包含了收回长期股权投资，计算时应从理财性投资剔除。

(四) 筹资活动的现金流

公司的筹资活动分为债权融资和股权融资。和债权融资对应的科目为取得借款收到的现金、发行债券收到的现金和偿还债务支付的现金。和股权融资对应的科目为吸收投资收到的现金。将对应的流入科目减去流出科目，就可到两类融资方式的净融资额。

应该注意，"分配股利、利润或偿付利息支付的现金"这个科目比较特殊，它把支付给股权投资人和债权投资人的投资收益合并到一起了。建议根据公司年报的说明，把分别对应债权投资和股权投资的部分拆分开来。

专栏 6-1

新准则对现金流量表的影响

一、合同资产科目

在新收入准则下，除了应收账款科目外，还新增了合同资产科目。和应收账款科目不同，合同资产反映企业已向客户转让商品而有权收取对价的权利，且该权利取决于时间流逝之外的其他因素。而应收款项反映的是企业无条件收取合同对价的权利。两者均反映了已确认收入但尚未收取对价的权利。

因此，在现金流量表的编制中，在合同资产或其他非流动资产科目中列报的事项，其变动额对销售商品提供劳务收到的现金产生影响。其处理和应收账款类似。如本期增加，则反映本期有部分款项尚未收到，应作为销售商品提供劳务收到的现金的抵减项。如本期减少，则反映本期有前期已确认的合同资产已收到，应作为销售商品提供劳务收到的现金的增加项。在附表中，应作为经营性应收项目的变动予以调整。

二、合同负债及其他非流动负债

合同负债是指企业已收或应收客户对价而应向客户转让商品的义务。在销售商品、提供劳务过程中预收的款项通过合同负债科目核算。并根据其流动性,分别在资产负债表中的合同负债及其他非流动负债科目下列报。该科目的变动,应类似于旧收入准则下的预收款项科目。如本期增加,则反映本期有部分款项已经收到,应作为销售商品提供劳务收到的现金的增加项。如本期减少,则反映本期有前期预收的款项已于本期结转入收入,应作为销售商品提供劳务收到的现金的抵减项。在附表中,应作为"经营性应收项目的变动"予以调整。

三、其他不影响现金流量的事项

合同资产如果计提了减值准备,在资产负债表中均以减去减值准备后的余额予以列报。合同履约成本和合同取得成本发生减值减损,应计提减值,随后价值回升,已计提的减值应当转回。计提的减值准备均不影响现金流量,但应在附表中进行调整。

(五)对经营活动、投资活动和筹资活动的理解

经营活动、投资活动和筹资活动这三类活动的影响、时间和发生逻辑不同,下面进行进一步的解释。

其一,三类活动对公司价值的影响力不同。经营活动和战略性投资活动对公司价值的影响是至关重要的,对应到资产负债表,它们生成"净营运资本"和"长期经营类资产",对应到利润表,它们产生"经营利润"。因此,它们对公司的影响是"第一性"的。

理财性投资活动和筹资活动对公司价值的影响则相对较低,是"第二性的"。对应到资产负债表,它们生成"货币资金"和"金融投资类资产",对应到利润表,它们产生"投资收益""财务费用"或"公允价值变动收益"等。分析时的重点是前两种创造核心价值的活动。

其二,三类活动的现金流流入流出时间不同。如图6-11所示,筹资活动的现金流入最早发生(图中①所示),到公司内部以货币资金存在,然后货币资金以经营活动流出和投资活动流出的方式转化为净营运资产、长期营运资产和长期股权投资,多余的资金投入到金融资产(图中②所示)。净经营资产和长期营运资产一起产生了经营活动现金的流入,而长期股权投资和金融资产产生了投资现金的流入(图中③所示)。这两类现金流入回到货币资金。然后根据下期的投资和经营的现金流出,确定下期的筹资活动的现金流。如果有多余的现金,可以回馈给股东和债权人(图中④所示)。

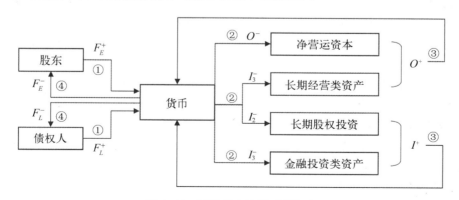

图6-11 三类现金流的时间顺序

投资活动和经营活动现金流的流出时间早于流入时间,而筹资活动的现金流入时间早于流出时间。公司和投资者都是通过资金在时间上的配置,获得各自的回报。这体现了"投资"的本质特征,都是为了换取未来的收益而在现在投入资金。

其三,三类活动的现金流的发生逻辑不同。

投资活动中的现金流出是公司主动决定的。这是唯一由公司自己主动控制的现金流,其时间选择和力度选择是其战略管理能力的集中体现。一旦投资流出确定以后,之后的经营活动和投资活动的现金流入就受到外部环境的影响,存在一定风险。

经营活动现金流是存在弹性的"外生变量"。一般而言,在竞争格局稳定的情况下,经营活动所产生的现金流在很大程度上由竞争环境决定。例如,海天对其产品酱油不能随意定价,需要根据消费者的接受程度和竞争者的定价来决定。而其主要成本黄豆也存在市场化的外部市场,而销售数量也受到消费者偏好和竞争者的定价的影响,因此经营活动现金流基本上是"外生的"。但这种外生性并不是绝对的,而是存在一定弹性。公司可以推出新产品、提高售价来增加现金流入,或者降低各项耗费、提高效率来降低现金流出。

筹资活动更加是被动决定的。它是根据前两者的数值和方向而"被决定的"。基本的原则是筹资活动的现金流方向和大小应该平衡前两种现金流,从而使得公司的现金存量基本保持稳定。公司财务主管的主要工作就是决定筹资金额和方向。大多数情况下,如果净经营现金流入小于净投资现金流出,公司现金短缺,则筹资活动应为净流入,如发债、发行股票等。如果净经营现金流入大于净投资现金流出,则公司有多余的现金,筹资活动应为净流出,可以偿还利息、本金和发放红利等。

二、公司的三类现金流与生命周期的关系

公司的现金流受到公司生命周期的重要影响。可以将公司生命周期分为创业期、成长期、成熟期和衰退期。三类现金流的变化和生命周期的关系如图 6-12 所示。这张图对于理解公司的现金流的动态演变非常重要。

在创业期,公司业务处于开创阶段,需要大量经营现金流出。只要公司一开张,就必然有工资和租金等各项费用,但此时产品和服务还没有被市场接受,销售额较小,经营活动不能带来正的现金流。同时,开创期也必须配套相应的投资现金流出。前两类现金流都是净流出,外部筹资是首要甚至是唯一的来源。此时,公司风险很大,一般没有上市,只有那些看好公司未来的收入和盈利的风险投资家才愿意为公司提供资金。

进入成长期后,公司营业收入大幅增加,经营性现金流渐渐转正。由

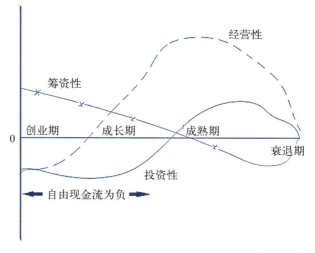

图 6-12 三类现金流的正负变化与公司生命周期示意图

于未来市场看好,需要追加更多的投资,经营活动产生的现金流入不能满足投资的巨大需求,仍需要借助于外部筹资,但筹资需求相对创业期已经下降。

进入成熟期后,公司经营现金流充沛,投资机会减少,投资现金流为正,这时,筹资现金流转为负,具体表现为公司加快偿还银行贷款、回购股票、提高分红等。

进入衰退期时,公司经营现金流下降;投资活动和筹资活动也都下降。

在股票市场中,大多数股票处于成长期,少部分股票处于成熟期。公司的成长期是投资的黄金期。相对而言,市场不偏好成熟期的公司。进入成熟期后,公司成长速度缓慢、活力下降,这是公司管理者所不愿意看到的,但公司业务的生命周期是客观规律,毕竟成长期只能维持有限的时间,大多数产品和服务都会从成长期进入成熟期。这种转变在高科技公司中非常突出。考虑到公司是长期经营的,这就需要管理者在自己的产品线和服务系列中不断推出新的高增长的产品和服务来维系公司的成长性。

三、现金流的"八态"

(一)静态分析

根据三类活动产生的现金流量净额的正负号的不同组合,可以把公司的现金流状态分为以下八类。

(1)净经营现金流为正,净投资现金流为正,净筹资现金流为正。这种公司主营业务在现金流方面能自给自足,投资方面收益状况良好,但仍然进行融资,如果没有新的投资机会,可能会造成资金的浪费,这种情况比较少见。

(2)净经营现金流为正,净投资现金流为正,净筹资现金流为负。这种公司经营和投资良性循环,筹资活动的现金流量净额为负数是由于偿还借款和利息所引起,不足以威胁企业的财务状况。

(3)净经营现金流为正,净投资现金流为负,净筹资现金流为正。这种公司经营状况良好,通过筹集资金进行投资,企业往往是处于扩张时期,具有一定的风险,这时应着重分析投资项目的盈利能力。

(4)净经营现金流为正,净投资现金流为负,净筹资现金流为负。这种公司经营状况虽然良好,但企业一方面在偿还以前的债务,另一方面要继续投资,所以应随时关注经营状况的变化,防止财务状况恶化。

(5)净经营现金流为负,净投资现金流为正,净筹资现金流为正。这种公司靠借钱维持生产经营的需要,财务状况可能恶化,应着重分析投资活动现金净流入是来自投资收益还是收回投资,如果是后者,企业的形势将非常严峻。

(6)净经营现金流为负,净投资现金流为正,净筹资现金流为负。经营活动现金流已经发出危险信号,如果投资活动现金流入主要来自收回投资,则企业将处于破产的边缘,需要高度警惕。

(7)净经营现金流为负,净投资现金流为负,净筹资现金流为正。企业靠借债维持日常经营和生产规模的扩大,财务状况很不稳定。如果是处于初创期的企业,一旦渡过难关,可能有发展;如果是成长期或成熟期的企业,则非常危险。

(8) 净经营现金流为负,净投资现金流为负,净筹资现金流为负。这种类型的企业财务状况危急,必须及时扭转。这样的情况往往发生在扩张时期,由于市场变化导致经营状况恶化,加上扩张时投入了大量资金,会使企业陷入进退两难的境地。

从表 6-2,可以看出,这 9 家代表性公司的净经营现金流都为正。其中,"正负负"的公司最多,包括长江电力、万科、贵州茅台、海天味业、恒瑞医药。"正负正"的公司有两家,比亚迪和顺丰,"正正负"的公司有中国东航和"美的集团"。

我们进一步对 A 股所有非金融上市公司的 2020 年和 2021 年现金流的状态进行分类统计,分布结果如表 6-4 所示。

表 6-4 现金流量表八态的经济含义和 A 股非金融公司的占比(2020 年和 2021 年)

	净经营现金流	净投资现金流	净筹资现金流	判　　断	2020 年	2021 年
(1)	＋	＋	＋	经营挣钱,不投资,还要筹资。积累了一大堆钱。可能资金浪费,少见	2.80%	1.42%
(2)	＋	＋	－	良性,注意 I+是在变卖资产还是分红或者派息。后者表明公司在成熟期,类似母鸡下蛋	13.11%	10.97%
(3)	＋	－	＋	用经营和筹资的钱去追加投资,类似蛮牛,扩张期,有一定风险,最多见。	35.36%	30.39%
(4)	＋	－	－	用经营获得的现金来投资和还款,属于优质奶牛	33.51%	36.24%
(5)	－	＋	＋	经营不挣钱,靠投资收益和借钱来维持。	1.88%	2.79%
(6)	－	＋	－	经营活动亏钱,但之前的融资需要偿还,靠投资收回资金。或者变卖资产,坐吃山空。	3.55%	3.39%
(7)	－	－	＋	经营活动在亏损,还在追加投资。资金来源为筹资。风险较大,也有可能是行业特征。	7.73%	11.45%
(8)	－	－	－	困境,不能维系,少见。	2.05%	3.35%

从表 6-4 可以看出:

(1) A 股非金融公司中,2020 年和 2021 年的净经营现金流为正的 4 个状态(1)—(4)的比例之和分别为 84.78% 和 79.02%,净经营现金流的后 4 个状态(5)—(8)的比例和分别为 15.21% 和 20.98%。这表明大多数公司在经营中可获得正现金流。

(2) 2020 年和 2021 年的净投资现金流为正的 4 个状态(1)(2)(5)(6)的比例之和分别为 21.34% 和 18.57%,净投资现金流为"负"的 4 个状态(3)(4)(7)(8)的比例和分别为 78.65% 和 81.43%。这表明大多数公司需要在投资活动中增加新的投资来维系公司的未来增长。公司普遍表现出增长期的特点。

(3) 净经营现金流为正且净投资现金流为负的状态(3)和状态(4)的占比最高,2020

年和2021年两者之和分别为68.87%和66.63%,表明正的经营活动现金流和负的投资活动现金流是大多数公司的状态。此时,公司从经营活动中交易获得正的现金,投入到长期资产中,获得未来的发展。

（4）状态(2)和状态(7)的占比也比较高。前者是成熟期企业的状态,后者是成熟期公司遇到阻力后的状态。

（5）状态(1)和状态(8)占比较低,显然也无法长期持续。

（二）动态分析

公司的现金流状态并非一成不变,随着时间的推移,会因为宏观面因素和公司内部因素及其他的一些因素而发生相应变化。因此可以观察现金流的动态变化。表6-5利用转移概率矩阵展示了A股非金融上市公司的现金流状态从2020年到2021年的概率转移矩阵。

表6-5　2020—2021年中国上市公司现金流状态转移矩阵

	(1) +++	(2) ++-	(3) +-+	(4) +--	(5) -++	(6) -+-	(7) --+	(8) ---	总和
(1) +++	0.03%	0.28%	0.60%	1.23%	0.03%	0.08%	0.30%	0.28%	2.80%
(2) ++-	0.20%	3.10%	1.78%	5.66%	0.40%	0.68%	1.05%	0.25%	13.11%
(3) +-+	0.45%	2.63%	12.71%	12.76%	0.70%	0.90%	3.93%	1.28%	35.36%
(4) +--	0.38%	4.38%	8.08%	16.14%	0.63%	0.88%	2.08%	0.95%	33.51%
(5) -++	0.05%	0.30%	0.33%	0.25%	0.23%	0.18%	0.38%	0.18%	1.88%
(6) -+-	0.08%	0.85%	0.48%	0.65%	0.20%	0.55%	0.50%	0.25%	3.55%
(7) --+	0.10%	0.65%	1.75%	1.43%	0.70%	0.50%	2.00%	0.60%	7.73%
(8) ---	0.08%	0.30%	0.15%	0.70%	0.15%	0.20%	0.28%	0.20%	2.05%
总和	1.35%	12.49%	25.88%	38.81%	3.03%	3.95%	10.51%	3.98%	100%

如表6-5所示,第i行第j列的元素,表示公司现金流从2020年的状态i变化到2021年的状态j的概率。例如,第1行"＋＋＋"第1列"＋＋＋"的元素为0.03%,表示2020年现金流状态为"＋＋＋"的公司中有0.03%的公司在2021年仍保持为"＋＋＋",这在所有上市公司中的占比非常低。2020年状态(1)"＋＋＋"的公司在下一年大多变成什么状态了呢?可以观察第一行中的最大数,为第4列"＋－－"的那个数,即1.23%。方形矩阵的对角线数据,是现金流状态保持不变的公司数。

为了便于理解,还可以用第i行第j列的元素除以第i行的和,这样就可以直接看出在某个给定状态下的向任一状态转移的概率。表6-6给出了结果。

表 6-6　2020—2021 年中国上市公司现金流状态转移矩阵 2

	(1) ＋＋＋	(2) ＋＋－	(3) ＋－＋	(4) ＋－－	(5) －＋＋	(6) －＋－	(7) －－＋	(8) －－－	(1)— (4)	(5)— (8)	基础 概率
(1)＋＋＋	0.89%	9.82%	21.43%	43.75%	0.89%	2.68%	10.71%	9.82%	75.89%	24.11%	2.80%
(2)＋＋－	1.53%	23.66%	13.55%	43.13%	3.05%	5.15%	8.02%	1.91%	81.87%	18.13%	13.11%
(3)＋－＋	1.27%	7.43%	35.95%	36.09%	1.98%	2.55%	11.11%	3.61%	80.75%	19.25%	35.36%
(4)＋－－	1.12%	13.07%	24.12%	48.17%	1.87%	2.61%	6.20%	2.84%	86.48%	13.52%	33.51%
(5)－＋＋	2.67%	16.00%	17.33%	13.33%	12.00%	9.33%	20.00%	9.33%	49.33%	50.67%	1.88%
(6)－＋－	2.11%	23.94%	13.38%	18.31%	5.63%	15.49%	14.08%	7.04%	57.75%	42.25%	3.55%
(7)－－＋	1.29%	8.41%	22.65%	18.45%	9.06%	6.47%	25.89%	7.77%	50.81%	49.19%	7.73%
(8)－－－	3.66%	14.63%	7.32%	34.15%	7.32%	9.76%	13.41%	9.76%	59.76%	40.24%	2.05%
总　和	0.89%	9.82%	21.43%	43.75%	0.89%	2.68%	10.71%	9.82%			100%

由于经营性现金流的正负状态是最为关键的变量,因此将前四种状态的概率和后四种状态的概率分别求和。倒数第二列和第三列给出了经营现金流为正的前 4 种状态和经营现金流为负的前 4 种状态的概率之和。

可以看出,2020 年的净经营现金流为正的公司在下一年的净经营现金流仍为正的概率大概在 80%,其中"正负负"的概率最高,为 86.48%。

同样地,2020 年的净经营现金流为负的公司在下一年的净经营现金流仍为负的概率大概只有 50%,这表明经营活动现金流为负的公司非常有动力让自己的净经营现金流在下期转正。其中,大概有一半公司能成功脱离"净经营现金流为负"的状态。其中"负负负"的概率最高,为 59.76%。考虑到"负负负"的基础概率只有 2.05%,因此其影响不大。在后 4 行中,基础概率最高的"负负正"状态,在下一年转为正的经营活动净现金流的概率大概为 50%。

对往年的现金流状态分布和转移概率的计算结果表明,年度间虽存在差异,但主要的特点保持稳定。

在保持持续良好发展经营能力方面,现金流的八分状态可为基本面投资者的投资决策提供一个利用现金流量表预测企业未来发展趋势的股票价值评估新视角。

第四节　现金流量表附表及其分析

一、现金流量表附表

现金流量表附表采用间接法编制。附表关注的是经营活动产生的现金流量净额和净利润的差异。以净利润为起点,调整相关资产负债科目,调整不涉及现金的收入、费用、营业外收支等相关科目,并剔除投资活动和筹资活动对现金流量的影响,得到经营活动产生的现金流量净额。

间接法的科目如表6-7所示。间接法的科目数远远小于直接法,因此其编制成本较低。但是对其经济含义的理解却颇有难度。理解中的关键需要把握从起点到终点的各调整科目的经济含义和符号方向。关键的是,以经营活动净现金流为基准,在计算净利润的过程中"多"加了或者多"减"了什么科目,在调整时就需要"反向操作",把对应的科目减回来或者加回来。

表6-7 现金流量表的间接法

编号	科目	调整科目的分类
1	净利润	
2	加:资产减值准备	Non_op_loss
3	信用减值损失	Non_op_loss
4	固定资产折旧、油气资产折耗、生产性生物资产折旧	DA
5	无形资产摊销	DA
6	使用权资产折旧	DA
7	长期待摊费用摊销	DA
8	待摊费用减少	$-dCA$
9	预提费用增加	dCL
10	处置固定资产、无形资产和其他长期资产的损失	Non_op_loss
11	固定资产报废损失	Non_op_loss
12	公允价值变动损失	Non_op_loss
13	财务费用	Non_op_loss
14	投资损失	Non_op_loss
15	递延所得税资产减少	$-dCA$
16	递延所得税负债增加	dCL
17	存货的减少	$-dCA$
18	经营性应收科目的减少	$-dCA$
19	经营性应付科目的增加	dCL
20	间接法-经营活动产生的现金流量净额	
21	现金的期末余额	
22	减:现金的期初余额	

续　表

编　号	科　目	调整科目的分类
23	加：现金等价物的期末余额	
24	减：现金等价物的期初余额	
25	间接法-现金及现金等价物净增加额	

具体计算方法如下：

经营活动产生的现金流量净额 ＝ 净利润＋非付现成本－非经营的收益－经营性资产的增加
　　　　　　　　　　　　　＋经营性负债的增加　　　　　　　　　　　　　　　　(6-16a)

也可以表示为：

经营活动产生的现金流量净额＝净利润＋非付现的成本＋非经营活动损失
　　　　　　　　　　　　　＋经营性资产的减少＋经营性负债的增加
　　　　　　　　　　　　　　　　　　　　　　　　　　　　　　(6-16b)

在表 6-7 中，第 1 行净利润为起点，第 20 行经营活动产生的现金流量净额为终点。第 2—19 行共计 18 行为调整科目。可分为下面四类。

（一）非付现成本

表格中为第 4 行到第 7 行共四项（"固定资产折旧、油气资产折耗、生产性生物资产折旧""无形资产摊销""使用权资产折旧"和"长期待摊费用摊销"），用 DA 表示。

非付现成本折旧和摊销已经计入营业成本或者费用，在净利润的计算中已扣了它们，但是它们不需要实际支付现金，所以需要加回来。

（二）非经营活动的损失

表格中的第 2 行、第 3 行、第 10 行到第 14 行，用 Non_op_loss 表示，具体包括"资产减值损失""信用减值损失""处置固定资产、无形资产和其他长期资产的损失""固定资产报废损失""公允价值变动损失""财务费用"和"投资损失"。

非经营活动的收益是计入净利润的。但现在只需要计算经营活动的净现金流，所以，如果投资活动或筹资活动产生收益或者损失，则需要扣除。应该注意，如果发生了投资收益或者营业外收入，调整的方向是扣减。如果发生了财务费用、投资损失，调整的方向是增加。

为减少加法和减法切换带来的困扰，将"减去非经营活动的收益"改述为"加上非经营活动的损失"。例如，假设某公司获得了一笔投资收益，在第 14 行中，需要填写一个负数。加上"负的损失"意味着减去一个正收益。为什么要减去这笔投资收益呢？这是因为在利润表里，这笔投资收益已算入了净利润。但现在需要计算的是经营活动产生的现金流量净额，就需要把这笔来自非经营活动的投资收益扣除。

具体而言，"资产减值损失"和"信用减值损失"，在利润表为负数时表示发生了损失（见第四章），但在此处应改为正数。"处置固定资产、无形资产和其他长期资产的损失"来自利润表的"资产处置收益"。如果该资产处置收益为负数，表示发生了处置损失，需要加一个正数。"财务费用"可直接抄上去。如果财务费用为负数,也填写这个负数,即减去一个正数。"固定资产报废损失"需要查看营业外支出的明细,如果发生了报废损失,就加上这个损失的金额,如果固定资产报废发生了收益,那就要加上一个负数。

"公允价值变动损失"或者"投资损失"是如何得到的?在利润表中没有这两个科目,它们分别是"公允价值变动收益"和"投资收益"这两个科目的负数。例如,如果某公司利润表确认了2 000万元投资收益,则投资损失为该数值的负数,为 $-2\,000$ 万元,在间接法下计算经营活动净现金流时,要加上投资损失 $-2\,000$ 万元。此处,符号容易搞反,要理解其背后的经济含义。

(三) 经营性资产的减少,用 $-dCA$ 表示

经营性资产的减少包括第8行、第15行、第17行和第18行。表中报告的是经营性资产的减少数额,这意味着,如果该经营性资产增加,在表格中会填写一个负数。这样处理也是为了避免为了加法和减法频繁切换带来的困扰。

如果经营性资产增加,在调整的时候需应减去这个增加量。联系式(6-6)和式(6-7)可知,如同应收账款这样的经营性资产的增加导致经营活动现金流入下降,存货和预付账款这样的经营性资产的增加导致经营活动现金流出增加,因此,它们都导致经营活动净现金流减少。

(四) 经营性负债的增加,用 dCL 表示

经营性负债的增加包括第9行、第16行和第19行。表中报告的是经营性负债的增加数额。如果经营性负债增加,调整时需要增加这个增加量。联系式(6-6)和式(6-7)可知,应付账款和应付票据这样的经营性负债的增加导致经营活动现金流出减少,合同负债这样的经营性负债的增加导致经营活动现金流入增加。因此,它们都导致经营活动净现金流增加。

公式(6-16b)可以重新写成:

$$NOCF = NI + DA + Non\_op\_loss - dCA + dCL \tag{6-17}$$

现金流量表的两种编制方法各有利弊。直接法便于分析公司经营活动产生的现金流量的来源和用途,预测公司现金流量的未来前景,缺点是编制成本较高。间接法便于了解净利润与经营活动产生现金流量之间差异的原因,从现金流量角度分析净利润的质量,节省大量的编制成本,缺点是编制过程不够直观,需要一定的会计基础知识才能理解。当然无论采用直接法还是间接法编制现金流量表,两者披露结果应是一致的。

二、现金流量表附表的分析

可根据式(6-17),将经营活动产生的现金流量净额和净利润的差分解为四个大类,然后分析每个类的数值的在总差值中的占比。

表6-8是9家代表性公司的现金流量表附表的数据。将经营活动产生的现金流量净额和净利润的差值($NOCF - NI$)分解为四个部分,即 DA,Non_op_loss,$-dCA$,dCL。表6-9给出了分类统计的结果,并计算了各个分项占两者差值的比例。最后一行还给出了两者差额相对净利润的比率。

观察表6-9,可发现在这9家公司中,有6家公司的经营活动产生的现金流量净额和净利润的差值为正数,3家公司为负数。

表6-8 九家代表性公司的间接法的现金流量表

(单位：亿元)

	600900.SH	600115.SH	000002.SZ	002594.SZ	600519.SH	603288.SH	600276.SH	002352.SZ	000333.SZ
	长江电力	中国东航	万科A	比亚迪	贵州茅台	海天味业	恒瑞医药	顺丰控股	美的集团
净利润	264.85	−132.84	380.70	39.67	557.21	66.71	44.84	39.19	290.15
加：资产减值准备	−0.40	0.22	35.14	8.57			0.14	0.60	4.83
信用减值损失	0.12	0.28	2.80	3.88	0.13	0.02	−0.04	5.79	3.83
固定资产折旧、油气资产折耗、生产性生物资产折旧	113.43	95.00	29.62	108.8	13.45	7.10	5.09	46.49	32.30
无形资产摊销	0.64	4.69	24.60	29.28	1.24	0.12	0.11	14.88	
使用权资产折旧	0.77	121.30	25.81	2.73	1.02	0.21		55.27	
长期待摊费用摊销	0.14	6.19	0.60	0.27	0.11	0.01	0.20	9.08	
待摊费用减少									
预提费用增加									
处置固定资产、无形资产和其他长期资产的损失	−0.14	−7.19	−0.19	1.13		−0.01	−0.03	1.96	−0.58
固定资产报废损失	0				0.12		0.02		
公允价值变动损失	−3.35	0.11	−0.04	−0.47	0.02	−1.28	−0.36	−0.99	1.66
财务费用	48.64	44.02	43.84	19.08	0.14	−5.94	0.05	15.91	−31.20
投资损失	−54.26	−0.09	−66.14	−0.32	−0.58	−0.39	−2.53	−24.07	−23.66

279

续表

	600900.SH	600115.SH	000002.SZ	002594.SZ	600519.SH	603288.SH	600276.SH	002352.SZ	000333.SZ
	长江电力	中国东航	万科A	比亚迪	贵州茅台	海天味业	恒瑞医药	顺丰控股	美的集团
递延所得税资产减少	1.43	−43.59	−57.31	−1.44	−11.14	−0.73	−0.88	0.73	−7.80
递延所得税负债增加	1.00	−0.13	0.04	1.43	−0.01	−0.02	−0.05	2.93	−6.47
存货的减少	−1.24	2.33	−383.04	−128.93	−45.25	−1.27	−6.31	−3.71	−152.02
经营性应收项目的减少	−2.39	0.30	−127.48	13.83	5.04	−0.84	−8.68	−61.96	−54.54
经营性应付项目的增加	−11.92	−33.36	132.19	555.95	118.81	−0.47	8.10	48.35	249.09
其他		−0.32		1.21			2.53		
间接法-经营活动现金流量净额差额（特殊报表科目）									
间接法-经营活动现金流量净额差额（合计平衡项目）								3.13	45.31
间接法-经营活动产生的现金流量净额	357.32	56.92	41.13	654.67	640.29	63.24	42.19	153.58	350.92
现金的期末余额	99.25	129.5	1 407.08	498.20	1 786.41	140.01	131.20	348.14	405.50
减：现金的期初余额	92.24	76.51	1 856.62	137.38	1 467.41	155.17	104.63	154.66	235.49
加：现金等价物的期末余额									
减：现金等价物的期初余额									
间接法-现金及现金等价物净增加额	7.01	52.99	−449.54	360.81	319.00	−15.16	26.57	193.47	170.02

表 6-9 九家代表性公司的间接法的现金流量表的结构分析

(单位：亿元)

	600900.SH	600115.SH	000002.SZ	002594.SZ	600519.SH	603288.SH	600276.SH	002352.SZ	000333.SZ
	长江电力	中国东航	万科 A	比亚迪	贵州茅台	海天味业	恒瑞医药	顺丰控股	美的集团
$NOCF-NI$	92.47	189.76	−339.57	615.00	83.08	−3.47	−2.65	114.39	60.77
DA	114.98	227.18	80.63	141.08	15.82	7.44	5.40	125.72	32.30
Non_op_Loss	−9.39	37.35	15.41	31.87	−0.17	−7.60	−2.75	−0.80	−45.12
$-dCA$	−2.20	−40.96	−567.83	−116.54	−51.35	−2.84	−15.87	−64.94	−214.36
dCL	−10.92	−33.49	132.23	557.38	118.80	−0.49	8.05	51.28	242.62
$DA\%$	124%	120%	−24%	23%	19%	−214%	−204%	110%	53%
$Non\_op\_loss\%$	−10%	20%	−5%	5%	0%	219%	104%	−1%	−74%
$-dCA\%$	−2%	−22%	167%	−19%	−62%	82%	599%	−57%	−353%
$dCL\%$	−12%	−18%	−39%	91%	143%	14%	−304%	45%	399%
$(NOCF-NI)/NI$	34.91%	−142.85%	−89.20%	1 550.29%	14.91%	−5.20%	−5.91%	291.89%	20.94%

($NOCF-NI$)大于 0 的公司大致可分为以下两种情况。

（1）重资产公司，包括长江电力、中国东航和顺丰控股，其主要特点是 DA 额度很大，其数值甚至超过（$NOCF-NI$）本身。例如，长江电力的折旧摊销总额高达 114.98 亿元，而其经营性净现金流和净利润的差值为 92.47 亿元，折旧摊销为经营活动产生的现金流量净额和净利润的差值的 124%。所以长江电力的经营活动产生的现金流量净额高于净利润的主要原因是巨额的折旧摊销。

（2）比亚迪、茅台和美的集团这三家公司的（$NOCF-NI$）也大于 0，但原因和上面三家公司显著不同。例如比亚迪，其经营活动产生的现金流量净额远远高于净利润，差额为 615 亿元，数值是净利润的 15.5 倍。其中，DA 只有 141.08 亿元，占两者差额的贡献为 23%，而经营性负债的增加高达 557.38 亿元，对两者差额的贡献高达 91%。所以这类公司经营活动产生的现金流量净额高于净利润的主要原因是对其上下游的占款。

（$NOCF-NI$）小于 0 的公司也可以分为以下两种情况。

（1）经营性资产增加很大的公司。万科净利润为 380.7 亿元，但其经营活动净现金流仅 41.13 亿元，（$NOCF-NI$）为 -339.57 亿元。从构成上看，万科的经营性资产增加 567.83 亿元，高达两者差值的 167%，是经营活动产生的现金流量净额小于净利润的主要原因。房地产企业的主要经营性资产为存货，购置土地的大笔现金支出都计入存货，是万科经营活动产生的现金流量净额小于净利润的主要原因。这是我国房地产企业的共同特征。

（2）海天味业和恒瑞医药这两家公司具有类似的特点，2021 年的（$NOCF-NI$）也小于 0，但应该注意，（$NOCF-NI$）相对净利润的比率只有 5% 左右，这意味着经营活动产生的现金流量净额和净利润非常接近。差额不大的公司需要观察之前年份的数据，理解负差异是暂时性的还是长期的趋势。

第五节　现金流量表的重要财务指标

和现金流量表相关的财务指标主要有三个：资本支出、应计利润和自由现金流。应该注意的是，现金流量表本身不独立，其中的各个科目都是从资产负债表和利润表中计算出来的。所以原则上，和现金流量表相关的这几个财务指标都是可以从前两张表计算出来的，因此它们都有两种计算方法。不过，因为它们看上去与现金流更相关，且同时和资产负债表和利润表都相关，所以放到这一章中。

一、资本支出

资本支出（capital expenditure，Capex），是指其效益涉及两个或两个以上会计年度的各项支出，包括构成固定资产、无形资产和递延资产的支出。

资本支出与收益支出相对。如果公司的支出项目的借方进费用，体现在利润表上，那这笔支出就是收益支出。如果其借方进资产，体现在资产负债表上，那这笔支出就是资本支出。

资本支出的计算方法有两个：第一个是从资产负债表的期末和期初变化计算出来。

第二个是从现金流量表中计算出来。

方法1：

$$资本支出 = 购置各种长期资产的支出 - 无息长期负债的增加 \quad (6-18)$$

其中，长期资产包括长期投资、固定资产、无形资产和其他长期资产。购置各种固定资产的支出无法直接得知，可以采用下面的方法得到：

$$固定资产支出 = 固定资产净值期末余额 - 固定资产净值期初余额 + 折旧$$
$$其他长期资产支出 = 其他长期资产期末余额 - 其他长期资产期初余额 + 摊销$$
$$(6-19)$$

方法2：

$$资本支出 = 购置固定资产、无形资产和其他长期资产所支付的现金 - 处置固定资产、无形资产和其他长期资产所收到的现金 \quad (6-20)$$

这两个科目都是现金流量表主表中"投资活动现金流量"里的科目。比较式(6-20)和式(6-11)，两者基本一致。

如果公司的资本支出不是以现金方式支付的话，这两个方法算出来的结果存在少许差异。

资本支出是自由现金流的扣减项。但这并不意味着资本支出会减少公司的价值。从当期看，资本支出是企业自由现金流的流出，但现在的资本支出是为了获得未来的现金流入。好的资本支出会提高企业未来的净利润，通过折旧与摊销的形式增大了未来的企业自由现金流，从而保证了自由现金流的持续增长。

在海外交易所上市的公司的财务报表中，有的公司直接披露资本支出，但有的公司以"在资本、土地和设备的投资/购买(investments/payments for PPE, property, plant, and equipment)"文字披露。

二、应计利润

为了衡量公司利润是否有真金白银的现金流入，将利润分解为来自经营活动的净现金流入和应计利润(accruals)两个部分。应计利润指的是以非现金方式确认的公司净利润。很显然，利润中的应计利润越高，会计处理越激进，倾向于把未来的现金流确认为收入。这部分利润的持续性相对于来自经营活动的净现金流的持续性较差。计算有下面两个方法。

方法1是将净利润减去净经营现金流：

$$accruals = NI - NOCF \quad (6-21)$$

对比间接法中的定义，可以推断，应计利润 $accruals = -(NOCF - NI)$，正好等于第四节间接法表中 $NOCF$ 与 NI 差额的负数。

方法2是将非现金流动资产的增加减去无息流动负债的增加，再减去非付现成本，再加上非经营收益，即：

$$accruals = dCA - dCL - DA + Non\_op\_gain \tag{6-22}$$

比较式(6-22)和式(6-17)，可发现两者其实是等价的，不过正好相差了一个符号。

此外，应计项目中其实包含了企业正常经营活动的应计利润。如果能得到公司故意进行操纵的那部分应计利润，应该可以更好地反映公司的财务粉饰行为。Jones(1991)将总应计利润(total accruals，TA)分解为操纵性应计盈余(discretionary accruals，DA)和非操纵性应计盈余(nondiscretionary accruals，NDA)。具体方法如下：

给定年份 t，先根据行业进行如下截面回归，其中 ACC 为总应计利润，TA 为总资产，ΔRev 为营业收入的增加，PPE 为固定资产：

$$\frac{ACC_{it}}{TA_{i,t-1}} = \beta_0 + \beta_1 \frac{\Delta Rev_{it}}{TA_{i,t-1}} + \beta_2 \frac{PPE_{it}}{TA_{i,t-1}} + \varepsilon_{it} \tag{6-23}$$

从回归方程得到系数的估计值 $\widehat{\beta_0}$，$\widehat{\beta_1}$ 和 $\widehat{\beta_2}$。

对给定的公司 j，将公司当年的相关财务数据代入下面方程，得到非操纵性应计利润(NDACC)：

$$\frac{NDACC_{jt}}{TA_{j,t-1}} = \widehat{\beta_0} + \widehat{\beta_1} \frac{\Delta Rev_{jt}}{TA_{j,t-1}} + \widehat{\beta_2} \frac{PPE_{jt}}{TA_{j,t-1}} \tag{6-24}$$

最后，从总应计利润中扣除从(6-24)式计算的非操纵性应计利润，得到操纵性应计利润(DACC)：

$$\frac{DACC_{jt}}{TA_{j,t-1}} = \frac{ACC_{jt}}{TA_{j,t-1}} - \frac{NDACC_{jt}}{TA_{j,t-1}} \tag{6-25}$$

这个方法被广泛应用于测度公司的财务操纵。

三、自由现金流

自由现金流(free cash flow，FCF)是一个非常重要的概念。以权责发生制为基础的净利润没有考虑风险和时间价值，且核算中有较大主观成分，因而人们越来越关注经营现金流量。但由于经营现金流量并非是在不影响公司正常发展情况下可分给股东的最大现金量，因此进一步提出了"自由现金流"这一概念。

自由现金流表示的是在保证公司长期稳定发展的前提下，公司实际可以自由支配的资金。它等于公司创造的现金流入减去在长期营运类资产和净营运资本的投资后余下的净现金。该净现金流是公司投资者可以自由支配的，如图6-13所示。

因此，自由现金流量等于净经营现金流(NOCF)与净投资现金流(NICF)之和：

$$FCF = NOCF + NICF \tag{6-26}$$

自由现金流与"现金及现金等价物净增加额"是两个不同的概念，后者是在自由现金流的基础上加上筹资活动的净现金流。自由现金流不包含筹资活动现金，它关注的是自身创造的净现金。

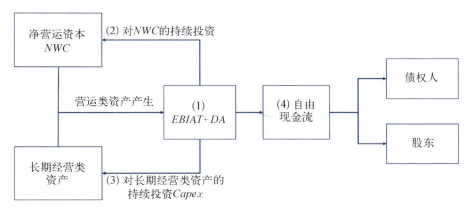

图 6-13　自由现金流的计算示意图

自由现金流的第二种计算方法：

$$FCF = EBIT - T + DA - \Delta(NWC) - Capex \tag{6-27}$$

其中，$EBIT - T$，也可以写作 $EBIAT$，是息前税后收益；DA 是折旧和摊销等非现金的费用和成本；$\Delta(NWC)$ 是净营运资本的增加。净营运资本的定义见第五章。$Capex$ 是资本支出，具体定义见本节。

图 6-13 给出了这种算法下的自由现金流的经济含义。公司的净营运资本和长期经营类资产合作，产生了息前税后收益 $EBIAT$，加上 DA 后，得到经营活动现金流，如图 6-13 的(1)所示。但这个现金流是"不自由的"。在这里，"自由"的意思是可以自由分配给债权人和股东。在现金流可以分配给这两类资本提供者之前，还必须先满足对净营运资本的投资 $\Delta(NWC)$ [图中的(2)]和对长期经营类资产投资 $Capex$ [图中的(3)]。扣除了这两项投资后的现金流就是自由的了[图中的(4)]。

在资本成本率相对固定的情况下，唯一能影响公司价值的就是未来各年的自由现金流量。由于管理者可通过减少当期投资支出来提高当期自由现金流量，所以以单期自由现金流量衡量公司价值存在较大的局限。以一段时期的自由现金流量作为价值评估指标更为可靠。而这一时间长度可参考行业投资回收周期进行设定。

对比式(6-26)和式(6-27)，可以得到：

$$NOCF = EBIAT + DA - \Delta(NWC) \tag{6-28}$$

$$NICF = -Capex \tag{6-29}$$

即(6-27)右侧的前面三项之和就是净经营现金流，最后一项 $Capex$ 的负数等于净投资现金流。根据表 6-4 可知，大多数公司的净投资现金流为负数。为避免总是出现"加上一个负数"的情况，将资本支出定义为净投资现金流的负数。

在进行财务预测和估值时，一般采用定义式(6-27)而非式(6-26)来预测公司未来若干年的自由现金流。这是因为，$NOCF$ 与 $NICF$ 本身就是基于利润表和资产负债表计算出来的，而现金流量表的可预测性比较弱。因此，一般从营业收入开始预测利润表和资产负债表(见第九章)。当这两张表预测好之后，显然使用式(6-27)而非式(6-26)来计算自由现金流更加方便。

案例分析

苏宁易购的财务困境

2022年4月，苏宁易购(002024.SZ)披露了2021年的财务报告。财报数据显示，2021年苏宁易购实现营收为1 389.04亿元，同比下滑44.94%；净利润为−432.65亿元，扣非净利润为−446.7亿元，业绩继续大滑坡。因为最近三个会计年度扣除非经常性损益前后净利润孰低者均为负值，且最近一年审计报告显示公司持续经营能力存在不确定性的原因，苏宁易购在劳动节假期后被实施其他风险警示，公司股票简称为"ST易购"。

苏宁电器曾经是零售业巨头，到现在被ST，苏宁易购的处境着实让人唏嘘不已。作为一家有着超过30年历史的大型企业，苏宁易购遭遇到什么问题才走到现在这个境地的？如何从苏宁易购的发展问题吸取教训？

一、公司简介

苏宁易购于1990年12月创立于江苏南京，是中国3C（家电、电脑、通信）家电连锁零售企业的领先者之一，是中华人民共和国商务部重点培育的"全国15家大型商业企业集团"之一。2004年7月，苏宁电器(002024.SZ)在深圳证券交易所挂牌上市。截至2009年，苏宁电器在中国30个省、200个地级以上城市拥有941家连锁店、80多个物流配送中心、近3 000家售后网点，经营面积400多万平方米，员工约12万名。品牌价值455.38亿元，蝉联中国商业连锁第一品牌。

但从2010年开始，苏宁遭遇到以京东为代表的电商的巨大冲击。为了能顺应外部环境的冲击，顺应未来零售发展大趋势，苏宁进行了一系列的战略转型，包括：① 发展"线上+线下"的经营模式。公司于2013年更名"苏宁云商"，进行组织再造，推出线上线下同价策略，希望按照"一体（实体店）两翼（互联网和零售服务）"的云商模式，开拓线上线下销售渠道，推进营销及服务创新。② 频繁大规模进行投资与并购。包括2013年收购PPTV，进军视频领域；2012年收购母婴平台红孩子；2017年收购天天快递。此外，公司还投资了万达商业、今日头条、中国联通、万达体育等。2015—2019年，苏宁易购在各个领域的累计投资超过700亿元。

但这些战略转型调整归于失败。自2014年起，苏宁扣非后归母净利润持续为负，2021年扣非亏损更是达到447亿元，零售主业的造血能力严重不足。缺乏电商经验的苏宁在激烈的电商竞争中逐渐落后，用户体验不佳的问题始终萦绕，线上线下的同价策略也拉低了公司的盈利能力。2018年，苏宁大举扩张线下门店，但过快的扩张缺乏有效运营，一年后门店数量便出现萎缩，公司的资金链也被严重掣肘。同时，盲目的多元投资也开始拖累公司业绩，由于不同业务之间缺乏协同管理，不少项目在并购后陷入经营困境，如PPTV亏损超10亿元、天天快递亏损超40亿元，消耗了公司有限的资源，使其逐渐陷入了资金紧缺、债台高筑的困境。

二、利润表分析

先来分析利润表。图6-14给出了苏宁易购2001—2022年的利润表结构。可以看到，2001—2019年，苏宁易购的利润总额保持稳定增长，但随后两年，出现大幅亏损。

从利润结构看,2013—2019 年,苏宁经营利润的占比多年为负,这表明公司主营业务的盈利能力已出现问题,盈利状况极不稳定。期间利润总额还能保持为正,主要是由于投资收益和其他项目,即变卖旗下资产得来的利润。2018 年年报显示,苏宁全年以投资收益、处置固定资产、金融理财为核心所形成的"非经常性损益"总计 136.86 亿元,而当年利润总额即为 139.45 亿元,利润模式不可持续。

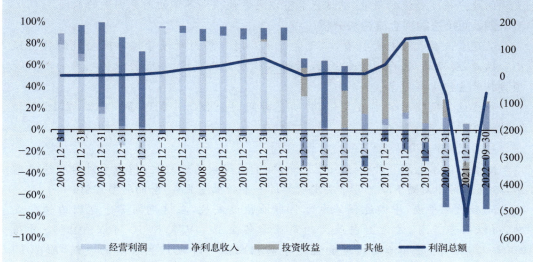

图 6-14　苏宁易购 2001—2022 年的利润结构分析(右侧:亿元)

三、直接法的现金流量表分析

再来看直接法的现金流量表。图 6-15 给出了 2003—2022 年公司的三类现金流的分布。可以看出,2011 年之前,经营活动产生的现金流量净额持续为正且占据主要

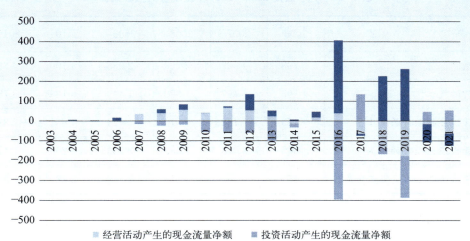

图 6-15　苏宁易购的三类现金流堆积图(单位:亿元)

地位,投资活动产生的现金流量净额持续为负,公司经营处于正常状态。2012年和2013年公司开始,投资活动现金净流出。2014年之后,公司的三类现金流呈现出不稳定的状态,经营活动产生的现金流量净额多年为负,筹资活动现金流入成为主要的现金流来源,这表明公司的主业经营难以为继,需要借助外部筹资来维系生存。

利润表和直接法的数据在很大程度上解释了苏宁易购在经营中的困境。下面将更详细地分析现金流的附表,从这张表可以更方便找到苏宁的财务困境的原因。

四、间接法的现金流量表分析

从现金流量表补充资料看,非现金费用及财务费用对经营性净现金流的作用较小。因此,将净利润、存货的减少、经营性应收项目的减少、经营性应付项目的增加等项目作为主要考察对象。

根据这几项指标的发展变化,将研究时间划分 2006—2011 年、2012—2016 年和 2017—2021 年三个阶段。

(一) 2006—2011 年

随着中国家电消费开始进入普及阶段,市场规模迅速放大,但由于供给的快速增加,行业利润却大幅下降。苏宁决定砍掉近一半的批发业务,全面转型零售。

此后的几年内,中国连锁家电零售行业快速发展,在这期间苏宁也因为转型成功,得以强势突围,成为国内最大的商业零售企业。从表 6-10 可以看出,公司在 2007—2011 年,经营活动的现金流量净额相比上个阶段产生了质的飞跃,除 2010 年外均高于净利润,主要原因是经营性应付项目的增加为公司提供了充裕的资金。这反映出公司在分销领域的地位快速上升,对上游供应商的话语权显著提高,通过大量占用供应商资金以获取低成本的短期融资,从而进一步扩大销售规模,提升零售渠道价值。

表 6-10 苏宁云商 2006—2011 年度现金流量表摘要　　(单位:百万元)

	2006	2007	2008	2009	2010	2011
净利润	798	1 523	2 260	2 988	4 106	4 886
存货的减少	-1 395	-1 167	-399	-1 443	-3 126	-3 757
经营性应收项目的减少	-123	-162	10	-94	-1 861	-2 331
经营性应付项目的增加	696	3 078	1 589	3 703	4 200	7 114
经营活动产生的现金流量净额	151	3 496	3 819	5 555	3 881	6 589

(二) 2012—2016 年

从表 6-11 中可以看出,从 2012 年开始,情况发生戏剧性的反转,经营活动的现金流入增长率大幅度下滑,尤其是公司对上游的应付账款,这反映出行业格局正在发生巨大的变化,同是以家电为主要销售品类的京东及其他电商平台对苏宁的传统分销渠道产生极强的替代作用,让实体连锁店失去了竞争优势。

尽管苏宁一直致力于打通线上线下,实现全渠道融合的"电商+实体"模式,但是资本支出的需求存在刚性,效益在短期内又难以显现,对于物流基地和信息平台建设的投资更是没有直接的经济效益产生。物流基地建设的意义在于打通全渠道的最后一环,完善线上销售配送体系,是扩张线上销售的配套设施。信息平台建设的意义在于提高公司运营效率,尤其是物流配送系统。在销售方面,苏宁采取了积极的价格政策。这意味着苏宁在进货环节未能取得相较于往年更低的价格,在销售方面却要参与到市场上的价格竞争当中,用低价促销,使得毛利降低。

考虑到苏宁转型所需持续性的投资支出,且投资的效益短期内尚无法显现,因此公司经营性净现金流逐年萎缩。2014 年,疲于电商价格战的苏宁,现金流状况十分糟糕,出现了出现经营活动净现金流、投资活动净现金流和筹资活动净现金流均为负的情况。

转型后的公司在 2014 年净利企稳,销售有所回升,积压的存货减少,同时归还了许多赊欠的账款,使得经营现金流量净额为负,但这属于非可持续情况。由于转型优势的逐步显现,加上 2015 年 8 月苏宁云商与阿里巴巴正式达成战略合作,阿里巴巴向苏宁云商战略投资 283 亿元,因此 2015 年公司的经营性净现金流当即好转,对上游企业的"剥削"能力也有所加强。这一阶段,苏宁也开始进行多元并购,在视频、物流、体育、金融服务等多个领域多管齐下,意图在零售主业之外构建庞大版图。

表 6-11　苏宁云商 2012—2016 年度现金流量表摘要　　（单位:百万元）

	2012	2013	2014	2015	2016
净利润	2 505	104	824	758	493
存货的减少	−3 908	−1 102	1 754	1 580	−663
经营性应收项目的减少	−371	−929	−158	−3 255	−6 207
经营性应付项目的增加	5 729	2 573	−2 896	3 122	9 756
经营活动产生的现金流量净额	5 299	2 238	−1 381	1 733	3 839

（三）2017—2021 年

2016 年,苏宁受"新零售"概念影响,一改之前整合缩减线下门店的策略,开始大举布局线下,希望实现线上线下一体化运营,并占领家电下沉市场。2017 年年底,董事长张近东提出"三年两万店"目标,其中 2018 年的目标是开店 5 000 家。在强力的顶层规划下,2018 年苏宁共计新开门店 8 000 多家,其中包括 4 000 多家苏宁小店、2 000 多家零售云门店,这样的开店规模和速度在零售业可谓一骑绝尘。

然而,快速的开店给公司带来了较大的资金压力,成效却不尽如人意。2018 年开始,公司经营活动净现金流持续为负,资金周转高度紧张(见表 6-12)。同时,公司前期的投资并购多以失败告终,不得不从上市公司报表中逐渐剥离这些亏损业务。2021年年初,苏宁再次回到零售主业的赛场。但面对全新的零售业态和激烈的市场竞争,苏宁的发展仍不顺利。

表6-12　苏宁云商2017—2021年度现金流量表摘要　　　　(单位:百万元)

	2017	2018	2019	2020	2021
净利润	4 050	12 643	9 320	−5 358	−44 179
存货的减少	−4 431	−4 168	−3 610	4 471	11 229
经营性应收项目的减少	−7 252	−22 952	−41 844	7 914	7 586
经营性应付项目的增加	2 680	10 033	28 851	−12 738	−15 729
经营活动产生的现金流量净额	−6 605	−13 874	−17 865	−1 622	−6 430

公司最初"线上线下"全渠道、全品类协同发展的愿景并没有任何问题,但之后公司的一系列转型努力却没能实现这一愿景,反而使得苏宁变成了一个"外强中干"、缺乏盈利能力和造血能力的企业,只能通过资本运作来维系,直到流动性危机的最终来临。

主要失败原因可以归结为以下三个方面。

(1) 在没有找到成功模式之前,就大规模地投资与扩张。苏宁转型的那几年正是我国电商发展最为迅速的时期,面对这一新兴事物,苏宁并没有可以借鉴的成功经验,仅凭高层的判断就进行彻底的转型本身就具有极高的不确定性。之前苏宁拥有的产品、市场、客户、竞争对手、商业模式等均可能会因为这样的转型而发生质的变化,从事后来看,苏宁这次的转型还是过于激进了,转型步调放慢些或许会有更好的效果。

(2) 没能实现与"线下+线上"战略相适应的组织变革。自实施"一体两翼"互联网零售发展之后,苏宁易购将企业的组织结构改变为事业部制。从苏宁易购的营销渠道来看,线上平台的运营主要由苏宁杭州分公司和苏宁互联网平台事业部共同负责,而线下平台的运营主要由苏宁百货事业部、苏宁超市中心、苏宁国际以及苏宁商品电器类事业部共同负责。因负责线上线下平台的部门不同,容易出现双线业务不能及时融合、双方不熟悉对方业务流程等问题,双线的职能分离给双线平台协同发展带来了很大的不便,从而影响了整个企业的经营效益。

(3) 战略布局投入大、产出小,期望中的协同效应没有发生。从2012年起,苏宁即开始横向布局,确立了以易购、物流、金融、科技、置业、文创、体育、投资八大产业板块协同发展的格局,为了达到这一布局的目的不计成本地投入了大量资金以至于出现流动性困境。但从事后来看,没有任何证据表明这样的产业布局可以为公司带来额外收益,相反公司越来越臃肿的业务规模直接导致了公司扣非后归母净利润连年亏损。

本 章 小 结

本章首先介绍了现金和现金等价物的含义,以及它与货币资金的联系和差异。然后介绍了现金流量表的可视化处理。然后分析了直接法和间接法下的现金流量表及其分析方法。直接法下的现金流量表,需要了解三类活动的现金流量的特点、生命周期的关系以及现金流的八种状态。间接法下的现金流量表,需要了解净利润和净经营活动现金流的差异,以及构成这种差异的四种因素。最后介绍了苏宁云商的经营现金流的变化和原因。

关 键 词

现金和现金等价物、经营活动、投资活动、筹资活动、直接法、间接法、战略性投资活动、理财性投资活动、维持性投资、扩张性投资、现金流八态、非付现成本、非经营收益、资本支出、应计利润、自由现金流

思 考 题

1. 对现金流量表进行可视化处理,对其进行分析。
2. 在对计算结果进行分析的基础上,用通顺、简洁的语言撰写会计分析结果。
3. 现金流的八种状态分别对应了公司的什么状态?

第七章

财务指标分析

学习目标

1. 财务指标的基本概念作用以及局限性
2. 财务指标和财务比率
3. 盈利能力相关指标
4. 使用图示法来理解财务比率
5. 风险程度相关指标
6. 估值相关指标

第一节 财务指标概述

一、财务指标和财务比率

财务指标是用财务报表中相关科目计算而来的,具有特定经济含义的指标。财务指标既有绝对值也有相对值。几个重要的绝对值财务指标分别在第四章到第六章的最后一节进行了介绍。相对值财务指标即财务比率,是将财务报表中两个彼此关联的项目相除而得到的比率。

财务比率的经济含义与分子基本一致,分母的作用是控制规模或者作为比较基准。例如,销售净利率指标的分子为净利率,分母为营业收入。销售净利率的含义和分子净利润的基本一致,都是表征公司的盈利能力。将营业收入作为分母是希望控制不同营业收入的公司,使得不同收入的公司具有可比性。

财务比率的特点是标准化和归一化,可以对不同规模的公司进行直接比较。因此,财务比率成为全球通用的共性"商业语言",便于利益相关者对公司进行估值分析。管理人员使用这些比率经营公司,投资者和债权人使用这些比率评价投资和贷款前景。无论公司所处的国家、文化环境、地域特征有多大的差异,提及这些指标时,人们的理解是大体一致的。

需要关注财务比率的分子和分母的流量存量特征。在三张报表中,资产负债表为存量表,利润表与现金流量表为流量表。因此,财务比率分为三种情况:① 存量/存量;② 流量/流量;③ 存量/流量或者流量/存量。前面两种情况都没有问题,直接使用原始数据就可以。但第③种情况应注意存量科目与流量科目在时间上对齐。存量科目一般采用年末数据,流量科目对应的是全年的数据。直接相除的话,在时间上不对应。因此,存量指标应该取全年的平均值。一般情况下,取期初值与期末值的平均值即可。例如,需要计算年平均存货,可用年初存货加上年末存货的和除以2得到。

每一个财务比率可以说明公司财务状况的不同特征。大部分财务指标反映公司的一个特征,如应收账款周转率说明公司的应收账款的管理效率。有少数指标可以反映公司的多个特征。比如资产负债率,反映公司利用杠杆为股东获取盈利的能力,当该指标超过合理范围的话,又反映公司的高风险特征。

二、财务指标分析的局限性

财务指标分析在财务报表分析中被普遍采用,但也应注意这个方法的局限性。

(一)财务报表信息并未完全反映公司可以利用的经济资源

列入报表的仅是可以利用的、可以用货币计量的经济资源,仅为公司经济资源的一部分。由于受客观条件制约或会计惯例的制约,公司有许多经济资源未在报表中得到体现,如公司的人力资源、历史悠久的账外无形资产和未申请专利的专有技术等。

(二)历史成本的制约

历史成本惯例将不同时点的货币数据简单相加。会计计量大量使用历史成本法,这个计量方法对其现在和未来的经济决策的参考价值有限。

(三)财务指标分析未考虑财务定量数据以外的信息

财务报表报告了公司的整体状况,是用定量信息反映公司经营管理情况的部分。除了财务报表,还有大量其他信息以定性信息的方式在财务报表中向外公布。财务比率分析只涉及有限的定量数据的比较。如果分析师不注意参考定性信息来理解财务比率的含义,很容易失去对公司经营全貌的把握,造成对报表数据的误解。

(四)公司会计政策运用上的差异

公司在不同会计年度采用不同会计方法,以及不同公司采用不同会计方法,这使财务数据不具有可比性。尤其当公司会计政策发生变更时,要深入研究分析政策变更的原因和变更对公司的影响。

(五)公司对会计信息和财务指标的人为操纵

公司在财务报表公布前会往往关注报表使用者所关注的问题,并尽力迎合他们对公司财务状况的期望。这个博弈过程的结果就是形成"你想看什么,我尽力提供什么""你希望我的业绩如何,我就编出这样的业绩让你看"的局面。报表使用者所看到的信息与公司实际状况相距甚远,从而有可能作出错误决策。例如,为了修饰流动比率,管理者在报表日前将短期债务还掉,过后再借回来;也有公司甚至分别编制几套报表,以迎合贷款银行、投资者和税务等不同报表使用者的需要。

专栏 7-1

门槛式的监管条件导致的集体性财务指标管理

科技创新和研发投入对于国家发展有着不可忽视的重大意义,也为企业保持高成长性提供了重要支撑。然而研发活动总是伴随着较高的风险,因此政府的激励与引导作用十分重要,其中一个方式就是政府给予企业研发投入活动以相应的税收优惠或政策补贴。

科技部、财政部和国家税务总局负责指导、管理和监督全国高新技术企业认定工作,先后多次修订认定办法,调整高新企业认定条件。研发强度是高新技术企业认定中最核心的指标。在 2008 年和 2016 年两版认定条件中,针对最近一年销售收入在 2 亿元以上的企业,有一个重要门槛,即企业的研发强度需连续三年不低于 3%(见表 7-1)。只有研发强度超过该门槛时,企业才有可能获得"高新技术企业"称号。一旦被认定为高新技术企业,就可以享受税率优惠和政府补助等诸多政策优惠。这一定量化的筛选门槛让公司处于"高新"或"非高新"两种状态政策结果之间进行选择,可能会导致企业通过"管理"相关科目来发送虚假的"创新信号"以获得政策优惠。若法律违规成本较低,"门槛型"的认定政策就可能会引发公司通过管理研发强度以达到门槛的行为。

表 7-1 三版高新技术企业认定条件——研发强度对比

条件	〔2000〕324 号	〔2008〕172 号	〔2016〕32 号
销售收入≤0.5 亿元	≥5%	≥6%	≥5%
销售收入 0.5—2 亿元	≥5%	≥4%	≥4%
销售收入＞2 亿元	≥5%	≥3%	≥3%

以中国 2012—2015 年 A 股上市公司为样本,可以观察研发投入强度的分布,以 0.5% 为区间长度,发现中国上市公司研发强度大量聚集在 3% 处,且研发强度在[3%,3.5%)区间内的样本量突然增多,表明中国上市公司的研发强度可能存在向 3% 聚集的阈值效应,这与《高新技术企业认定管理办法》设定的准入门槛 3% 不谋而合。也可进而采用门槛回归模型,发现 3% 所在区间的研发投入强度与公司长期价值的关系并不显著为正,因此从公司长期价值的角度来讲,3% 并非最优研发强度,可能存在人为管理研发强度的集体行为。

三、财务指标分类

如何对财务比率进行分类,不同学者有不同的观点。根据最受关注的国泰安公司的财务指标数据库,上市公司的财务比率多达 400 多个,分类多达 11 种,包括偿债能力、比率结构、经营能力、盈利能力、现金流分析、风险水平、发展能力、每股指标、相对价值指标、股利分配、披露财务指标。其他教材对财务指标的分类也不统一。

为了和本书的公司估值主题一致,本书将财务指标分成三大类:盈利能力指标、风险程度指标和估值指标。盈利能力是公司创造价值的能力,这是公司最核心的能力;风险程度是公司在创造价值过程的波动程度;而估值则是市场对该公司的价值的认可程度。

盈利能力和风险程度和绝对估值方法相关,其中盈利能力指标对应贴现模型中的分子价值因子(自由现金流或者红利),风险程度指标对应贴现率的分母(加权资本成本或者股东要求回报率)。盈利能力又可以分为下面四个维度进一步展开分析:当前盈利能力、盈利质量、盈利分配和盈利的可持续性。进一步,当前盈利能力又可以分为产品定价权和成本费用管控能力带来的盈利能力、效率带来的盈利和杠杆带来的盈利。在风险程度上,通过短期偿债能力、杠杆风险和扩张风险几个维度来分析。

估值指标主要对应相对估值法。主要包括每股价值指标和估值倍数。

这样,就可以从公司估值角度把原本非常复杂的财务指标放到一个统一的框架中:① 增加盈利能力指标的因素,增加了绝对估值模型的分子,有利于公司价值的增加。② 增加风险程度的因素,增加了绝对估值模型的分母,不利于公司价值的增加。③ 每股价值指标增加,对应估值倍数下降,公司价值被高估的可能性增加。这样的分类方法,相比其他分类方法,对每个指标在公司价值判断上有明确的方向。

第二节 盈利能力指标

盈利能力是指公司在一定时期内赚取利润的能力。盈利能力比率是各类报表使用者,尤其是股权投资者最关注的指标。

本节将从公司当前盈利能力、盈利的质量、盈利的可持续性和盈利分配四个维度来分析公司的盈利能力。上述指标的增加,都有利于公司价值的增加。

一、当前盈利能力

当前盈利能力从静态角度来分析公司的盈利能力,主要评价单位资本或资产产生利润的能力。这类指标的分母来自资产负债表,分子是来自利润表的利润指标,财务比率对应的是单位资产或资本所产生的利润,主要包括净资产收益率(ROE)、总资产收益率(ROA)、使用资本收益率(ROCE)、投资资本收益率(ROIC)、长期资本收益率等。其中,ROE 是最核心的指标。

表 7-2 展示了 2021 年沪深 300 成分股(剔除金融类公司)盈利能力比率的常见统计量。

表 7-2 沪深 300 成分股盈利能力比率的常见统计量(剔除金融类公司)

	平均值	最小值	最大值	标准差	偏度	P25	P50	P75
净资产收益率	17.6%	−32.9%	102.2%	14.8%	1.34	9.9%	15.4%	23.1%
总资产收益率	9.8%	−15.3%	45.1%	8.5%	1.05	4.0%	8.2%	13.6%

续 表

	平均值	最小值	最大值	标准差	偏度	P25	P50	P75
使用资本收益率	25.6%	−28.9%	338.8%	33.5%	4.64	9.4%	17.9%	30.4%
投资资本收益率	11.6%	−14.9%	64.9%	9.3%	1.58	5.8%	10.1%	15.7%
长期资本收益率	17.9%	−17.0%	92.4%	14.3%	1.65	9.2%	14.8%	23.4%
毛利率	32.9%	−63.0%	93.7%	22.3%	0.42	17.3%	29.2%	44.2%
营业利润率	18.9%	−61.0%	251.9%	22.1%	4.71	7.0%	15.2%	26.4%
销售净利率	16.3%	−43.5%	248.2%	20.2%	6.09	5.9%	13.0%	22.5%
综合税率	4.0%	−17.5%	31.2%	5.1%	244.8%	1.5%	2.5%	5.3%
投资收益率	15.5%	−810.9%	928.6%	88.1%	1.70	1.3%	6.0%	14.4%
归属于母公司净利润占比	93.2%	39.0%	191.3%	14.2%	−6.1%	90.6%	98.5%	100.0%

资料来源：CSMAR

（一）当前盈利能力

1. 净资产收益率

净资产收益率（ROE）是净利润与平均股东权益的比率，计算公式为：

$$\text{净资产收益率} = \text{净利润} / \text{平均股东权益} \times 100\% \tag{7-1}$$

这个指标是典型的流量/存量类型的指标。分子是息税后净利润，分母是普通股股东权益期初值和期末值的平均值。分子需要减去支付给优先股股东的股利。也可以计算归属于母公司的净资产收益率，分子扣除少数股东收益，分母扣除少数股东权益。

净资产收益率反映了股东每1元资本在一年内赚取的净收益，因此 ROE 越高普通股股东收益越高。股东可以将它与自己的要求收益率相比，决定是否继续投资。有时，管理层也可以用它和公司贷款利率比较。如果比贷款利率高，说明公司利用财务杠杆为股东创造了价值。图7-1给出了 ROE 的计算示意图。建议采用图示的方法来理解财务指标的计算方法，明确分子和分母来自哪张表的哪个部分和对应的经济含义。

图7-2给出了2021年沪深300成分股（剔除金融类）ROE 的分布情况。可以发现，ROE 中位数为15.4%。大部分公司的 ROE 水平位于0—30%，其中 ROE 水平在10%—20%的高达95家，ROE 超过40%的公司有15家。

2. 总资产收益率

总资产收益率（ROA）是息税前利润与平均总资产的比率，计算公式为：

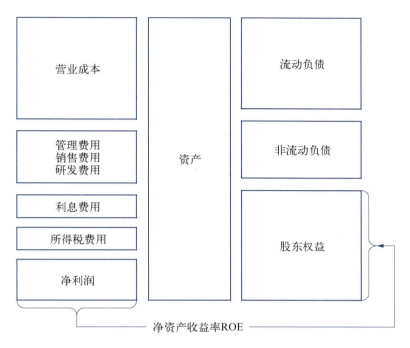

图 7-1　ROE 计算示意图

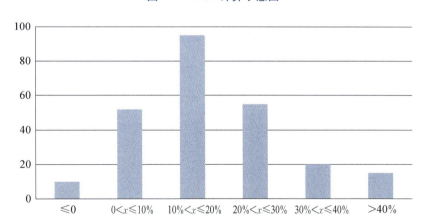

图 7-2　2021 年沪深 300 成分股的 ROE 指标分布图（剔除金融类公司）

资料来源：CSMAR

$$总资产收益率＝息税前利润 / 平均总资产 \times 100\%$$
$$＝（净利润＋所得税费用＋利息费用）/ 平均总资产 \times 100\% \quad (7-2)$$

这个比率不考虑财务杠杆和税收的影响,是对公司经营盈利能力的衡量,没有考虑公司的财务结构和税收影响(见图 7-3)。前面提到的 ROE 由总资产收益率和财务杠杆共同决定。但提高财务杠杆会同时增加公司风险,且财务杠杆的提高有诸多限制,公司经常处于财务杠杆不可能再提高的临界状态。因此,驱动公司盈利的基本动力来自总资产收益率。

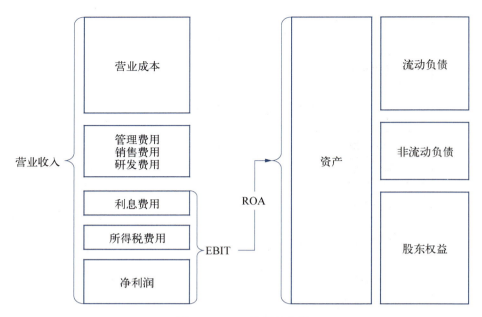

图 7-3 ROA 计算示意图

图 7-4 给出了 2021 年沪深 300 成分股(剔除金融类公司)ROA 的分布情况。从数据中可以发现,ROA 中位数为 8.2%。大部分公司的 ROA 水平位于 0—20%。ROA 水平在 6%—20% 的公司有 123 家,而超过 20% 的公司仅有 30 余家。

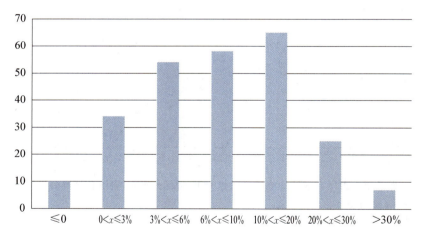

图 7-4 2021 年沪深 300 成分股的 ROA 指标分布图(剔除金融类公司)

资料来源:CSMAR

3. 使用资本收益率

使用资本收益率(return on capital employed,ROCE)是息税前利润与平均使用资本比率,计算公式为:

$$使用资本收益率 = 息税前利润 / 平均使用资本 \times 100\% \tag{7-3}$$

使用资本的概念在第五章已经讨论过：

使用资本（CE）＝总资产－无息负债－现金＝股东权益＋有息负债－现金 （7-4）

使用资本收益率反映了公司实际投入资本的效率（见图7-5）。ROCE 与 ROA 有些相似，但 ROCE 的分母考虑的是公司实际投入的资金而非账上全部资产，可以更准确地评估企业实际资金利用效率。与 ROE 相比，ROCE 的分母还扣除无息债务，考虑了公司借用上下游资金来减少自身经营资本投入的可能性。因此，ROCE 相比 ROA 更全面，是分析师更偏好使用的指标。

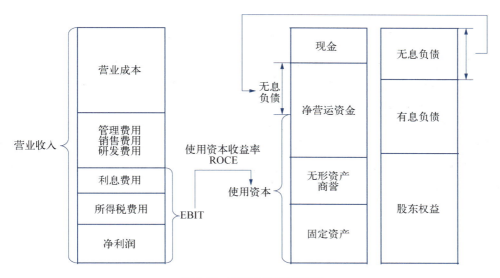

图 7-5　ROCE 计算示意图

图 7-6 给出了 2021 年沪深 300 成分股（剔除金融类公司）ROCE 的分布情况。从数据中可以发现，ROCE 的中位数为 17.9%，大部分公司的 ROCE 水平位于 0—40% 区间。

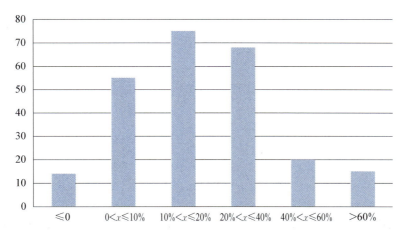

图 7-6　2021 年沪深 300 成分股的 ROCE 指标分布图（剔除金融类公司）

资料来源：Wind

ROCE 水平在 10%—20% 的公司有 75 家,在 20%—40% 的有 68 家,ROCE 超过 40% 的公司有 35 家。

4. 投资资本收益率

投资资本收益率(return on invested capital,ROIC)是息前税后经营利润与投资资本的比率,其计算公式为:

$$投资资本收益率 = 息前税后经营利润 / 平均投资资本 \times 100\% \quad (7-5)$$

其中:

$$息前税后经营利润 = 息税前利润 \times (1 - 税率) \quad (7-6)$$

$$投资资本(IC) = 总资产 - 无息流动负债 \quad (7-7)$$

息前税后经营利润是归属于公司债权人和股东的回报,因此分母投资资本也应涵盖债权人和股东的总投入资本。无息流动负债相当于供应商提供给公司的无息贷款,不会产生资本成本,因此要减去。

ROIC 衡量公司总投入资本的使用效率,通常与公司的加权平均资本成本(WACC)相比较,评估公司投入的资本是否创造了超额价值(见图 7-7)。如果 ROIC 大于 WACC,说明公司正在创造价值,资本投入后所获得的报酬大于公司融资成本;反之则表明造成了价值损失。ROIC 是判断公司投资价值的核心指标之一。

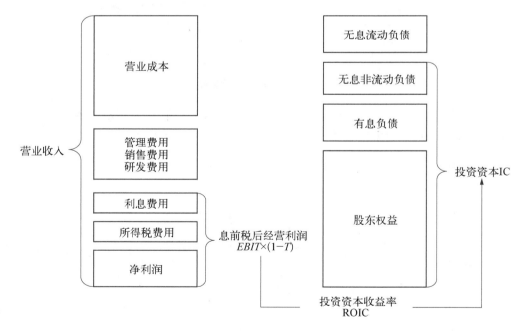

图 7-7 ROIC 计算示意图

图 7-8 给出了 2021 年沪深 300 成分股(剔除金融类公司)ROIC 的分布情况。从数据中可以发现,ROIC 的中位数为 10.1%,平均值为 11.6%,超过 80% 的公司 ROIC 位于 0—20%。2021 年,ROIC 超过 30% 的公司仅有十余家。

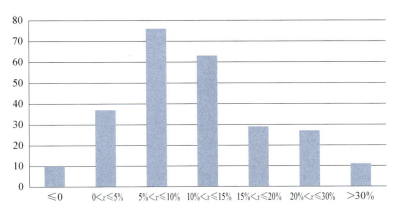

图 7-8　2021 年沪深 300 成分股的 ROIC 指标分布图（剔除金融类公司）

资料来源：CSMAR

5. 长期资本收益率

长期资本收益率是息税前利润与长期资本的比率，其计算公式为：

长期资本收益率 ＝ 息税前利润 /（平均非流动负债＋平均股东权益）×100％　　（7-8）

长期资本收益率反映了公司运用长期资本创造利润的能力。其中，长期资本为股东权益加上非流动负债，分子为息税前利润（EBIT）（见图 7-9）。

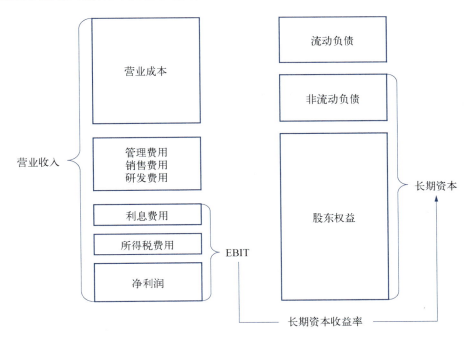

图 7-9　长期资本收益率计算示意图

图 7-10 给出了 2021 年沪深 300 成分股（剔除金融类公司）长期资本收益率的分布情况。从数据中可以发现，长期资本收益率的中位数为 14.8％，平均值为 17.9％，大部分公

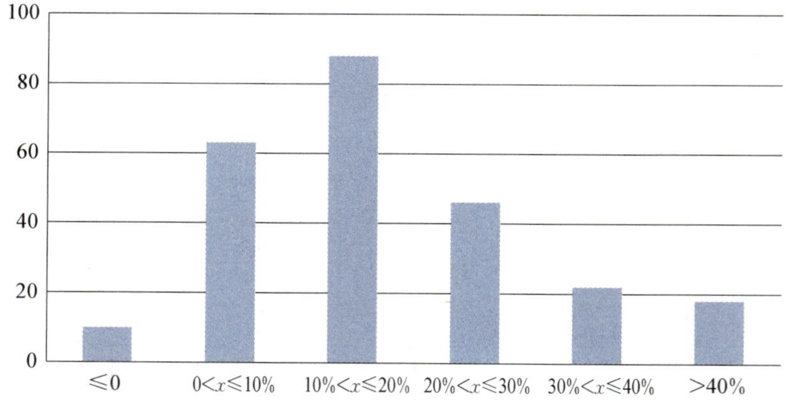

图 7-10　2021 年沪深 300 成分股长期资本收益率分布图（剔除金融类公司）

资料来源：CSMAR

司的长期资本收益率位于 0—30%。2021 年长期资本收益率超过 30% 的公司有 40 家。

当前资本盈利能力可以进一步分解为三个方面能力，分别为：

（1）产品定价权和成本费用控制带来的盈利能力。这主要是公司的销售活动产生利润的能力。主要指标有毛利率、营业利润率和销售净利率。这一类比率只利用利润表资料，研究利润与收入或成本之间的比率关系。"某某"利润率，如果没有额外指明，分母为营业收入。

（2）效率带来的盈利能力。主要指营运能力，指标有资产周转率、应收账款周转率、存货周转率和应付账款周转率。

（3）杠杆带来的盈利能力。财务杠杆用资产负债率表示。公司利用债务融资来扩大资产规模。合理的财务杠杆可增加权益投资者单位资本的盈利水平。但财务杠杆是双刃剑，当财务杠杆超过合理范围时，会增加公司的破产风险。因此，该指标也是风险程度指标之一。

（二）产品定价权和成本费用控制带来的盈利能力

这类财务指标的分子和分母都来自利润表，属于流量/流量类的指标。

1. 毛利率

毛利率（gross margin，GM）是指营业利润与营业收入的比率，其计算公式为：

毛利率 = 毛利润 / 营业收入 × 100%　（7-9）

毛利润 = 营业收入 − 营业成本　（7-10）

这个比率测度公司根据成本对产品定价的能力（见图 7-11）。由于公司所处行业和会

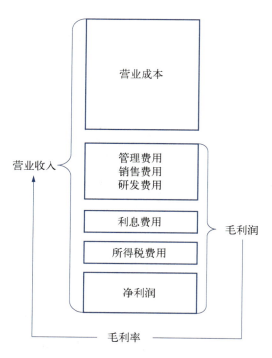

图 7-11　毛利率计算图示

计处理方式的不同,产品成本的组成差别很大,用这个指标比较不同行业的公司时要谨慎。

不同行业的毛利率水平不同,图 7-12 给出了我国酿酒行业四家代表性公司 2021 年的毛利率水平,酿酒业的平均毛利率可达 60% 左右,高于一般食品制造行业的毛利率水平。

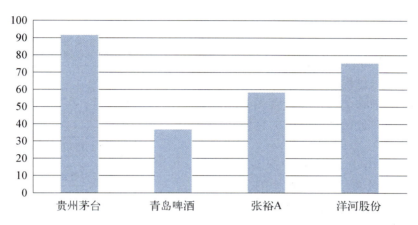

图 7-12　我国 A 股酿酒业主要公司 2021 年的毛利率(%)

资料来源:2021 年各公司年报

相同行业的公司,即使经营模式一样,其毛利润也会存在较大差异。贵州茅台由于其供需的特殊性,毛利率达到令人惊讶的 91.5%,远远高于洋河的 75.3%。红酒业(张裕 A)的毛利率也不低,红酒在中国属于中高端消费品,其利润空间较大。而青岛啤酒因为是低端消费品,激烈的行业内竞争使得其毛利润最低,不到 40%。

图 7-13 给出了 2021 年沪深 300 成分股(剔除金融类公司)销售毛利率的分布情况。从数据中可以发现,销售毛利率的中位数为 29.2%。整体来看,销售毛利率在各个区间的分布比较平均,毛利率超过 70% 的公司超过 21 家,具有较好的盈利能力。

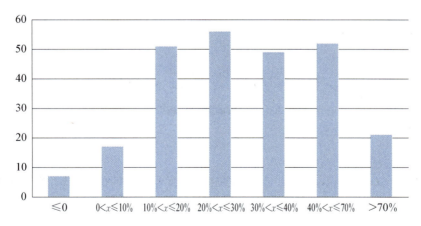

图 7-13　2021 年沪深 300 成分股的毛利率分布图(剔除金融类公司)

资料来源:CSMAR

2. 营业利润率

营业利润率（operating margin）是营业利润与营业收入的比率，其计算公式为：

营业利润率 ＝ 营业利润／营业收入 × 100%　　（7-11）

营业利润率可以用来评价管理层的管理经营能力，息税前收益不考虑公司的负债情况，剔除了与公司经营无关的利息费用，是对公司经营能力的直接评价（见图7-14）。

图7-15给出了2021年沪深300成分股（剔除金融类）营业利润率的分布情况。从数据中可以发现，营业利润率的中位数为15.2%。其分布与销售净利率的分布非常类似，大部分公司的营业利润率集中在0—20%，约10%的公司的营业利润率在40%以上。

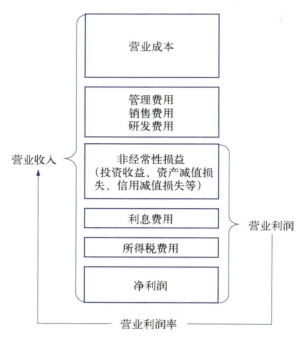

图7-14　营业利润率计算示意图

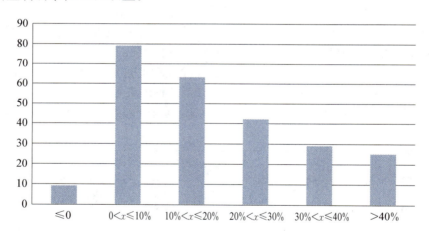

图7-15　2021年沪深300成分股的营业利润率分布图（剔除金融类公司）

资料来源：CSMAR

3. 销售净利率

销售净利率（net profit margin）是指净利润与营业收入的比率，其计算公式为：

销售净利率 ＝ 净利润／营业收入 × 100%　　（7-12）

分母即营业收入，分子为净利润。它表明每1元营业收入所产生的净利润。这一指标可以用来衡量公司经营管理水平（见图7-16）。

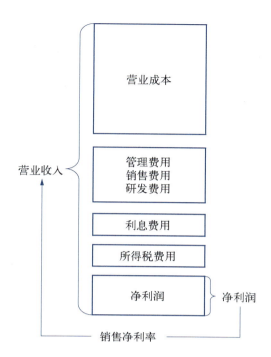

图 7-16　销售净利率计算示意图

图 7-17 给出了 2021 年沪深 300 成分股(剔除金融类公司)销售净利率的分布情况。从数据中可以发现,销售净利率的中位数为 13.0%。其中大部分成分股公司的销售净利率在 0—20%,仅有 70 家左右在 21% 以上。

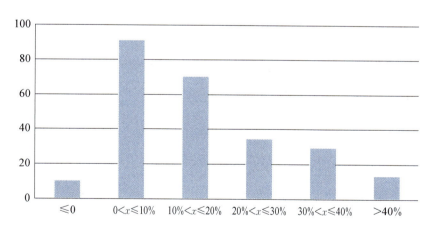

图 7-17　2021 年沪深 300 成分股的销售净利率分布图(剔除金融类公司)

资料来源:CSMAR

4. 综合税率

综合税率是税费总额与营业收入的比率,用百分数表示,其计算公式为:

$$\text{综合税率} = (\text{税金及附加} + \text{所得税费用}) / \text{营业收入} \times 100\% \qquad (7\text{-}13)$$

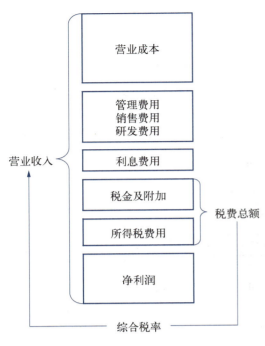

综合税率反映了企业每元的营业收入需要向国家缴纳的税费总额,包括税金及附加与所得税(见图7-18)。税金及附加与营业收入的比值较为稳定。所得税费用与企业的利润挂钩。可参考专栏4-3贵州茅台的综合税率的估算过程。

综合税率主要受到国家税收政策影响。如果政策环境发生了大的变化,如国家出台了大规模减税政策,则企业的综合税率会相应降低。如果政策变动不大,则企业的综合税率应当保持稳定。如果发现税率水平异常,如税率显著低于同业水平但没有额外原因,可能表明企业存在隐瞒收入的问题。

图7-19给出了2021年沪深300成分股(剔除金融类公司)综合税率的分布情况。从数据中可以发现,综合税率的中位数为2.5%,大部分企业的综合税率低于5%,税费对利润扣减的影响较小。有6家公司的综合税率为负数,其中有5家为航空业,主要是运输量由于疫情骤降导致亏损,所得税费用变为负数。

图 7-18 综合税率计算示意图

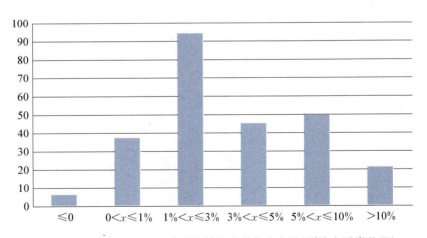

图 7-19 2021年沪深300成分股的综合税率分布图(剔除金融类公司)

资料来源:CSMAR

5. 投资收益率

投资收益率是投资收益与平均金融投资额的比率,用百分数表示,其计算公式为:

$$投资收益率 = 投资收益 / (平均金融投资类资产) \times 100\% \tag{7-14}$$

其中,金融投资类资产是表 5-10 所示的 D 类资产之和,该指标反映公司利用金融投资类资产的获利能力。

图 7-20 给出了 2021 年沪深 300 成分股(剔除金融类公司)投资收益率的分布情况。从数据中可以发现,投资收益率中位数为 6.0%,有 35 家公司的投资收益率为负,但还有逾 20 家上市公司的投资收益率大于 30%,表明投资活动为部分公司带来了主营业务以外的高收益。

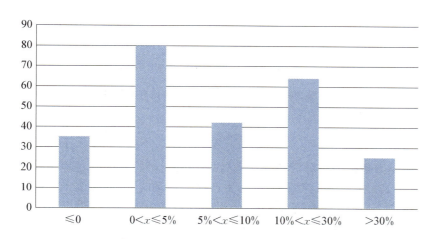

图 7-20　2021 年沪深 300 成分股的投资收益率分布图(剔除金融类公司)

资料来源:CSMAR

6. 归属于母公司净利润占比

在上市公司的合并利润表中,净利润下方有两个细分科目,分别为"归属于母公司股东的净利润"和"少数股东损益"。

归属于母公司净利润占比这一指标就反映了合并报表中的净利润归属于母公司股东的比例,其计算公式为:

$$归属于母公司净利润占比 = 归属于母公司净利润 / 净利润 \times 100\% \quad (7-15)$$

一些上市公司在开拓新业务时通常会以设立子公司的形式,这样做有利于母公司分散运营风险,且子公司作为独立主体,在经营方面具有更大的自主权,有利于将新业务做大。此外,当与其他公司进行商业合作时,成立合资子公司也是常见形式。那些并购活动活跃或采用比较激进的扩张策略的公司的控股子公司数量较多,合并报表净利润可能有较大比例归属于少数股东。

图 7-21 给出了 2021 年沪深 300 成分股(剔除金融类公司)归母净利润的分布情况。从数据中可以发现,绝大多数上市公司的归母净利润占比在 90%—100%,少数股东损益的比例不高。有 20 余家公司的比重低于 70%,说明合并报表中有较多利润归属少数股东。此外,有近 50 家公司的指标超过了 1,是由于并表子公司出现亏损。

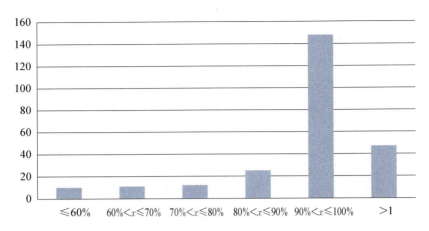

图 7-21　2021 年沪深 300 成分股的归母净利润占比分布图（剔除金融类公司）

资料来源：CSMAR

（三）营运能力指标

公司营运能力是指公司对资产的运营效率。当公司的资产处在静止状态时，不可能产生收益，只有当公司运用这些资产进行生产经营活动时，才有可能产生收益。因此，资产周转速度越快，公司的营运能力越强，公司的盈利能力就越大。营运能力指标是流量/存量类型的财务指标，其中的存量指标取平均值。

表 7-3 展示了 2021 年沪深 300 成分股营运能力比率的常见统计量（剔除金融类公司）。

表 7-3　2021 年沪深 300 成分股营运能力指标的常见统计量（剔除金融类公司）

	平均值	最小值	最大值	标准差	偏度	P25	P50	P75
总资产周转率	0.72	0.03	2.93	0.41	1.51	0.46	0.65	0.91
流动资产周转率	1.58	0.22	5.69	1.07	1.68	0.86	1.28	2.03
固定资产周转率	8.80	0.13	97.15	13.83	3.62	1.95	4.21	9.26
应收账款周转率	191.37	0.99	13 601.14	1 326.79	9.22	5.23	8.76	30.09
应收账款周转天数	50.26	0.03	369.30	49.07	2.14	12.13	41.66	69.73
存货周转率	21.19	0.27	666.93	75.15	6.77	2.66	4.73	9.33
存货周转天数	139.96	0.55	1 356.85	215.04	3.55	39.11	77.23	137.05
营业周期	188.72	7.40	1 360.46	218.65	3.03	66.23	133.41	209.33
现金转换期	181.43	−76.30	1 358.89	221.36	2.95	57.92	127.72	207.23
现金及现金等价物周转率	6.53	0.30	46.59	6.56	2.88	2.49	4.59	7.93

资料来源：CSMAR

1. 总资产周转率

总资产周转率(asset turnover，ATO)是营业收入与平均总资产之间的比率，计算公式为：

$$总资产周转率 = 营业收入 \div 平均总资产 \qquad (7-16)$$

其中：平均总资产是总资产期初值和期末值的平均值。

总资产周转率表示总资产在一年中周转的次数。在销售利润率不变的条件下，周转的次数越多，形成的利润越多，所以它对盈利能力有正向的贡献。该指标也可以看为每1元资产投资在一年内所产生的营业收入。这个指标可以测度公司资产创造收入的能力。当然，公司资产的组成很复杂，所以这个指标只是一种粗略的描述，还要具体考虑公司资产的情况才能作出合理细致的评价。

图7-22给出了2021年沪深300成分股(剔除金融类公司)总资产周转率的分布情况。从数据中可以发现，总资产周转率的中位数为0.65，分布相对平均，但位于0.5—0.75的公司数量最多。总资产周转率在0.75以下的公司有153家，有100家公司的总资产周转率在0.75以上。

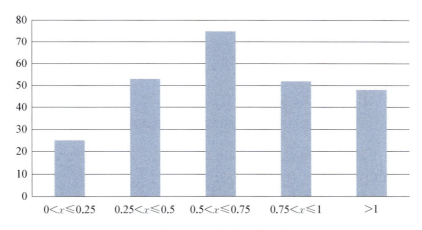

图7-22　2021年沪深300成分股的总资产周转率分布图(剔除金融类公司)

资料来源：CSMAR

和ATO密切相关的比率是资本密集度(capital intensity ratio)，是总资产周转率的倒数，其计算公式为：

$$资本密集度 = 平均总资产 \div 营业收入$$
$$= 1 \div 总资产周转率 \qquad (7-17)$$

该比率表示产生1元营业收入所需的资产总额，比率越低，说明公司只需要较少的资产就能产生给定的收入。

2. 流动资产周转率

流动资产周转率是营业收入与平均流动资产的比值，有两种计量方式，其计算公式为：

$$流动资产周转率 = 营业收入 \div 平均流动资产 \qquad (7-18)$$

$$流动资产周转天数 = 365 \div (营业收入 \div 平均流动资产)$$
$$= 365 \div 流动资产周转率 \qquad (7\text{-}19)$$

流动资产周转率,表明流动资产一年中周转的次数,或者说是每1元流动资产所产生的营业收入(见图7-23)。流动资产周转天数表明流动资产周转一次所需要的天数。

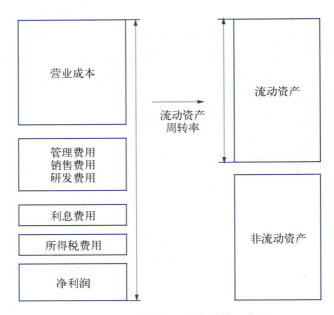

图 7-23 流动资产周转率计算示意图

提高流动资产周转率可以提高资金利用效率,有助于公司提高收入。

图7-24给出了2021年沪深300成分股(剔除金融类公司)流动资产周转率的分布情况。从数据中可以发现,流动资产周转率的中位数为1.28,大部分公司集中在0.5—1.5。流动资产周转率在0.5—1.5的公司有132家,在3以上的则有23家。

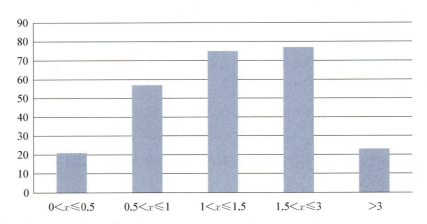

图 7-24 2021年沪深300成分股的流动资产周转率分布图(剔除金融类公司)

资料来源:CSMAR

3. 固定资产周转率

固定资产周转率(fixed asset turnover)是营业收入与平均固定资产的比值,其计算公式为:

$$固定资产周转率 = 营业收入 \div 平均固定资产 \qquad (7-20)$$

分母应取期初与期末固定资产的平均值。该指标越高,企业对固定资产的利用效率越高。不同行业所需的固定资产水平相差较大,重资产行业的固定资产占比很高,因此分析其周转率十分重要。如果固定资产周转率太低,意味着公司固定资产投资过大。固定资产的变现周期较长,风险较大。如果因市场变化导致固定资产长期闲置,可能会导致设备大幅贬值甚至报废。贬值或者报废情况下,固定资产周转率反而会升高,但并非来自效率的提升。固定资产周转率计算如图 7-25 所示。

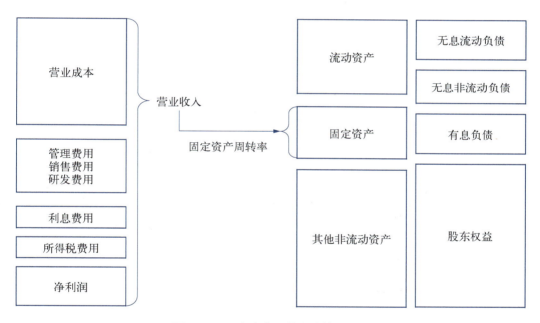

图 7-25　固定资产周转率计算示意图

图 7-26 给出了 2021 年沪深 300 成分股(剔除金融类公司)固定资产周转率的分布情况。从数据中可以发现,固定资产周转率的中位数为 4.21。固定资产周转率在 0.5—4 的公司有 110 家,而在 16 以上的则有 31 家。

4. 应收账款周转率

应收账款周转率(receivable turnover)是营业收入与平均应收账款及合同资产的比率,计算公式为:

$$应收账款周转率 = 营业收入 \div (平均应收账款 + 平均合同资产) \qquad (7-21)$$

其中,分母应取应收账款与合同资产两科目之和的期初期末平均值(见图 7-27)。

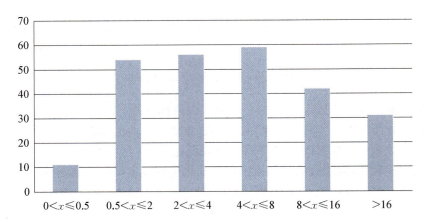

图7-26　2021年沪深300成分股的固定资产周转率分布图（剔除金融类公司）

资料来源：CSMAR

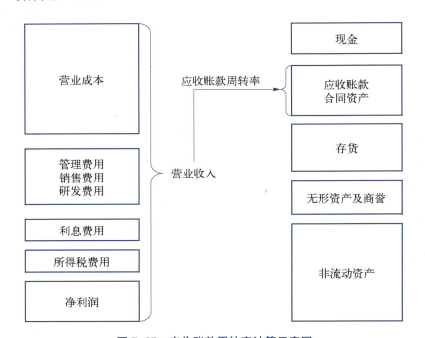

图7-27　应收账款周转率计算示意图

应收账款周转率说明当年应收账款平均余额转变为现金的次数，反映了公司从赊销客户处收回现金的能力。该比率越高，说明公司在收款方面越成功，经营状况越好。然而，应收账款周转率太高可能说明公司的赊销政策太严，易导致客户的丢失。

图7-28给出了2021年沪深300成分股（剔除金融类公司）应收账款周转率的分布情况。从数据中可以发现，应收账款周转率的中位数为8.76。应收账款周转率在4—12的公司过百，而在12以上的有105家，应收账款回收速度较快。少数公司的应收账款周转率异常高乃至破万。观察到这些公司分布在白酒行业。它们采用先款后货的方式结算，

应收账款普遍较低。贵州茅台在2021年应收账款及合同资产余额甚至为0,体现了其在销售渠道中占有强大的话语权。

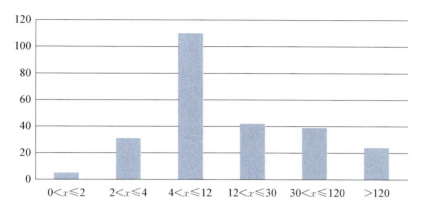

图 7-28　2021 年沪深 300 成分股的应收账款周转率分布图(剔除金融类公司)

资料来源:CSMAR

5. 应收账款周转天数

应收账款周转天数(debtor days)是应收账款周转率的另一种表达方式。应收账款周转天数是指应收账款每周转一次需要的天数。计算方法如下:

$$
\begin{aligned}
\text{应收账款周转天数} &= (\text{平均应收账款} + \text{平均合同资产}) \div \text{日均营业收入} \\
&= (\text{平均应收账款} + \text{平均合同资产}) \div (\text{营业收入} \div 365) \\
&= 365 \div \text{应收账款周转率}
\end{aligned} \tag{7-22}
$$

图 7-29 给出了 2021 年沪深 300 成分股(剔除金融类公司)应收账款周转天数的分布情况。从数据中可以发现,应收账款周转天数的中位数为 41.66,表明平均来看公司需要一个多月的时间从客户处收回账款。应收账款周转天数的分布较为均匀,在 60—80 的公司数量较多,而在 80 天以上的公司有近 40 家。

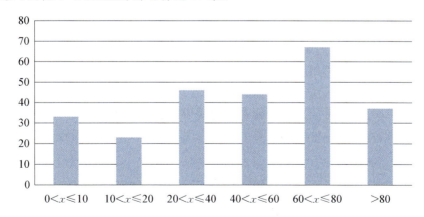

图 7-29　2021 年沪深 300 成分股的应收账款周转天数分布图(剔除金融类公司)

资料来源:CSMAR

6. 存货周转率

存货周转率(inventory turnover)是营业成本与平均存货的比值,计算公式为:

$$存货周转率 = 营业成本 \div 平均存货 \qquad (7-23)$$

其中,分母中的平均存货一般用年平均存货,即年初存货加上年末存货除以 2 所得。如果公司的存货存在季节性,如商业公司在年末旺季时存货比其他季节的高,这样计算得到的存货周转率会比实际的存货周转率小,此时可以考虑用季度平均存货。

分子为营业成本。采用营业成本而非营业收入的原因是营业成本和存货都是以成本计价的,而营业收入则是以销售价核算,与存货成本之间缺乏可比性(见图 7-30)。

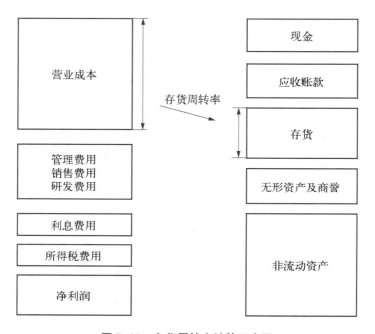

图 7-30 存货周转率计算示意图

存货周转率测量公司一年内可以销售多少平均存货。较高的存货周转率说明公司销售存货容易。一般来说,公司都希望存货周转率提高。如果存货周转率剧烈下降,或者在较长一段时间内持续下滑,应引起警惕。

但存货周转率过高,可能意味着公司没有足够存货,不能满足客户的订单要求,导致公司失去销售机会。因此,公司都尽力达到能实现利润最大的存货周转率,而不一定是最高的存货周转率。

该指标不适用于在日常经营中没有存货的公司,如软件公司或游乐场。

图 7-31 给出了 2021 年沪深 300 成分股(剔除金融类公司)存货周转率的分布情况。从数据中可以发现,存货周转率的中位数为 4.73。有 50 家公司的存货周转率大于 12,逾百家公司的存货周转率低于 4。

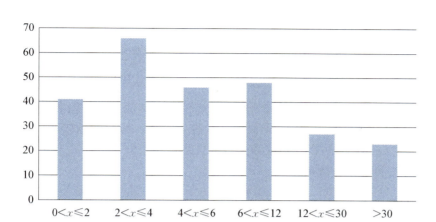

图 7-31　2021 年沪深 300 成分股的存货周转率分布图(剔除金融类公司)

资料来源：CSMAR

7. 存货周转天数

存货周转率的另一种表达方式是存货周转天数。存货周转天数是指存货每周转一次需要经过的天数，它比存货周转率更直观、更容易理解。存货周转天数的计算以及与存货周转率的关系如下：

$$\begin{aligned}存货周转天数 &= 平均存货 \div 平均每日营业成本 \\ &= 平均存货 \div (营业成本 \div 365) \\ &= 365 \div 存货周转率 \end{aligned} \quad (7\text{-}24)$$

图 7-32 给出了 2021 年沪深 300 成分股(剔除金融类公司)存货周转天数的分布情况。从数据中可以发现，存货周转天数的中位数为 77.2 天，明显高于应收账款周转天数，平均来看公司需要两个多月的时间将库存转化为收入。存货周转天数在 0—40 的公司有 65 家，而在 160 以上的则有 48 家。

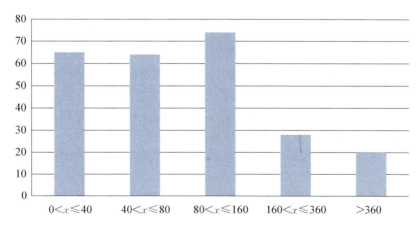

图 7-32　2021 年沪深 300 成分股的存货周转天数分布图(剔除金融类公司)

资料来源：CSMAR

同样地,应付账款周转率和应付账款周转天数也可以同样的方法计算:

$$应付账款周转率 = 营业成本 \div 应付账款平均余额 \qquad (7-25)$$

$$应付账款周转天数 = 365 \div 应付账款周转率 \qquad (7-26)$$

计算应付账款时应该区分应付账款和其他应付款。其他应付款包括税金、社会福利、工资等,这些是必须按时支付的,公司没有多少控制余地。应付账款较大,如果排除违约的情况,资质优秀的公司,可以在供应商处争取优惠信用条件。

8. 营业周期和现金转换期

公司的资产分为流动资产和非流动资产。由于非流动资产的周转慢,营运能力的分析主要针对流动资产。在下面的简化模型中,只考虑主要流动资产货币资金、存货和应收账款和主要流动负债应付账款,它们的循环关系如图 7-33 所示。根据购入生产要素、支付采购款、产品完工、产品销售和收回销售款这 5 个时间点,定义存货周转天数、应收账款回收天数和应付账款回收天数。根据上述几个周转天数来计算营业周期和现金转换期,公式如下:

$$营业周期 = 存货周转天数 + 应收账款周转天数 \qquad (7-27)$$

$$现金转换期 = 存货周转天数 + 应收账款周转天数 - 应付账款周转天数 \qquad (7-28)$$

$$净营运资本 = 存货 + 应收账款 - 应付账款 \qquad (7-29)$$

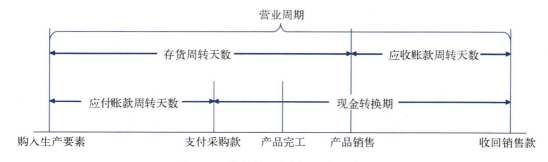

图 7-33 简化的现金循环周期示意图

营业周期是企业从取得存货开始到销售产成品并收回现金为止的时间长度,现金转换期是企业从付出现金到收回现金所需的时间长度,两者的区别在于初始时点不同,现金转换期是从现金流出开始计算,营业周期是从取得存货开始计算。营业周期决定了公司所需的流动资产的大小,现金转换期则决定了公司所需的净营运资本大小。如果管理得当,公司能够降低经营过程中对资金的占用需求,从而提升盈利能力。

存货和应收款的周转天数越短,应付款的周转天数越长,现金周转期就越短,这是公司所希望看到的。如果应付款周转天数足够长,大于存货和应收账款的周转天数两者之和时,这时,公司可借助上游的无息负债来为自己的存货和应收账款的融资。

图 7-34 给出了 2021 年沪深 300 成分股(剔除金融类公司)现金转换期的分布情况。从数据中可以发现,现金转换期的中位数 127.7 天,分布较为均匀。有 6 家公司的现金转换期小于 0,有 74 家公司的现金转换期长于半年。

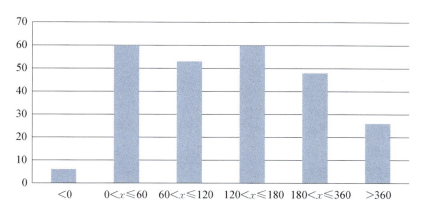

图 7-34 2021 年沪深 300 成分股的现金转换期分布图（剔除金融类公司）

资料来源：CSMAR

9. 现金及现金等价物周转率

现金及现金等价物周转率是营业收入与平均现金及现金等价物余额的比率，计算公式为：

$$\text{现金及现金等价物周转率} = \text{营业收入} \div \text{现金及现金等价物平均余额} \quad (7-30)$$

其中，分母为年初和年末现金及现金等价物的平均值，列示在现金流量表中。

现金是流动性最强的资产，也是公司防范各类风险事件的必要缓冲。如果面临较高的风险暴露，出于预防性动机企业将持有更多现金。然而现金是低收益资产，过度持有对公司盈利能力产生负面影响。现金及现金等价物周转率就反映了企业所持现金的使用效率，周转率高意味着现金利用效率较高。

图 7-35 给出了 2021 年沪深 300 成分股（剔除金融类公司）现金及现金等价物周转率的分布情况。从数据中可以发现，现金及现金等价物周转率的中位数为 4.59，较多的公司分布在 2—6 的区间，但也有不少公司的现金周转率高于 8。

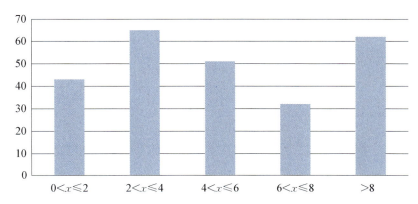

图 7-35 2021 年沪深 300 成分股的现金及现金等价物周转率分布图（剔除金融类公司）

资料来源：CSMAR

(四)财务杠杆带来的盈利能力

根据前面的论述可知,公司适度增加财务杠杆,可以增加股东收益率,但不会影响资产收益率,一般用资产负债率(total debt/total assets ratio)表示财务杠杆。因为公司的目的是股东财富最大化,合理借用财务杠杆可以为股东赚取更多的利润。

资产负债率是负债总额占资产总额的百分比,其计算公式为(见图7-36):

资产负债率 =(负债总额/资产总额) × 100% (7-31)

表7-4展示了2021年沪深300成分股(剔除金融类公司)资产负债率的常见统计量。

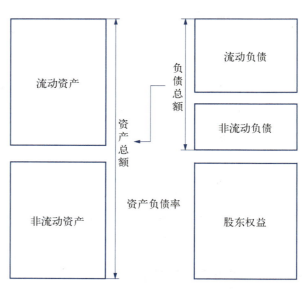

图7-36 资产负债率计算示意图

表7-4 2021年沪深300成分股的资产负债率的常见统计量(剔除金融类公司)

	平均值	最小值	最大值	标准差	偏度	P25	P50	P75
资产负债率	46.6%	4.5%	88.8%	18.7%	−20.4%	33.1%	47.9%	61.6%

资料来源:CSMAR

图7-37给出了2021年沪深300成分股(剔除金融类公司)资产负债率的分布情况。从数据中可以发现,资产负债率的中位数为47.9%。仅25家公司的资产负债率低于20%,而超过80%的公司仅4家,其余公司均处于20%—80%。

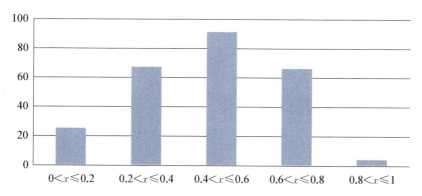

图7-37 2021年沪深300成分股的资产负债率分布图(剔除金融类公司)

资料来源:CSMAR

与资产负债率类似的指标还有权益乘数和产权比率,三项指标都是评估公司资本结构合理性的指标,都可以反映公司财务杠杆的大小。权益乘数是资产总额与股东权益的比率,产权比率是负债总额与股东权益的比率,三者之间的关系如下：

$$权益乘数 = 1 + 产权比率 \tag{7-32}$$

$$资产负债率 \times 权益乘数 = 产权比率 \tag{7-33}$$

资产负债率应该是多大,通常没有定论。这个比率受公司所在行业和所处经营周期等经营因素的影响,还与公司管理层的经营方针有关系。

同时,资产负债率也是衡量公司财务风险的主要指标。资产负债率越高,公司每年偿付利息、到期偿付本金的压力越大。该比率越低,公司将来所负的债务越少。债权人对较高的负债比率非常谨慎。如果需要融资的公司已经有大额债务,再增加债务会使其不堪重负。债权人为了保护自己,会对资产负债比率较高的公司要求较高的利率。

专栏 7-2

房地产公司的合同负债和资产负债率

合同负债作为流动负债中的科目,当其占比较大时,计算资产负债率时需给予充分关注。由于合同负债并不构成实际的偿债压力,而是会随着科目结算转化为公司的营业收入,故在计算资产负债率时,可以将其剔除：

$$扣除合同负债的资产负债率 = (总负债 - 合同负债)/(总资产 - 合同负债) \tag{7-34}$$

房地产公司属于资金密集的行业,普遍具有较高的负债水平。因为开发住宅周期较长,为了及时回笼资金归还借款并开始下一个周期的房产开发投入,公司一般采取预售方式,在资产负债表上则相应形成了合同负债。因此,合同负债与借款(主要是长期借款)是其两项主要负债。几家主要住宅地产公司的资产负债率数据如图 7-38 所示。

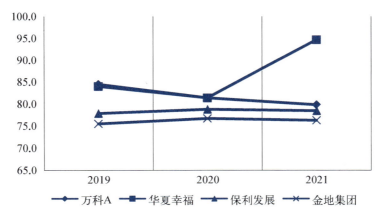

图 7-38　典型住宅地产上市公司资产负债率(%)

资料来源：相关公司 2019—2021 年年度报告

如果剔除其合同负债后,负债水平如图 7-39 所示。

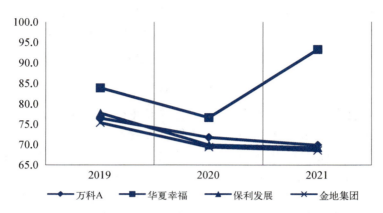

图 7-39　典型住宅地产上市公司剔除合同负债后的资产负债率(％)

资料来源:相关公司 2019—2021 年年度报告

与图 7-38 比较,可以看出,住宅类地产公司在剔除合同负债之后,资产负债率有所降低,从 75％以上水平降低至 70％附近。

二、盈利的质量:现金流量指标

前面讨论的都是盈利的大小。根据第六章现金流量表分析的讨论可知,还要考虑利润是否有对应的现金流支持。因此,这个部分用现金流量指标来验证盈利的质量。

表 7-5 展示了 2021 年沪深 300 成分股(剔除金融类公司)现金流量指标的常见统计量。

表 7-5　2021 年沪深 300 成分股现金流量指标的常见统计量(剔除金融类公司)

	平均值	最小值	最大值	标准差	偏度	P25	P50	P75
净利润的现金含量	1.45	−22.91	45.15	4.18	4.38	0.63	1.07	1.71
营业收入的现金含量	0.99	0.34	1.96	0.18	0.08	0.92	1.01	1.09
经营负债比率	60.9％	4.4％	99.3％	24.4％	−36.6％	42.5％	64.0％	79.5％

资料来源:CSMAR

(一)净利润的现金含量

净利润的现金含量是指每 1 元净利润中实现了多少元经营活动净现金流,其计算公式为:

$$净利润的现金含量 = 经营活动净现金流 / 净利润 \qquad (7\text{-}35)$$

该指标较大,表明企业的盈利顺利转化为了实际的净现金流,回款能力良好。如果净经营活动现金流或净利润小于 0,该比率的意义不大。

图 7-40 给出了 2021 年沪深 300 成分股(剔除金融类公司)净利润的现金含量的分布情况。从数据中可以发现,净利润现金含量的中位数为 1.07,表明现金净流入与净利润水平基本相当。大部分公司净利润的现金含量在 0.5—1.5,低于 0.5 的公司较少。

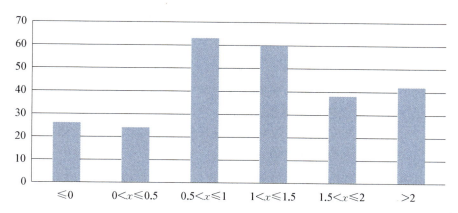

图 7-40　2021 年沪深 300 成分股净利润的现金含量分布图(剔除金融类公司)

资料来源：CSMAR

(二) 营业收入的现金含量

营业收入的现金含量是指每 1 元收入中实现了多少元现金流入,其计算公式为：

$$\text{营业收入的现金含量} = \text{经营活动产生的现金流入} / \text{营业收入} \tag{7-36}$$

分子为现金流量表中的"销售商品、提供劳务收到的现金"。营业收入是销售端所得,因此分子也仅选取经营性现金流入,不扣除现金流出。理论上,现金流入应与营业收入相匹配。考虑到现金流入中包含增值税,因此该指标应大于 1。若现金含量过低,说明企业的营业收入大部分以赊账形式(应收票据、应收账款等)产生,回款无法保障,营收质量不佳。

图 7-41 给出了 2021 年沪深 300 成分股(剔除金融类公司)营业收入的现金含量的分

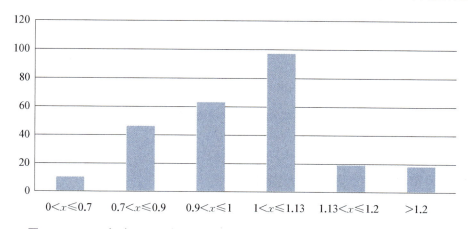

图 7-41　2021 年沪深 300 成分股营业收入的现金含量分布图(剔除金融类公司)

资料来源：CSMAR

布情况。从数据中可以发现,营业收入现金含量的中位数为 1.01。大部分公司营业收入现金含量在 0.9—1.13,基本适中。

(三) 无息负债比率

经营负债比率是经营负债与负债总额的比率,计算公式为:

$$经营负债比率 = 无息负债 / 负债总额 \tag{7-37}$$

其中:

$$\begin{aligned}无息负债 &= 应付票据 + 应付账款 + 预收款项 + 合同负债 + 应付职工薪酬 \\ &\quad + 应交税费 + 其他应付款 \\ &= 流动负债合计 - 短期借款 - 一年内到期的非流动负债 \\ &\quad - 交易性金融负债 \end{aligned} \tag{7-38}$$

公司债务可分为经营负债和金融负债,经营负债主要是指企业在经营过程中以自身信誉为担保产生的无息负债,实质是企业占用了供应商、下游客户、税务局、职工等相关方的资金。经营负债无需支付利息,融资成本低于金融负债,因此经营负债可提高公司的经营现金流水平。

图 7-42 给出了 2021 年沪深 300 成分股(剔除金融类公司)经营负债比率的分布情况。从数据中可以发现,经营负债比率的中位数为 64.0%。超半数企业的经营负债比率在 50%—100%,表明不少上市公司在供应链中的话语权较强,能够占用较多的供应链资金为自己融资。

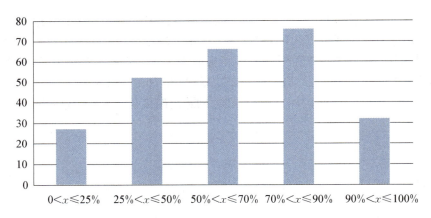

图 7-42　2021 年沪深 300 成分股经营负债比率的分布图(剔除金融类公司)
资料来源:CSMAR

三、盈利的可持续性:发展能力指标

前面讨论的盈利大小和盈利质量都是当期的。从现金流贴现率模型看,需要贴现的现金流是发生在未来的。公司的价值不仅取决于公司现有的财务状况,更取决于公司未来的发展能力。发展能力是指公司生产经营活动在可预见的未来的增长能力。

发展能力比率主要包括两大类：一类是公司财务指标的增长率，包括营业收入增长率、资本保值增长率和资本积累率等，体现企业的实际增速；另一类是企业对未来的投资程度，如固定资产投资与折旧费用倍数以及研发费用率，投资在未来的产能和核心技术上会带来未来的收入和利润的增长。

表 7-6 展示了 2021 年沪深 300 成分股（剔除金融类公司）发展能力比率的常见统计量。

表 7-6 2021 年沪深 300 成分股发展能力比率的常见统计量（剔除金融类公司）

	平均值	最小值	最大值	标准差	偏度	P25	P50	P75
营业收入增长率	46.8%	−46.7%	1 855.5%	123.5%	1 282.1%	13.9%	28.8%	47.8%
资本保值增值率	136.3%	73.0%	806.7%	64.7%	575.6%	108.0%	118.5%	138.0%
资本积累率	36.3%	−27.0%	706.7%	64.7%	575.6%	8.0%	18.5%	38.0%
可持续增长率	13.3%	−38.2%	110.0%	15.5%	252.8%	5.7%	10.8%	16.7%
固定资产投资与折旧费用倍数	3.59	0.04	57.92	5.48	7.10	1.36	2.34	4.04
研发费用率	4.7%	0.0%	38.9%	5.7%	291.2%	1.0%	3.3%	5.8%
有形资产比率	93.9%	58.8%	100.0%	6.9%	−243.6%	92.5%	96.5%	98.1%

资料来源：CSMAR

（一）营业收入增长率

营业收入增长率是指本期营业收入增加额与上期营业收入的比率，其计算公式为：

$$\text{营业收入增长率} = （\text{本期营业收入增加额} / \text{上期营业收入}） \times 100\%$$
$$= （\text{本期营业收入} / \text{上期营业收入} - 1） \times 100\% \quad (7\text{-}39)$$

在实际分析中，通常还会考察一个较长时间段的平均增长率（如 3 年、5 年或者 10 年）。以三年的营业收入平均增长率为例，其计算公式为：

$$\text{三年营业收入平均增长率} = [(\text{营业收入} / \text{三年前营业收入})^{\frac{1}{3}} - 1] \times 100\% \quad (7\text{-}40)$$

图 7-43 给出了 2021 年沪深 300 成分股（剔除金融类公司）营业收入增长率的分布情况。从数据中可以发现，营业收入增长率的中位数为 28.8%，整体呈现了高增长的态势，有 90 家公司的营收增长率超过了 40%，这是驱动利润增长的基础。

（二）资本保值增值率

资本保值增值率是指本期股东权益的期末值与上期期末股东权益的比率，其计算公式为：

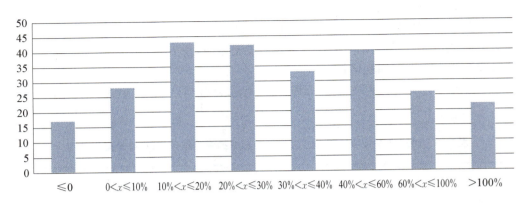

图 7-43　2021 年沪深 300 成分股的营业收入增长率分布图（剔除金融类公司）

资料来源：CSMAR

$$资本保值增长率 = (股东权益本期期末值 - 净增资额)/$$
$$股东权益上期期末值 \times 100\% \tag{7-41}$$

在计算时，要扣除本期的股利分配、所有者增减资等客观因素导致的所有者权益变动，以反映当期经营成果对股东权益变动的影响，实现资本保值增值的关键在于净利润。若资本保值增值率等于 100%，说明公司实现了资本保值；若资本保值增值率大于 100%，则企业实现了资本增值。

这一指标直接采用名义货币计量，未考虑资金的时间价值和通货膨胀因素，因而会高估实际的增值率。

（三）资本积累率

资本积累率是指本期权益增加额与上期期末股东权益的比率，用百分数表示，其计算公式为：

$$资本积累率 = (股东权益本期期末 - 净增资额 - 股东权益上期期末)/$$
$$所有权权益上期期末 \tag{7-42}$$

资本积累率和资本保值增值率都是对股东权益变动情况的分析，两者的关系为：

$$资本积累率 = 资本保值增值率 - 1 \tag{7-43}$$

资本积累率反映了企业积累资本的能力，能够反映企业的发展潜力。股东权益增加，企业就有更多的资本金来支持日常经营及债务偿还，则企业扩大经营规模的潜力变大、财务稳定性变强。

图 7-44 给出了 2021 年沪深 300 成分股（剔除金融类公司）资本积累率的分布情况。从数据中可以发现，资本积累率的中位数为 18.5%。大部分公司的资本积累实现了正增长，其中有 117 家公司的资本积累率在 0—20%，有近 60 家公司的资本积累率超过了 40%，资本金更加充足。

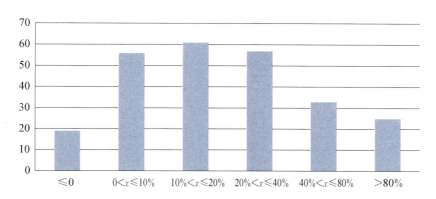

图 7-44　2021 年沪深 300 成分股的资本积累率分布图(剔除金融类公司)

资料来源：CSMAR

(四) 可持续增长率

可持续增长率(sustainable growth rate，SGR)是指企业在不耗尽财务资源的情况下，营业收入所能实现的最大增长率。

可持续增长率是对未来的预测。进行预测的时候包含了四个假设：① 公司以市场允许的速度发展。② 公司维持当前的经营效率，即销售净利率和资产周转率不变。③ 公司维持当前的资本结构和股利支付率。④ 公司在外发行的股数不变，不增发新股或回购股票，所有者权益的增加仅来自留存收益，即净利润与收益留存率的乘积。结合资本结构不变的条件，公司需要增加债务融资，这是其唯一的外部筹资来源。

由于周转率不变，销售收入增长率与总资产增长率相等，设此增长率为 g，即可持续增长率。由于资本结构不变，公司的负债与所有者权益均以 g 的速度同步增长，保持负债与所有者权益的比值不变。因此，销售收入增长率等于所有者权益增长率，由此可推导出可持续增长率的计算公式：

$$可持续增长率 = \frac{净资产收益率 \times 收益留存率}{1 - 净资产收益率 \times 收益留存率} \quad (7\text{-}44)$$

其中，净资产收益率的分母为期末所有者权益。根据杜邦分解方法(见下一章)，将净资产收益率展开，公式可进一步写为：

$$可持续增长率 = \frac{销售净利率 \times 总资产周转率 \times 权益乘数 \times 收益留存率}{1 - 销售净利率 \times 总资产周转率 \times 权益乘数 \times 收益留存率} \quad (7\text{-}45)$$

可持续增长率的本质是留存收益驱动股东权益增长，具体可分解为四个因素：销售净利率、资产周转率、权益乘数、收益留存率，如果企业下一年维持这四个指标不变，且满足上述四个前提假设，则下一年的增长率即为可持续增长率，这是公司资金所能支持的理论增长率。

图 7-45 给出了 2021 年沪深 300 成分股(剔除金融类公司)可持续增长率的分布情况。从数据中可以发现，可持续增长率的中位数为 16.7%，分布主要集中在 0—20%。与

实际的营业收入增长率相比,实际增长率显著高于可持续增长率,反映出整体资源投入过度,实际增长率超过了企业当前资金所能支持的合理增长率,会使企业的资金压力增大。

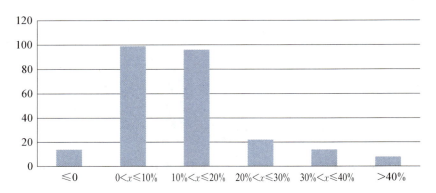

图7-45　2021年沪深300成分股的可持续增长率分布图(剔除金融类公司)

资料来源:CSMAR

(五) 固定资产投资与折旧费用倍数

固定资产投资(fixed asset spending,FAS)表明公司对于长期发展的投入程度;折旧费用(depreciation)是名义上每年累计的资金,其主要目的是更新设备。固定资产投资与折旧费用倍数是固定资产投资与折旧费用的比率,反映了公司投资活动的增长情况。如果该比率大于1,则公司固定资产的购置超过折旧,对未来进行了净投资。如果考虑其他长期资产,上述倍数可以换成下面的计算方法,即将公司对长期资产的投资除以对应的折旧与摊销:

固定资产投资与折旧费用倍数 =(购建固定资产、无形资产和其他长期资产支付的现金)/(固定资产折旧、油气资产折耗、生产性生物资产折旧+无形资产摊销+长期待摊费用摊销)　　(7-46)

该比值应该与盈利能力正相关,否则就意味着公司在盈利水平不佳的情况下继续大规模投入。该比值下降,或者是管理者经营态度谨慎所致,或者是公司转向"轻资产"经营(asset-light strategy)。所谓轻资产运营模式,是将产品制造和零售分销业务外包,自身则集中于设计开发和市场推广等业务。轻资产运营的模式可以降低公司资本投入,特别是生产领域内大量固定资产投入,以此提高资本回报率。

图7-46给出了2021年沪深300成分股(剔除金融类公司)固定资产投资与折旧费用倍数的分布情况。从数据中可以发现,该指标的中位数为2.34。有33家公司的固定资产投资与折旧费用倍数小于1,其余公司都大于1。还有65家公司的倍数高于4,表明企业投资战略较为激进,进行了大幅度的扩大再生产。

(六) 研发费用率

研发费用率也称研发强度,是研发费用与营业收入的比率,其计算公式为:

$$研发费用率 = 研发费用 / 营业收入 \quad (7\text{-}47)$$

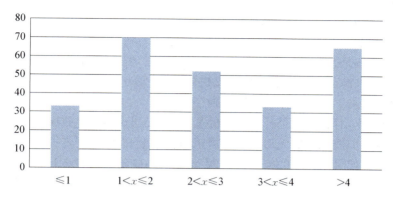

图 7-46　2021 年沪深 300 成分股的固定资产投资与
折旧费用倍数分布图（剔除金融类公司）

资料来源：CSMAR

研发投入是企业保持创新能力和领先地位的重要推动力,尤其是对于高新技术企业。研发费用在当期看来是一种费用,但长期来看是企业保持发展活力的源泉。如果要申请认定为高新技术企业,研发费用率至少不低于 3%。

图 7-47 给出了 2021 年沪深 300 成分股（剔除金融类公司）研发费用率的分布情况。从数据中可以发现,研发费用率的中位数为 3.3%。大部分公司的研发费用率在 5% 以下,但也有 28 家公司的研发费用率超过 10%,对研发活动的投入较大。

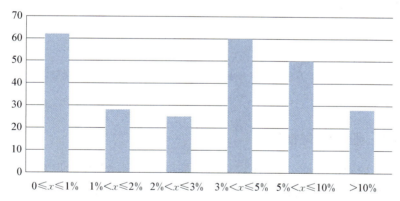

图 7-47　2021 年沪深 300 成分股的研发费用率分布图（剔除金融类公司）

资料来源：CSMAR

（七）有形资产比率

有形资产比率是指公司的有形资产在总资产中的比重,其计算公式为：

$$有形资产比率 = 有形资产 / 总资产 \times 100\% \tag{7-48}$$

其中：

$$有形资产 = 总资产 - 无形资产 - 商誉 \tag{7-49}$$

有形资产是指有实物形态的资产,包括实物资产和金融资产,其价值在于其物质特性,资产价值相对容易辨认。与有形资产相对应的是无形资产,无形资产是指企业拥有或者控制的没有实物形态的可辨认非货币性资产,包括专利权、商标权、著作权、土地使用权等。无形资产往往是企业最具价值潜力的资产,但其产生经济效益的不确定性较高,难以即时变现。商誉来源于公司并购活动中支付的溢价,即超出被并购公司净资产公允价值的部分,其价值依附于公司整体而不能单独存在。

对于传统产业,有形资产是公司运营的基础,是公司价值的主要来源。但随着经济转型发展,一些高附加值产业的无形资产比重正在逐渐上升,无形资产成为企业核心竞争力的关键来源之一,如科技产业的技术专利、零售业的品牌价值、版权 IP 等。

图 7-48 给出了 2021 年沪深 300 成分股(剔除金融类公司)有形资产比率的分布情况。从数据中可以发现,有形资产比率的中位数为 96.5%,绝大部分公司的有形资产占比高于 90%,说明资产价值基本来源于有形资产。仅有 14 家公司的有形资产比率低于 80%,表明无形资产在我国上市公司中占比非常低。

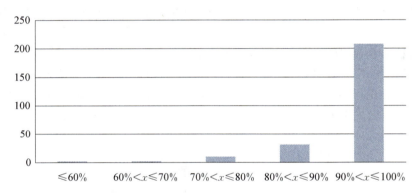

图 7-48 2021 年沪深 300 成分股的有形资产比率分布图(剔除金融类公司)

资料来源:CSMAR

四、盈利分配:股利支付指标

股利分配是公司的利润分配政策,其内容是将税后利润发放给股东或继续留在公司内部。股利支付指标主要有两类:一类直接反映了上市公司的分红力度,以及投资者能够从分红中享有的投资收益率;另一类则结合公司的盈利及现金流分析其支付股利的能力。股利支付指标适用于成熟期、分红较稳定的公司。表 7-7 统计了 2021 年沪深 300 成分股股利支付指标的常见统计量。

表 7-7 2021 年沪深 300 成分股股利支付指标的常见统计量

	平均值	最小值	最大值	标准差	偏度	P25	P50	P75
股利收益率	1.74%	0.00%	11.28%	2.10%	1.91%	0.27%	0.94%	2.44%
股利分配率	30.2%	−115.5%	228.5%	25.6%	181.6%	15.0%	30.0%	39.9%

续　表

	平均值	最小值	最大值	标准差	偏度	P25	P50	P75
收益留存率	69.8%	−128.5%	215.5%	25.6%	−181.6%	60.1%	70.0%	85.0%
股利保障倍数	4.29	−0.87	16.65	2.75	1.31	2.45	3.32	5.06
现金股利保障倍数	5.36	−63.55	214.17	16.48	7.23	1.97	3.80	7.86

资料来源：Wind

（一）股利收益率

股利收益率（dividend yield）指标计算了只考虑现金股利的收益率，其计算公式为：

$$股利收益率 = 普通股每股股利 / 股票价格 \tag{7-50}$$

如果考虑红利税，实际股利收益率还要低一些。它代表了从所投资的公司所获得的实际红利回报，可以直接与国债收益进行比较。

一般高增长的公司股利收益率非常低，而成熟期的公司股利收益率非常高。因此，它适合于对成熟期的公司进行评价。

图 7-49 给出了 2021 年沪深 300 成分股股利收益率的分布情况。从数据中可以发现，股利收益率的中位数为 0.94%。没有分红的公司有 27 家，而股利收益率在 2% 以上的公司达到 93 家。

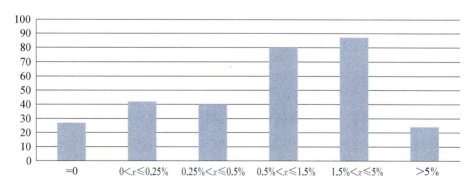

图 7-49　2021 年沪深 300 成分股的股利收益率分布图

资料来源：Wind

（二）股利分配率

股利分配率（dividend payout ratio）是每股股利与每股收益的比例。其计算公式为：

$$股利分配率 = 每股股利 / 每股收益 \tag{7-51}$$

股利分配率反映普通股股东从公司盈利中实际可获取的股利比例。此比率越高，股东所获取的当期股利越多，公司留存的利润越少。如果公司有好的投资项目，将利润更多地留在公司内部继续投资，对公司的将来发展是有利的，也有利于股东的长期利益。可通过股利分配率指标分析公司的股利政策,因为股票价格会受股利的影响,公司为了稳定股票价格可能采取不同的股利政策。

图 7-50 给出了 2021 年沪深 300 成分股股利分配率的分布情况。从数据中可以发现,股利分配率的中位数为 30.0%。股利分配率在 20%—40% 的公司最多,达到 130 家;而超过 60% 的公司仅有 26 家。

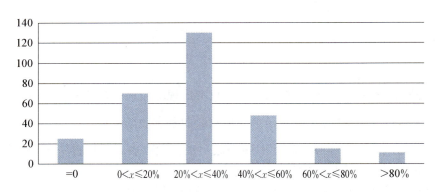

图 7-50　2021 年沪深 300 成分股的股利分配率分布图

资料来源:Wind

(三) 收益留存率

收益留存率是留存收益与净利润的比值,衡量当期收益有多少比例留在公司内部,其与股利分配率之和为 1,计算公式为:

$$收益留存率 = 1 - 股利分配率 \tag{7-52}$$

(四) 股利保障倍数

股利保障倍数(times dividend earned)是股利分配率的倒数,其计算公式为:

$$股利保障倍数 = 每股收益 / 每股股利 = 归母净利润 / 现金股利 \tag{7-53}$$

这个比例反映了公司的净利润与股利的倍数。此比率越大,公司留存的利润越多,也反映了公司支付股利的能力越强。

(五) 现金股利保障倍数

现金股利保障倍数是指净经营活动现金流与股利的比率,其计算公式为:

$$股利保障倍数 = 净经营活动现金流 / 股利 \tag{7-54}$$

该倍数反映了净经营活动现金流对股利的保障程度,侧重现金支付能力,比股利保障倍数更可靠。该倍数大于 1,表明企业具备支付当期现金股利的能力。

图 7-51 给出了 2021 年沪深 300 成分股现金股利保障倍数的分布情况。从数据中可以发现,现金股利保障倍数的中位数为 3.8。上市公司的现金股利保障倍数普遍较高,多达 222 家公司的倍数大于 1.5。但还有 36 家公司的倍数小于 0,说明当期经营现金净流入为负。无效值表示公司当年没有发放股利,分母为 0。

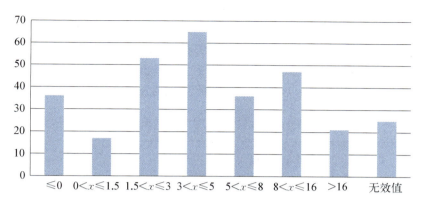

图 7-51　2021 年沪深 300 成分股的现金股利保障倍数分布图

资料来源：Wind

第三节　风险程度指标

下面来分析那些测度公司风险的财务指标，当这些指标上升时，公司风险增加。在绝对值估值模型中，对应的是贴现率的增加。当公司的偿债能力下降、杠杆增加、投资融资的期限不匹配以及发生激进的扩张时，公司的风险增加。因此，主要从以下四个方面来分析公司的风险程度。

一、偿债能力指标

偿债能力是指公司偿还各种债务的能力。公司保持适当的偿债能力具有重要意义。对股东来说，不能及时偿债可能导致公司破产，但是提高流动性必然降低盈利性，因此他们希望公司权衡收益和风险，保持适当的偿债能力。对债权人来说，公司偿债能力不足可能导致他们无法及时足额收回债权本息，因此他们希望公司具有尽可能强的偿债能力。在偿债能力问题上，股东和债权人的利益并不一致。相对来说，债权人更为关注公司的偿债能力指标。

公司的负债按照偿还期限的长短，可以分为流动负债和非流动负债。与此相对应，公司偿债能力的衡量分为短期偿债能力和长期偿债能力分析两部分。短期偿债能力反映公司用现有资产偿还短期债务的能力，也就是分析公司目前是否存在不能偿还短期债务的风险。短期偿债能力比率主要包括流动比率、速动比率、保守速动比率。

用公司的长期偿债能力指标可分析公司的负债与所有者权益之间的对比关系，主要用于评价公司长期中偿还现有债务和继续举借新债务的能力。公司可以用来偿还债务的资金来源除了自身拥有的财产、经营过程中赚取的利润，还包括向外部债务人举借债务所获得的资金。在评估公司的举债能力的大小时，债务人通常会考虑公司的债务与权益的相对比率。一般来说，公司股东权益与公司负债的比率越大，公司进一步举债的能力就越强。股东权益与债务的比率越小，公司用来偿还负债的资产越难以有保障，风险越大。长期偿债能力比率主要包括资产负债率、有形(净)资产负债率、利息保障倍数。

由于应付账款和合同负债为公司从上、下游获得的无息融资，当公司能依靠持续的经营优势获得稳定的两项占款来源的话，在偿债能力的评价中可将其从债务中剔除。

表 7-8 展示了 2021 年沪深 300 成分股(剔除金融类公司)偿债能力比率的常见统计量。

表 7-8 2021 年沪深 300 成分股偿债能力比率的常见统计量(剔除金融类公司)

	平均值	最小值	最大值	标准差	偏度	P25	P50	P75
流动比率	2.13	0.16	21.30	2.34	4.59	1.09	1.46	2.26
速动比率	1.75	0.16	21.10	2.20	5.08	0.81	1.14	1.79
保守速动比率	1.50	0.08	20.75	2.14	5.25	0.54	0.92	1.57
利息保障倍数	44.82	−10.30	880.26	99.44	5.30	5.69	15.07	34.43
有形资产负债率	49.9%	4.5%	99.5%	20.5%	−9.7%	35.4%	50.4%	65.4%
有形净资产负债率	227.0%	4.7%	18 239.1%	1 200.7%	1 394.2%	52.7%	95.5%	183.8%

资料来源：CSMAR

(一)流动比率

流动比率(current ratio)是全部流动资产与流动负债的比值(见图 7-52)。其计算公式为：

$$流动比率 = 流动资产 / 流动负债 \tag{7-55}$$

流动比率反映公司运用其流动资产偿还流动负债的能力。因为流动负债具有偿还期不确定的特点，流动资产具有容易变现的特点，正好满足流动负债的偿还需要，所以流动比率是分析短期清偿能力最主要的指标。

根据经验数据，流动比率保持在 2∶1 左右比较适宜。但由于所处行业及季节性因素，或者公司处在不同的发展阶段，这一数据会有很大的差别。通常是将这个数据与往年同期的该数据比较，或者和行业数据进行比较。如果流动比率比上年发生较大变动，或与行业平均值出现重大偏离，就应对构成流动比率的流动资产和流动负债

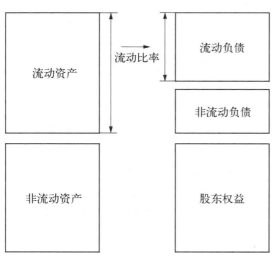

图 7-52 流动比率计算示意图

各项目逐一进行分析,寻找形成差异的原因。

流动比率有某些局限性,在使用时应注意:流动比率假设全部流动资产都可以变为现金并用于偿债,全部流动负债都需要还清。实际上,有些流动资产的账面金额与变现金额有较大差异,如存货等;经营性流动资产是公司持续经营所必需的,不能全部用于偿债;经营性应付项目可以滚动存续,无需动用现金全部结清。因此,流动比率是对短期偿债能力的粗略估计。

图 7-53 给出了 2021 年沪深 300 成分股(剔除金融类公司)流动比率的分布情况。从数据中可以发现,流动比率的中位数为 1.46,其分布比较平均,但大部分公司的流动比率都超过 1,短期偿债能力基本有保障。流动比率超过 2 的公司有 75 家,这些公司拥有较高的财务稳定性,但也可能存在资金闲置的问题。

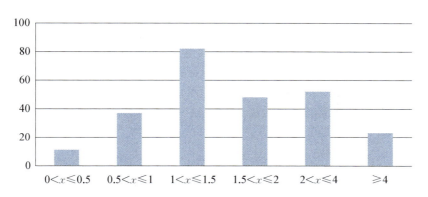

图 7-53　2021 年沪深 300 成分股的流动比率分布图(剔除金融类公司)

资料来源:CSMAR

(二) 速动比率

速动比率(quick ratio),也叫酸性测试比率,是速动资产与流动负债的比值(见图 7-54)。其计算公式为:

速动比率
＝速动资产/流动负债
＝(流动资产－存货)/流动负债

(7-56)

速动资产的计算方法为从流动资产中扣除存货。构成流动资产的各个科目的流动性有很大差别。其中的货币资金、交易性金融资产和各种应收、预付款项等,可以在较短时间内、不贬值地变现;而存货、一年内到期的非流动资产及其他流动资产等,变现时间和数量具有较大

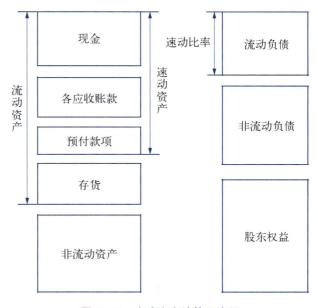

图 7-54　速动比率计算示意图

的不确定性。因此,将可偿债资产定义为速动资产,计算出来的短期偿债能力更令人可信。

在大多数行业,0.90—1.00 的速动比率都是可以接受的。即便是流动负债要求同时偿还,也有足够的资产用来及时偿债。如同流动比率一样,不同行业的速动比率有很大差别,需要具体情况具体分析。

这两个比率都是用来衡量一个公司的短期偿债能力的。比率越高,对流动负债的偿还能力越强。但这两个比率也不是越高越好,因为流动资产的流动性比较强,但是通常收益性差,或者根本没有收益(如现金)。如果一个公司流动资产占用了过多公司资产,就会降低公司的整体盈利能力。

此外,不同行业的比率差异很大,需要进行行业比较才有意义。例如,对于可以收入大量现金而且可以支配其供应商的公司,流动性的定义不大适合。它们采取 OPM 策略,故应付债款很大,导致流动性指标表现不好,但事实上这正是此类企业的成功之处。相反,其供货商苦于被占用大量资金,流动性会受影响。

图 7-55 给出了 2021 年沪深 300 成分股(剔除金融类公司)速动比率的分布情况。从数据中可以发现,速动比率的中位数为 1.14。41% 的公司的速动比率低于 1,短期偿债能力可能存在风险。

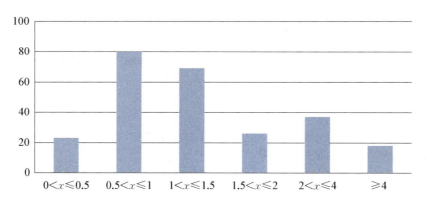

图 7-55　2021 年沪深 300 成分股的速动比率分布图(剔除金融类公司)

资料来源:CSMAR

(三)保守速动比率

保守速动比率又称超速动比率,是企业的超速动资产与流动负债的比率(见图 7-56),其计算公式为:

$$\text{保守速动比率} = 超速动资产 / 流动负债$$
$$= (货币资金 + 交易性金融资产 + 各应收款项) / 流动负债 \quad (7-57)$$

分子是将货币资金、交易性金融资产和各应收款项(应收账款、应收票据、应收款项融资及其他应收款)相加得到。保守速动比率在速动比率的基础上进一步扣除预付款项等难以变现的流动资产,因此能更好地评价企业的短期偿债能力。

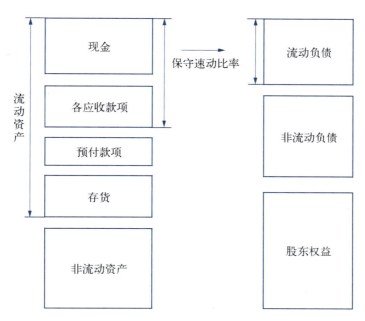

图 7-56　保守速动比率计算示意图

图 7-57 给出了 2021 年沪深 300 成分股(剔除金融类公司)保守速动比率的分布情况。从数据中可以发现,保守速动比率的中位数为 0.92,分布较为均匀。139 家上市公司的保守速动比率小于 1,其余则高于 1。

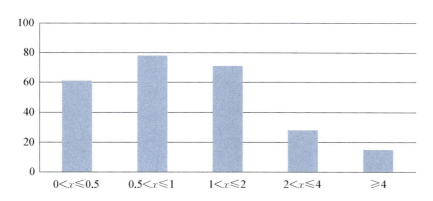

图 7-57　2021 年沪深 300 成分股的保守速动比率分布图(剔除金融类公司)
资料来源：CSMAR

(四) 利息保障倍数

利息保障倍数(interest coverage)也被称为已获利息倍数,是息税前利润与利息费用的比值(见图 7-58),其计算公式为：

$$利息保障倍数 = 息税前利润 / 利息费用 \tag{7-58}$$

息税前利润是指扣除利息和税务支出之前的利润,可以用利润加利息费用求得。利

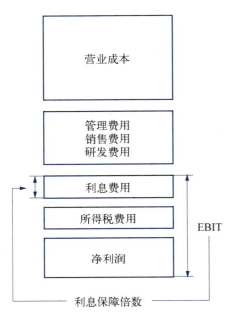

图7-58 利息保障倍数计算示意图

息保障倍数将收益和利息费用联系起来,说明公司是否有足够的利润支付到期的利息,因此尤其被债权人关注。一般来说,这个指标应当大于1。指标越大,表明公司还息能力越强。

利息保障倍数将利润和利息费用联系起来:长期负债除了要求到期偿还本金之外,每年还要支付利息。如果公司出现不能及时偿还利息的情况,就会影响公司的信誉,公司的举债能力就会受到打击。

利息保障倍数是对资产负债率的有利补充,因为资产负债率仅测算债务对公司财务状况(资产负债表)的影响,并不涉及公司支付利息的能力。

利息保障倍数反映公司的获利能力对偿还到期债务的保障程度,通常数值越高表示还债能力越强。

图7-59给出了2021年沪深300成分股(剔除金融类公司)利息保障倍数的分布情况。从数据中可以发现,利息保障倍数的中位数为15.07,该指标处于5—15的公司数量较多。7家公司的利息保障倍数低于0,约占公司总数的4%。这种情况的发生通常是因为公司的利息收入高于利息支出,从侧面说明了我国的外部金融市场可能存在一定的问题。一方面,不少中小企业,尤其是民营企业难以从银行融资;另一方面,上市公司将越来越多的闲置资金进行委托贷款,从而导致了净利息费用为负的情况。

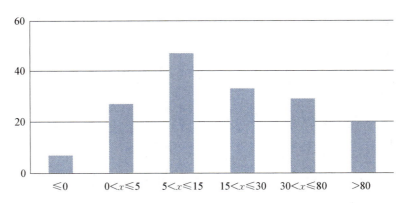

图7-59 2021年沪深300成分股的利息保障倍数分布图(剔除金融类公司)
资料来源:CSMAR

当为一个长期项目融资时,其利息费用被资本化了,从利润表中扣除,由于它实际还是发生了,因此可以将它加回来。

利息保障倍数的一个变通计算方法,是基于EBITDA的利息保障倍数,计算公式为:

$$EBITDA 利息保障倍数 = EBITDA / 利息费用 \tag{7-59}$$

案例 7-1 基于 EBITDA 的利息保障倍数

A、B 两家公司 2021 年度的部分财务数据如表 7-9 所示。

表 7-9 A、B 两家公司 2021 年度的财务数据简表　　　　（单位：百万元）

	A	B
营业收入	1 800.00	1 575.00
营业成本（不含折旧和摊销）	1 560.00	1 365.00
折旧和摊销	75.00	30.00
销售费用、管理费用	115.00	130.00
营业利润	50.00	50.00
利息费用	100.00	90.00
税前利润	−50.00	−40.00
抵免所得税	−17.00	−14.00
净利润	−33.00	−26.00
EBIT	50	50
利息保障倍数	0.5	0.56
EBITDA	125	80
EBITDA 倍数	1.25	0.89

A 公司的利息保障倍数为 0.5＜1，B 公司的为 0.56＜1。如果仅依靠利息保障倍数判断的话，得到的结论将是：A 公司并不具备利息支付能力；同时，与 B 公司相比，A 公司的利息支付能力更差。真的如此吗？

EBIT 为扣除折旧和摊销后的公司息税前利润，而折旧和摊销费用只是会计记录，并不产生现金支付，对公司可用于支付利息的现金流并未产生影响。

在将折旧和摊销加回后，计算得到的 A 公司基于 EBITDA 的利息保障倍数为 1.25＞1，说明 A 公司具有支付利息的能力；对于 B 公司，在加回折旧和摊销费用后，其基于 EBITDA 的利息保障倍数为 0.89＜1，不具有利息支付的能力。在 EBITDA 的视角下，B 公司的支付能力其实低于 A 公司。现实中，具有 A 公司特征的一类公司往往是资本密集型的，对于这样的公司，先期投入的大量资本可以通过折旧回收一定的现金。

在杠杆收购中（Leveraged BuyOut，LBO），发起人总是强调 EBITDA 保障倍数，以让保守的投资者放心。那么公司能否将折旧摊销所代表的现金流全部用于利息支出呢？这样处理,意味着公司无法进行资本支出。从长期来看,公司必须通过折旧费用积累更新设备所需要的资本。如果 EBIT 只是暂时低于利息,那么折旧可以成为公司的一个安全垫子。这时,公司暂时减少它的资本支出,节省一部分折旧现金流来支付利息。但是如果这种情况持续较长时间,公司长期在不动产和厂房设备上减少支出,公司的盈利能力将会受到危害。

（五）有形资产负债率和有形净资产负债率

有形资产负债率是负债总额占有形资产的百分比（见图 7-60）,其计算公式为：

$$有形资产负债率 = 总负债/(总资产 - 无形资产 - 商誉) \qquad (7-60)$$

有形净资产负债率是负债总额占有形净资产的百分比,其计算公式为：

$$有形净资产负债率 = 总负债/(净资产 - 无形资产 - 商誉) \qquad (7-61)$$

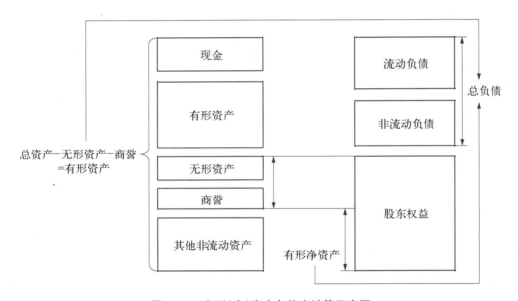

图 7-60　有形（净）资产负债率计算示意图

这两个指标是资产负债率的改进,考虑到商誉和无形资产难以作为偿还债务的保障,将分母范围缩小为有形资产和有形净资产,更谨慎地揭示企业的长期偿债能力。如果资产中的长期待摊费用和递延资产的金额较大,也应从资产总额中扣除。

图 7-61 给出了 2021 年沪深 300 成分股（剔除金融类公司）有形资产负债率的分布情况。从数据中可以发现,有形资产负债率的中位数为 50.4%,较资产负债率略有增大。有形资产负债率低于 20% 和超过 80% 的公司都较少,大部分公司处于 20%—80% 的水平。

图 7-62 给出了 2021 年沪深 300 成分股（剔除金融类公司）有形净资产负债率的分布情况。从数据中可以发现,有形净资产负债率的中位数为 95.5%,将近一半的企业有形净资产负债率高于 1,意味着债权人的资金基本能得到企业资本金的保障。

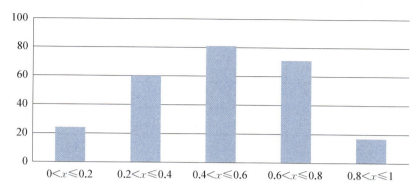

图7-61　2021年沪深300成分股有形资产负债率分布图（剔除金融类公司）

资料来源：CSMAR

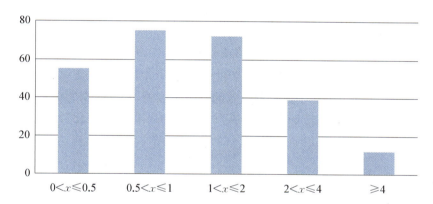

图7-62　2021年沪深300成分股有形净资产负债率分布图（剔除金融类公司）

资料来源：CSMAR

二、杠杆指标

经营杠杆、财务杠杆是衡量企业经营风险和财务风险的重要指标，而综合杠杆作为财务杠杆和经营杠杆的乘积，从整体上反映了公司的风险水平。合理利用两种杠杆作用，可以给企业带来较大收益，但若杠杆过大，企业就会面临较大的经营或财务风险。

杠杆产生的来源是固定成本，即不随产品销量变化而变化的那部分成本。随着业务量的增长，固定费用不会随之增长，因此单位产品或业务负担的固定费用会被摊薄，从而单位业务量的收益增加，放大了经营绩效。固定费用越高的企业，杠杆效应越显著。

表7-10展示了2021年沪深300成分股（剔除金融类公司）杠杆水平的常见统计量，三类杠杆的中位数及平均数均大于1，表明经营和财务杠杆均起到了放大作用。

表 7-10　2021 年沪深 300 成分股风险水平指标的常见统计量（剔除金融类公司）

	平均值	最小值	最大值	标准差	偏度	P25	P50	P75
经营杠杆	1.42	1.01	4.98	0.61	3.40	1.11	1.22	1.46
财务杠杆	1.25	−6.36	32.64	2.42	10.63	0.98	1.02	1.09
综合杠杆	2.54	0.80	142.46	10.81	11.35	1.10	1.26	1.62

资料来源：CSMAR

（一）经营杠杆

经营杠杆（degree of operating leverage，DOL）是指营业收入每变动 1 个百分点，会引起息税前利润相应变动多少百分点，其定义公式为：

$$经营杠杆 = \frac{\frac{\Delta 息税前利润}{息税前利润}}{\frac{\Delta 营业收入}{营业收入}} = \frac{\frac{\Delta EBIT}{EBIT}}{\frac{\Delta PQ}{PQ}} \tag{7-62}$$

经营杠杆放大了市场因素对企业经营利润的影响。在经济不景气的时期，经营杠杆较高的企业，营业收入下滑对企业经营绩效的影响越显著，企业面临的市场风险较大。直接根据定义公式计算经营杠杆较为困难，实际中通常采用以下的简化公式进行计算：

$$经营杠杆 = \frac{EBITDA}{EBIT} \tag{7-63}$$

从公式中可以看出，经营杠杆的来源是固定经营成本，固定经营成本包括店面租金、固定资产投入等与产品销量无关的成本。只要存在固定成本，经营杠杆就会大于 1，利润波动就会大于收入波动。固定成本的占比越高，杠杆越高，所以一些重资产行业的企业业绩容易出现较大的周期波动，如航运业、钢铁业、煤炭业等。

图 7-63 给出了 2021 年沪深 300 成分股（剔除金融类公司）经营杠杆的分布情况。从

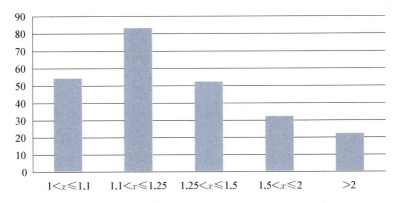

图 7-63　2021 年沪深 300 成分股的经营杠杆分布图（剔除金融类公司）

资料来源：CSMAR

数据中可以发现,经营杠杆的中位数为 1.22,其分布基本集中在 1—1.25 的区间,杠杆风险相对可控。有 78% 的企业经营杠杆在 1—1.5 的范围内,但也有 20 余家企业的经营杠杆超过 2,经营杠杆较大。

(二) 财务杠杆

财务杠杆(degree of financial leverage,DFL)是指息税前利润每变动 1 个百分点,会引起每股收益相应变动多少百分点,其定义公式为:

$$财务杠杆 = \frac{\frac{\Delta 每股收益}{每股收益}}{\frac{\Delta 息税前利润}{息税前利润}} = \frac{\frac{\Delta EPS}{EPS}}{\frac{\Delta EBIT}{EBIT}} \tag{7-64}$$

财务杠杆的来源是固定融资费用,如债券的定期利息支出,这些费用不会随着息税前利润的变化而变化,但随着息税前利润额的上升,单位利润负担的固定财务费用就会减少,每股税后净利就会以更大幅度增加。但如果企业经营不善,息税前利润大幅减少,加上固定的利息支出,就会导致税后净利大幅降低,甚至出现破产风险。因此,对于经营利润波动较大的周期性行业,适当限制有息债务的规模可能是明智之举。反之,对于业绩处于扩张期的公司,如果收入衰退的风险较低,那么公司可以适当举债,享受利息支出带来的杠杆效应和税盾效应。

财务杠杆也有一个简便计算公式:

$$财务杠杆 = \frac{EBIT}{EBT} \tag{7-65}$$

从公式可以看出,利息支出越高,财务杠杆越高,对税后净利的撬动作用越显著。在息后利润大于 0 的情况下,只要存在固定性的利息支出,财务杠杆就会大于 1。债务资金可以帮助企业扩大经营规模,放大盈利水平,但只有投资回报率超过借债成本时,公司才真正为股东创造了价值。因此,企业必须平衡好收益和风险的关系,合理借债规模,保证企业的流动性及盈利水平。

用财务费用代替利息支出进行计算。图 7-64 给出了 2021 年沪深 300 成分股(剔除

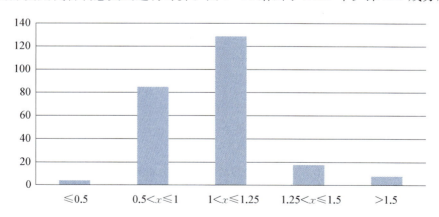

图 7-64　2021 年沪深 300 成分股的财务杠杆分布图(剔除金融类公司)

资料来源:CSMAR

金融类公司)财务杠杆的分布情况。从数据中可以发现,财务杠杆的中位数为1.02。财务杠杆位于1—1.25区间的企业数量最多,但还有89家企业的财务杠杆小于1,主要是因为这些企业的利息收入高于利息支出。

(三) 综合杠杆

综合杠杆(degree of total leverage,DTL)是经营杠杆与财务杠杆的乘积,反映了销售收入每变动1个百分点会引起每股收益的变动百分点,其定义公式为:

$$综合杠杆 = \frac{\frac{\Delta 每股收益}{每股收益}}{\frac{\Delta 销售收入}{销售收入}} = \frac{\frac{\Delta EPS}{EPS}}{\frac{\Delta PQ}{PQ}} \tag{7-66}$$

综合杠杆反映了经营杠杆和财务杠杆的连锁效应,是两类杠杆的乘积,因此也有计算公式如下:

$$综合杠杆 = 经营杠杆 \times 财务杠杆 = \frac{EBITDA}{EBT} \tag{7-67}$$

企业可以根据自身发展需要调整经营杠杆和财务杠杆,以达到目标的综合杠杆水平。高经营杠杆的企业,如果叠加高的财务杠杆,企业整体的风险水平就会成倍放大,如果收入端面临下跌情形,净利润就有可能大幅锐减,影响到企业的生存发展。较为稳妥的方式是,经营杠杆与财务杠杆高低搭配,使得整体的杠杆水平保持在合理区间,保障企业的长远发展。

图7-65给出了2021年沪深300成分股(剔除金融类公司)综合杠杆的分布情况。从数据中可以发现,综合杠杆的中位数为1.26。综合杠杆位于1—1.75区间的企业数量最多,但也有44家公司的杠杆水平超过了1.75。

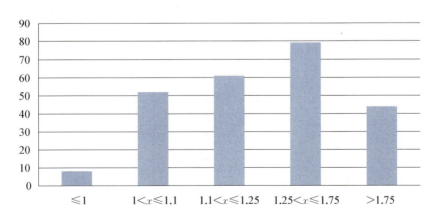

图7-65 2021年沪深300成分股的综合杠杆分布图(剔除金融类公司)

资料来源:CSMAR

案例7-2 经营杠杆与财务杠杆的计算

A、B两家公司的财务数据如表7-11所示。两家公司具有相同规模的息税前利润,但是成本结构不同,A 公司的固定成本低、变动成本高,而 B 公司的固定成本高、变动成本低,显然 B 公司的经营杠杆更高。两家公司的借债利息率均为 3%,但 B 公司的借债规模更大,利息费用更高,因而净利润低于 A。

表 7-11　A、B 两家公司的财务数据简表　　　　　　　　　　　　（单位：百万元）

项目	基期		销量增长 10%	
	A 公司	B 公司	A 公司	B 公司
销量	200	200	220	220
单位售价	20	20	20	20
单位变动成本	15	13	15	13
固定成本	200	600	200	600
息税前利润	800	800	900	940
息税前利润变动的百分比			12.5%	17.5%
利息费用	84	126	84	126
有息负债	2 800	4 200	2 800	4 200
有息负债利息率	3%	3%	3%	3%
利润总额	716	674	816	814
净利润(设所得税率 25%)	537	505.5	612	610.5
普通股股数(万股)	1 000	1 000	1 000	1 000
普通股每股收益(元)	0.537	0.506	0.612	0.610 5
每股收益变动的百分比			14.0%	20.8%

现假设由于市场环境发生变化,两公司的产品销量均增长 10%,其他条件不变。由表中计算可见,虽然销量变动幅度一致,但两家公司的息税前利润与税后净利的变动幅度不同。B 公司息税前利润的变动幅度更大,原因正是由于 B 公司的经营杠杆更高。由经营杠杆的定义式计算可知,A 公司经营杠杆=12.5%÷10%=1.25,B 公司经营杠杆=17.5%÷10%=1.75,因此当收入端增加 10%,B 公司的息税前利润增长了 1.75×10%=17.5%(从 800 万元到 940 万元),高于 A 公司。当然,若收入端减少 10%,B 公司的营业利润也将缩水更多。

考察财务杠杆的作用,由定义式,A 公司财务杠杆=14.0%÷12.5%=1.12,B 公司财务杠杆＝20.8％÷17.5％＝1.19,高于 A 公司,因此 B 公司净利润的变动幅度进一步放大。

结合两类杠杆来看,B 公司综合杠杆为 2.08,A 公司综合杠杆为 1.40(见表 7-12)。B 公司在经营端和财务端均采取了更为激进的杠杆策略,因此在销量增加后,B 公司的营业收入与净利润增幅都超过了 A 公司,杠杆对公司的业绩增长起到了正向作用。从这个案例可以看出,重资产模式的 B 公司在市场景气时业绩将成倍增长,但风险与收益总是同时存在,若销量减少公司的利润也将承受较大压力,抗风险能力不足。

表 7-12　A、B 两家公司的杠杆指标

	A 公司	B 公司
经营杠杆	1.25	1.75
财务杠杆	1.12	1.19
综合杠杆	1.40	2.08

三、长期资产适合率

长期资产适合率是指股东权益与非流动负债之和除以固定资产与长期投资之和(见图 7-66),其计算公式为:

$$长期资产适合率 = (股东权益 + 非流动负债) \div (固定资产 + 长期投资) \quad (7\text{-}68)$$

其中,固定资产包括在建工程余额,因为这也是企业的长期资产。长期投资是指持有期限在一年及一年以上的企业对外投资,包括长期股权投资、债权投资、其他债权投资、其他权益工具投资和其他非流动金融资产等科目。

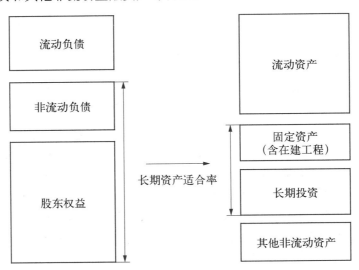

图 7-66　长期资产适合率计算示意图

长期资产适合率反映了公司的长期资产与长期资金相匹配的程度,可用于评估公司的财务稳定性与财务风险程度。若该比率低于1,意味着公司用短期负债来支持长期投资,如果资产与负债期限错配严重,公司就会存在较大的财务风险,所以理论上该比率最好大于1。但该比率也不宜过高,因为长期债务的筹资成本一般高于短期债务,该比率过高说明企业的流动资产也占用了长期资本,会导致资本成本较高。

图7-67给出了2021年沪深300成分股(剔除金融类公司)长期资产适合率的分布情况。从数据中可以发现,长期资产适合率的中位数为2.97,绝大部分公司的指标大于1,财务风险较低。有76家公司的长期资产适合率保持在1—2的区间内,是一个比较健康的范围。但也有许多公司的长期资产适合率大于4,表明其流动资产也通过长期资本来支持,风险低但融资成本较高。

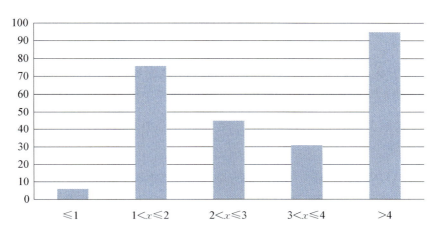

图 7-67　2021年沪深300成分股长期资产适合率的分布图(剔除金融类公司)

资料来源:CSMAR

四、总资产增长率

总资产增长率是指本期资产总额增长额与上期资产总额的比率,用百分数表示,其计算公式为:

总资产增长率＝(本期期末资产总额－上期期末资产总额)÷上期期末资产总额

(7-69)

总资产增长率反映了企业资产规模的增长速度,可能说明企业的经营规模扩大,但也可能是企业通过增加借款、兼并收购增加了杠杆,管理难度和经营风险增大。

应该特别注意,对总资产增长率的分析和前面几个指标增长率不同,总资产收益的增长对公司来说并非好事。这是因为,从收益率的角度,资产是作为分母出现的。在给定利润的条件下,资产越多,收益率越低。那些资产增长率很高的公司,往往是以融资的方式在实现快速扩展,或者在固定资产进行大笔投资或者进行兼并收购。管理风险和经营风险的增加,反而导致公司业绩下滑。总资产增长率可以在很大程度上体现公司过度扩张的风险。因此,把总资产增长率放入风险相关指标中。

图 7-68 给出了 2021 年沪深 300 成分股(剔除金融类公司)总资产增长率的分布情况。从数据中可以发现,总资产增长率的中位数为 20.4%,其分布与资本积累率类似。

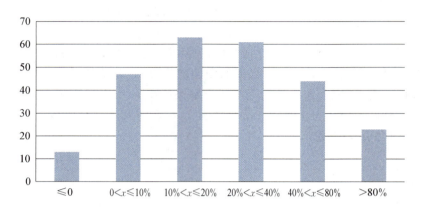

图 7-68　2021 年沪深 300 成分股的总资产增长率分布图(剔除金融类公司)

资料来源:CSMAR

表 7-13 展示了 2021 年沪深 300 成分股(剔除金融类公司)长期资产适合率和总资产增长率的常见统计量。

表 7-13　2021 年沪深 300 成分股部分财务指标的常见统计量(剔除金融类公司)

	平均值	最小值	最大值	标准差	偏度	P25	P50	P75
长期资产适合率	5.72	0.92	82.69	9.83	5.64	1.79	2.97	5.95
总资产增长率	40.8%	−5.3%	1 802.5%	119.0%	1 318.4%	11.0%	20.4%	41.3%

资料来源:CSMAR

第四节　估　值　指　标

一、企业价值和权益价值

(一)企业核心价值

企业核心价值(appraised enterprise value,AEV)从企业的核心业务计算出来,等于未来的现金流贴现值。

在 DCF 模型的估值中,一般是用公司所获得的来自经营活动和投资活动的(不含金融投资类资产的投资)自由现金流贴现估计企业核心价值。

模型中的分母是公司的股权人和债权人的税后加权平均资本成本(WACC),而不是股东的要求回报率。

(二) 企业总价值

在企业的资产端有一些非核心资产,和公司的经营活动没有关系,主要是那些金融投资类的资产,也包含在企业的总价值(enterprise value,EV)里面,它们虽然与企业的核心业务几乎不相关,但公允价值的波动也会影响企业的资产总额:

$$EV = AEV + 非核心资产 \qquad (7-70)$$

(三) 股东权益的内涵价值

股东权益内涵价值与企业价值与的区别在于,前者是属于公司的股东,而公司价值还包含了公司在银行的贷款和债权人借给公司的资金。负债的价值一般等于其账面价值。

$$股东权益内涵估值 = EV - (有息负债 - 货币资金) - 少数股东权益 \qquad (7-71)$$

股东权益内涵价值指公司在股票市场的价值。在估值中,等于企业价值减去净有息负债。这其中还包含了少数股东权益,所以也要减去。

在实际计算中,有的分析师在使用式(7-70)计算企业价值时,非核心资产中会包含货币资金。而在使用式(7-71)计算股东权益内涵价值时,扣除有息负债而非净负债。这样的计算结果和前面是一致的,只不过中间过程多了货币资金。

关于资产端的货币资金是否应该算入企业价值存在一定争议。如果将货币资金算入企业价值的话,就面临着"用货币资金购买货币资金"的等价交换这样一个比较尴尬的局面。所以,大部分情况货币资金是不算入企业价值的。

(四) 股票市场市值

上市公司和非上市相比,增加了两个新变量:一个是 P,即二级市场的最新交易价格;另一个是 N,即在外流通的普通股数。股票市场市值(market value,MV;或者 market cap)等于公司在外流通股数 N 和价格 P 的乘积:

$$MV = N \times P \qquad (7-72)$$

将上述股东权益内涵价值和股票市场市值进行比较,根据第一章的价值投资原则,就可以得到相关的投资建议。

市值是反映公司股东的价值的指标,这个指标的意义非常重大,是股东财富的集中体现。此外,公司市值在市场中的排名将影响在计算股票指数的时候这个股票的权重,从而影响股票指数值。公司很乐于看到自己公司的市值很高。如果高到能够在股票指数中占据相当高的权重,这意味着这家公司可以获得额外的重视。表 7-14 给出了 2021 年 12 月底的 A 股市值前 10 名的公司的相关数据。同时,指数基金以及希望通过股指期货进行套期保值的基金公司往往会重仓持有该股票,使得股票获得额外的溢价。

表 7-14 A 股市值前 10 名公司(2021 年 12 月 31 日)

排名	代 码	名称	市价市值 (亿元)	比例(%)	流通市值 (亿元)	所属行业 (证监会行业)
1	600519.SH	贵州茅台	18 528.92	2.38%	18 528.92	酒、饮料和精制茶制造业
2	601398.SH	工商银行	11 081.06	1.42%	11 081.06	货币金融服务

续　表

排名	代码	名称	市价市值（亿元）	比例(%)	流通市值（亿元）	所属行业（证监会行业）
3	300750.SZ	宁德时代	9 409.66	1.21%	7 638.04	电气机械及器材制造业
4	601288.SH	农业银行	8 811.14	1.13%	8 260.25	货币金融服务
5	601857.SH	中国石油	8 015.14	1.03%	8 015.14	石油和天然气开采业
6	601988.SH	中国银行	6 428.35	0.82%	6 428.35	货币金融服务
7	601628.SH	中国人寿	6 253.31	0.80%	6 253.31	保险业
8	600036.SH	招商银行	6 021.59	0.77%	6 021.59	货币金融服务
9	000858.SZ	五粮液	5 657.83	0.73%	5 657.59	酒、饮料和精制茶制造业
10	601088.SH	中国神华	4 856.61	0.62%	4 856.61	煤炭开采和洗选业

图 7-69 给出了 2021 年 12 月 31 日沪深 300 成分股收盘市值的分布情况。从数据中可以看出，沪深 300 成分股市值的中位数为 1 096 亿元，有 78 家公司的市值在 300 亿—600 亿元，128 家公司的市值超过了 1 200 亿元。

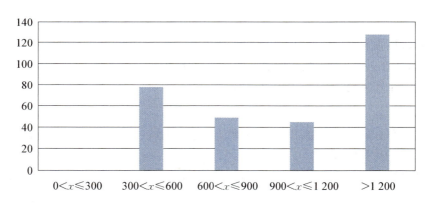

图 7-69　2021 年 12 月 31 日沪深 300 成分股收盘市值分布图(亿元)

资料来源：Wind

专栏 7-3

市　值　管　理

市值管理(market value management)是上市公司基于公司市值信号，综合运用多种科学、合规的价值经营方式和手段，以达到公司价值创造最大化、价值实现最优化的一种战略管理行为。市值管理是推动上市公司实体经营与资本运营良性互动的重要手段，其核心内涵就是不断优化和扩大上市公司的资产质量以实现市值提升。

市值管理是中国资本市场独特的管理概念，它的萌生与股权分置改革有着必然的联系。中国证券市场在股权分置时代，由于大股东持股多数为非流通股，大股东不关心股价的涨跌，市值一度不被上市公司重视；而全流通时代，市值是衡量上市公司实力、考核经理层绩效、体现上市公司收购与反收购能力、影响上市公司融资成本、决定所有股东财富大小等的重要标杆，同时，上市公司的总市值也是衡量一个国家或地区资本市场发育程度乃至经济实力的重要指标。因此，市值管理成为上市公司面临的一项重要的战略管理行为，推动业绩增长和市值增加开始良性互动。

在2005年9月第二批40家公司宣布进入股改程序、标志股权分置改革全面推进的背景下，被称为"中国市值管理第一人"的施光耀首次提出市值管理的概念，股改全面推进之后，需要研究后股改时代市场将面临的一些重大问题，如股改完成、市场进入全流通之后，上市公司需高度重视收购兼并、市值管理等，尤其是要从股东、股价和股本三个方面进行市值管理，以促进公司市值的持续和稳健的增长。经过多年的理论探讨和操作实践后，2014年5月8日印发的《国务院关于进一步促进资本市场健康发展的若干意见》，明确提出"鼓励上市公司建立市值管理制度"以提高上市公司质量，中国上市公司市值管理进入规范化和制度化新阶段。

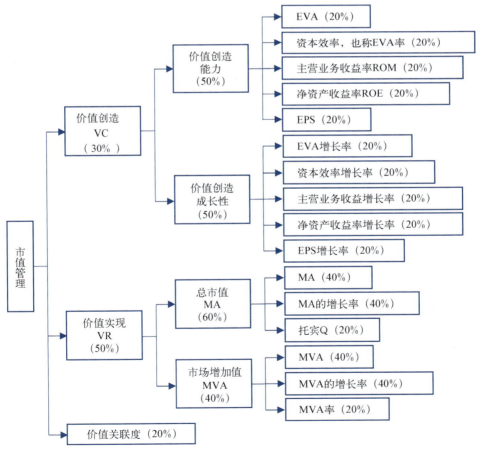

图7-70　我国上市公司市值管理评价指标体系框架图

资料来源：中国上市公司市值管理研究中心

可见,市值管理能力也是上市公司战略管理能力的重要体现之一,为评价上市公司的市值管理绩效,中国上市公司市值管理研究中心搭建了综合价值创造、价值实现和价值关联度三个维度的评价指标体系(见图7-70)。根据中国上市公司市值管理研究中心发布的《2021年度A股上市公司市值管理绩效评价报告》,随着我国资本市场的不断发展,2021年度A股上市公司市值管理绩效连续第二个年度实现增长,分板块来看食品饮料和医药生物板块的市值管理绩效显著高于A股平均绩效,个股绩效的最高分和中位数也都有所提升。

值得注意的是,也需要警惕上市公司以市值管理名义操纵市场的违法行为。根据证监会通报,近年来操纵市场案呈现组织化、团伙化的特征,上市公司内部人(通常是实际控制人及高管)联手操纵团伙炒作本公司股价现象仍然存在,常见方式为与操纵团伙签订伪"市值管理"协议,并提供人员、资金及证券账户等参与操纵;组织多个操盘团队通过对倒、虚假申报等手法拉抬、维持公司股价,并约定收益分成。

二、每股指标

每股指标和估值乘数是相对估值法中常用的指标。以在外流通的普通股数为分母,分子取期末净资产、现金及现金等价物或营业收入、净利润和自由现金流等,就得到一系列每股指标。

表7-15统计了2021年沪深300成分股每股指标的常见统计量,在计算时分母取普通股股数为N。

表7-15 2021年沪深300成分股每股指标的常见统计量

	平均值	最小值	最大值	标准差	偏度	P25	P50	P75
每股收益	1.94	−2.20	41.76	3.08	8.28	0.71	1.32	2.16
每股净资产	12.30	1.21	150.88	13.47	6.21	5.86	9.06	14.92
每股股利(税前)	0.59	0.00	21.68	1.37	12.50	0.14	0.30	0.64
每股现金及现金等价物	5.94	0.08	142.21	9.86	9.32	1.51	3.56	7.12
每股营业收入	16.67	0.19	158.84	19.02	3.15	4.88	11.15	21.28
每股自由现金流	−0.53	−106.29	46.54	7.87	−7.69	−1.19	0.14	1.16
每股净经营现金流	0.91	−42.57	25.39	4.02	−2.65	−0.16	0.40	1.66

资料来源:CSMAR,Wind

(一)每股收益

每股收益(earnings per share, EPS),也称每股盈利,反映了公司一定时期平均对外

发行的股份所享有的净利润,其计算公式为:

$$每股收益 = 可供普通股股东分配的净利润 / N \qquad (7-73)$$

分子中计算可供普通股股东分配的净利润时,应扣除少数股东收益和优先股股息。如果没有优先股,可用归属于母公司股东的净利润表示。

每股收益指标值越高,表明股东的投资效益越好,股东获取较高股利的可能性也就越大。因此每股收益是普通股股东最关心的指标之一。

EPS 有多个变通计算方法:根据预期净利润的数值得到预期的 EPS;根据扣除非经常损益而得到扣除非经常损益的 EPS;将最近一个季度的净利润数据乘以 4 计算的最近一个季度的年化 EPS 以及最近 4 个季度的滚动 EPS 等。

如果报告期的在外流通股数量变动了,可以采用期末数值或加权数值,前者为全面摊薄,后者为加权平均。其计算公式分别为:

$$全面摊薄每股收益 = 净利润 \div 期末股份总数 \qquad (7-74)$$

$$加权平均每股收益 = 净利润 \div 年平均股份数 \qquad (7-75)$$

$$年平均股份数 = (\sum 发行在外的普通股股数 \times 发行在外月份数) \div 12 \qquad (7-76)$$

如果预期将增发新的股票,可以用稀释后的数值。在公司已发行可转换公司债券的情况下,如果股价高于转股价,则投资者很可能转股,计算 N 的时候需要把转股股数加入;如果股价低于转股价,则投资者很可能不会行使转股权,因此不需要考虑转股股数。公司已发行股票期权时也存在相同的问题。

(二) 每股净资产

每股净资产(book value per share, BPS)是普通股股东的净资产与普通股股数之比:

$$每股净资产 = 归母净资产 / 普通股股数 \qquad (7-77)$$

分子中的净资产为期末净资产,不需要对期初和期末进行平均。净资产即所有者权益,在计算时应取归属于母公司股东的所有者权益,不含少数股东和优先股股东的权益。每股净资产在理论上提供了公司普通股每股的最低价格。

(三) 每股股利

每股股利(dividend per share, DPS)是现金股利与普通股股数之比:

$$每股股利 = 现金股利 / 普通股股数 \qquad (7-78)$$

影响每股股利多少的因素,一方面是企业的盈利水平,另一方面是企业的股利发放政策。股东收到红利要纳税,税率与股东类型有关,分子取税前的股利发放额。

(四) 每股现金和现金等价物

每股现金和现金等价物(cash per share, CPS)是公司期末持有的现金及现金等价物与普通股股数之比:

$$每股现金 = 现金和现金等价物 / 普通股股数 \qquad (7-79)$$

该指标反映了每股所能支配的现金及现金等价物,每股现金越高,公司的抗风险能力越强。在经营困难的时候,每股现金成为股票价格的一个"垫子",在一定程度上降低了股票价格下跌的风险。但是每股现金量高的公司可能是"壳公司",规模小、现金多而其他资产很少。它经常以小吃大,凭借其上市资格收购大型私人公司,但它也是大型公司上市的一个快速途径。

(五) 每股营业收入

每股营业收入(sales per share,SPS)是公司的营业收入与普通股股数之比:

$$每股营业收入 = 营业收入 / 普通股股数 \tag{7-80}$$

(六) 每股自由现金流

每股自由现金流(free cash flow per share,FPS)是公司的自由现金流与普通股股数之比:

$$每股自由现金流 = 自由现金流 / 普通股股数 \tag{7-81}$$

(七) 每股净经营现金流

每股净经营现金流是公司的净经营活动现金流与普通股股数之比:

$$每股净经营现金流 = 净经营活动现金流 / 普通股股数 \tag{7-82}$$

每股净经营现金流可以与每股收益进行比较,反映企业的盈利质量。若每股净经营现金流显著小于每股收益,可能说明公司盈利质量较低。

三、估值倍数

估值倍数指标是相对估值模型的基础。估值倍数指标有市盈率、市净率、市销率等,适用于不同类型的公司。当估值指标处于历史低位或显著低于行业水平时,可能意味着公司价值被低估,此时可以结合基本面进行价值投资。详见第九章的相对估值方法。

表 7-16 以 2021 年 12 月 31 日收盘价为计算依据,统计了沪深 300 成分股估值指标的统计量。

表 7-16 沪深 300 成分股估值指标的常见统计量

	平均值	最小值	最大值	标准差	偏度	P25	P50	P75
市盈率	38.91	−787.58	645.17	79.47	−2.26	12.35	28.05	56.13
市盈率增长系数	0.73	−212.82	97.18	14.55	−9.51	0.08	0.51	1.43
市净率	6.06	0.35	41.74	6.10	1.97	1.73	3.74	8.91
市销率	7.25	0.10	80.11	9.26	2.92	1.42	3.64	10.04
市现率	28.53	−2 183.06	1 011.38	167.79	−7.24	4.51	19.75	49.14

续　表

	平均值	最小值	最大值	标准差	偏度	P25	P50	P75
托宾 Q 值（分母为总资产）	3.05	0.64	22.56	3.01	2.72	1.06	1.92	4.20
EBITDA 倍数	30.60	3.64	252.74	27.67	3.72	14.94	23.56	36.27

资料来源：CSMAR，Wind

（一）市盈率

市盈率(price earnings ratio，P/E)是普通股市价与每股收益之比，其计算公式为：

$$市盈率 = 股价 / 每股盈利 = 市值 / 归母净利润 \tag{7-83}$$

市盈率是一个非常重要的指标。其经济含义是在当前的盈利水平下用净利润补偿购买股票成本所需的年数。市盈率是反映股价水平的最常用指标。一般而言，如果市盈率处于历史低位或低于同行业平均水平，表明公司被低估，反之则意味股价偏高，可能存在高估。同时，它反映了市场对公司的期望，成长性高的公司一般 P/E 也越高。

当对每股收益进行变通时，市盈率也会发生相应变动。如果在计算时分母采用最近连续 12 个月/4 个季度的滚动净利润总额，则为 TTM 滚动市盈率。TTM(trailing twelve months)的字面意思是滚动 12 个月，即公司最近连续 12 个月的业绩数据。由于上市公司通常以季度为单位发布财报，所以 TTM 计算方式通常为最近四个季度，例如，当 2022 年三季报刚发布，TTM 滚动净利润是指在 2021Q4—2022Q3 四个季度期间的净利润之和。引入 TTM 的意义在于，它在反映最新财务数据的同时也剔除了季节性变化，有助于对公司进行最新和准确的分析。相比之下，静态市盈率以上一期年报净利润为计算依据，与 TTM 比具有明显滞后性。

图 7-71 给出了 2021 年沪深 300 成分股市盈率(TTM)的分布情况。从数据中可以发现，市盈率(TTM)中位数为 28.05，大部分公司在 60 以下，这与沪深 300 成分股中有大量蓝筹股有关。市盈率在 0—20 倍的公司达到 108 家，而超过 100 倍市盈率的公司也有 34 家。

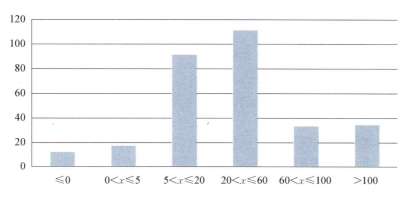

图 7-71　2021 年沪深 300 成分股市盈率(TTM)分布图

资料来源：Wind

(二) 市盈率增长系数

市盈率增长系数(PE growth ratio，PEG ratio)的计算公式为：

$$PEG\ ratio = 市盈率 / (归母净利润增长率) \tag{7-84}$$

公式中的市盈率一般使用动态市盈率，每股收益增长率则一般使用公司 3—5 年的每股收益复合增长率，需要注意的是长期增长预测的可靠性往往难以保证，因此市盈率增长系数虽然可以反映公司成长性、提升公司和行业间可比性，但需要对公司未来发展有准确的把握。当市盈率增长系数大于 1 时，表明公司未来的业绩增长可能难以兑现现在的估值；当市盈率增长系数等于 1 时，表明市场赋予公司的估值可以充分反映其未来业绩的成长性；当市盈率增长系数小于 1 时，表明市场对于公司的价值存在低估，可能存在投资机会。

图 7-72 给出了 2021 年沪深 300 成分股市盈率增长系数的分布情况，分母取 2021 年归母净利润的增长率。从数据中可以发现，市盈率增长系数的中位数为 0.51，有 146 家公司的市盈率增长系数在 0—1，从这个指标看不少公司具有一定的投资价值。

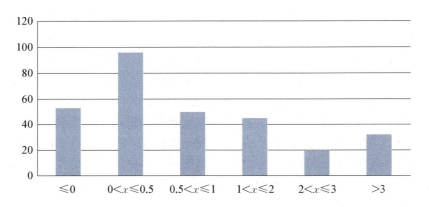

图 7-72　2021 年沪深 300 成分股的市盈率增长系数分布图

资料来源：Wind

(三) 市净率

市净率(price-to-book ratio，P/B)是指每股股价与每股净资产的比率，其计算公式为：

$$市净率 = 股价 \div 每股净资产 = 市值 \div 归母净资产 \tag{7-85}$$

市净率适用于那些拥有丰富的有形资产的公司，如钢铁、房地产等行业，也适合估计银行业公司。这些行业的盈利波动较大，但有形净资产相对稳定。一般来说，市净率应当大于 1。

市净率和市盈率都是股价除以一个表征公司价值的指标而得到，但两者之间存在差异。市净率的分母为每股净资产，表示每股股票有多少资产，分母是一个存量；而市盈率的分母为每股收益，表示每股股票能赚多少钱，分母是一个流量。在计算时，市净率可以取最近一季的归母净资产作为分母，即采取 MRQ(most recent quarter)数据。

图 7-73 给出了 2021 年沪深 300 成分股市净率的分布情况。从数据中可以发现，市

净率中位数为 3.74,大部分公司市净率大于 1,市净率在 4 倍以下的公司有 155 家,超过 8 倍的则有 83 家。

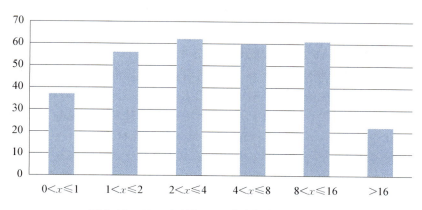

图 7-73　2021 年沪深 300 成分股市净率分布图

资料来源:Wind

(四) 市销率

市销率(price-to-sales,PS)是每股股价与每股营业收入的比率,或者总市值与营业收入的比率,其计算公式为:

$$市销率 = 股价 \div 每股营业收入 = 市值 \div 年营业收入 \qquad (7-86)$$

市销率适用于网络公司或者电信公司。这些行业的成本相对较低或成本比率较为稳定;尤其适合使用预测数据。它可以为尚未盈利的公司估值,但不适合利润前景不好的公司。

图 7-74 给出了 2021 年沪深 300 成分股市销率的分布情况。从数据中可以发现,市销率中位数为 3.64。市销率在 4 倍以下的公司有 160 家,而在 8 倍以上的公司有 92 家。

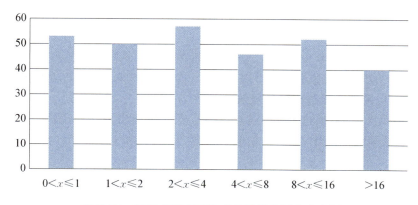

图 7-74　2021 年沪深 300 成分股的市销率分布图

资料来源:Wind

专栏 7-4

互联网行业的平台电商网站"GMV 至上"理念受到质疑

GMV（gross merchandise volume）是指互联网公司的网站成交总额，决定了平台的变现规模，是衡量平台竞争力的重要指标。从 eBay 开始，P/GMV 成为电商平台的重要估值方法，尤其对于一些尚未盈利的独角兽企业。应该注意，GMV 不等于营业收入。GMV 包含已经付款和没有付款的金额，也包括付款但是后来退货的商品，即 GMV 在大多情况下大于营业收入，这给（恶意）刷单带来了操作空间。同时，GMV 没有通用的会计准则披露要求，各家电商平台可以自行定义统计口径，更引发了市场对于 GMV 的质疑。靠 GMV 支撑估值的企业，一旦增速放缓，估值泡沫就可能破灭。

国内电商平台在"双十一""618"等购物节采取力度很大的折扣来吸引流量，有时甚至折扣大到没有利润。这些公司追求的是 GMV，只要 GMV 增长就能获得下笔融资。在追求更高 GMV 的"内卷"之下，商家一心刷高 GMV 而忽视了消费者体验，通过虚假交易刷高的 GMV 也逐渐失去客观意义。不计成本的促销培养了消费者的低价消费惯性，扰乱了电商平台的竞争机制。

不过"GMV 至上"的商业模式正在发生改变。2022 年"双十一"，阿里和京东首次未公布 GMV 数据，反映了传统刷流量的营销思路发生转变。电商"双十一"经过十余年的高速发展，规模已经很大，商家和平台开始转向服务质量的提升，回归消费者的购物体验。如何从短期的高销量转向长期的用户黏性，满足消费者的深层需求，成为电商平台的新发展方向。

（五）市现率

市现率（price-to-cash-flow ratio，P/CF）是公司股价与每股经营性净现金流的比率，其计算公式为：

$$\text{市现率} = \text{股票价格} \div \text{每股净经营现金流} = \text{市值} \div \text{净经营活动现金流} \tag{7-87}$$

市现率以企业实际流入的现金流作为估值基础，适用于处于成熟期、现金流较为稳定的公司。需要注意市盈率高但市现率低的企业，分析其利润质量，以及回款能力是否受到制约。一些初创公司的现金流可能为负，但并不意味着其竞争力弱，此时应结合其他估值指标分析。

图 7-75 给出了 2021 年沪深 300 成分股市现率的分布情况。从数据中可以发现，市现率的中位数为 19.75，有 75 家公司的市现率在 10—30，有 56 家公司的市现率在 60 倍以上。

（六）基于自由现金流的相对估值法

相较于利润水平，企业的现金流通常更不易被操纵，因此基于自由现金流的估值方法越来越多地被投资者所使用，常用的估值乘数为 P/FCF 和 EV/FCF：

$$P/FCF = \frac{\text{股价}}{\text{每股自由现金流}} = \frac{\text{总市值}}{\text{自由现金流}} \tag{7-88}$$

$$EV/FCF = \frac{\text{企业价值}}{\text{自由现金流}} \tag{7-89}$$

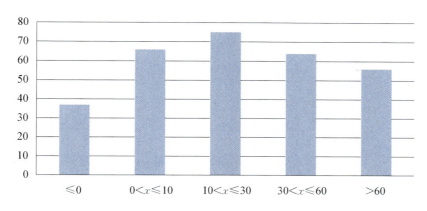

图 7-75 沪深 300 成分股 2021 年的市现率分布图

资料来源：Wind

需要注意的是，很多企业的资本支出在年与年之间起伏较大，可能会扭曲估值区间内的自由现金流，因此基于自由现金流的估值方法往往被运用于净利率波动大但具备较为稳定的正现金流的企业，以及现金创造能力对企业经营影响较大、现金流变化能够反映公司经营状况的企业。

（七）托宾 Q 值

托宾 Q 值是指公司的市场价值与其重置成本的比率，市场价值包括公司股票的市值和债务资本的市场价值，重置成本可用企业有形资产的账面价值代替，但随着无形资产的价值比例和重要性不断提升，分母通常采用企业总资产的账面价值，两种计算公式分别为：

$$\text{托宾 Q 值} = (\text{公司市值} + \text{负债总额})/(\text{资产总额} - \text{无形资产} - \text{商誉}) \quad (7\text{-}90)$$

$$\text{托宾 Q 值} = (\text{公司市值} + \text{负债总额})/\text{资产总额} \quad (7\text{-}91)$$

托宾 Q 理论由詹姆斯·托宾（James Tobin）于 1969 年提出，该理论将企业投资行为与资本市场联系起来。当托宾 Q 值小于 1 时，企业的重置成本高于市场价值，则其他企业通过股票市场去收购该企业付出的价格低于重建一家新企业的成本，那么企业的直接投资就会减少。当托宾 Q 值大于 1 时，重置成本低于市场价值，那么企业就倾向于直接投资建厂，从而扩大投资支出。当托宾 Q 值等于 1 时，无论通过股票市场投资还是直接进行投资的成本都一样，股票市场投资与产业投资达到了一种均衡。

从股票投资上来说，若托宾 Q 值小于 1，说明企业价值被低估，可能会被作为并购标的，未来的增长空间较大。若托宾 Q 值大于 1，则说明企业创造的价值被市场认可，可以扩大投资支出，发展前景良好，但估值并不便宜。

图 7-76 给出了 2021 年沪深 300 成分股托宾 Q 值（分母为总资产）的分布情况。从数据中可以发现，托宾 Q 值的中位数为 1.92，有 108 家公司的 Q 值在 1—2，有 51 家公司的 Q 值低于 1，可能具备投资价值。

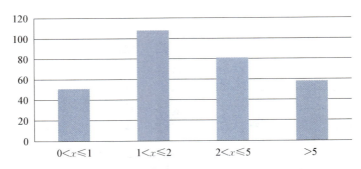

图 7-76　2021 年沪深 300 成分股的托宾 Q 值分布图

资料来源：CSMAR

(八) 企业价值倍数

企业价值倍数是企业价值（enterprise value，EV）与息税前利润（EBIT）或息税折旧摊销前利润（EBITDA）的比率，其计算公式为：

$$EBIT\text{ 倍数} = EV \div EBIT \tag{7-92}$$

$$EBITDA\text{ 倍数} = EV \div EBITDA \tag{7-93}$$

其中，企业价值根据式（7-70）得到。

EBIT 倍数较多应用于有较高有息负债与利息支出的企业。EBITDA 倍数较多应用于每年折旧摊销数额较大的重资产行业，或某些前期投资巨大导致巨额折旧摊销扭曲盈利的高科技企业，由于资本支出带来的折旧可能会显著损害这些企业的当期利润。EBIT 倍数和 EBITDA 倍数的本质是市盈率的变种，但它修正了企业折旧方法、税收政策和资本结构对净利润的扭曲，能够更加准确地衡量公司价值。同时，该指标可以让不同财务结构和税收政策的公司估值进行比较，也常用于并购公司的估值。

但是，当企业的业务种类或纳入合并范围的子公司数量较多时，由于需要进行复杂的调整，可能会降低使用 EBITDA 倍数估值的准确性。两者的应用比较，见案例 7-3。

图 7-77 给出了 2021 年沪深 300 成分股 EBITDA 倍数的分布情况。从数据中可以

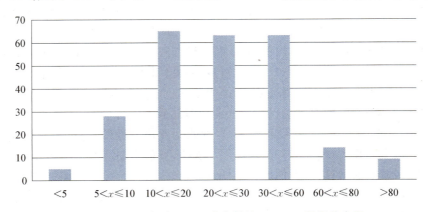

图 7-77　2021 年沪深 300 成分股的 EBITDA 倍数分布图

资料来源：CSMAR

发现,EBITDA 倍数的中位数为 23.56。企业价值倍数在 10—30 的公司数量为 128 家,另有 33 家公司的企业价值倍数低于 10,估值较低,可能是价值洼地,但不排除企业进入了衰退阶段。

案例 7-3 变更折旧年份对 EBIT 和 EBITDA 的影响

A、B 两家公司的相关财务数据如表 7-16 所示。A 公司与 B 公司的总资产均为 200 亿元,A 公司有 67 亿元的负债(利率为 10%),B 公司无债务负担。两公司的营业收入、营业成本、折旧、摊销、管理费用和销售费用各项均相等。B 公司以 20 倍的市盈率被收购,价格为 660 亿元(33×20);若 A 公司的所有者也按 20 倍的市盈率出售公司的话,由于利息费用(6.7 亿元)为 A 公司净利润的减项,故 A 公司的价格为 572 亿元(28.6×20)。价格差异由 A、B 两家公司的资产结构的不同导致,与公司的盈利能力并无直接关系,故此处使用净利润计算市盈率并不合理。

作为改进的一种方式,EBIT 剔除了债务融资成本对于评价公司盈利能力的偏差。改进后的市盈率计算公式为:

$$EBIT\text{ 倍数} = \frac{\text{市价}}{EBIT} \tag{7-94}$$

由于两家公司的 EBIT 均为 50 亿元(500−415−25−10=50),故用 EBIT 倍数计算得到的两家公司的市值应基本相同。若以 B 公司的收购价格 660 亿计算,两公司的 EBIT 倍数为 660÷50=13.32。

A 公司在 B 公司变更折旧之前,计算得到的两家公司的 EBIT 均为 50 亿元,EBITDA 为 75 亿元(50+25)。假设 B 公司变更剩余折旧年份后,其当年的折旧与摊销成本由原先的 25 亿元降到了现在的 20 亿元,相应地,由于折旧和摊销成本的降低,当年的 EBIT 增加了 5 亿元,达到 55 亿元,高于 A 公司的 EBIT。若仍沿用 EBIT 倍数计算公司市价,则此时 B 公司的市价高达 732.6 亿元(55×13.32);A 公司的市价则保持 660 亿元不变。仅仅因为改变折旧年份,其市场价值就从 660 亿元变为 732.6 亿元,这显然是不合理的。然而,EBITDA 的金额则在 B 公司变动折旧年限前后保持一致,这使具有不同折旧年限的公司具有可比性。利用 EBITDA 倍数 8.8(660÷75),计算两公司的市值均为 660 亿元,不受折旧政策变更的影响。

表 7-17 EBIT 和 EBITDA 的计算表 (单位:亿元)

项目	A 公司	B 公司	B 公司变更折旧年份
总资产	200	200	200
总负债	67	0	0
股东权益	133	200	200
营业收入	500	500	500

续 表

项　　目	A公司	B公司	B公司变更折旧年份
营业成本	415	415	415
折旧与摊销	25	25	20
销售费用、管理费用	10	10	10
EBIT	50	50	55
EBITDA	75	75	75
利息费用	6.7	0	0
税前利润	43.3	50	55
所得税	14.7	17	18.7
净利润	28.6	33	36.3

案例分析

基于自助法的基本面大集合数据信号挖掘

财务报表中蕴含了公司的大量信息,但这些信息往往未得到充分筛选。有经验的机构研究员通常只根据主观判断选择关注几十个指标,最常见的如营业收入、营业利润、营业收入同比增速、毛利率、净利率、净资产收益率等,最多会关注上百个财务指标,而且这些指标的选择具有很大的主观性;普通的投资者尤其是大多数散户可能只会关注净利润这一个数字,而净利润在遵循财会准则的基础上是可以允许适当的操作及粉饰的。

为了深入挖掘财务报表中的海量基本面信息,根据 Yan and Zheng(2017)的方法,根据构造财务比率的一般原理,使用数学方法人为构建所有可能的共7 000多个基本面信号集合,然后对每个基本信号建立多空投资组合,采用市值加权方法计算多空组合收益率,导入三个主流的资本资产定价模型中,就可以获得所有基本面对应的月度超额收益率及对应的 t 值,从中选出表现最为显著的基本信号,称其为"顶级信号"。

选择的样本数据持续时间为2011—2020年,剔除金融类股票,剔除建立组合前属于停牌的个股和上市一年以内的新股。在超额收益率的计算上,主要使用时间跨度为2011年5月1日至2019年4月30日这8年共计96个月的财务数据,找到此段周期内预测股票未来收益率显著性较高的基本面信号,然后将找到的符合要求的基本面信号建立投资组合,分别在2011年5月到2019年4月总共96个月和2019年5月到2020年12月进行样本内回测和样本外测试,从而验证市场中性策略的收益率情况。

第一步:构建基本面信号集合

从上市公司年报中筛选出118个一级会计变量 X 以及14个一般性总量型变量

Q，这些变量主要源于资产负债表和利润表，同时也引用了员工总数以及总市值这两个常用变量（见表 7-18）。

表 7-18　构造基本面信号的 14 个总量型变量（Q）

#	变量名	变量说明
1	ACT	总流动资产
2	AT	总资产
3	CEQ	所有者权益
4	COGS	营业成本
5	DLTT	长期借款
6	EMP	员工总数
7	ICAPT	总投入资本
8	INVT	存货
9	LCT	总流动负债
10	LT	总负债
11	MKTCAP	总市值
12	PPENT	固定资产
13	SALE	总营业收入
14	XSGA	销售与管理费用

运用常见的函数形式构造基本信号集合，主要有如表 7-19 所示的六种运算方法。

表 7-19　六种基本信号组合运算方法

函数形式	运算含义
X/Q	表示会计变量和总量变量的比值，目标是归一化处理，代表指标为营业收入/总资产
$\Delta X/Q$	X/Q 的变化率
$\%\Delta X/Q$	期末的 $\Delta X/Q$ 减去期初的 $\Delta X/Q$
$\%\Delta X - \%\Delta Q$	会计变量 X 的变化率和总量变量变化率的差值
$\Delta X/\text{lag}Q$	会计变量与上一期的总量变量的比值的变化率
$\%\Delta X$	X 自身的变化率。即同比增幅（或降幅）

所有会计变量 X，通过前五个方法计算后均能够获得 14 个对应的基本面信号，使用方法六能够获得一个基本面信号，因此对于每一个会计变量，其最终获得的基本面信号为 71(14×5+1) 个。可选择的会计变量有 118 个，最终可产生的基本面信号为 8 378(118×71) 个，删除一些无效的（如 X 和 Q 一致时）或缺乏数据支撑的信号，得到了 6 939 个有效信号。为避免遗漏，我们对照 CSMAR 财务指标分析表，增加了营运资本、企业自由现金流、股权自由现金流三个会计变量，以及以速动比率为代表的 9 个基本面信号，剔除有效数据不足（数据量小于 400）的信号，最终得到了 7 146 个信号。

第二步：计算每个基本面信号的超额收益率及 t 值

首先，对所有基本信号分别构建投资组合。我们使用 $t-1$ 年的财务数据，根据每一个基本面信号 i 的大小对当期标的进行排列，并按照 t 年 4 月 30 日的收盘价市值作为权重来加权平均，分别做多和做空排列前 10% 和后 10% 的股票，然后计算从 t 年 5 月 1 日至下年 4 月 30 日期间这一组合不同月份的收益率 γ_{it}，即多空组合收益。

其次，分别运用 CAPM、Fama-French 三因子模型（FF_3）以及 Carhart(1997) 四因子模型（C_4 资产定价模型），计算出投资组合无法被模型解释的超额收益率，用公式表示为：

$$r_i - r_f = \beta_i(r_m - r_f) + \alpha_i \tag{7-95}$$

$$r_i - r_f = \beta_i(r_m - r_f) + s_i SMB + m_i HML + \alpha_i \tag{7-96}$$

$$r_i - r_f = \beta_i(r_m - r_f) + s_i SMB + m_i HML + f_i UMD + \alpha_i \tag{7-97}$$

在式(7-97)中，四个解释因子分别为市场风险溢价、市值因子、账面市值比因子、动量因子。α_i 反映出资产在 $r_m - r_f$、SMB、HML 以及 UMD 四个因子调整后对应超额收益的情况，若 α_i 超过 0，则可以认为资产存在超额的正向收益。若对应的 t 值绝对值越大，表明该信号对股价的超额收益率预测能力越显著。

表 7-20 列出了在对所有基本面信号做多位于在前 10% 的投资标的和做空位于后 10% 的投资标的后，构建得到的对应多空收益率对 CAPM、Fama-French、C4 资产定价模型的回归结果。CAPM-α 是在对应模型中，多空组合收益率回归得到的超额收益率绝对值。CAPM-$t(\alpha)$ 表示对应资产定价模型中超额收益率对应 t 值绝对值。CAPM-α 在排名第 1 时值为 0.022 5，意味着每个基本面信号在回归后，其中的最大值为 0.022 5，也就是说基本信号集合中，拥有超额收益率最大值的基本信号月度超额收益率为 2.25%。CAPM-$t(\alpha)$ 在前 1% 时为 4.283 1，这个数值的含义是，在对应的模型回归下，位于排名前 1% 的基本面信号表现非常突出，它回归得到的超额收益率对应的 t 值绝对值高达 4.283 1。因此，挖掘出了大量基本面信号，在对股票未来收益率预测上，它们表现得非常优异。

表 7-20 基本信号超额收益率绝对值及其 t 值绝对值的分布

	CAPM-$t(\alpha)$	FF3-$t(\alpha)$	C4-$t(\alpha)$	CAPM-α	FF3-α	C4-α
前 1	6.52	3.73	3.66	2.25E-02	1.10E-02	8.50E-03
前 1%	4.28	2.59	2.24	1.50E-02	6.60E-03	6.10E-03

续 表

	CAPM-$t(\alpha)$	FF3-$t(\alpha)$	C4-$t(\alpha)$	CAPM-α	FF3-α	C4-α
前 100	4.14	2.52	2.12	1.40E-02	6.30E-03	5.70E-03
前 2%	3.95	2.40	2.02	1.29E-02	5.90E-03	5.40E-03
前 200	3.73	2.23	1.89	1.18E-02	5.50E-03	5.10E-03
前 3%	3.68	2.21	1.88	1.17E-02	5.50E-03	5.10E-03
前 4%	3.51	2.09	1.77	1.07E-02	5.20E-03	4.80E-03
前 5%	3.32	2.01	1.69	1.00E-02	4.90E-03	4.60E-03

需要排除可能存在的数据挖掘偏差问题。数据挖掘偏差的含义是指在考虑大量变量的情况下，那么就算这些变量其实不具备对未来股票收益率的预测能力，但结果中还是有些变量会产生异常回报，其本质上是过度拟合或过度优化问题。使用自助法(bootstrap)对信息进行模拟，证明了这些基本面顶级信号的真实有效性。自助法是利用对数据的重新采样来测试统计指标分布情况的非参数方式，该方法允许样本可以不满足正态分布，因此对构建的多空组合收益率不服从正态分布的情况较为适用。运用自助法对排名在前 5% 的顶级基本信号进行验证，结果表明挖掘的顶级信号集合的收益率预测能力十分显著。

从财务意义来看这些顶级信号，可分为三种类型(见表 7-21)：第一类是已经被深入研究的信号。例如，期末现金及现金等价物/流动资产，传统理论认为该比率越大，企业现金流越稳定，发现该比率得到的月度超额收益率为 0.7%，与传统市场观点相契合。第二类是不被熟知但有经济意义的信号。例如，Δ(汇率变动对现金的影响/总流动资产)，Δ(应付账款/LAG 营业成本)，%Δ 无形资产摊销/总市值，Δ(所得税费用/LAG 员工总数)，Δ(投资损失/销售与管理费用)，Δ(在建工程/LAG 总流动资产)，Δ(商誉/LAG 总投入资本)，Δ(收到的税费返还/总流动资产)，Δ(投资性房地产/总市值)，%Δ 长期股权投资/总市值等。第三类则是经济含义不明确的信号。例如，研发支出/固定资产，发现其有 −0.52% 的月度超额收益率，然而极少有文献研究该指标对股票收益率的影响。

表 7-21　A 股市场中 C4 模型下月度超额收益率 t 值绝对值排前 20 的基本信号

#	α	$t(\alpha)$	基本信号
1	7.00E-03	3.66	Δ(期末现金及现金等价物余额/总流动资产)
2	−5.20E-03	−3.62	%Δ 子公司吸收少数股东投资收到的现金/总市值
3	7.70E-03	3.29	%Δ 少数股东损益/存货

续表

#	α	t(α)	基 本 信 号
4	−6.30E-03	3.19	‰Δ(子公司支付给少数股东的股利、利润/总流动资产)
5	6.40E-03	3.08	Δ(吸收投资收到的现金/总流动资产)
6	4.60E-03	3.02	Δ(收到其他与投资活动有关的现金/长期借款)
7	5.80E-03	3.00	‰Δ长期待摊费用摊销/总市值
8	5.80E-03	2.99	Δ(汇率变动对现金的影响/总流动资产)
9	6.90E-03	2.99	Δ(筹资活动产生的现金流量净额/总流动资产)
10	5.70E-03	2.96	Δ(投资性房地产/存货)
11	5.00E-03	2.90	Δ(经营活动产生的现金流量净额/销售与管理费用)
12	7.10E-03	2.88	Δ(应付账款/LAG 营业成本)
13	5.80E-03	2.83	经营性应收项目的减少/总流动资产
14	−4.60E-03	−2.83	Δ(筹资活动现金流出小计/LAG 长期借款)
15	5.70E-03	2.81	‰Δ无形资产摊销/总市值
16	6.70E-03	2.75	Δ(子公司吸收少数股东投资收到的现金/LAG 所有者权益)
17	−5.80E-03	−2.74	Δ(无形资产/存货)
18	5.20E-03	2.73	Δ(所得税费用/LAG 员工总数)
19	4.80E-03	2.69	Δ(投资活动产生的现金流量净额/LAG 总负债)
20	−4.80E-03	−2.69	Δ(投资损失/销售与管理费用)

为了进一步验证找到的顶级基本面信号的有效性,选择利用 C4 模型得到的前 100 顶级信号集合,构建对应的套利策略。在明确 100 个信号属于正向指标或反向指标后,构建出 100 个以市值为权重的多空投资组合,再将这 100 个信号等权重计算,可以得到该策略下的收益率。在 2011 年 5 月 1 日至 2019 年 4 月 30 日,净值从 1 提升到了 2.3,对应年化收益率达到 11%,反映出找到的基本信号具有显著的预测能力。而在风险控制能力上,该投资组合的表现也非常优异,该组合夏普比率为 1.6,显著高于万得全 A 指数,最大回撤率远低于万得全 A 指数(见表 7-22)。因此,根据基本信号构建的基本面套利策略,能够获得相对较好的收益,这也反映出基本面信息的真实有效。

表 7-22 投资组合评价指标

	夏普比率	组合最大回撤率(月收益率)
基本面组合	1.60	10.50%
万得全 A	0.30	43.00%

本章小结

本章首先介绍了财务指标的分类、作用和局限性。然后从盈利能力、风险程度和估值三个角度分别介绍了各重要的财务指标的计算方法、应用以及沪深 300 非金融公司的指标的大致分布。最后给出了一个利用基本面的财务指标来构建资产组合的案例。

关键词

盈利能力、风险程度、估值指标、盈利的质量、盈利的可持续性、盈利的分配

思考题

1. 计算目标公司的主要财务指标,并与可比公司进行比较。
2. 理解各财务指标的意义和局限性。
3. 公司的盈利能力包含哪几个方面的财务指标?
4. 公司的风险程度包含哪几个方面的财务指标?
5. 和上市公司估值相关的财务指标包含哪几个方面?

第八章

财务指标综合应用

> **学习目标**
> 1. ROE 的两种分解方法
> 2. 财务失败和财务困境公司的分析
> 3. 财务破产的预警模型
> 4. 财务造假的动因
> 5. 财务造假的预测模型
> 6. 基本面量化分析

上一章介绍了不同类型的财务指标及其经济含义。财务指标有很多应用场景,包括净资产收益率的分解、财务失败和财务困境分析、财务造假分析,以及最近开始盛行的基本面量化投资和资产定价模型前沿。本章将对这些财务指标的综合应用进行介绍。

第一节 净资产收益率的分解

净资产收益率是投资者和其他利益相关者十分关心的指标,是最重要的盈利能力指标,也直指"股东收益最大化"这一公司基本目标,在财务比率中占核心地位,因此备受关注。如果在众多财务指标中只能选择一个指标来衡量公司经营业绩的话,不妨选它。但该指标是一个十分综合的指标,直接看其数据无法得知影响它的原因,因此需要对其进行分解,以深入挖掘各个因素对它造成的影响。

净资产收益率的分解方法有两种:杜邦财务分析法和基于 ROA 的分解。

一、杜邦财务分析法

杜邦财务分析法是一种对净资产收益率进行分解的方法。1912 年,杜邦公司一名年轻的销售人员唐纳德森·布朗(Donaldson Brown)在任职期间发明了该方法。当时现代会计学才刚刚起步。虽然管理层意识到了净资产收益率的重要性,但是对如何提高净资产收益率却没有思路。他对净资产收益率的影响因素进行了系统的思考,研究净资产收益率的影响因素，进行层层分解，直到公司最基本生产要素的使用、成本与费用的构成和风险。在他成为通用汽车公司的财务副总裁后，推广了该公式，之后该方法在制造行业得到十分广泛的运用。

（一）静态分解

杜邦财务分析法按照层层分解、由果索因的思路，将净资产收益率（ROE）进行分解，分析造成这个结果的因素，推广到公司各个方面情况的分析。得到 ROE 的三因素分解公式如下：

$$
\begin{aligned}
ROE &= 净利润/平均所有者权益 \\
&= (净利润/营业收入)(营业收入/平均总资产)(平均总资产/平均归母所有者权益) \\
&= 销售净利率 \times 资产周转率 \times 财务杠杆 \\
&= S \times O \times L
\end{aligned}
\tag{8-1}
$$

其中，S、O、L 分别表示分析期的销售净利率、总资产周转率和权益乘数。

应该注意的是，所有者权益采取归母所有者权益，净利润也是归母净利润。可以把少数股东权益看作负债，把少数股东收益看作利息。为了使得公式左右平衡，总资产采用平均总资产，归母所有者权益采用平均归母所有者权益。

可以看出，ROE 可分解为销售净利率、资产周转率和权益乘数的乘积。销售净利率反映的是公司的盈利能力，其大小与公司所处的行业有密切关系。给定行业内的单个公司都不可能无限制地增加销售净利率，其原因在于行业利润水平过高必会吸引竞争者进入，最终导致行业利润的下降。资产周转率反映了公司的资产管理能力。在不影响竞争能力的情况下降低营运资本（即提高资产周转率）是值得赞许的。但如果采取过于激进的营运模式而导致资产达到生产能力的极限，甚至影响到生产的持续能力的发生则得不偿失。权益乘数反映了公司的资本结构，它的提高意味着负债的增加，当财务风险累积到某个临界点，债务人将拒绝提供资金。

指标分解后定量说明公司经营管理各个部分的表现以及可能存在的问题，比单独的 ROE 指标提供的信息更为明确，也更有价值。销售净利率表现得好可能是由于公司实行了差异性战略；资产周转率表现得好，可能是由于公司实行了成本战略。而高财务杠杆意味着公司的融资手段较为激进。

案例 8-1 ROE 的杜邦分解

从表 8-1 可看出，A、B 两家公司的 ROE 水平接近，且在总资产报酬率和财务杠杆上的差异均比较小。但是，如果对总资产收益率的进一步分解会发现，两家公司的盈利模式完全不同：A 公司的资产周转率高，但是销售净利率低。与 A 公司指标特征相似的往往是商业性公司，其资产的流动性比较高，但是单次销售的获利有限。B 公司的生产周期比较长（表现为资产周转率低），而产品增值却比较大。可见，资产周转率、销售净利率的不同也有可能是行业的差别造成的，不能简单认为资产周转率低就是因为公司管理资产的能力低，销售净利率低就是因为公司获利能力低，而应该结合行业特点，综合分析。

表 8-1　A、B、C、D 四家公司的 ROE 分解表

	总资产净利率(%)	财务杠杆	资产周转率	销售净利率(%)	ROE(%)
A	3.36	4.15	2.06	1.63	13.93
B	3.84	3.71	0.51	7.54	14.24
C	9.7	2.93	1.22	7.93	28.47
D	8.28	4.62	1.28	6.48	38.27

D 公司的 ROE 超过 C 公司近 10 个百分点。但 ROE 的分解却显示，C 公司的销售利润率高于 D 公司，且两家公司的资产周转率大致相同，故 C 公司的总资产净利率也高于 D 公司。但是，由于 D 公司有较大的权益乘数，高财务杠杆放大了权益的盈利能力，导致 ROE 明显高于 C 公司。此时，若仅凭 ROE 判断 D 公司的盈利能力更好就是不恰当的，因为高财务杠杆往往也伴随着较大的风险——如果外部环境恶化，盈利能力下降，会使 ROE 遭受加倍的重大打击。

案例 8-2　五家调味品公司 2021 年 ROE 的分解

我国 A 股上市的五家调味品公司 2021 年度的主要财务指标如表 8-2 所示。

表 8-2　五家调味品公司 2021 年 ROE 数值

公司	权益乘数	资产周转率	销售净利率	ROE
海天味业	1.45	0.80	26.68	30.69
千禾味业	1.15	0.84	11.50	11.15
中炬高新	1.49	0.81	14.50	17.57
加加食品	1.18	0.57	−4.57	−3.08
恒顺醋业	1.41	0.59	6.28	5.21

以海天味业为例，当年对公司净资产收益率的分解为：

$$净资产收益率 = 30.69\% = 1.45 \times 0.80 \times 26.68\%$$

可见，海天味业的总资产周转率为 0.80，销售净利率为 26.68%，权益乘数为 1.45，最终净资产收益率为 30.69%。对五家公司进行比较，可以发现，海天味业 ROE 远高于同行业其他公司的主要原因在于非常高的销售净利率。

（二）动态分解

ROE 的动态分解是将 ROE 的变动用三因素（销售净利率、总资产周转率和权益乘数）的变动解释的方法，公式为：

$$\begin{aligned}ROE-ROE_0 &= (S \times O \times L) - (S_0 \times O_0 \times L_0) \\ &= (S \times O \times L) - S_0 OL + S_0 OL - S_0 O_0 L + S_0 O_0 L - S_0 O_0 L_0 \\ &= O \times L \times (S - S_0) + S_0 \times L \times (O - O_0) + S_0 \times L_0 \times (L - L_0) \quad (8\text{-}2)\end{aligned}$$

ROE_0、S_0、O_0、L_0 分别表示前一期的净资产收益率销售净利率、总资产周转率和权益乘数。

由(8-2)可以看出，ROE 的变化被分解成三个部分：可通过销售净利率的变化解释的部分为 $O \times L \times (S - S_0)$。类似的 $S_0 \times L \times (O - O_0)$ 和 $S_0 \times L_0 \times (L - L_0)$ 分别为总资产周转率的变化和权益乘数的变化所解释。而 $(S - S_0)$、$(O - O_0)$ 和 $(L - L_0)$ 前面的系数越大，则表示该因素的变化对 ROE 的变化的影响越大，反之，则越小。

表 8-3 以海天味业为例，进行 ROE 的动态分解。

表 8-3　海天味业 2021 年 ROE 的动态分解结果

		2020	2021	变　化
L	权益乘数	1.48	1.45	−0.03
O	总资产周转率	0.84	0.80	−0.04
S	销售净利率	28.09％	26.68％	−1.41％
ROE	净资产收益率	34.94％	30.69％	−4.25％

因此，销售净利率的变化导致的净资产收益率的变化：

$$O \times L \times (S - S_0) = 0.80 \times 1.45 \times (-1.41\%) = -1.63\%$$

总资产周转率的变化导致的净资产收益率的变化：

$$S_0 \times L \times (O - O_0) = 28.09\% \times 1.45 \times (-0.04) = -1.80\%$$

权益乘数的变化导致的净资产收益率的变化：

$$S_0 \times O_0 \times (L - L_0) = 28.09\% \times 0.84 \times (-0.03) = -0.82\%$$

二、基于 ROA 的分解方法

这个方法是 ROE 的第二个分解方法。总资产收益率（ROA）的计算公式为：

$$ROA = \frac{EBIT}{\overline{A}} \times 100\% \quad (8\text{-}3)$$

其中，EBIT 为息税前利润，$\overline{A}$ 为平均总资产。

基于 ROA 的 ROE 分解公式的推导过程如下：

$$\begin{aligned}ROE &= \frac{NI}{E} \\ &= \frac{(EBIT - I) \times (1 - t)}{E}\end{aligned}$$

$$=(1-t)\times\frac{(EBIT-I)}{\overline{A}}\times\frac{\overline{A}}{\overline{E}}$$

$$=(1-t)\times\frac{(EBIT-\overline{L}\times r)}{\overline{A}}\times\frac{\overline{L}+\overline{E}}{\overline{E}}$$

$$=(1-t)\times\left[ROA+\left(\frac{\overline{A}}{\overline{E}}-1\right)\times(ROA-r)\right] \qquad (8\text{-}4)$$

其中,t 是所得税税率,r 为贷款利率。可以看出,决定 ROE 的因素有税率 t、权益乘数 $\frac{\overline{A}}{\overline{E}}$、ROA 和贷款利率 r。

ROE 和 t 负相关。即公司交的所得税越高,净利润越低,从而导致 ROE 越低。

ROE 和权益乘数的关系要视 ROA 和 r 的相对大小而定。若 ROA>r,则权益乘数和 ROE 正相关在资产总额不变的条件下,适度开展负债经营,可以减少所有者权益所占份额,达到提高 ROE 的目的;若 ROA<r,则相反。事实上,公司的财务杠杆是一把"双刃剑":当公司的 ROA 高于贷款利率 r 时,财务杠杆能放大权益的盈利能力;而当公司出现亏损时,ROA 小于 r,由于债务负担的存在,财务杠杆将会进一步恶化权益的亏损。

ROE 和 ROA 正相关,其他因素一定的条件下,ROA 越大,则 ROE 越大。

ROE 和 r 负相关,其他因素一定的条件下,贷款利息率越高,财务费用增多,ROE 也随之下降。

由于海天味业财务费用为负属于比较特殊情况。为便于说明,以长江电力(600900.SH)为例,对其 2021 年的 ROE 进行基于 ROA 的分解。表 8-4 列示了长江电力 2021 年的主要财务数据。

表 8-4　长江电力 2021 年财务简表　　　　　　　　　　（单位:亿元）

年初总资产	3 246.24
年末总资产	3 193.39
年初股东权益总额	1 721.18
年末股东权益总额	1 810.64
年初负债总额	1 525.05
年末负债总额	1 382.75
财务费用	47.51
利润总额	321.97
所得税	59.24

表 8-5 列示了基于 ROA 的分解结果。从表中可以看到,长江电力 2021 年的 ROE 为 14.88%,ROA 为 11.48%,ROA 本身对 ROE 的贡献为 $11.48\% \times (1-t)$,约为 9.36%,而 r 为 3.27%,大大小于 ROA,所以杠杆对 ROE 的贡献为 $(1-t) \times \left(\dfrac{\overline{L}}{\overline{E}}\right) \times (ROA - r) = 5.51\%$。

表 8-5 ROE 的基于 ROA 的因素分解表

因 素	数 值
t(实际税率)	$=59.24/321.97=18.40\%$
EBIT	=利润总额+财务费用=321.97+47.51=369.48 亿元
$\overline{A}$	=(年初总资产+年末总资产)/2=(3 246.24+3 193.39)/2=3 219.81 亿元
$\overline{E}$	=(年初股东权益总额+年末股东权益总额)/2=(1 721.18+1 810.64)/2=1 765.91 亿元
ROA	$=EBIT/\overline{A}=369.48/3\ 219.81=11.48\%$
$\dfrac{\overline{A}}{\overline{E}}$	=3 219.81/1 765.91=1.82
r	财务费用/平均负债=47.51/[(1525.05+1 382.75)/2]=3.27%
ROE	$14.88\% = (1-t) \times \left[ROA + \left(\dfrac{\overline{A}}{\overline{E}} - 1\right) \times (ROA - r)\right]$ $= (1 - 18.40\%) \times [11.48\% + 0.82 \times (11.48\% - 3.27\%)]$ $= 9.36\% + 5.51\%$

第二节 财务失败与财务困境分析

一、财务失败与财务困境的基本概念

(一) 企业失败

企业失败(corporate failure)是指由于外部环境和内部条件的不断变化,企业不再能有效地完成投入产出功能,最终失去生存的基础,被市场所取代,从而在法律上、市场上消失。

(二) 财务破产

财务破产,也称为财务失败,是指企业无法支付到期债务,可分为存量破产和流量破产两种情形。流量破产是指企业资产总额虽大于负债总额,但是由于财务状况不佳,可用于偿还债务的资金不足,导致企业不能偿还到期的债务,从而引发企业可能的破产;存量破产则是指企业的资产总额小于负债总额(资不抵债),导致企业不能清偿到期的债务而发生破产。财务破产是引发企业失败的一个重要因素。

(三) 财务困境和违约风险

财务破产是公司失败的最后状态。一般而言，从正常经营的公司到破产公司，还存在着"财务困境"（financial distress）这一中间状态。陷入财务困境的公司的特征主要是企业现金流量不足以抵偿其现有债务，这些债务包括应付未付款、诉讼费用、违约的利息和本金等。在这种情况下，公司通常有破产和重组两种出路。如果公司现有资产价值不足以偿还负债，只能破产。如果公司虽然经营现金流量不足以补偿现有债务，但可以通过一系列行动使公司免于破产，维持公司继续经营的能力。这些行动包括出售主要资产、与其他企业合并、发行新股和与债权人协商谈判等。只有当这些行动无效后，才进入破产程序。所以，如果还可以通过一系列非常行动恢复公司继续经营的能力，这种情况则定义为财务困境。财务困境的严重程度弱于财务破产，财务破产仅仅是处理财务困境的方法之一。

财务困境或财务破产会给股东、债权人、员工和其他利益相关者带来巨大的损失，严重的，还会带来社会动荡。因此，建立有效的财务困境或者财务破产预测模型非常必要。

1998年，沪深证券交易所正式启用了上市公司出现"异常状况"时，对上市公司进行"特别处理"（special treatment，缩写为"ST"）的条款。"异常状况"包括"财务状况异常"和"其他状况异常"，其中"财务状况异常"的界定符合一般的财务状况不健康的判断。所以，国内的研究一般将陷入财务困境的公司定义为因财务状况异常而被特别处理的公司。

违约风险（default risk）是与财务困境相关的概念。违约是指企业资不抵债，不能偿付到期债务，和破产的概念类似。违约风险是公司发生违约的可能性。高违约风险对应公司的财务困境。违约风险从低到高的变化对应着违约发生前的连续状态。

(四) 僵尸企业

僵尸企业是指面临财务困境、缺乏自我修复能力、因获得政府补贴或银行贷款支持而维持生存的企业，借助"僵尸"表述企业"僵而不死"的状态。这类企业具有以下两大特征：第一，企业面临财务困难且缺乏自我修复能力；第二，靠政府补贴或银行贷款支持存活。僵尸企业是潜伏在市场中的、抢占社会资源但不产生价值的经济体，需要识别出僵尸企业，合理清理，使有限资源流向能创造更大价值的地方。

Caballero et al.（2008）、Hoshi（2006）以企业是否存在银行利息补贴作为认定僵尸企业的标准，他们最早提出了利息支出下限的模型，继而构建了CHK模型，该模型得到了学术界的认可。该模型认为，如果企业的实际利息支出低于理论利息支出下限，则表明银行很可能为企业提供了额外的信贷补给。

为降低将非僵尸企业错误认定为僵尸企业的可能性，Fukuda and Nakamura（2011）在CHK模型的基础上，加入了盈利性标准和"常青贷款"标准，提出了更准确的FN-CHK模型。按照FN-CHK法，满足以下条件即可判定为僵尸企业。

（1）利息支出标准：如果企业支付的实际利息比市场最低利率计算出的利息更低。

（2）高资产负债率：企业前一年的资产负债率超过50%。

（3）盈利标准：当年的息税前利润低于最低优惠利率下的利息。

（4）新增贷款：企业当年获得的银行贷款数额高于上一年。

以上模型仅考虑了企业对银行资金的依赖。现实中，许多僵尸企业的形成是因为获得了直接的政府补助,这一现象在我国较为突出,因此也有研究将企业收到的政府补助与净利润之比纳入僵尸企业的衡量标准。

二、财务破产和财务困境的形成原因

(一)财务破产和财务困境的形成原因

1. 产品和服务的失败或商业模式失败

公司能够在社会上生存的基础是它为客户提供优质的值得信赖的产品和服务。有价值的产品服务能给公司带来盈利。公司如果不能提供好的产品和服务,或者短期内提供劣质的产品和服务以谋取暴利,长期来看都会导致失败,如三聚氰胺事件、长生疫苗事件等。

有的公司的产品和服务有价值,但某项成本过高或者产品定价过低,会导致公司长期亏损,这是商业模式失败所致。

2. 缺失必要的风险控制

如果一家公司缺乏必要的风险控制制度,就很容易滋生各种舞弊和造假行为。一方面,管理层产生舞弊及违法行为,伤害股东利益;另一方面,大股东凌驾于内部控制之上,侵害小股东的权益。这两种行为都会带来巨大的风险。

3. 外部的负面冲击

公司战略需要根据外部环境进行实时调整。如果公司无法适应外部环境的变化,包括客户需求的急剧变化,市场出现强劲的同业竞争者或监管政策的调整,公司可能失去市场份额和利润,陷入财务困境。

此外,激进的投资和融资政策也容易使公司陷入财务困境。例如,当外部环境比较有利时,公司加大财务杠杆进行大规模投资,这样的激进政策会获得巨大成功,但是如果外部环境突然恶化,就会导致巨大的风险。

(二)僵尸企业的形成原因

可以从两个方面来进行分析。

首先,从银行贷款的角度看,我国银行大部分属于国有并受到政府部门的严格监管。各地方政府为了当地企业的发展,干预银行贷款行为,使其为政府支持的企业或困难企业持续放贷或低息放贷。银行贷款给有政治关联的企业,是有政府的"关系"做软性担保,银行产生的坏账最终会由政府以不良资产剥离的方式从账面上处置掉,这符合银行作为利益主体规避风险和逐利的目标。由于存在政府对银行的基于产权权利和行政权力的软硬干预,银行在平衡风险收益和屈从政府的压力下对相关企业,特别是大型国有企业提供更多低成本、长期限的贷款。

其次,从政府补贴的角度看,地方政府在发展经济、增加财政收入、维护社会稳定、提高就业率和实现晋升等目标驱动下,有强烈的动机干预企业的经营活动。大型企业,特别是上市公司对于社会稳定和保证就业十分重要,也对当地财政收入以及地方形象具有重要影响。如果企业破产倒闭或退市,会给地方政府造成很大的经济社会压力,也对任职官员的政绩评价造成负面影响,甚至危及任职官员的政治声誉和职务晋升。因此,地方官员会动用一切政策手段来支持当地企业的发展,他们还倾向于将各种可利用的资源投向对当地经济增长贡献大的行业和企业。

地方政府对一些濒临破产倒闭的企业往往存在着"父爱主义"的政府直接补助和政策优惠,并更多地体现了"保护弱者"的特点;在补助对象的筛选和补助程度的决定上,地方政府均显著地向国有企业特别是大型国有企业倾斜。

地方政府对市场的不当干预,导致的低进入壁垒、高退出壁垒及企业成本外部化、风险外部化,大批本应被市场淘汰的企业在政府干预下继续运营,成为僵尸企业。

三、财务失败和财务破产的预警模型

财务失败和财务破产的预警模型研究受到了会计与财务理论界、实务界的重视。已经产生了大量的研究成果。这些模型被广泛应用于银行信贷管理、企业信用分析、证券投资分析、证券监管、审计师对企业持续经营的评价、企业破产风险评估等许多方面。目前主要的预警方法有两类:一类是采用财务指标进行预测,另二类是使用市场指标进行预测。

(一) 财务指标预测破产风险

Beaver(1966)最早提出财务预警单变量分析方法,他采用配对样本方法对1954—1964年的79家失败企业和79家正常企业,以32个财务比率为自变量进行财务预测。Altman(1968)运用线性多元判别分析方法建立了多变量财务失败预警模型,大大提高了模型的预测能力。Martin(1997)使用Logit方法在银行业中建立了财务失败预警模型。国内学者陈静(1999)、陈晓和陈治鸿(2000)、吴世农和卢贤义(2001)、吕长江和周现华(2005)应用多元判别分析、Logit和人工神经网络等方法进行了财务失败预警的研究。下面主要介绍最常用的Z得分模型。

Z得分模型(Z-Score)又称"Z记分法",它是采用多个财务指标来预测公司财务破产风险的分析方法。该模型由Altman在1968年构建。模型如下:

$$Z = 1.2X1 + 1.4X2 + 3.3X3 + 0.6X4 + 0.99X5 \tag{8-5}$$

其中:

$X1 = (营运资本 \div 资产总额) \times 100$

$X2 = (留存收益 \div 资产总额) \times 100$

$X3 = (息税前利润 \div 资产总额) \times 100$

$X4 = (普通股市场价值总额 \div 负债账面价值总额) \times 100$

$X5 = 营业收入 \div 资产总额$

将标的公司的财务数据代入(8-5),可计算出Z值,然后进行判断。模型的判断标准如下。

(1) 如果 $Z < 1.81$,表明公司的破产风险大,公司被划入违约组。

(2) 如果 $1.81 < Z < 2.675$,公司处于灰色地带,公司财务状况不稳定。

(3) 如果 $Z > 2.675$,公司被划入未违约组,是安全的。

Z-score模型最方便的地方是能用一个数值(Z值)表示破产的可能性的大小,其准确率也比较高,所以至今仍是实务界用于预测公司破产的常用模型。

(二)市场指标预测

美国 KMV 公司于 1997 年建立了 KMV 模型,用来估计借款企业违约概率。该模型认为,在给定负债的情况下,贷款的信用风险是由债务人的资产市场价值决定的。在债务到期日,如果公司资产的市场价值高于公司债务值(违约点),则公司股权价值为公司资产市场价值与债务值之间的差额;如果此时公司资产价值低于公司债务值,则公司变卖所有资产用以偿还债务,股权价值变为零。

首先,它利用 Black-Scholes 期权定价公式,根据公司股权的市场价值及其波动性、到期时间、无风险借贷利率及负债的账面价值估计出公司资产的市场价值、资产价值的波动性。其次,根据公司的负债计算出公司的违约实施点(default exercise point),违约实施点为公司 1 年以下短期债务的价值加上未清偿长期债务账面价值的一半,计算借款人的违约距离。最后,根据公司的违约距离与预期违约率之间的对应关系,求出企业的预期违约率。

KMV 模型是运用现代期权定价理论建立起来的违约预测模型,是对传统信用风险度量方法的改用。KMV 模型可以充分利用资本市场上的信息,对所有公开上市企业进行信用风险的量化和分析;由于该模型所获取的数据来自股票市场的资料,而非企业的历史数据,因而更能反映企业当前的信用状况,具有前瞻性,其预测能力更及时,也更准确。另外,KMV 模型建立在当代公司理财理论和期权理论的基础之上,具有很强的理论基础。

但是,KMV 模型也存在许多缺陷。首先,模型的使用范围由一定的局限性。通常,该模型特别适用于上市公司的信用风险评估,而对非上市公司进行应用时,往往要借助一些会计信息或其他能够反映借款企业特征值的指标来替代模型中的一些重要变量,同时还要通过对比分析最终得出该企业的期望违约概率,在一定程度上就有可能降低计算的准确性。其次,该模型假设公司的资产价值服从正态分布,而实际中企业的资产价值一般会呈现非正态的统计特征。再次,模型不能够对债务的不同类型进行区分,如偿还优先顺序、担保、契约等类型,使得模型的输出变量的计算结果不准确。

第三节 财务造假分析

一、财务造假

(一)财务造假的基本概念

财务造假指公司违反国家法律、法规和相关制度的规定,采用欺诈手段伪造、变造会计事项,向财务报表使用者提供虚假信息或陈述,掩盖企业真实的财务状况、经营成果和现金流量,造成会计信息失真,无法准确、公允地反映出企业的真实价值的行为。

2007 年颁布的《注册会计审计标准第 1141 号——财务报表审计中对造假问题的处理和分析》第六条指出,财务报表错报的原因包括造假和错误。前者是组织故意造成的虚假陈述行为。虚假财务报告的常见表现如下:① 伪造、操纵或篡改财报对应的会计记录或相关底稿;② 虚假记录或故意遗漏财务报表的交易事项或其他会计信息;③ 误用适用确认、计量、报告会计信息的会计准则和会计估计。

(二) 财务造假动因

财务造假的原因可分为内部原因与外部原因。外部原因有信息不对称、利益诱惑和外部监管不力等；内部原因有管理层贪婪、公司经营不利和内部控制缺陷等。

1. 信息不对称

信息不对称为公司进行财务造假的基础性原因。管理者对财务数据有着绝对的知情权。而投资者只能看到经过管理层把关过后公布的定期财务报告。审计机构等中介机构受制于审计技术、审计方法和时间限制，也无法全面、准确且有效地保证企业财务报告的真实性。管理者有机会进行财务造假。

2. 利益诱惑

对于未上市的企业来说，公司上市后即可挂牌交易，通过向投资者公开发行股票，可实现企业于资本市场融资的目的。目前，我国上市条件中对于营业收入、利润、现金流量等财务指标存在门槛要求，部分企业为满足上市门槛，不惜通过财务造假的方式，实现上市的目的。另外，由于上市过程中企业的市值较大程度取决于公司上市时的利润水平，故为了提高股票发行价格，企业亦有动力通过财务造假粉饰财务指标。

对于已上市公司而言，财务状况亦为影响能否进行再融资的关键因素。根据我国证监会的相关要求，企业要进行再融资需要满足一定的财务条件，如盈利性、抗风险能力、增长能力等。因此，当公司拟实施资产重组、配股、增发、公司债发行、可转债发行等再融资行为时，会产生粉饰报表甚至财务造假的动因。另外，良好的经营业绩和财务指标也是驱动上市公司股价上行的重要因素。

3. 外部监管不力

对舞弊者的惩罚性质及程度决定了财务造假的成本。一方面，我国财务造假成本较低。财务造假行为即使被发现，证监会对于上市公司的处罚主要为罚款和裁撤公司主要管理人员。在新《证券法》实施前，对于欺诈发行行为和信息披露违法行为的顶格罚款金额与财务造假收益相比金额较小，且对于造假企业的控股股东、实际控制人、相关董监高的罚款金额均较低。

另一方面，我国对于上市公司的监管体系不够完备。目前，我国对于上市公司的监管主要分三个层次：一是自律性监管，主要由公司监事会负责；二是社会监管，主要以会计师事务所为主；三是政府监管。前两者由于分别为公司内部人员和公司聘请的机构，存在一定的独立性缺失；而证券监管机构面对数千家上市公司，难以对全部上市公司的财务信息真实性和准确性进行全面的核查和判断，导致财务造假行为难以被发现。

4. 管理层贪婪

管理层在不良道德观的作用下，会在面临外部激励或压力下实施财务造假，并对造假进行自我合理化。舞弊者通常有不良的道德意识或在道德意识方面不良价值判断占了上风，或个体已为违背良好的道德规范找到合理的借口，即便该借口本身并不真正合理。在这样不良道德观作用下，会计舞弊成为一种符合其价值判断的行为。

5. 公司经营不利

在公司经营不利的情况下，存在强制退市风险。根据沪深交易所的股票上市规则，上市公司最近两年连续亏损且营业收入低于1亿元有被强制退市的风险。由于上市公司具有融资渠道多样、股票流动性好、品牌价值较高等诸多优势，因此很多上市公司为了保留上市资格，不惜进行财务造假以掩盖业绩亏损。

6. 内部控制缺陷

企业内部控制是由全体股东、董事会、总经理、监事会形成相互制衡的关系。然而，诸多上市公司存在一家独大的情况，董事会不能代表全体股东的利益，而更多代表控股股东的利益。在这种情况下，董事长作为控股股东的代表，可以决定总经理的任命，并影响监事职工的选举。公司的管理层、治理层基本受控于控股股东，导致公司的内部控制制度无法得到有效执行。因此，在利益权衡时，可能出现以董事长为首的管理层借财务造假损害中小股东权益的行为。

二、我国财务造假现状分析

近年来，我国因虚假信息披露被证监会或交易所处罚或警示的上市公司呈现逐年增加的态势（见图8-1）。2011—2020年，上市公司累计因信息披露虚假被处分次数达902次，涉及上市公司数量516家。一方面，上市公司的数量增加迅速，为财务造假公司数量提升的重要原因。2019年6月13日，科创板正式开板并试点注册制；2020年起，创业板开启注册制时代，上市公司数量快速增加。另一方面，随着资本市场对上市公司信息披露要求的提高，上市公司的经营呈现透明化趋势，监管机构识别财务造假的技术也逐渐丰富，使得更多隐藏的财务造假事件呈现在公众面前。例如，证监会利用北斗导航系统的数据包通过技术手段还原扇贝捕捞船的航迹图，揭开了獐子岛存货造假的面纱。

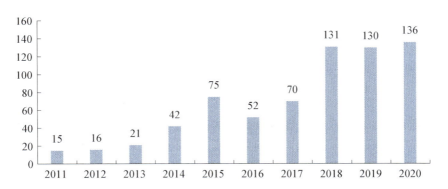

图8-1　2011—2020年因虚假信息披露被证监会处分的上市公司数量

资料来源：Choice金融终端

虚假信息披露的公司存在明显的行业特点（见图8-2）。传媒、医药生物、化工、机械设备和计算机行业由于技术壁垒高、商誉高企和重资产经营风险高等原因，是财务造假的多发行业，而国防军工、休闲服务和钢铁行业造假数量相对较少。

从造假频率来看，多次因虚假信息披露行为被处罚或警示的公司占比较高（见图8-3）。2011—2020年虚假信息披露次数超过1次的公司数量为219家，占期间内虚假信息披露公司数量的比例为42.44%。

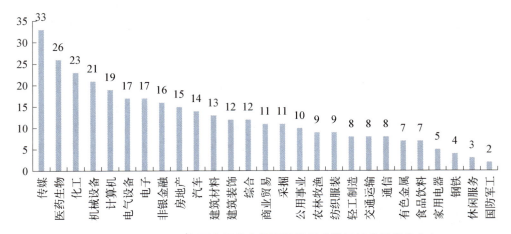

图 8-2 2011—2020 年因虚假信息披露被处罚或警示的公司行业分布

资料来源：Choice 金融终端

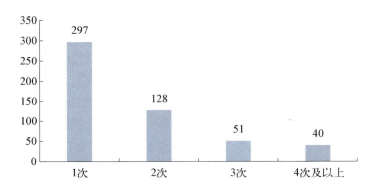

图 8-3 2011—2020 年因虚假信息披露被处罚或警示的公司造假频率分布

资料来源：Choice 金融终端

在法规层面，2020 年 3 月 1 日，新《证券法》正式实施。新法对财务造假等违规行为有了新的规范，对欺诈发行、虚假陈述等造假行为采取了更严厉的处罚措施。对于欺诈发行行为，从原来最高可处募集资金百分之五的罚款，提高至募集资金的一倍；对于上市公司信息披露违法行为，从原来最高可处以六十万元罚款，提高至一千万元；对于发行人的控股股东、实际控制人组织、指使从事虚假陈述行为，或者隐瞒相关事项导致虚假陈述的，规定最高可处以一千万元罚款等。同时，新《证券法》对证券违法民事赔偿责任也做了完善。如规定了发行人等不履行公开承诺的民事赔偿责任，明确了发行人的控股股东、实际控制人在欺诈发行、信息披露违法中的过错推定、连带赔偿责任等。

同时，新法新增了投资者保护一章，不仅明确了投资者保护机构由证监会设置，由其充分发挥权限，并效仿境外的集体诉讼，探索了适应我国国情的证券民事诉讼制度，规定投资者保护机构可以作为诉讼代表人，按照"明示退出""默示加入"的诉讼原则，依法为受害投资者提起民事损害赔偿诉讼。由于 A 股目前仍然是典型的散户市场，启用具有中国特色的证券计提诉讼制度,有利于主动引导散户维权,形成对上市公司财务造假行为的震慑。

三、财务造假常用手段

财务造假常用手段有虚增收入、虚增资产、虚减成本、负债和费用以及披露不实等(见表 8-6)。

表 8-6　财务造假常用手段

大 类	小 类	具 体 方 法
虚增收入	虚构收入	伪造交易合同、虚开发票、伪造出货单等,虚构营业收入
	违规提前确认收入	未满足收入确认条件时提前确认收入
	通过关联交易虚增收入	通过远高于市场价格的定价向关联方出售商品或劳务
虚增资产	虚增银行存款	伪造记账凭证、银行对账单、银行回单等凭证
	虚增存货	伪造存货盘点表并操纵存货监盘、伪造采购订单、装运单和验收报告
	虚增固定资产、在建工程	违规利息资本化、在建工程完工未转入固定资产
	虚增应收款项	虚构应收款项并全额计提坏账的方式;利用虚假商票冲抵应收款项
虚减成本、负债和费用	账外资金冲减成本费用	通过企业所拥有,但没有在财务账上反映的资金账外资金冲减费用
	漏记及少记成本费用	少计或漏记利息、虚构委托贷款等方式减少费用计提
	违规费用资本化	将利润表的费用科目反映在资产负债表的资产科目
	成本费用跨期入账	应在本期计提的费用放到下期计提
披露不实	披露不实	虚假记载、误导性陈述、重大遗漏

(一)虚增收入

虚增收入通常为企业财务造假的核心目的,主要手段包括虚构收入、违规提前确认收入和通过关联交易虚增收入。

第一,虚构收入。虚构收入指通过伪造交易合同、虚开发票、伪造出货单等方法,虚构企业的营业收入,但未形成实际销售。该种情况下,账务和凭证材料齐全,但销售收入非真实发生,最终这一部分虚增的收入通常无法顺利转化为现金流,而是通过应收账款科目全额计提坏账。

第二,违规提前确认收入。造假企业会在未满足收入确认条件时提前确认收入,导致当年收入的虚增。例如,销售合同中规定买家在一定期限内享受退款的权利,但企业在退款期限尚未届满时提前确认收入,或对于取得验收报告后确认收入的项目,企业在未取得验收报告时提前确认收入,从而造成收入的虚增。

第三,通过关联交易虚增收入。造假企业可以通过对关联方的销售,实现营业收入的增加,通常在这个过程中关联交易的定价有失公允,通过大幅高于市场价值的定价,实现收入和利润的虚增。

案例8-3 永安林业违规提前确认收入

永安林业高管人员为完成三年业绩承诺,将业绩压力层层下压,在涉案家具项目未完成发货的情况下,催促福建森源相关人员要求客户提供初验单,用于提前确认销售收入。其采取提前确认收入、延迟结转成本等方式进行财务造假手段,造成永安林业2016年年度报告的财务数据存在虚增营业收入2 778.40万元,虚增营业成本1 584.24万元,虚增净利润788.01万元;造成永安林业2017年年度报告的财务数据存在虚增营业收入5 681.72万元,虚增营业成本1 687.80万元,虚增净利润2 743.67万元。上市公司以及相关高管人员均被处以警告以及罚款处理。

(二)虚增资产

发行人如果虚增收入,对应的必须有虚增的资金流入或虚增的资产挂账,这部分虚增的资金如何消化而不被发觉,是造假者面临的问题。在实际造假过程中,造假者"消化"的方式多种多样,手法也是越来越隐蔽。虚增资产的方式通常包括虚增银行存款,虚增存货,虚增固定资产、在建工程,虚增应收款项等。

第一,虚增银行存款。企业通过伪造记账凭证、银行对账单、银行回单等凭证,虚构收回的应收账款以虚增银行存款,达到虚增货币资金的目的。

第二,虚增存货。企业通过伪造存货盘点表并操纵存货监盘、伪造采购订单、装运单和验收报告虚构存货,或通过将部分费用不恰当地通过存货科目进行资本化,达到虚增存货的目的。

第三,虚增固定资产、在建工程。主要方法包括违规利息资本化、在建工程完工未转入固定资产从而减少折旧计提、随意改变固定资产折旧方式等,实现固定资产或在建工程的虚增和折旧的虚减。

第四,虚增应收款项。企业在虚增收入的同时,往往会虚构挂账的应收账款,由于虚构的应收款项无法实际收回,最终通常以全额计提坏账的方式完成造假闭环。部分发行人在报告期期末利用虚假商票冲抵应收款项,期后再转回,逃避坏账准备的计提。

案例8-4 龙力生物虚增银行存款等资产科目

龙力生物从2015年开始,通过删改财务数据、伪造会计凭证等方式进行资产虚增,造假手法非常粗暴:直接删除、修改、伪造大量会计凭证、相关单据,以及将部分募集资金从募集资金专户转入一般户以达到虚增银行存款;删除短期借款、长期借款、其他应付款、应付票据等科目中与借款相关记账凭证,删除与借款相关的利息费用、居间服务费等记账凭证等方式虚减对外借款。

龙力生物2015年虚增资产约5亿元,虚减负债约17亿元,虚增利润约1.4亿元;2016年虚增资产约1.3亿元,虚减负债约28亿元,虚增利润约2.5亿元;2017半年度虚减负债约29亿元,虚增利润约2亿元。

(三)虚减成本、负债和费用

虚减成本、负债和费用的主要方式包括以账外资金冲减成本费用、漏记或少计成本费用、违规费用资本化、成本费用跨期入账等。

第一,以账外资金冲减成本费用。账外资金指企业所拥有,但没有在财务账上反映的资金。通过账外资金冲减成本费用可实现成本费用的账外化。

第二,漏记及少记成本费用。例如,对企业贷款未核算利息或少计利息;为冲减费用虚构委托贷款等。

第三,违规费用资本化。企业将利润表的费用科目反映在资产负债表的长期待摊费用、在建工程或递延资产等科目,从而减少费用的计提。

第四,成本费用跨期入账。企业会计人员将本应在本期计提的费用,放到下一期计提,导致当期费用计提减少。

案例 8-5 登云股份销售费用未入账

2010 年至 2013 年 6 月,登云股份存在部分销售费用未入账,包括:2012 年有 5 万元深圳市虎翼投资咨询有限公司的咨询服务费未入账;2013 年有 5 万元上海国馨会务服务有限公司的会务费未入账;2011 年至 2013 年 6 月,登云股份涉及一汽解放汽车有限公司无锡柴油机厂等 12 家客户的三包索赔费未入账,总金额 971.38 万元。

2013 年,登云股份存在部分三包索赔费不入账、票据贴现费用不入账等情形,其中三包索赔费未计入当年销售费用 502.04 万元,贴现票据产生的利息未计提费用 292.93 万元。

2014 年,登云股份存在部分三包索赔费不入账、票据贴现费用不入账等情形,其中三包索赔费未计入当年销售费用 345.2 万元,贴现票据产生的利息未计提费用 65.25 万元。

(四)披露不实

披露不实指上市公司未根据法律、行政法规、部门规章、规范性文件进行信息披露,披露信息存在虚假记载、误导性陈述或者重大遗漏。例如,企业对于重大事项(诉讼、委托理财、大股东占用资金、资产重组、关联交易、担保事项等)的隐瞒或不及时披露。

案例 8-6 辅仁药业信息披露违法违规

2015—2018 年,辅仁药业大股东及其关联方长期非经营性占用辅仁药业及子公司资金,期末余额分别为 4.1 亿元、5.8 亿元、4.7 亿元和 13.4 亿元,辅仁药业未在相关年度报告和重组文件中依法进行披露。

四、财务造假识别方法

(一)本福特定律识别

本福特定律(Benford's law)通过应用数理方法,通过研究财务数据中首位和第二位数字的分布比率的自然特征,来识别上市公司的可能财务造假现象。如果某上市公司中财务数据的首位和第二位数字的观测频率与本福特定律不一致,则该公司具有较高的舞弊风险。

本福特定律首先由美国天文学家 Simon Newcomb 于 1881 年提出,他发现实际生活中自然数的很多数字都可以较好地遵循一个规律:数字"1"出现在首尾的概率明显大于"2"出现在首位的概率,数字"2"出现在首位的概率明显大于"3"出现在首尾的概率,其他数字出现在首位的概率依次递减。他把自己的发现总结为一个序数在自然数首位出现概率的数学表达式：

$$E^{First1}Digit(n) = \log_{10}\left(1 + \frac{1}{n}\right) \tag{8-6}$$

其中，n 为序数 1，2，3，4，5，6，7，8，9。

1938 年，美国物理学家 Frank Benford 对 Simon Newcomb 的研究通过实证的方法进行了验证，并进一步推导出了 10—99 在自然数前两位以及 100—999 在自然数前三位数出现概率的数学公式：

$$E^{First1}Digit(d_1 d_2) = \log_{10}\left(1 + \frac{1}{d_1 d_2}\right) \tag{8-7}$$

其中，d_1 为第一位数 1—9，d_2 为第二位数 0—9。

$$E^{First1}Digit(d_1 d_2 d_3) = \log_{10}\left(1 + \frac{1}{d_1 d_2 d_3}\right) \tag{8-8}$$

其中，d_1 为第一位数 1—9，d_2 为第二位数 0—9，d_3 为第三位数 0—9。

之后的学者在 Benford 研究的基础上，推导了 0—9 在自然数第二位、第三位以及第四位的概率，如表 8-7 所示。

表 8-7 本福特定律下首位、第二位、第三位和第三位数字的分布概率

数 字	首 位	第 二 位	第 三 位	第 四 位
0		11.968%	10.178%	10.018%
1	30.103%	11.389%	10.138%	10.014%
2	17.609%	10.882%	10.097%	10.010%
3	12.494%	10.433%	10.057%	10.006%
4	9.691%	10.031%	10.018%	10.002%
5	7.918%	9.668%	9.979%	9.998%
6	6.695%	9.337%	9.940%	9.994%
7	5.799%	9.035%	9.902%	9.990%
8	5.115%	8.757%	9.864%	9.986%
9	4.576%	8.500%	9.827%	9.982%

本福特定律被提出后，已在经济学、会计学、医学统计学和人口统计学等多个领域得到广泛应用。国内外学者也对本福特定律在审计中的有效性进行了实证检验，应用本福特定律可以有效检验企业的财务数据是否受到人为操纵，提供上市公司财务数据质量相

关的重要信息。

通常,未受到人为因素干预的财务数据,基本符合随机数字的特点,故数字的分布符合本福特定律;若数字受到了人为篡改和粉饰,则财务数据随机分布的特点将被打破,其数字分布会偏离本福特定律的理论值。研究发现,受到人为因素干预的财务数据往往呈现以下特点:首位数字中"1"出现的频率低于理论值;首位数字出现"4""5"和"6"的概率偏高,且首位数字从1—9更接近均匀分布的特点。

另外,利用本福特定律识别财务造假主要运用首位数字和第二位数字,主要因为随机的数字在首位和第二位数的分布更不平均,至于第三位、第四位数字的分布相对较为平均,缺乏明显的特征。

案例 8-7 欢瑞世纪财务造假案例

欢瑞世纪(000892)由于2013年度、2014年度、2015年度和2016年半年度财务数据造假,于2019年7月受到中国证监会处罚。欢瑞世纪于2013年和2014年通过提前确认收入分别虚增营业收入6 939.62万元和2 789.43万元,于2015年和2016年分别虚构收回应收款项850万元和1 700万元。利用本福特定律对欢瑞世纪2013—2018年年报数据的首位数字分布情况进行研究,结果如表8-8所示。

表8-8 欢瑞世纪财务报表本福特检验的结果

年 份	首位数字与本福特定律的相关系数	卡方检验结果
2013年年报	0.666 26	17.014 拒绝
2014年年报	0.741 50	16.113 拒绝
2015年年报	0.856 20	15.793 拒绝
2016年年报	0.975 37	6.005 接受
2016年半年报	0.834 19	14.670 接受
2017年年报	0.721 27	32.096 拒绝
2018年年报	0.880 06	14.146 接受

根据表8-8,欢瑞世纪2013年年报、2014年年报、2015年年报和2017年年报财务数据首位数字与本福特定律的相关系数较低,卡方检验结果拒绝财务数据首位数字分布满足本福特定律的假设,且2016年半年报的相关系数相对较低,该结果与欢瑞世纪2013年度、2014年度、2015年度和2016年半年度财务造假受到证监会处罚的事实相符。

(二)财务指标识别

通过异常的财务指标以及不同财务指标之间的勾稽关系识别财务造假,为财务造假的重要且有效的识别方法。下文综合部分造假公司财务指标的常见特点,介绍了一些财务指标识别造假的常用判断方法。但切记不能凭借单一财务指标特征对公司财务造假下结论,需结合多财务指标的变动趋势、公司实际业务情况以及所在行业的趋势对造假行为进行综合判断。

1. 单个财务指标的识别

(1) 毛利率异常波动或远超同行业公司。

对于毛利率远高于同行业或毛利率存在重大波动的公司,需关注其财务造假风险。

毛利率体现了企业提供的产品或服务的市场价值相对于原始生产过程发生成本的溢价能力。通常而言,在充分竞争的市场中,每家企业只能取得行业平均利润率,不同行业之间由于在市场竞争充分度、费用率、行业周期等因素上存在差异,行业平均毛利率存在差异。而毛利率远高于行业的企业通常具备某种"护城河",即公司的核心竞争力,如先进的技术、行业的龙头或垄断地位、品牌优势等。如果公司相对同行业其他公司不具有明显的"护城河",即具备合理的理由怀疑公司存在财务造假风险。

通常,一家基本面优秀的企业毛利率会相对稳定,或随着行业毛利率的变化呈现一定趋势。如果一家公司相对行业毛利率的波动幅度过大,表明该公司存在较大的经营风险,或存在一定财务造假风险。

案例 8-8　立华牧业毛利率异常引发证监会关注

立华股份(300761),主营商品鸡,上市前公司异常的毛利率数据引发广泛关注:一是远超同行均值的毛利率。2014—2016 年,立华牧业黄羽鸡业务毛利率分别为 16.80%、16.27%、15.47%,同行业上市公司黄羽鸡业务平均毛利率分别为 9.21%、7.37%、12.40%,立华牧业黄羽鸡业务毛利率远超行业均值。二是大幅波动的毛利率。2014 年以来,立华牧业商品猪毛利率由 −13.49% 上升至 30.78%,上升了 44 个百分点。而在 2017 年 1—9 月,立华牧业商品鸡销售毛利率又大幅下滑至 9.27%。毛利率的大幅波动引起了证监会的关注,要求立华牧业结合同行业可比公司情况及市场变化情况进行解释。

(2) 存贷双高。

存贷双高,即企业的货币资金和有息负债同时处于较高水平,同时货币资金和带息负债占资产总额的比例同时远超过同行业平均水平。

货币资金包括库存现金、银行存款和其他货币资金;有息负债包括持有会产生财务费用的负债类科目,如短期借款、长期借款和应付债券等。存贷双高的不合理之处在于企业的负债成本通常大于持有货币资金的机会成本,存贷双高对于企业经营不具备经济性。通常而言,企业持有的货币资金金额较高说明企业现金流良好,融资需求较小,而较高的有息负债说明企业具备短期或长期融资需求,且高负债会带来较高的财务费用,不利于企业偿债能力的提升。若企业存在存贷双高的情况,说明该公司货币资金存在受限或伪造的嫌疑,企业货币资金或无法用于实际经营。

对于一些集团化的企业,存贷双高的现象具备合理性。由于集团化企业不同业务板块的盈利能力和现金流情况不同,自然存在一些子公司货币资金较多,另一些子公司负债较多,则合并报表中会出现双高的现象。另外,对于一些资金需求非常大且资金往来较频繁的企业,如供应链管理类企业,也会存在存贷双高的现象。

案例 8-9　康美药业和康得新存贷双高

康美药业(600518),据 2018 年半年报,公司货币资金余额为 398.85 亿元。同期康美药业的有息负债也高达347亿元(占净资产的比例分别为119%和104%),存贷双高。康得新(002450),根据2017年年报,报告期内公司有185亿元现金,45亿元可供出售金融资产,准现金类资产占净资产比127%,占总资产比67%。然而,同期康得新短期借款65.65亿元,长期借款5亿元,应付债券39.32亿元(25亿元短期应付债券),有息负债约110亿元。

(3) 经营活动现金流差。

经营活动现金流是识别企业财务造假风险的常用指标。若一家公司能够持续产生大量的利润却没能够持续产生足够的经营活动现金流,则这些无法带来实际现金流入的利润值得怀疑。衡量经营活动现金流质量的具体指标包括净现比和销售收现比率。

净现比,即经营活动现金流量净额/净利润,反映了企业实现一元净利润实际流入多少现金。销售收现比率,即经营活动现金流入/营业收入。长期来看,经营活动现金流量净额/净利润和经营活动现金流入/营业收入应该大于1。

若企业的净现比长期小于1,说明该企业营运资本对现金流的占用较多,存在存货积压滞销或应收款回款速度慢或无法回款的情况。若企业销售收现比率长期小于1,说明企业的销售收入创造实际回款的能力较差。上述两种情况下,由于企业的收入和利润创造的现金流长期低于理论值,企业存在虚增收入的嫌疑。

案例 8-10 康美药业净现比长期小于1

康美药业(600518.SH),一直以来都被市场视为标准的白马股。公司的毛利率、净利率和净资产收益率分别稳定在30%、15%、15%左右;截至2018年第三季度,公司净利润已经连续17年实现增长,近五年的营收增速基本稳定在20%左右,非常稳健。然而,如果看经营性现金流,就会发现异常信号。从2014年开始,经营现金流净额连续多年低于净利润,近4年多平均经营现金流只有净利润的38%。

(4) 资产周转率异常或与毛利率变动不匹配。

应收账款周转率和存货周转率为两个反映企业资产质量的重要指标。通常而言,公司对主要客户给予一定信用期,伴随企业营业收入的增长,应收账款随之增长,同时企业往往会增加备货规模,以保障货物的及时供应并预防各类突发情况。若上述两指标单向变动幅度较大或与同行业公司存在显著差异,说明其应收账款规模与存货规模与营业收入变动不匹配,需关注其财务造假风险。

应收账款周转率是衡量企业销售能力及应收账款回款能力的综合指标,应收账款周转率远低于同行业或呈现持续下降趋势,说明企业销售回款能力较差,部分账期较长存在大额坏账风险,若企业应收账款周转率异常或远低于同行业,则存在虚增收入同时虚构应收账款,但应收账款实际无法回款的风险。

存货周转率是衡量企业销售能力及存货管理水平的综合指标,存货周转率远低于同行业或呈现持续下降趋势,说明企业存货金额相对同期销售额处于较高水平,存在存货积压及滞销风险,公司存在虚构存货或部分费用不恰当地通过存货科目进行资本化的嫌疑。

另外,若公司的应收账款周转率和存货周转率远高于同行业或呈现较高增幅,且没有合理理由表明公司的应收账款回收速度和存货运营效率显著提升,则公司存在将虚增的利润隐藏在货币资金、固定资产或预付账款等其他资产科目的风险。

同时，可以把毛利率和存货周转率、应收账款周转率和现金循环周期结合，同步识别财务造假。

结合毛利率和应收账款周转率识别财务造假。通常企业毛利率升高说明企业产品的竞争力提升，在产业链上的地位也随之增强。相应地，企业会尽量多占用上游企业的资金并缩短对下游客户的赊账期限，导致应付账款的增加和应收账款的减少。如果企业的毛利率升高，而其应收账款周转率在下降，则企业存在虚增收入推高毛利率但应收账款实际回款情况较差的财务造假风险。

结合毛利率和存货周转率识别财务造假。存货周转率下降说明企业的存货存在积压及滞销风险，可能原因包括企业囤货过多或产品竞争力下降；而毛利率上升说明企业产品竞争力上升，存货销售情况良好。若企业的毛利率上升，但存货周转率下降，则企业可能存在财务造假风险。

结合毛利率和现金周转期识别财务造假。现金周转期体现为企业经营中从付出现金到收到现金所需的平均时间。若企业的毛利率较高，则证明企业在产业链中处于比较强势的地位，企业在尽可能久地占据上游企业的资金同时加快下游企业的回款速度，因而企业的现金循环周期应该也比较短。若企业毛利率提高的同时企业的现金循环周期变长，则企业存在财务造假嫌疑。

案例 8-11 欣泰电气虚构应收回款

2011—2014 年，欣泰电气每期虚构收回应收账款 7 000 多万元到近 2 亿元不等，并于下一期期初转出资金、转回应收账款，导致公司少计提应收账款坏账准备。2016 年 7 月 8 日，证监会宣布欣泰电气欺诈上市，启动强制退市程序，2017 年 8 月 28 日从深交所摘牌退市，成为欺诈发行强制退市第一股。2013 年、2014 年、2015 年，欣泰电气的应收账款周转率分别为 2.51、1.40 和 0.84，呈现逐年降低的态势，应收账款余额分别 3.69 亿元、4.39 亿元和 4.94 亿元，呈现逐年增加态势。

（5）异常的资产减值损失。

根据《企业会计准则》要求，公司需对资产计提多项减值准备，涉及科目包括应收账款、其他应收款、存货、固定资产、无形资产、商誉、在建工程等。对于跌价准备计提比例大幅低于同行业公司，或一次性计提巨额跌价准备的公司，需关注其财务造假风险。

一般而言，对于相同库龄的存货或相同账龄的应收账款，减值计提比例应相同或相近，若企业在无合理理由的情况下，同一资产科目的跌价准备计提比例大幅低于同行业公司，则存在减值准备计提不足、推迟减值计提的嫌疑。

另外，对于一次性计提巨额减值准备的公司，存在对损失和费用过度确认的风险。企业通过一次性计提大额存货跌价损失、应收账款减值损失等手段，对业绩"洗大澡"，将把以前年度虚增的利润在报告年度冲掉。

案例 8-12 獐子岛大额存货跌价损失揭开造假面纱

獐子岛分别于 2017 年和 2019 年核销及计提大额虾夷扇贝跌价准备 62 868.17 万元和 27 768.22 万元，并两次收到深交所的关注函。经核查，獐子岛通过虚减营业成本和营业外支出的方式虚增利润，并将实际未形成的利润隐藏在存货科目中，最终通过上述方式獐子岛的 2016 年年报中虚增利润 1.3 亿元，虚增的利润占当期披露利润总额的 158.15%；

2017年年度报告虚减利润 2.8 亿元,占当期披露利润总额的 38.57%,追溯调整后,业绩仍为亏损。

（6）异常的费用指标。

费用率反映了除生产成本外其他与企业生产经营相关的占营业收入的比重。对于费用率不合理地降低或大幅低于同行业的企业,需要进行特别关注。

例如,良好的管理水平和优秀的营运能力有助于企业费用率的降低,但在费用率与同行业公司差距过大且找不到合理解释的情况下,企业可能隐瞒了某些费用。被隐瞒的费用可能被计入上市公司在建工程并最终形成莫须有的固定资产,也可能来源于上市公司通过不合理地改变折旧、摊销计提方法从而虚减利润。异常的费用指标还包括人均工资不合常理的数值或年度间大幅波动,以及在产能和产能利用率未发生重大变化的情况下大幅下降的制造费用,均需引起重视。

另外,费用率是否异常应结合企业所在行业的特点、企业产品和技术的具体情况进行综合判断。例如,对于医药生物、信息技术等高科技含量、高研发投入行业中的企业,若企业的在研项目正常推进,且研发费用率和研发人员工资水平大幅低于可比公司或历年平均水平,则存在少计提研发费用或研发费用不合理资本化的嫌疑。

2. M-score 模型

M-score 的核心方法是提出了八项能够表示企业财务操纵行为的指标,并用 Probit 模型回归估计出指标所预示的企业进行了财务操纵的概率。至今,M-score 仍是识别财务操纵的最流行的量化指标。

M-score 模型(Beneish,1999)从财务报表中获得的八个指标,用于估计给定财务报表的盈余管理概率,具体的模型为:

$$\text{M-score} = -4.84 + 0.92*DSRI + 0.528*GMI + 0.404*AQI + 0.892*SGI \\ + 0.115*DEPI - 0.172*SGAI - 0.327*LVGI + 4.679*TATA \quad (8-9)$$

M-score 数值越高,表示企业有越高的财务操纵可能性。-1.78 是其分界点,如果公司的 M-score 值高于 -1.78,表示有很高的财务操纵概率并可能给投资者带来不可接受的损失。

这八项指标分别如下。

（1）基于应收账款的日销售指数(days' sales in receivables index,DSRI):DSRI 是指在盈余操纵所在年度(第 t 年)基于应收账款的日销售额与相应的 $t-1$ 年之间日销售额的比率。DSRI 估计了两个连续年度之间应收账款和收入是否平衡。应收账款日销售额的大幅增长可能是由于公司为了面对激烈的竞争而改变信贷政策以刺激消费,不过应收账款与销售额不成比例的增加也可能暗示了营业收入增加。因此,应收账款日销售额的大幅增加被认为很可能与收入和利润被高估有关。

$$DSRI = \frac{\frac{\text{应收账款}_t}{\text{营业收入}_t}}{\frac{\text{应收账款}_{t-1}}{\text{营业收入}_{t-1}}} \quad (8-10)$$

(2) 毛利率指数(gross margin index，GMI)：GMI 指 $t-1$ 年的毛利率与 t 年毛利率的比值。当毛利率指数大于 1 时，意味着毛利率缩小了。毛利率缩小对公司前景是一个消极的信号。如果前景较差的企业更有可能操纵盈余，那么 GMI 与盈余操纵的可能性之间存在正相关关系。

$$GMI = \frac{毛利率_{t-1}}{毛利率_t} \tag{8-11}$$

(3) 资产质量指数(asset quality index，AQI)：AQI 指给定年度中除不动产及机器设备(即 PPE)外的非流动资产与总资产的比率，它衡量了总资产中未来获益不确定的资产所占比例。第 t 年的资产质量比率与第 $t-1$ 年的资产质量比率具有相关性。AQI 在资产变现风险分析中是一个总体指标。如果 AQI 大于 1，意味着该公司有可能加大成本递延的力度。因此，AQI 与收益操纵可能性之间存在正相关关系，资产变现风险的增加意味着资本化倾向增加，从而成本递延。

$$AQI = \frac{1 - \dfrac{流动资产_t + PPE_t}{总资产_t}}{1 - \dfrac{流动资产_{t-1} + PPE_{t-1}}{总资产_{t-1}}} \tag{8-12}$$

(4) 销售增长指数(sales growth index，SGI)：SGI 指第 t 年的销售额与第 $t-1$ 年的销售额的比率。销售增长本身并不意味着操纵收益，但专业人士认为增长快的公司更加容易有财务报表欺诈行为，因为公司的财务状况和资金需求要求经理们完成盈利指标，从而给他们带来压力。另外，在高增长时期，对控制和报告的关注往往滞后于增长本身。如果销售增长的公司在经济放缓的第一个迹象出现时面临巨大的股价估值损失，那么他们可能有更大的诱因操纵收益。因此，SGI 和收益操纵可能性之间存在正相关关系。

$$SGI = \frac{营业收入_t}{营业收入_{t-1}} \tag{8-13}$$

(5) 折旧指数(depreciation index，DEPI)：DEPI 指 $t-1$ 年的折旧率与 t 年的折旧率之比，在一个给定财务年度，折旧率等于"折旧/(折旧+净固定资产)"。折旧指数大于 1 意味着资产折旧的速率降低，公司调高资产的使用年限或采用增加收入的新方法的可能性提高。因此，DEPI 和操纵收益可能性之间存在正相关关系。

$$DEPI = \frac{\dfrac{折旧_{t-1}}{折旧_{t-1} + 净固定资产_{t-1}}}{\dfrac{折旧_t}{折旧_t + 净固定资产_t}} \tag{8-14}$$

(6) 销售及管理费用指数(sales general and administrative expenses index，SGAI)：SGAI 指第 t 年的销售与管理费用率与相应 $t-1$ 年的费用率之比。分析师可能在销售方面提供与公司未来前景负面信号不相符的信息。因此，SGAI 与收益操纵可能性存在相关性。

$$SGAI = \frac{销售及管理费用率_t}{销售及管理费用率_{t-1}} \tag{8-15}$$

（7）杠杆指数（leverage index，LVGI）：LVGI 是在第 t 年的资产负债率与 $t-1$ 年的资产负债率之比。LVGI 大于 1 意味着企业杠杆率升高，反映了违反债务契约的诱因大小。公司资本结构的杠杆变化与欺骗对股市的影响是有联系的。

$$SGAI = \frac{资产负债率_t}{资产负债率_{t-1}} \tag{8-16}$$

（8）总应计负债对总资产比例（total accruals to total assets，TATA）：总费用计量了营运资金账户中除了现金减去折旧的差额的其他部分的变化。不管是总应计费用还是应计费用的一部分，都用于前期工作中评估经理调整会计盈余的选择的范围（Jones，1991）。因此，较高的显著的应计费用（扣除现金）与较高的盈余操纵的可能性是有联系的。

$$TATA = \frac{(\Delta 流动资产 - \Delta 货币资金) - (\Delta 流动负债 - \Delta 一年内到期的非流动负债 - \Delta 应交税费) - 折旧费用}{总资产_t} \tag{8-17}$$

（三）文本分析识别

在财务金融领域中，文本分析可被用于分析以年报、新闻、分析师报告、论坛等文本为对象的研究。通过分析文本的可读性、情感词和行文风格等特征挖掘文本中隐含的信息，这些信息包括投资者情绪正负、新闻或者语调正负、报纸属于左派或者右派，以及行业分类，对不确定性、恐慌程度、意见分歧程度的度量等多个方面。

文本分析为识别财务造假的重要辅助手段。语言是功能性的，作出的语言选择可以帮助作家达到某些目的。反过来，它可以帮助我们了解作者的语言习惯，尤其是欺骗性信息。对于实施财务造假的企业，在撰写财务报告时，出于增加造假识别难度、撇清管理层责任等考虑，在行文时往往呈现一些特征，如故意降低文本的可读性、提高文本的复杂性、使用更多的消极性等。通过捕捉文本中隐藏的信息，可以发现上市公司财务造假的一些线索。

由于年报中"管理层讨论与分析"部分能够最好地反映公司管理层对上一年度公司经营状况和财务状况的理解，且该部分内容在行文方面具有较强的主观性和可操纵性，在不同公司之间具有较高的差异度，因此通常选用年报中"管理层讨论与分析"部分作为识别财务造假的基础文本。

1. 可读性指标

通常，业绩不佳或实施欺诈行为会造成公司的管理层倾向于模糊化"管理层讨论与分析"部分的信息，而模糊信息的一种直接方法是降低文本的可读性。可读性反映文本的语句简洁程度、语义清晰程度或描述生动程度等特征。可读性高的财务文本使得投资者能够轻松地获取其中的信息，反之，可读性较差的财务文本则会增加投资者处理信息的成本。

基础的可读性指标主要为文本的长度类指标，包括总字数、总词数、总句数、句均词数、词均句数、平均名词长度和文本长度对数值等。部分学者为更好地衡量文本的可读性，基于上述基础指标构建了 FOG 指数和 FRE 指数等衡量可读性的综合性指标（见表 8-9）。

表 8-9　主要可读性指标定义表

指　　标	定　　义	造假相关性	主　要　结　论
总字数	/	+/−	
总词数	/	+/−	
总句数	/	+/−	
句均词数	总词数/总句数	+	
词均字数	总字数/总词数	+	财务报告文本可读性低的公司更有可能存在财务造假现象。
平均名词长度	名词总字数/总名词数量	+	
文本长度对数值	Ln(总词数)	+	
复杂词汇频率	复杂词汇数与总词数之比	+	
FOG 指数	0.4×(句均词数+复杂词汇频率×100)	+	
FRE 指数	206.835−1.015×句均词数−84.6×单词平均音节数注	−	

注：对于 FRE 指数，单词平均音节数在中文文本中体现为总字数/总词数。

FOG 指数是最常用的可读性指标(Gunning，1952；Li，2008)。其中 WPS 为句均词数，DWR(复杂词汇频率)为难词(超过三个音节的单词)的比例：

$$FOG = (WPS + 100 \times DWR) \times 0.4 \tag{8-18}$$

通常，FOG 指数越高，说明文本的可读性越差，使得投资者处理信息的成本提高。部分学者认为 FOG 指数不是很好的用于描述可读性的指标，并将文件大小作为可读性的度量尺度。

FRE(flesch reading ease)指数是早期发展而来的一个可读性度量指标，其中 SPW 为平均单词音节数，WPS 为句均词数：

$$FRE = 206.835 - 84.6 \times SPW - 1.015 \times WPS \tag{8-19}$$

2. 情感指标

当欺诈行为反映在语言使用中，文本中可能存在更多反映消极情感的词汇，而反映积极情感的词汇则在造假文本中出现较少。通常而言，虽然通过财务造假可以一定程度上掩饰较差的经营业绩，但造假后的经营业绩往往仍低于非造假企业的均值，致使管理层无法使用更多含有积极情感的词汇描述公司的业绩情况。同时，公司管理层在撰写年报时，为规避自身的责任，会尽量减少积极词汇的使用，以更贴合公司的实际经营业绩。

文本信息语调(TONE)指标为衡量文本情感度的重要指标(Henry，2008、Henry and Leone，2009、Price et al.，2012、Brockman et al.，2013、Gordon et al.，2013)，其中 POSPCT 为积极性词语数量占总词语数量比例，NEGPCT 为消极词数量占总词语数量比例：

$$TONE = (POSPCT - NEGPCT)/(POSPCT + NEGPCT) \qquad (8-20)$$

TONE 表示净正面语调的概念，-1≤TONE≤1，POSPCT 相对 NEGPCT 越多，TONE 越大，说明文本用词越积极正面。同时，POSPCT 和 NEGPCT 两指标单独使用时，也可以衡量文本的情感度。

在实际研究时，通常采用语气词典来判断文本的情感度，语气词典会将常用词汇根据其情感属性进行划分，分为积极属性词语集（"积极""进步""高效"等）和消极属性词语集（"低迷""黯淡""不利"等）（见表 8-10）。较为知名的语气词典包括知网（HowNet）情感词典、台湾大学 NTUSD 情感词典和清华大学李军中文褒贬义词典。

表 8-10 主要情感指标定义表

指　标	定　义	造假相关性	主要结论
积极词比率	积极词数量/总词语数量	—	财务造假的报告文字会呈现更强的消极性和更低的积极性。
消极词比率	消极词数量/总词语数量	＋	
文本信息语调	（积极词比率－消极词比率）/（积极词比率＋消极词比率）	—	

3. 行文风格指标

在语言学中，可以通过文章的行文风格来判断作者真实的意图。

当企业存在财务造假的情况下，管理层往往故意使用更多的形容词和副词等描述性词汇，以引导年报的用户对公司的真实情况作出错误的推断。相反，在不存在造假的情况下，为了提供企业真实的经营和财务情况，管理层往往减少形容词和副词的使用（见表 8-11）。

表 8-11 主要行文风格指标定义表

指　标	定　义	造假相关性	主要结论
形容词比率	形容词数量/总词语数量	＋	财务造假的报告中往往包含更多的形容词、副词、总结性词汇、预测性词汇和弱情态词，包含更少的强情态词。
副词比率	副词数量/总词语数量	＋	
总结性词汇频率	总结性词汇数与总词数之比	＋	
预测性词汇频率	预测性词汇数与总词数之比	＋	
被动式动词比率[注]	被动式动词数量/动词总数	＋	
情态词比率[注]	情态词数量/总词语数量	＋/－	
强情态词比率[注]	强情态词数量/总词语数量	—	
弱情态词比率[注]	弱情态词数量/总词语数量	＋	

注：被动式动词比率、情态词比率、强情态词比率、弱情态词比率主要存在于英文文本中，中文文本无对应指标。

"所以""因此""故"等结论性词汇,往往意味着年度报告编制者需要对一段语义并不清晰、逻辑并不紧密的语句作出概括。适量的结论性词汇有助于提升文字可读性,但过度使用结论性词汇则可能是心虚的体现,是掩盖其文字披露质量不佳的表现。过多的预测性词汇,如"将来""未来""期望"等,往往意味着对于未来的过度描述,而对未来制定过多目标和过高的期望则是财务造假现象的一大动因。

"情态"表明作者对命题有效性的判断。例如,"必须"表示对命题有效性的高度确定性;相反,"可能"表示较弱的确定性。当高管存在欺诈行为时,管理层讨论与分析中的文本语言更有可能包含更多的弱情态词和较少的强情态词,以进行不确定性操纵。财务造假公司的高管为了避免财务报表错报责任,会使用更多的间接指代,如更少使用的第一人称单数,更多使用第一人称复数以及第二、第三人称和被动语态。

(四)其他识别方法

1. 实控人股权质押比例高

股权质押通常情况下系公司实控人进行融资的手段。但如果实控人股权质押比例过高,一旦股价大幅下降,使得股价低于平仓线,实控人若无法追缴保证金,将会被强制平仓,即银行将质押的股份以大宗交易、二级市场直接抛售等方式变现,以还本付息,使得股价进一步的降低。因此,为了维持股价,实控人股权质押较高的上市公司会想尽一切办法向市场释放利好,甚至不惜实施财务造假。

2. 隐瞒关联交易或严重依赖关联交易

关联交易比重过高,通常对应两种情况:一是公司业绩是否对关联方及关联交易存在依赖;二是担心公司或存在借助关联交易调节业绩的情形。若公司刻意隐瞒关联交易或关联交易金额占营业收入的比重过大,则公司存在通过借助关联交易调节业绩或实施财务造假的风险。

3. 无故或频繁变更会计师事务所

会计师事务所在对上市公司进行审计的过程中,对上市公司财务报告质量、实际盈利质量和经营情况掌握更多的信息。若会计师事务所对财务造假公司出具无保留意见的审计报告,则需对造假行为承担连带责任,故会计师事务所通常不愿与造假上市公司合谋。上市公司为掩盖自身的财务造假行为,存在较高更换会计师事务所的动机。

4. 财报被出具非标准审计报告

若上市公司的财务报告被审计出具非无保留意见的审计报告,通常意味着上市公司存在资金链紧张、账户冻结、遭遇重大诉讼、关联交易复杂、内部控制混乱等一系列负面情形,存在上述情形的公司由于经营不善叠加内部控制混乱,财务造假的概率远高于被出具无保留意见审计报告的上市公司。

第四节 基本面量化投资和资产定价模型前沿

一、基本面量化投资

近年来,因子投资(factor investing)被广泛接受。其中很多因子是使用财务指标构造的,如市净率和净资产收益率等,它们被称为基本面因子。定量使用这类因子进行的基本面投资则被称为基本面量化投资(quantamental)。基本面量化投资在金融市场中得到大量应用。

基于某些具有信息含量的财务比率,利用资产组合技术,构建了大量的基于规则(rule-based)的选股策略。Cooper et al.(2008)对公司资产增长率和未来股票收益的关系进行了研究。他们以1968—2003年的美国股市作为样本,发现公司资产的年度增长率和之后的股票收益率之间呈现很强的负相关关系。他们的证明方法非常具有代表性,股票定价因子一般都采用该方法来进行研究。首先,他们根据前一年的总资产增长率将所有的公司进行排序并分为10组,然后去计算不同组的下一年的股票收益率。他们发现,总资产增长率最小的一组获得18%的平均年化收益率(按照市值加权),而总资产增长率最大的一组只获得5%的平均年化收益率。此外,他们还发现,按照总资产增长率构建多空资产组合,即卖空总资产增长率排序最大的一组并买入总资产增长率排序最小的一组,发现这个资产组合的夏普比率为1.07,比同样本得到的市净率、公司规模和动量因子的夏普比率都高。此外他们还发现,在不同市值的和其他风险因子的条件下,总资产增长率和未来股票收益率之间的负相关关系仍然存在。

目前,已有的研究已经发现很多类似的基本面量化投资策略。它们最主要的特征就是使用一个或者多个基本面财务指标构建的投资策略可以获得系统性的超额收益。它们被视为在一定程度上继承了基本面分析(fundamental analysis)的研究思路。

二、基于基本面因子的量化策略和资产定价模型的前沿进展

对应着基本面量化投资的蓬勃发展,资产定价模型的前沿也沿着包含更多基本面财务数据的方向发展。表8-12给出了迄今为止主要的资产定价模型所包含的因子的情况。从表中可以看到,1961年的CAPM模型中只有市场因子,该因子几乎和公司的基本面没有关系,而1992年的FF3模型加入的两个因子和公司的估值相关。从2015年的Q模型开始,投资因子、盈利因子、期望投资增长这几个新加入的因子都是公司的基本面财务指标。这意味着,金融研究的最核心问题——金融资产定价模型——的前沿发展,正在沿着将实体公司的财务数据一步步加入其定价因子中的方向发展。

表 8-12 主要资产定价模型包含的因子

时间	模型	市场	市值	账面市值比	投资	盈利能力	预期增长	动量
1961	CAPM	√						
1992	FF3	√	√	√				
2015	Q4	√	√		√	√		
2015	FF5	√	√		√	√		
2018	FF6	√	√	√	√	√		√
2021	Q5	√	√		√	√	√	

将因子加入这些定价模型的论证是通过构建前面所提到的量化投资策略来实现的。即,如果在定价模型中要加入某个新的因子,需要证明的是,以该因子构建的量化投资策略可以获得超额回报,且这个因子和定价模型中的其他因子是不重合的。

具体而言,各主要资产定价模型和其因子的经济含义如下。

(一) CAPM 单因子模型(市场因子)

$$R_{it} - R_{ft} = \alpha_1 + \beta_{i,MKT}(R_{mt} - R_{ft}) \tag{8-21}$$

其中,R_{it} 是投资组合或个股 i 在 t 期的收益率,R_{ft} 是 t 期的无风险利率,R_{mt} 是 t 期根据流通市值加权的市场收益率,$R_{mt} - R_{ft}$ 可以反映市场的风险溢价。

(二) Fama and French 的三因子模型

Fama and French(1993)在 CAPM 的基础上加入了市值(SMB)和价值(HML)因子,提出了三因子模型。其中,三因子分别指市场因子、市值因子和市净率因子。模型具体如下:

$$R_{it} - R_{ft} = \alpha_2 + \beta_{i,MKT}(R_{mt} - R_{ft}) + \beta_{i,SMB}(SMB_t) + \beta_{i,HML}(HML_t) \tag{8-22}$$

其中,SMB_t 是规模因子,是小市值公司相较于大市值公司的溢价;HML_t 是价值因子,是账面市值比高的公司相较于账面市值比低的公司的溢价。

(三) Carhart(Carhart,1997)的四因子模型

Carhart 基于 Fama 三因子模型,加入了"一年期收益动量异常因子",得到了四因子模型。其中,四因子分别指市场因子、市值因子、市净率因子和截面动量因子。模型具体如下:

$$R_{it} - R_{ft} = \alpha_3 + \beta_{i,MKT}(R_{mt} - R_{ft}) + \beta_{i,SMB}(SMB_t) \\ + \beta_{i,HML}(HML_t) + \beta_{i,MOM}(MOM_t) \tag{8-23}$$

其中,MOM_t 是动量因子,是高收益股票与低收益股票的收益率之差。

(四) Hou-Xue-Zhang 的 Q4 模型

Hou et al.(2015)基于 Q 投资理论(Q-theory of investment)构建了相应的因子,所以其提出的四因子模型也被称为 Q4 模型。其中,四因子分别为市场因子、市值因子、盈利因子和投资因子。模型具体如下:

$$R_{it} - R_{ft} = \alpha_4 + \beta_{i,MKT}(R_{mt} - R_{ft}) + \beta_{i,SMB}(SMB_t) + \beta_{i,IA}(IA_t) + \beta_{i,ROE}(ROE_t) \tag{8-24}$$

其中,IA_t 是投资因子,是投资保守的公司相较于投资激进的公司的溢价;ROE_t 是盈利因子,是盈利能力强的公司相较于盈利能力弱的公司的溢价。

(五) FF5

从股利贴现的角度出发,Fama and French(2015)在三因子的基础上加入了盈利能力(RMW)和投资风格(CMA)因子,提出了五因子模型。其中,五因子分别为市场因子、市值因子、价值因子、盈利因子和投资因子。模型具体如下:

$$R_{it} - R_{ft} = \alpha_5 + \beta_{i,MKT}(R_{mt} - R_{ft}) + \beta_{i,SMB}(SMB_t) + \beta_{i,HML}(HML_t)$$
$$+ \beta_{i,RMW}(RMW_t) + \beta_{i,CMA}(CMA_t) \tag{8-25}$$

其中,RMW_t 是盈利因子,是盈利能力强的公司相较于盈利能力弱的公司的溢价;CMA_t 是投资因子,是投资风格保守的公司相较于投资风格激进的公司的溢价。

(六) Q5 模型

Hou et al.(2021)在其提出的 Q4 模型中加入了预期增长因子并构建了 Q5 模型。五因子分别为市场因子、市值因子、盈利因子、投资因子和预期增长因子。模型具体如下:

$$R_{it} - R_{ft} = \alpha_6 + \beta_{i,MKT}(R_{mt} - R_{ft}) + \beta_{i,SMB}SMB_t$$
$$+ \beta_{i,IA}IA_t + \beta_{i,ROE}ROE_t + \beta_{i,EG}EG_t \tag{8-26}$$

其中,EG_t 是预期增长因子,是预期增长能力强的公司相较于预期增长能力弱的公司的溢价。预期增长因子的计算较为复杂,需要用到截面回归,需要的变量通过计算之前年度的经验数据,计算经营性现金流总资产比、净资产收益率的变化率和托宾 Q。

案例分析

康得新财务造假

一、案例背景

康得新复合材料集团股份有限公司(以下简称"康得新")是一家生产包装材料以及光学膜的企业。受益于环保政策推行力度的不断增大以及国家政策支持,光学膜和预涂膜发展前景受到了广泛看好。公司作为光学膜的龙头企业,股价和业绩双双实现腾飞。2017 年,康得新实现营业收入和净利润 117.89 亿元和 24.74 亿元,分别同比增长 27.69％和 26.06％。然而,2018 年年报让投资者大跌眼镜,2018 年公司净利润大幅缩水,同比下降 88.66％(见图 8-4)。

图 8-4 康得新 2015—2018 年营业收入和归母净利润(单位:亿元)

2019年7月5日,康得新发布公告称,公司收到中国证监会下发的《行政处罚及市场禁入事先告知书》,2015—2018年通过虚构销售业务方式虚增营业收入,并通过虚构采购、生产、研发费用、产品运输费用方式虚增营业成本、研发费用和销售费用。2015—2018年,康得新分别虚增利润总额达23.81亿元、30.89亿元、39.74亿元和24.77亿元,分别占当年年报披露利润总额的144.65%、134.19%、136.47%和722.16%,累计虚增的利润总额达119.21亿元。

二、康得新财务造假手段

(一)虚增收入和利润

根据康得新披露的原始年报,2015—2017年,康得新营业收入分别同比增长43.23%、22.11%、27.69%。营业收入实现快速增长的同时,公司利润也快速积累。2015—2017年,公司利润总额分别同比增长38.66%、37.44%和26.50%。康得新通过虚构外销业务和内部交易等方式虚增收入和利润。2015—2018年,康得新虚构的利润总额分别占年报披露利润总额的144.65%、134.19%、136.47%和722.16%。

首先,康得新通过虚构外销业务的方式虚增收入。通过伪造客户签名等方式,公司伪造了大部分外销合同。由于公司出口业务在营业收入的占比超过30%,而出口业务由于存在客户配合程度低、函证回复率低、实地走访较为困难且成本较高等原因,会计师的核查难度较高。公司先将PET等外品以及冒充的光学膜以近乎免费的价格对外出售,同时伪造对应的销售单据以及对应签名,从而达到虚增外销收入的目的。

与此同时,公司也存在虚构内部交易的情况。公司与张家港康得新光电材料有限公司等三家子公司通过内部交易的方式,伪造入库、出库和销售单据,虚增净利润达13.39亿元。公司通过智慧海派科技有限公司及其关联公司协助其进行财务造假。智慧海派作为此次采购业务的主要客户,其后声明称并未收到任何来自康得新的货物。康得新通过将部分资金转给供应商后,再通过过桥渠道将资金汇入公司下游客户的账户内,再通过销售回款的形式收回至康得新账户,达到体外资金循环的目的。

另外,在纯贸易类业务中,康得新也存在虚增收入的情况。康得新在向供应商采购商品后,由供应商负责直接将商品运送至客户指定地点,而康得新并不承担货物损毁或灭失的风险。根据会计准则要求,应该将该部分收入按照净额法确认收入,而公司则按照总额法确认了该部分收入,从而达到了虚增收入的目的。

(二)虚构货币资金

为匹配其虚增的收入,公司通过虚构货币资金的方式虚构销售回款。根据康得新2014年年报,截至2014年12月31日,公司货币资金的余额为41.93亿元。2015—2017年年末,公司货币资金的余额分别同比增长140.56%、52.42%和20.24%。同时,公司货币资金占总资产的比例也在逐年上升,由2014年年末的38.55%上升至2017年年末的54.00%。

从财务造假的手段来看,康得新的大股东康得投资集团曾与北京银行西单支行签署了《现金管理合作协议》,康得投资集团的银行账户作为大股东成为资金池的母账户,与此同时,上市公司康得新的账户成了母账户下面的子账户。因此,当上市公司发生收付款时,其资金余额会实时归集到母账户中,导致子账户成为实质上的零余额账户,且没有资金保留和管理权限。在该模式下,子账户金额按照累计归集至母账户的金额记录,无法通过对账单发现上市公司与大股东之间的往来交易,在对账单上显示的数字余额仍累计上存的金额减去其下拨的金额,从而达到虚增货币资金的目的。

(三) 虚构预付账款

康得新还存在与供应商串通,虚构预付账款的情况。2018年6月,康得新通过与化学赛鼎和宇龙汽车两家公司签订采购委托协议,委托两家公司按照公司确定的供应商进行供货合同的制作和签订,并委托其作为支付供应商款项的中间方。2018年7—12月,康得新以预付供应商货款的名义,累计从募集资金专户中转出24.53亿元,支付给上述两家公司。而实际上康得新并未收入任何来自供应商的货物,上述交易产生的预付账款均为公司虚构。同时,采购合同也并未约定采购货物的交货日期。同时,上述资金通过关联公司等多重渠道流转回公司,用于虚增利润和归还贷款。

三、康得新财务造假识别方法

(一) 财务指标识别

通过对康得新的财务数据进行分析,可发现如下其主要异常的财务指标和财务比率。

"存贷双高"是康得新财务数据中的突出问题。根据其2014年年报,截至2014年12月31日,公司货币资金的余额为41.93亿元,有息负债的余额为50.27亿元。2015年起,公司的货币资金和有息负债的规模呈现逐年上涨的趋势(见图8-5)。2015—2017年,公司有息负债余额分别同比增长32.68%、0.50%和76.26%。2015—2017年末,公司货币资金的余额分别同比增长140.79%、52.42%和20.24%。同时,公司货币资金占总资产的比例也在逐年上升,由2014年年末的38.55%上升至2017年年末的54.00%。

图 8-5 康得新货币资金和有息负债水平(单位:亿元)

毛利率提高,应收账款周转率大幅下降。从毛利率水平来看,与同行业可比公司毛利率逐年下降不同,康得新毛利率整体呈现上升趋势。毛利率的升高说明企业产品竞争力的提高和企业在产业链地位的增强,通常情况下,毛利率的提高伴随着应收账款周转率的升高。而康得新的应收账款周转率从2015年的3.24下降至2018年的1.97,其毛利率的升高并没有带来应收账款周转率的上升(见表8-13)。

表8-13　康得新和同行业可比公司毛利率和应收账款周转率

毛利率				
	2015	2016	2017	2018
激智科技	33.16	28.89	27.10	24.37
航天彩虹	32.21	26.55	29.71	27.07
康得新	36.81	40.45	39.92	40.02
应收账款周转率				
激智科技	2.24	2.26	2.16	2.14
航天彩虹	3.57	3.53	2.05	2.19
康得新	3.24	2.42	2.56	1.97

存货周转率远高于同行业可比公司(见表8-14)。2015—2018年,康得新的同行业可比公司的存货周转率均稳定在3—4,而康得新的存货周转率分别为9.18、9.71、11.97和9.23,对应存货周转天数仅在30—40天,远高于同行业可比公司的平均水平,不符合康得新所在行业的存货运营管理模式。

表8-14　康得新和同行业可比公司存货周转率

存货周转率				
	2015	2016	2017	2018
激智科技	3.95	4.34	3.75	3.32
航天彩虹	3.59	4.08	3.03	4.16
康得新	9.18	9.71	11.97	9.23

研发费用率低于同行业可比公司(见表8-15)。康得新的毛利率高于同行业可比公司激智科技和航天彩虹,对于一家研发驱动的新材料公司,康得新的研发费用率却低于同行业可比公司,存在少计提研发费用或虚增收入的嫌疑。

表 8-15　康得新和同行业可比公司研发费用率

研发费用率	2015	2016	2017	2018
激智科技	未披露	未披露	7.42	7.84
航天彩虹	未披露	未披露	6.19	5.14
康得新	未披露	未披露	3.14	4.00

同时,康得新于 2018 年度对应收账款计提坏账准备 9.37 亿元,对存货计提 4.96 亿元的资产减值准备,其大额减值计提也慢慢将公司的财务造假行为推向水面。

(二) 文本识别

对于康得新的财务造假行为,除单纯的财务指标识别外,通过分析其年报文本信息也可发现其财务造假的信号。通过获取康得新 2015—2018 年年报"经营情况讨论与分析"部分基于文本信息的各类指标,以及同年康得新所属的申万一级行业——化工行业中全部标的公司的对应指标进行对比分析,结果如表 8-16 所示。

表 8-16　康得新和同行业可比公司文本信息指标结果对比

公司	年份	情感指标		可读性指标				行文风格指标
		积极词比率	消极词比率	句均词数	词均字数	平均名词长度	文本长度对数值	形容词及副词比率
康得新	2015	0.077	0.013	20.745	1.935	2.292	8.011	0.033
	2016	0.065	0.014	21.158	1.943	2.283	8.907	0.033
	2017	0.063	0.015	22.869	1.975	2.296	8.511	0.036
	2018	0.041	0.014	24.806	1.983	2.298	8.135	0.035
化工行业平均值	2015	0.079	0.012	20.755	1.996	2.296	8.433	0.035
	2016	0.080	0.012	20.574	1.999	2.336	8.548	0.036
	2017	0.082	0.012	20.920	1.994	2.323	8.541	0.035
	2018	0.082	0.012	20.713	1.996	2.326	8.615	0.035
差异	2015	−0.002	0.001	−0.010	−0.061	−0.004	−0.421	−0.003
	2016	−0.014	0.003	0.584	−0.057	−0.053	0.359	−0.003
	2017	−0.018	0.003	1.949	−0.019	−0.027	−0.030	0.001
	2018	−0.041	0.002	4.093	−0.013	−0.028	−0.480	0.000

对比结果显示,从情感指标来看,康得新基于年报文本构建的积极词比率2015—2018年显著低于化工行业的平均值,且随着时间的推移差异呈现不断扩大的趋势,这与我们上文得到的结论相符。同时,康得新的消极词比率也始终高于行业平均值。康得新2015—2018年经营业绩显著好于行业平均水平,但在年报文本描述中并未采用太多的积极性词汇描述其经营业绩,这或许在一定程度上反映了公司管理层对公司实际业绩的隐忧和规避责任的动机。

从可读性指标来看,康得新的句均词数指标高于行业平均值,且差异随着年份的增长呈现不断扩大的趋势,康得新或通过增加年报文本的单句长度来提升年本文本的理解难度。但在词均字数和平均名词长度两个指标上,康得新低于行业平均值,这或是由于化工行业的年报文本中存在一些较长的专有材料名词,如"非质子溶剂""硝基芳烃"等,而康得新年报中专用名词的数量和比例均较低所致。

从行文风格指标来看,康得新的形容词及副词比率在不同年份与行业均值的差异方向不甚相同,较难通过行文风格指标有效识别其财务造假行为。

通过阅读康得新年报的"经营情况讨论与分析"部分,可以发现一些特点。例如,在2017年年报的对应文本中,与之前年份着力论述公司的业务和技术优势相比,管理层使用较大的篇幅讲述了公司的资金使用需求,包括张家港建设光学膜二期生产基地对应的募集资金用款需求,以及公司重大资产重组带来的现金支付需求。另外,文本提及了"差异""尚未完成"等中性偏消极的词汇,使得消极词比率有小幅提升。在2018年年报的对应文本中,公司几乎没有使用任何积极词汇来形容公司业绩,相反,当年年报更是提及了"降低""缺陷""减值"等消极词汇,使得公司年报文本中反映出的情感信息更偏向消极层面。

(三) 其他识别方法

从第一大股东康得投资集团股权质押比例来看,2015—2018年起股权质押比率均超过99%,通过股权质押获取资金以投资碳纤维业务(见图8-6)。股权质押比率作为财务造假的辅助识别方法之一,与前文异常的财务指标和文本指标相结合,康得新大股东极高的股权质押比率也潜藏着较高的财务造假风险。

图8-6 第一大股东康得投资集团股权质押比率

本 章 小 结

本章首先介绍了两种 ROE 的分解方法,然后介绍了财务失败公司和财务困境公司的分析。接下来重点介绍了财务造假公司的分析。财务造假的识别方法,包括本福特定律识别法、财务指标识别法、文本识别法和其他识别方法。最后介绍康得新的财务造假案例。

关 键 词

杜邦财务分析法、财务失败、财务破产、财务困境、财务造假、本福特定理、基本面量化投资、总资产增长率、资产定价模型

思 考 题

1. ROE 分解的两种方式之间有什么联系?有什么差异?
2. 如何对财务失败或者财务困境公司进行预警?
3. 如何对财务造假公司进行预警?
4. 基本面量化投资策略和资本资产定价模型之间的关系是什么?

第九章

财务预测和估值

学习目标

1. 股票市值和企业价值
2. 财务预测的基本概念
3. 营业收入的预测
4. 利润表和资产负债表的预测
5. 相对估值法的方法、优点和缺点
6. 绝对估值法的计算、优点和缺点
7. 敏感性测试
8. 周期公司的特殊估值方法

财务预测和估值是在了解公司已有信息的基础上,对公司未来经营态势进行预测,并得到公司内涵价值的过程。在本章中将涉及很多的定量分析,其中最关键的就是估计营业收入、未来增长率和股东要求回报率。在对数据进行预测计算中,应该注意,不要过于沉溺于分分毛毛的数据的细微差异,公司估值的结果在很大程度上取决于公司的业务特征、成长空间、竞争优势,而不是取决于参数的估计,或是估值方法的差异。因此,在进入本章烦琐细致的计算之前,需要理解的是,本章的定量计算其实是以在之前的战略分析中的大量定性分析为基础的,本章的计算结果也必须和公司的经营现状和经营前景保持逻辑上的一致。即预测和估值的定量分析是以战略分析的定性分析为基础,而之前定性的战略分析的结论需要预测和估值的定量分析来进行证明和背书。一家值得投资的公司,由于有坚实的可持续的业绩支持,其估值结果应该是比较稳健的,不应该有太多的不确定因素来干扰其估值的稳定性。

第一节 财务预测

一、财务预测的基本概念

财务预测可以为前瞻性的决策提供依据:管理层通过预测作出规划并提出业绩目标,分析师则向投资者传递他们所预测的公司前景,而银行家和债券市场需要通过预测来评估贷款偿还和债券兑付的可能性。财务预测通常归结为对公司价值的估计,即用一个汇总的统计值来反映预测者对公司未来发展的看法。

在学习如何对公司进行财务预测前,须对财务预测有一个理性的认识。总的来说,与对股票价格的预测相比,财务预测的准确性一般会更高。事实上,如果财务数据本身不存在恶意的造假的话,过去的经验数据在很大程度上有助于对未来的预测。

但未来总是存在不确定性,尤其是突发事件或者是结构性的变化导致预测无法完全(甚至是相对)准确。因此,建议在财务预测时,给予一定信任,但也不要过分相信;对别人的预测,应注意考察其基本假设是否合理;在需要自己作预测时,可给出一个预测区间,分别标出预测的最乐观值、最悲观值和平均值。

财务预测是将"已知的"公司信息和数据转化为对"可知的"公司经营态势的预判。只有对商业模式有透彻理解的分析师才可以进行合理的财务预测。要做到这一点,需要能够坚持学习和不断实践。理解经济因素是预测的先决条件。

（一）预测的一般适用范围

明确财务预测的适用范围是必要的。一般来说,财务预测的适用范围是预测对象应处于"正常经营状态",这包括三个方面的内容:① 公司以前年度处于正常经营状态;② 预测年度也处于正常经营状态;③ 外部环境没有发生急剧变化。

应该记住的是,从统计上而言,正常情况以外的事件是无法预测的,即财务预测很难预测出异常情况。异常情况包括报表造假造成的"财务变脸"以及外部环境的突发性变化等。在一定程度上,前者可对前期的财务数据进行分析而识别出来,但对于后者(如自然灾难、突发性战争、"9·11"事件、新冠疫情突然爆发等),目前的财务预测技术还没有办法处理。

（二）全面预测的假设

全面预测指的是在预测利润表之外,对现金流量和资产负债表进行,并在此基础上,预测一些重要的财务比率和财务指标。这可以在一定程度上防止作出不切实际的假设。

图9-1给出了利润表预测的基本假设。利润表预测首先需要预测营业收入,然后在毛利率、四项费用率和税率的假设下,预测出利润表的各项科目（见表9-1）。在公司与环境较稳定时,毛利率和各费用率一般假设为与之前保持一致。但是,也可根据具体情况提出不同的假设。

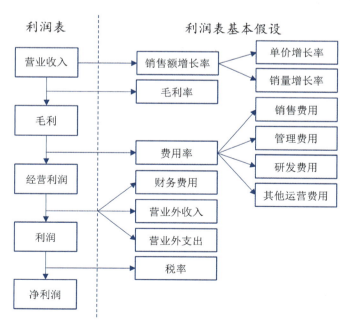

图9-1　利润表预测的基本假设

表 9-1　海天味业的利润表预测的基本假设

	2017	2018	2019	2020	2021	2022E	2023E	2024E	2025E	2026E	2027E	2028E	2029E
营业收入增长率	17.1%	16.8%	16.2%	15.1%	9.7%	10.4%	15.0%	12.4%	13.0%	13.0%	13.0%	13.0%	13.0%
营业成本/营业收入	54.3%	53.5%	54.6%	57.8%	61.3%	62.7%	60.1%	59.2%	60.0%	60.0%	60.0%	60.0%	60.0%
税金及附加/营业收入	1.1%	1.1%	1.0%	0.9%	0.9%	0.9%	0.9%	0.9%	0.9%	0.9%	0.9%	0.9%	0.9%
销售费用/营业收入	13.4%	13.1%	10.9%	6.0%	5.4%	5.1%	5.0%	5.0%	5.0%	5.0%	5.0%	5.0%	5.0%
管理费用/营业收入	4.2%	1.4%	1.5%	1.6%	1.6%	1.5%	1.5%	1.5%	1.5%	1.5%	1.5%	1.5%	1.5%
研发费用/营业收入	0.0%	2.9%	3.0%	3.1%	3.1%	3.1%	3.1%	3.1%	3.1%	3.1%	3.1%	3.1%	3.1%
资产减值损失	0.0	0.0	−17.2	1.7	−2.2	0.0	0.0	0.0	0.0	0.0	0.0	0.0	0.0
其他业务成本（金融类）	0.0	0.0	0.0	0.0	0.0	0.0	0.0	0.0	0.0	0.0	0.0	0.0	0.0
公允价值变动收益	0.0	0.0	172.7	138.9	128.2	128.2	128.2	128.2	128.2	128.2	128.2	128.2	128.2
其他收益	43.1	46.4	122.4	122.4	143.5	143.5	143.5	143.5	143.5	143.5	143.5	143.5	143.5
投资收益	144.5	291.2	56.2	30.9	40.6	40.6	40.6	40.6	40.6	40.6	40.6	40.6	40.6
营业外收入	5.5	0.0	1.3	12.0	15.9	15.9	15.9	15.9	15.9	15.9	15.9	15.9	15.9
营业外支出	1.0	18.2	3.6	13.5	15.6	15.6	15.6	15.6	15.6	15.6	15.6	15.6	15.6

图 9-2 给出了资产负债表预测的基本假设。一般情况下,可假设应收款、存货、其他流动资产、应付账款、其他流动负债和销售额同比例增长。现金及其等价物则需观察现金流量表中的变化趋势进行假设,而其他长期资产则需根据现金流量表的投资部分进行假设。有息负债和股东权益部分可以根据公司的现金流量表中的筹资部分进行假设(见表 9-2)。

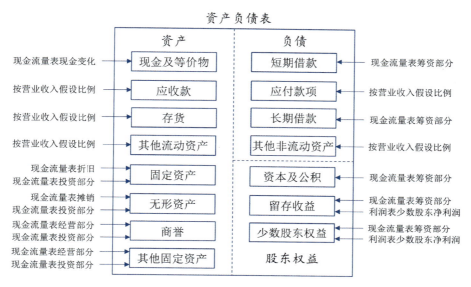

图 9-2 资产负债表预测的基本假设

现金流量表的预测一般基于间接法,如图 9-3 所示。非现金部分根据摊销和折旧比例假设,非运营部分根据利息和投资部分的流量假设,而流动资金的变化根据资产负债表的运营科目的变化进行假设。

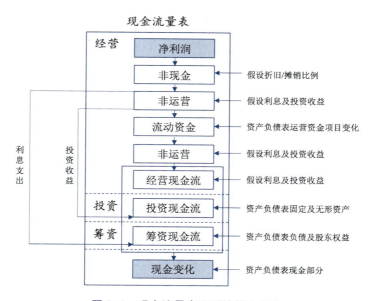

图 9-3 现金流量表预测的基本假设

表 9-2 海天味业的资产负债表预测的基本假设

	2017	2018	2019	2020	2021	2022E	2023E	2024E	2025E	2026E	2027E	2028E	2029E
交易性金融资产	0.0	0.0	4 878.1	5 054.7	5 377.8	5 378.0	5 378.0	5 378.0	5 378.0	5 378.0	5 378.0	5 378.0	5 378.0
应收票据/营业收入	0.0%	0.0%	0.0%	0.0%	0.0%	0.0%	0.0%	0.0%	0.0%	0.0%	0.0%	0.0%	0.0%
应收账款/营业收入	0.0%	0.0%	0.0%	0.2%	0.2%	0.2%	0.2%	0.2%	0.2%	0.2%	0.2%	0.2%	0.2%
坏账准备/应收账款	89.0%	89.0%	89.0%	0.0%	26.2%	26.2%	26.2%	26.2%	26.2%	26.2%	26.2%	26.2%	26.2%
预付账款/营业成本	0.2%	0.2%	0.2%	0.1%	0.1%	0.1%	0.1%	0.1%	0.1%	0.1%	0.1%	0.1%	0.1%
其他应收款/营业收入	0.1%	0.3%	0.5%	0.0%	0.1%	0.1%	0.1%	0.1%	0.1%	0.1%	0.1%	0.1%	0.1%
存货/营业成本	13.1%	13.2%	16.7%	15.9%	14.5%	14.5%	14.5%	14.5%	14.5%	14.5%	14.5%	14.5%	14.5%
跌价准备/存货	0.8%	0.7%	0.4%	0.0%	0.4%	0.4%	0.4%	0.4%	0.4%	0.4%	0.4%	0.4%	0.4%
其他流动资产/收入	35.0%	29.8%	0.1%	0.1%	0.3%	0.3%	0.3%	0.3%	0.3%	0.3%	0.3%	0.3%	0.3%
可供出售金融资产	0.1	0.1	0.0	0.0	0.0	0.0	0.0	0.0	0.0	0.0	0.0	0.0	0.0
持有至到期投资	0.0	0.0	0.0	0.0	0.0	0.0	0.0	0.0	0.0	0.0	0.0	0.0	0.0
长期股权投资	0.0	0.0	0.0	0.0	0.0	0.0	0.0	0.0	0.0	0.0	0.0	0.0	0.0
投资性房地产	4.7	6.1	5.4	4.9	4.5	4.0	4.0	4.0	4.0	4.0	4.0	4.0	4.0
其他非流动资产	11.5	11.5	0.1	0.1	103.1	103.0	103.0	103.0	103.0	103.0	103.0	103.0	103.0
应付票据及应付账款/营业收入	7.0%	8.2%	12.0%	10.7%	13.5%	13.5%	13.5%	13.5%	13.5%	13.5%	13.5%	13.5%	13.5%

续　表

	2017	2018	2019	2020	2021	2022E	2023E	2024E	2025E	2026E	2027E	2028E	2029E
应付票据/营业成本	0.0	0.7%	3.7%	3.1%	3.0%	3.0%	3.0%	3.0%	3.0%	3.0%	3.0%	3.0%	3.0%
应付账款/营业成本	7.0%	7.4%	8.3%	7.6%	10.5%	10.5%	10.5%	10.5%	10.5%	10.5%	10.5%	10.5%	10.5%
预收账款/营业成本	33.8%	35.5%	37.9%	33.8%	30.7%	30.7%	30.7%	30.7%	30.7%	30.7%	30.7%	30.7%	30.7%
应付职工薪酬	326.5	480.0	700.5	828.4	736.2	736.0	736.0	736.0	736.0	736.0	736.0	736.0	736.0
应交税费	319.8	573.5	645.1	716.8	532.5	532.0	532.0	532.0	532.0	532.0	532.0	532.0	532.0
应付股利	0.0	0.0	0.0	0.0	0.0	0.0	0.0	0.0	0.0	0.0	0.0	0.0	0.0
其他应付款	626.5	1 066.0	1 216.7	1 239.1	972.0	972.0	972.0	972.0	972.0	972.0	972.0	972.0	972.0
其他流动负债/营业成本	0	0	0	3%	2%	2.1%	2.1%	2.1%	2.1%	2.1%	2.1%	2.1%	2.1%
应付债券	0.0	0.0	0.0	0.0	0.0	0.0	0.0	0.0	0.0	0.0	0.0	0.0	0.0
长期应付款	0.0	0.0	0.0	0.0	0.0	0.0	0.0	0.0	0.0	0.0	0.0	0.0	0.0
预计负债	0.0	0.0	0.0	0.0	0.0	0.0	0.0	0.0	0.0	0.0	0.0	0.0	0.0
其他非流动负债	57.7	107.7	177.7	270.4	346.4	346.0	346.0	346.0	346.0	346.0	346.0	346.0	346.0
递延所得税资产	78.6	144.6	383.7	625.3	698.4	698.0	698.0	698.0	698.0	698.0	698.0	698.0	698.0
递延所得税负债	0.0	0.0	0.0	16.9	14.8	15.0	15.0	15.0	15.0	15.0	15.0	15.0	15.0

总的而言,销售成本、管理费用、普通股股息与销售额同比增长,这体现了会计的配比原则;利息费用则与预测期将公司的负债水平相关(一般在此处先假设利息费用和上期一致,然后在预测资产负债表后再根据负债水平调整);折旧根据预定的方案计算,税率则一般不变。此外,与收益预测类似,我们需要额外考虑诸如通胀等一系列外部因素。比如,在预测销售成本时,应将原材料涨价的可能性考虑在内。折旧部分在短期可考虑不变,可如果在可预见的未来,固定资产增加,则折旧也应该考虑适当提高。

应注意,资产负债表的科目假设前提是产能是否完全利用。在完全产能的条件下,资产规模和销售规模成正比。但如果公司的产能没有完全利用起来,则不能作出资产规模和销售规模成正比的假设。

二、营业收入预测

营业收入是公司经营状况的核心指标,是利润表的核心变量,对资产负债表和现金流量表也有较大影响,因此在财务预测的实际操作中,往往将营业收入预测单独拿出来,在第一时间进行。

一般来说,营业收入预测有两种方法:① 绝对估算,即公司的营业收入等于行业的市场规模乘以公司的市场占有率;② 相对估算,即公司明年的营业收入等于今年的营业收入乘以营业收入增速。

(一)预测市场需求

市场规模测算方法可分自上而下(top down)法和自下而上(bottom up)法。此处以洗面奶为例,假设需要测算洗面奶中男士洗面奶的消费量。

先看自上而下的方法。假设知道中国一年消费10亿支洗面奶,这个数字是由行业协会或者某个第三方咨询机构发布的。通过走访若干超市、卖场和便利店,观察顾客的购物车,或者收集顾客弃置的购物收据,发现每5支洗面奶中大约有1支是男士的,基于此,可以推算出,每年消费的男士洗面奶大约是2亿支。

当然,实际操作起来很难,不同地域,哪怕一个城市的不同地方消费习惯都是不一样的,不同超市的进货、销售策略也是不一样的。这是抽样调查一定会面临的问题,抽样过程越随机、样本量越丰富,最后的结果越准确,作为代价,调研需要花费的人力、物力更多。

然后看自下而上的方法。假设市场上有5家企业在生产男士洗面奶,得到这5家企业每年的出货量,分别是5 000万支、3 000万支、7 000万支、3 000万支和4 000万支,加总后得到总的市场规模,每年售出的男士洗面奶为2.2亿支。

在条件允许的情况下,自下而上的累加计算显然是更精确的。但实际情况往往是,行业存在数百家生产商,在时间、精力和资源有限的情况下无法做到逐一收集到准确的数据。如果固执地坚持自下而上的方法,投入产出比是不划算的。

这时候,用自上而下的方法,先大致有个数量级上的概念,再结合部分自下而上的微观信息,缩小置信区间,通常是一个兼顾质量和效率的做法。

(二)预测未来市场占有率

市场占有率体现公司在行业里的竞争力,常见影响因素包括行业竞争者数量、产品质量、企业品牌、渠道、定价等。竞争者数量越多,市场占有率的分母越大,越容易分去"一块蛋糕"。产品质量是价值创造的根源,优秀的产品设计和品质保障,带来持续良好的消费和使用体验,这是形成品牌的重要基础。好的品牌则是放大产品运营优势的关键,从传播效率的角度来说,酒香也怕巷子深,好的品牌推动消费者反复消费,形成的口碑和社会信任,即品牌竞争力。好的产品和品牌,即使人尽皆知,但没有便捷的渠道方便消费者购买,那也不利于有效创造价值和利润,用户覆盖、渠道渗透是产品创造价值和创造利润的关键点。定价是艺术,是决定利润最大化的核心变量。过于高端的定价,如奢侈品,只能是少数人购买的,份额低、费用率高,但利润率也高。过低的定价,吸引的消费者多,但是很容易被"消费升级"淘汰。一个强大的公司,往往会占据高端市场地位,但同时大量在中低端市场赚钱,这考验的是一个公司的市场战略制定和执行能力。

(三) 预测营业收入

基于以上对市场规模和市场份额的分析,可通过两者的乘积得到营业收入,这是绝对估算法的结果。同时,可以采用相对估算法,用预测增速得到销售收入的预测,作为参考。

鉴于实务操作的复杂性,财务预测不存在方法论上的万能公式,还是需要结合具体案例具体分析,这里以海天味业为例。

首先,对海天味业的业务板块进行拆分,包括酱油收入、蚝油收入、调味酱收入、其他主营业务收入以及其他业务收入。从表9-3可知,酱油产品的生产和销售是海天味业的核心业务。因此,在营业收入预测上,首先从对酱油收入的预测开始。

表 9-3 海天味业营业收入结构 (单位:万元)

	2016	2017	2018	2019	2020	2021
营业收入	1 245 856	1 458 431	1 703 448	1 979 689	2 279 187	2 500 403
营收同比增长	10.31%	17.06%	16.80%	16.22%	15.13%	9.71%
酱油	757 867	883 586	1 023 630	1 162 851	1 304 340	1 418 811
蚝油	186 271	226 605	285 562	348 982	411 293	453 151
调味酱	181 444	204 028	209 231	229 144	252 415	266 585
其他主营业务	81 267	96 121	112 264	135 173	195 038	221 106
其中:醋	*38 462*	*51 282*	*69 231*	*90 000*	*112 500*	*127 575*
其他业务	39 007	48 091	72 761	103 538	116 101	140 751

此处选择两种方法预测海天酱油业务收入。第一种方法是海天酱油业务收入=全国酱油行业总销售额×海天份额。框架如表9-4所示,输入变量为酱油行业总销售额(包括零售端和餐饮端)和海天酱油产品的市场份额,通过前者的预计年复合增速预测未来几年全国酱油行业总销售额,根据后者估算出海天未来几年酱油业务的收入。

具体这几个参数应该如何预测估计,这需要对行业研究和公司基本面研究有自己的判断,因人而异。

第二种方法是海天酱油业务收入=海天酱油销量×平均销售单价。如表9-5所示,输入变量为海天酱油销量增速和销售均价增速,通过两者预测未来海天酱油销售的量价情况,以估算海天未来酱油业务的收入规模。

表 9-4 海天味业酱油业务收入预测 第一种方法

	2015	2016	2017	2018	2019	2020	2021	2022E	2023E	2024E
海天酱油业务收入(万元)	671 615	757 867	883 586	1 023 630	1 162 851	1 304 340	1 418 811	1 534 585	1 735 923	1 928 611
酱油行业总销售额(万元)	4 512 119	4 873 940	5 405 631	5 723 301	5 858 961	5 619 814	6 154 638	6 783 542	7 265 933	7 774 269
总销售额_yoy	7.89%	5.54%	5.15%	4.90%	4.19%	−3.38%	9.18%	6.00%	6.00%	6.00%
海天份额	14.88%	15.55%	16.35%	17.89%	19.85%	23.21%	23.05%	22.62%	23.90%	24.80%

表 9-5 海天味业酱油业务收入预测 第二种方法

	2015	2016	2017	2018	2019	2020	2021	2022E	2023E	2024E
海天酱油业务收入(万元)	671 615	757 867	883 586	1 023 630	1 162 851	1 304 340	1 418 811	1 534 585	1 735 923	1 928 611
酱油销售均价(元/吨)	5 002	5 120	5 400	5 451	5 356	5 317	5 333	5 547	5 602	5 658
酱油销售均价_yoy	2.60%	2.65%	2.35%	5.48%	0.94%	−0.72%	0.31%	4.00%	1.00%	1.00%
酱油销量(万吨)	134.26	148.03	163.62	187.80	217.13	245.33	266.03	276.67	309.87	340.86
酱油销量_yoy	3.87%	10.26%	10.53%	14.78%	15.62%	12.99%	8.44%	4.00%	12.00%	10.00%

在实践中,第二种方法的可操作性相对更高,这是因为,作为生产型企业,海天的销量和产能密切相关,而产能情况和资产负债表、现金流量表也息息相关。例如,在产销率较高的情况下,销量的增加需要新产能作为支撑,伴随着产能扩张的是资本支出,涉及现金流量表的投资活动现金流,对应资产负债表的固定资产、在建工程、长期待摊费用等科目也会随之增加;另外,历史的提价情况可以作为未来销售均价趋势预测的参考,且对于未来销售均价的估计也与公司的定价策略和成本的预测等紧密相关。

对于第一种方法,整体的行业规模本身就很难准确预测,很多第三方行业规模数据往往是基于历史数据的线性外推,对于公司市场份额的预测也很难有定量的数据支撑,且第二种方法中对于销量的预测也包含了对未来行业规模前景和公司竞争地位的预期。

当然,不同的营业收入估计方法也可以互相补充、互为印证,进一步提升估计的可靠性和稳健性。综合考虑以上两种预测方法,可以得到海天核心业务——酱油业务的收入预测。

接下来,处理其他业务的营业收入预测,如表 9-6 所示。海天的其他业务也都集中在调味品行业,只是业务的发展阶段不尽相同:蚝油业务和调味酱业务也已经相对成熟,可观测的历史数据较充分,收入的预测方式与酱油业务相似;而醋等其他尚处于扩张期的新品类,历史的量价数据较少且波动较大,但对整体营业收入的影响还很小,可直接假设其营业收入的增长率进行预测。

表 9-6 其他业务的营业收入假设

	2015	2016	2017	2018	2019	2020	2021	2022E	2023E	2024E
其他业务核心假设										
蚝油销量_yoy	29.96%	6.54%	13.56%	24.65%	24.39%	14.74%	11.46%	6.00%	15.00%	12.00%
蚝油销售均价_yoy	2.25%	-1.63%	7.12%	1.09%	-1.75%	2.71%	-1.15%	3.0%	1.0%	1.0%
调味酱销量_yoy	13.11%	3.03%	6.20%	2.99%	12.34%	9.92%	5.19%	-3.00%	10.00%	8.00%
调味酱销售均价_yoy	4.53%	-2.84%	5.89%	-0.43%	-2.51%	0.22%	0.40%	3.00%	1.00%	1.00%
其他主营业务_yoy	54.50%	-6.04%	18.28%	16.79%	20.41%	44.29%	13.37%	39.23%	27.20%	20.00%
其他业务_yoy	41.08%	216.09%	23.29%	51.30%	42.30%	12.13%	21.23%	12.00%	12.00%	12.00%

应注意,在表中,预测年份后加字母 E,标识该列的数据是预测后得到的数据。

三、预测利润表

(一) 预测成本

可借助毛利率来预测成本。毛利率=毛利/营业收入×100%=(主营业务收入-主营业务成本)/主营业务收入×100%。一般来说,以下因素会影响毛利率。

1. 产品结构

所谓物以稀为贵,如果市场上这类产品很少,或这类产品相比市场上的同类产品,其质量、功能价值要占有优势,那么产品的价格自然是采用高价策略,反之如果是经营一般的产品或夕阳产业,市场比较饱和,那么只能是取得随大流的销售价格和平均的销售毛利率。因此，产品结构变动会带来毛利率变化。

2. 生产方式

生产方式是由企业自行生产还是委外加工也会影响毛利率。一般来说，自行生产的毛利率要高一点，主要零部件采取委外加工方式生产的企业，其利润要分一部分给外包厂家，此时的毛利率相对低一点。因此，生产方式变动会带来毛利率变化。

3. 规模效应

重资产行业是机器设备和厂房占比较高的行业，成本结构中相当一部分属于固定成本，在产量越大的情况下，分摊到单位产品的固定成本越少，构成了规模优势。因此，在新厂房刚投产阶段，单位产品分摊的固定成本较高，随着开工率提升逐渐达到设计产能，单位成本在逐渐下降，即毛利率在提升。

4. 定价策略

如果为了扩大市场占有率，公司采取先以较低价格打开市场，待市场站稳后再根据市场认同度重新调整的定价策略。如果是为了尽快地收回投资，公司可能以较高的价格打入市场，再进行逐渐渗透的策略，市场对成熟产品通常是实行价高量小、价小量大的回报方式。竞争策略在价格与销量之间的取舍，对毛利率有不可忽视的影响，价格战期间毛利率普遍受损，市场恢复合理竞争则意味着毛利率从底部修复。

结合海天味业的案例，以生产工艺相对成熟的酱油产品为例，其生产成本主要受大豆、白砂糖和包材等原材料价格波动的影响，而这些主要成本的价格上涨也是提价的主要原因。分别给不同的业务板块进行毛利率预测，如表9-7所示。

表9-7 海天味业各业务毛利率

	2015	2016	2017	2018	2019	2020	2021	2022E	2023E	2024E
酱油业务	44.33%	47.54%	49.53%	50.55%	47.69%	47.38%	42.91%	41.25%	44.93%	46.40%
蚝油业务	36.89%	38.24%	39.14%	40.92%	37.96%	35.36%	34.61%	34.66%	36.59%	37.22%
调味酱业务	44.09%	44.70%	45.38%	47.75%	47.56%	44.20%	39.52%	37.23%	41.10%	42.67%
其他主营业务	32.90%	39.37%	43.60%	44.14%	43.53%	34.01%	30.63%	30.63%	30.63%	30.63%
其他业务	16.48%	7.57%	11.56%	10.76%	13.08%	17.00%	20.00%	20.00%	20.00%	20.00%
整体毛利率	41.94%	43.95%	45.69%	46.47%	45.44%	42.17%	38.66%	37.28%	39.91%	40.84%

（二）预测营业费用

营业费用包括销售费用、管理费用、研发费用和财务费用，鉴于四种费用的属性不同，此处分开讨论。为了便于计算，前三者以营业收入为参考，分别计算出销售费用率、研发费用率和管理费用率。

销售费用率，需要参考企业的营销策略。例如，在产品推广阶段，广告投入较大，销售费用率提升。在优惠促销阶段，销售费用率也会提升。例如，消费者促销（样品免费试用、优惠券、现金折款、价格折扣、赠品、奖金等）；交易促销（购买折让、广告和陈列折让、促销资金和经销商销售竞赛等）；销售人员促销（销售奖金、竞赛等）。

管理费用率，一般情况下和公司运营效率和薪资水平相关，即使在同一行业，不同公司因为运营效率和薪资水平的差异,导致管理费用率也可能存在显著差异。

研发费用率,需要参考企业的业务特征和对研发支出的会计处理方式。一般来说,计算机、电子和医药生物等技术密集型行业的研发费用率较高,且与企业未来收入有较强的相关性。

财务费用,需要结合公司的资产负债表,现金流充裕的公司可能财务费用是负的,即将多余资金购买理财产品获取的正收益超过贷款的利息支出。一般情况下,资产负债率较高、债务成本较高的公司,财务费用较大。

结合海天味业的案例,在销售费用率、管理费用率、研发费用率和财务费用率预测值确定好之后,将它们与对应预测期的营业收入相乘,得到各期的营业费用预测值,如表9-8所示。

表9-8 海天味业营业费用率假设

	2015	2016	2017	2018	2019	2020	2021	2022E	2023E	2024E
税金及附加/总收入	0.93%	1.02%	1.09%	1.12%	1.03%	0.9%	0.9%	0.9%	0.9%	0.9%
销售费用率	10.87%	12.52%	13.42%	13.13%	10.93%	5.99%	5.43%	5.13%	5.03%	5.03%
管理费用率	4.74%	4.17%	4.16%	1.44%	1.46%	1.59%	1.58%	1.48%	1.48%	1.48%
研发费用率				2.89%	2.97%	3.12%	3.09%	3.09%	3.09%	3.09%
财务费用率	−0.43%	−0.37%	−0.56%	−0.90%	−1.48%	−1.72%	−2.34%	−2.50%	−2.48%	−2.50%
所得税率	17.06%	17.14%	16.98%	17.52%	16.47%	16.46%	15.05%	15.05%	15.05%	15.05%

(三) 预测折旧和摊销

首先,确认折旧规则。在财务报表的"重要会计政策及会计估计"部分会说明固定资产的折旧方法,包括融资租入固定资产的认定依据、计价和折旧方法。

其次,确认折旧明细。在财务报表的"项目注释"部分会按照房屋建筑物、机器设备等分类披露固定资产计提折旧的明细情况,包括账面原值、累计折旧、减值准备和账面价值。

最后,进行折旧预测。按照固定资产价值和对应的折旧规则,计算未来的折旧金额。

经过以上步骤,扣除所得税和少数股东权益后,得到海天的归母净利润。综合上述步骤,利润表预测如表9-9所示。

四、预测资产负债表

假设某公司已经在完全产能下营运,如果公司希望达到更高的营业收入,各项资产就必须补充。具体地,随着销售额的增长,交易所需的现金会更多,应收账款也会增加;同时,为满足市场需要,公司必须储存额外的存货,添加新的固定资产。

资产增加的同时,负债和权益也必然跟着增加,因为增加的资产必须采用一定的方法来融资。一方面,应付账款和其他应付项的增加将提供自发性资金。例如,由于原材料采购的增加带来的较高的应付账款,以及扩大生产对劳动力的需求增大,利润总额增加使得需要交纳更多的税收等,导致应付工资和应付税款也随之提高。另一方面,公司在支付红利后,产生的多余的留存收益也是资金来源;其余不足的资金则需要通过向外举债和发行普通股来融资。

资产负债表预测如表9-10和表9-11所示。

表 9-9 海天味业利润表预测

利润表（百万元）	2015	2016	2017	2018	2019	2020	2021	2022E	2023E	2024E
一、营业总收入	11 294.38	12 459	14 584	17 034	19 797	22 792	25 004	27 612	31 746	35 691
酱油业务收入	6 716	7 579	8 836	10 236	11 629	13 043	14 188	15 346	17 359	19 286
蚝油业务收入	1 777	1 863	2 266	2 856	3 490	4 113	4 532	4 948	5 747	6 500
调味酱业务收入	1 813	1 814	2 040	2 092	2 291	2 524	2 666	2 663	2 959	3 228
其他主营业务收入	865	813	961	1 123	1 352	1 950	2 211	3 078	3 916	4 699
其他业务收入	123	390	481	728	1 035	1 161	1 408	1 576	1 766	1 977
二、营业总成本	8 376	9 144	10 561	12 131	13 751	15 439	17 494	19 516	21 580	23 898
营业成本	6 557	6 983	7 921	9 119	10 801	13 181	15 337	17 319	19 078	21 114
营业税金及附加	105	127	159	190	203	211	218	241	277	312
销售费用	1 227	1 560	1 957	2 236	2 163	1 366	1 357	1 416	1 596	1 794
管理费用	535	520	607	246	290	361	394	408	469	527
研发费用	—	—	—	493	587	712	772	852	980	1 102
财务费用	−49	−46	−82	−153	−293	−392	−584	−719	−819	−951
三、其他经营收益	0	0	0	0	173	139	128	128	128	128
公允价值变动收益	0									

续　表

	2015	2016	2017	2018	2019	2020	2021	2022E	2023E	2024E
其他收益	0	0	43	46	122	122	144	144	144	144
投资收益	71	87	145	291	56	31	41	41	41	41
资产减值损失	0	0	0	0	−17	2	−2	0	0	0
四.营业利润	2 989	3 402	4 211	5 241	6 379	7 647	7 820	8 408	10 478	12 106
加：营业外收入	23	13	5	0	1	12	16	16	16	16
减：营业外支出	1	1	1	18	4	13	16	16	16	16
五.利润总额	3 011	3 413	4 215	5 223	6 377	7 646	7 821	8 408	10 478	12 106
减：所得税	502	570	684	856	1 021	1 233	1 149	1 238	1 549	1 794
六.净利润	2 510	2 843	3 531	4 367	5 356	6 412	6 671	7 171	8 929	10 312
减：少数股东损益	—	—	0	2	3	6	1	1	1	1
七.归属于母公司所有者的净利润	2 510	2 843	3 531	4 365	5 353	6 406	6 671	7 170	8 928	10 311
八.每股收益：										
股本	2 706	2 705	2 701	2 700	2 700	3 240	4 213	4 634	4 634	4 634
每股收益（元）	0.93	1.05	1.31	1.62	1.98	1.98	1.58	1.55	1.93	2.23

表 9-10 海天味业资产负债表预测——资产部分

资产负债表(百万元)	2015	2016	2017	2018	2019	2020	2021	2022E	2023E	2024E
流动资产：										
货币资金	4 519	5 197	5 613	9 457	13 456	16 958	19 814	24 362	31 193	38 925
交易性金融资产	—	—	—	—	4 878	5 055	5 378	5 378	5 378	5 378
应收票据及账款	—	—	2	2	2	41	56	46	53	59
预付款项	7	17	18	17	19	16	16	18	20	22
其他应收款	8	8	17	59	90	11	16	18	21	23
存货	1 000	940	1 041	1 203	1 803	2 100	2 227	2 505	2 760	3 055
其他流动资产	1 641	2 666	5 103	5 069	22	20	72	79	91	103
流动资产合计	7 175	8 828	11 794	15 808	20 269	24 200	27 579	32 406	39 515	47 564
非流动资产：										
投资性房地产	6	5	5	6	5	5	4	4	4	4
固定资产	3 264	3 830	3 650	3 746	3 448	3 914	3 614	4 859	5 288	5 757
在建工程	787	582	615	252	494	369	923	—	—	—
无形资产	161	157	182	176	153	416	407	443	500	560
长期待摊费用	—	—	—	—	0	5	8	7	5	4
递延所得税资产	99	57	79	145	384	625	698	698	698	698
其他非流动资产	7	3	12	12	0	0	103	103	103	103
非流动资产合计	4 323	4 635	4 542	4 336	4 485	5 333	5 759	6 115	6 599	7 128
资产总计	11 498	13 464	16 336	20 144	24 754	29 534	33 338	38 521	46 115	54 692

表 9-11 海天味业资产负债表预测——负债和所有者权益部分

	2015	2016	2017	2018	2019	2020	2021	2022E	2023E	2024E
流动负债：										
短期借款	—	—	—	20	20	93	105	—	—	—
应付票据及账款	585	575	556	745	1 298	4 452	4 709	5 317	5 857	6 482
预收款项	1 119	1 809	2 679	3 237	4 098	828	736	736	736	736
应付职工薪酬	276	303	327	480	701	717	532	532	532	532
应交税费	271	262	320	573	645	1 239	972	972	972	972
其他应付款	446	448	627	1 066	1 217	—	—	—	—	—
一年内到期的非流动负债	—	—	—	—	—	—	21	—	—	—
其他流动负债	7	5	7	27	—	337	328	370	408	451
流动负债合计	2 704	3 404	4 514	6 148	7 978	9 080	9 477	10 269	11 085	12 029
非流动负债：										
递延所得税负债	—	—	—	—	—	17	15	15	15	15
其他非流动负债	43	46	58	108	178	270	346	346	346	346
非流动负债合计	43	46	58	108	178	287	361	361	361	361
负债合计	2 747	3 450	4 572	6 256	8 156	9 368	9 838	10 631	11 446	12 390

续 表

	2015	2016	2017	2018	2019	2020	2021	2022E	2023E	2024E
所有者权益(或股东权益):										
股本	2 706	2 705	2 701	2 700	2 700	3 240	4 213	4 634	4 634	4 634
资本公积金	1 225	1 245	1 254	1 331	1 331	791	142	142	142	142
盈余公积金	832	1 065	1 353	1 408	1 369	1 639	2 125	2 762	3 575	4 491
未分配利润	3 988	4 999	6 445	8 436	11 182	14 399	16 922	20 253	26 217	32 933
少数股东权益	—	—	11	13	16	98	98	99	100	101
归属于母公司所有者权益合计	8 751	10 014	11 753	13 875	16 582	20 068	23 402	27 791	34 568	42 201
所有者权益合计	8 751	10 014	11 764	13 888	16 598	20 166	23 500	27 890	34 669	42 302
负债和所有者权益总计	11 498	13 464	16 336	20 144	24 754	29 534	33 338	38 521	46 115	54 692

表 9-12 海天味业现金流量表预测

现金流量表(百万元)	2015	2016	2017	2018	2019	2020	2021	2022E	2023E	2024E
经营活动产生的现金流量:										
净利润	2 510	2 843	3 531	4 365	5 353	6 406	6 671	7 170	8 928	10 311

续 表

	2015	2016	2017	2018	2019	2020	2021	2022E	2023E	2024E
财务费用	−48	−44	−84	−152	−294	−395	−594	−719	−819	−951
少数股东损益	—	—	0	2	3	6	1	1	1	1
计提的坏账准备或转销的坏账	—	—	—	—	—	−28	28	3	5	6
折旧和摊销	354	381	442	443	479	575	724	725	963	1 049
递延税款贷项（减：借项）	−11	35	−33	−59	−239	−222	−75	—	—	—
投资收益	−71	−87	−144	−295	−60	−36	−39	−312	−312	−312
营运资金减少	−539	946	1 008	1 693	1 325	643	−392	642	534	623
经营活动产生的现金流量净额	2 195	4 074	4 721	5 996	6 568	6 950	6 324	7 509	9 301	10 727
投资活动产生的现金流量：										
投资收益	71	87	188	338	351	292	312	312	312	312
少数股东权益增加	—	—	11	0	0	76	0	—	—	—
长期投资的减少	2 771	4 158	5 153	16 450	11 307	7 278	6 289	—	—	—
其他长期资产的减少	−2 415	−5 215	−7 549	−16 394	−6 108	−8 482	−10 173	—	—	—
减：交易性金融资产的增加	—	—	—	—	4 878	177	323	—	—	—
减：资本支出	744	788	262	224	583	907	1 031	1 086	1 450	1 580

续 表

	2015	2016	2017	2018	2019	2020	2021	2022E	2023E	2024E
投资活动产生的现金流量净额	−318	−1 758	−2 460	169	89	−1 920	−4 925	−774	−1 137	−1 267
筹资活动产生的现金流量:										
长期借款的增加	—	—	—	—	—	—	21	−21	—	—
其他长期负债的增加	−121	3	11	50	70	93	76	—	—	—
循环贷款的增加	31	−78	117	−295	−364	−517	−715	−105	—	—
普通股的增加	1 203	−1	−4	−1	—	540	972	421	—	—
资本公积的增加	−1 163	20	10	76	—	−540	−648	—	—	—
减：股利分配	1 278	1 624	1 839	2 296	2 646	2 916	3 202	3 202	2 151	2 678
减：财务费用	−49	−46	−82	−153	−293	392	584	719	819	951
筹资活动产生的现金流量净额	−1 280	−1 635	−1 857	−2 313	−2 647	−2 949	−2 911	−2 187	−1 332	−1 728
现金及现金等价物净增加:										
现金及现金等价物净增加额	597	681	405	3 852	4 009	2 082	−1 513	4 548	6 831	7 732
期初现金及现金等价物余额	5 118	4 519	5 197	5 613	9 457	13 456	16 958	19 814	24 362	31 193
期末现金及现金等价物余额	4 519	5 197	5 613	9 457	13 456	16 958	19 814	24 362	31 193	38 925

五、预测现金流量表

（一）预测经营流动资产

对公司的资产周转情况进行定性的预判。如果资产周转效率未来没有大的变动，那么流动资产一般随着销售收入的增加而增加。在正常的经营假设下，随着销售规模扩大，银行存款和应收账款会对应增加。同时，为了满足商品周转，库存商品也会成比例地增加。

（二）预测不动产、产房和设备

此处需要对公司的产能扩张情况有大致了解。一般情况下，重大的固定资产投资项目，会在财务报表的"项目注释"部分的"在建工程情况"和"重要在建工程项目本期变动情况"予以披露。另外，可以参考往年规模接近的产能扩建项目的投资金额，或者将行业内其他公司的产能扩建项目作为参考依据。

（三）预测非核心资产

非核心资产包括长期股权投资、投资性房地产、无形资产、商誉等，在实际操作中，如果数值不大，且变化不大，就可以假设不变。如果有比较明显的信号显示这些科目会发生变化，建议具体项目具体分析。

现金流量表预测如表 9-12 所示。

第二节　相 对 估 值 法

可以基于公司的行业、业务和财务等特征，选择合理的估值方法来评估公司价值。常用的企业估值方法可以分为相对估值法和绝对估值法，实践中往往会同时使用基于单一时期财务数据的相对估值方法和基于多时期现金流等的绝对估值方法，以对估值结果进行审查和验证，以提升估值的可靠性和稳健性。本节先介绍相对估值法，下节介绍绝对估值法。

一、相对估值法的原理

相对估值法也称为乘数法。在第七章中已经介绍了估值乘数，它等于股票市值或者企业价值与财务报表上某个价值相关指标（如利润、账面价值、销售收入或现金流等）之比。

相对估值法的基本假设是类似资产应该有类似的交易价格，故评估一项资产价值时，可在市场上寻找可比较资产，通过可比资产的某一乘数来得到目标资产的价值。相对估值法并不需要财务预测，而只需要有当前的目标公司和可比公司（拥有相似的经营和财务特征的公司，一般是同行公司）的财务数据以及可比公司的市价数据就可以进行了。

相对估值法中只需利用有限的信息和简单的步骤即可为公司估值。具体的步骤如下。

（1）先选择一个价值指标（如收益、股东权益账面价值、销售收入和现金流量）作为乘数计算的基础。

（2）根据选定的价值指标和市场价格数据，计算可比公司的价格乘数（市盈率、市净率、市销率和市价自由现金流比等）。

（3）将可比公司的价格乘数乘以目标公司的价值指标，即可以得到目标公司的估值。

二、主要相对估值法乘数

目前常用的相对估值方法可以相对估值法分为以下五类。

(一) 基于盈利的相对估值方法(P/E、PEG)

相对于净资产和营业收入,净利润可直接反映公司为股东创造财富的能力,而且市场对大多数上市公司的盈利有一致预期,所以对已进入稳定盈利阶段、未来业绩和盈利能力可预测性较高的企业,基于盈利的估值方法是评估和比较企业价值的主流方法。

因此,基于乘数的估值方法市盈率(P/E)成为使用最广泛的估值乘数。P/E估值水平受市场流动性环境、企业自身盈利增速预期等因素影响。

如果分析师认为可以合理地估计出公司的未来盈利,就可以用预测的公司盈利来计算预期市盈率。预期盈利越高,给出的P/E倍数也越高。但一旦实现的收益低于预期,那个高高在上的P/E倍数将被推翻。这样股票价格就面临"双重打击",即实现的EPS下降,基于其的P/E倍数也下降。

使用市盈率时应注意以下问题。市盈率的问题之一是利润会受各种会计政策的影响,这将使公司间的比较发生困难。且盈利不是自由现金流,所以一家公司的利润高增长不一定能兑现为充足的自由现金,而且利润操纵比现金流灵活性更大,因此需要注意判断财务数据的可靠性。

如果净利润为负,这时看市盈率就没有意义了。此外,市盈率与公司的增长率相关,不同行业的增长率不同,所以不同行业的公司之间比较意义不大。

市盈率相对增长率(PEG)是P/E衍生出的估值乘数,通过引入净利润增长率弥补市盈率法对企业成长性和风险估计的不足,适用于成长期企业的估值。

(二) 基于净资产的相对估值法(P/B)

市净率(P/B)是从公司资产价值的角度去估计公司股票价格的基础,其直观含义即公司账面上的1块钱对应于股票价格中的多少钱。

P/B主要适用于资产规模大且账面价值相对稳定的行业,如银行、房地产等,这些行业的净资产对企业生产经营意义重大;也适用于盈利波动较大的周期性行业,因为每股净资产相对于每股盈利要稳定的多,P/B较P/E能更稳定地反映估值水平的变化,在周期景气上行期也可以同时配合P/E进行估值;而轻资产、无形资产较多的行业则不适合使用P/B,因为其生产经营对投入的有形资产依赖较小,对品牌价值、技术专利、技术人员等无形资产依赖较大,但这些无形资产往往不会完全体现在净资产之中。

(三) 基于收入的相对估值法(P/S, EV/S)

最常用的基于收入的估值乘数是市销率(P/S),即市值与收入的倍数。

大部分科技企业刚上市时尚未实现盈利,且自由现金流波动较大,因此P/S的引入可以克服市盈率等传统指标的局限性。对于所属行业竞争格局还未明晰、业务规模与市场份额对企业发展较为重要、处于牺牲短期利润换取收入高增长阶段的企业,营收往往可以反映公司的用户规模和黏性、核心业务的竞争力和成长性等,是影响未来财务状况的核心指标,因此市销率有助于考察企业盈利基础的成长性、稳定性和可靠性。另外,对于业务高速扩张的成长期企业,净收入可能被高额的研发费用和资本支出抵消,导致利润大幅波动或持续亏损,其营业收入能够更好地反映企业的成长趋势和竞争力。

另一种基于收入的估值方法是企业价值与收入的倍数 EV/S,EV(enterprise value)表示企业价值,是企业市值和净负债之和,具体的计算公式为:

$$EV = 股东权益市值 + 有息负债 + 少数股东权益 + 优先股 - 现金及现金等价物 \quad (9-1)$$

EV 考虑了公司的资本结构对市值产生的影响,对于资产负债率显著不同于行业水平的公司,EV/S 是更为合理的估值倍数:

$$EV/S = \frac{企业价值}{营业收入} \quad (9-2)$$

(四) 基于自由现金流的相对估值法(P/FCF、EV/FCF)

相较于利润水平,企业的现金流通常更不易被操纵,因此基于自由现金流的估值方法越来越多地被投资者所使用,常用的估值乘数为 P/FCF 和 EV/FCF:

$$P/FCF = \frac{股价}{每股自由现金流} = \frac{总市值}{自由现金流} \quad (9-3)$$

$$EV/FCF = \frac{企业价值}{自由现金流} \quad (9-4)$$

需要注意的是,很多企业的资本支出在年与年之间起伏较大,可能会扭曲估值区间内的自由现金流,因此基于自由现金流的估值方法往往被运用于净利率波动大但具备较为稳定的正现金流的企业,以及现金创造能力对企业经营影响较大、现金流变化能够反映公司经营状况的企业。

(五) 企业价值倍数

基于 EBIT 或者 EBITDA 的估值方法主要为企业价值倍数法,它可以反映企业投资资本的市场价值和收益间的关系。

在 EBITDA 计算时剔除了税收因素,因此 EV/EBITDA 不受税率不同的影响,使得税收政策不同的企业,尤其是处于不同国家和市场的同业上市公司的估值具有一定的可比性;EBITDA 还排除了折旧和摊销等非现金成本对企业账面利润的影响,可以更准确地反映企业的经营业绩和真实价值;另外,EV 不受企业资本结构不同影响,EBITDA 在计算时也剔除了利息对企业区间内经营结果的影响,可以提升不同企业间估值水平的可比性。

三、相对估值方法的实际应用

相对估值法其实包含了一个非常强的假定:市场价格包含了所有信息,且选取的公司间完全具有可比性。除价值指标外,其他因素均不用再加以考虑。这使得它运用起来比较方便。但是,处于不同行业、不同生命周期的公司会呈现出各异的经营和财务特征,因此采用相对估值法时选用合适的乘数非常重要,这对估值的准确性有决定性的影响,不同乘数的适用范围不同(见表 9-13)。

表 9-13　不同生命周期公司适用的主要相对估值方法

估值方法	成长期	成熟期	衰退期	备注
P/S、EV/S	√			还未实现持续性盈利
P/E		√		
PEG	√			处于盈利高速增长阶段
EV/EBITDA	√	√		有正的 EBITDA
P/B		√	√	
P/FCF、EV/FCF	√	√		拥有比较平稳的现金流

处于不同生命周期的公司应该选用适合的乘数。处于初创期的公司由于技术路线、生产经营、财务状况等还不稳健,相对估值法往往并不适用,往往采用历史交易法或可比交易法进行估值;基于收入的相对估值法对于很多还未产生稳定正收益或者现金流的成长期公司来说,是几乎仅有的估值工具,也可以为一些处于危机中的公司提供一个最低限额的价值;对于盈利逻辑开始被验证的成长期公司来说,利润高速增长阶段可以采用反映业绩成长性的 PEG 方法进行估值,能够产生稳定现金流或者 EBITDA 时也可以采用 EV/EBITDA、P/FCF 和 EV/FCF 乘数估值,这三个乘数也广泛适用于利润和现金流相对稳定的成熟期企业;由于一般企业的账面价值与其当前的市场成本或重置成本相差甚远,基于净资产的估值方法只适用于部分行业的成熟期企业和衰退期企业。

所处行业特征不同的公司也应该选择合适的乘数。按资产属性来看,由于重资产行业会产生较大的折旧、摊销等非现金支出,净利润可能无法准确反映公司经营情况,EV/EBITDA 是比较适用的估值乘数,若公司拥有的大量固定资产账面价值相对稳定,则 P/B 也适用,而轻资产行业就更适合用 P/E、PEG 等估值方法;按行业资产结构来看,由于企业价值 EV 不考虑企业资本结构的差异,在可比企业负债率差异较大的情况下更为实用;按行业周期性来看,强周期行业由于盈利、现金流在周期不同阶段极不稳定,不适合使用 P/E、P/FCF、DCF 等估值方法,而应采用波动较小的 P/B 指标,弱周期行业适用大部分估值方法(见表 9-14)。

表 9-14　不同行业特征公司适用的主要相对估值方法

估值方法	资产属性		周期属性	
	重资产	轻资产	强周期	弱周期
P/S	√	√	√	√
EV/S	√	√	√	√
P/E、PEG		√		√
EV/EBITDA	√			√
P/B		√	√	
P/FCF、EV/FCF	√	√		√

下面用一个简单案例说明相对估值的方法。

案例 9-1

某 B 公司为服装零售业,该公司的上年度每股收益为 1.4 元,股票价格为 26 元,通过计算得到服装零售业的市盈率为 24,B 公司是否有投资价值?

选择市盈率作为乘数指标,可以将可比公司选定为服装零售业的平均值。则 B 公司的估计价值为 $1.4 \times 24 = 33.6$。由于股票价格 26 元小于股票价值 33.6,该公司股票被低估,具有投资价值。

这个案例非常简单。应该注意,目标公司为 B 公司,其估计价值的两个信息的来源其实是不同的,1.4 是其自身的价值指标,而 24 是来自可比公司的平均水平。

为了更准确地估计公司价值,可以用多个指标和多个类似公司作参考得到目标公司的估值。见下面的例子。

案例 9-2

公司 A 和公司 B 是与公司 C 拥有相似的经营和财务特征。其财务报表信息如表 9-15 所示。

表 9-15　A、B、C 三家公司主要财务指标　　　　　　　　　　　（单位:百万元）

	对比公司 A	对比公司 B	平 均 值	目标公司 C
营业收入	36 180.8	4 864.0	/	31 168
净利润	499.2	−1 032.0	/	1 264
权益账面价值	11 162.4	1 252.0	/	4 694
市　　值	26 370.4	1 555.2	/	?
流通股数(百万股)				1 000
P/S	0.73	0.32	0.525	?
P/E	52.83	/	52.83	?
P/B	2.36	1.24	1.8	?

在有多家对比公司时,目标公司的价值由对比公司的平均价值指标值导出。如在本例中,对比公司 A 和 B 的平均市销率(P/S)为 0.525,基于 P/S 估测的公司 C 的市值为 $31\,168 \times 0.52 = 16\,341.19$,预期股价为 $16\,341.19/N = 16.34$ 元。基于不同目标指标的估值结果的市值如表 9-16 所示。

表 9-16　基于不同目标指标(P/S、P/E 和 P/B)的市值和股价的估值结果

三种估值方法	计 算 方 法	预期市值(百万元)	预期股价(元)
市值 1(基于 P/S)	31 168×0.52	16 341.19	16.34
市值 2(基于 P/E)	1 264×52.83	66 777.12	66.78
市值 3(基于 P/B)	4 694×1.80	8 460.00	8.46

在表 9-16 中，可看到三种相对估值法估计出来的价值相差很大，这样的简单计算难以给投资者安全感。特别是用 P/E 法时，对收益为负的公司 B 而言，相对估值法难以发挥作用。

此外，现实中要找到完全可比的公司难度很大。即使在编码中被列入同一行业的公司之间，其业务构成仍会存在很大差异。可比性的丧失使得相对估值法的效力难以体现。

若对比公司数据本身背离了其实际价值，估值结果将会出现较大误差。20 世纪 90 年代末期，纳斯达克互联网泡沫就是同行业股票被高估的直接例子。在这种情况下，利用相对估值将会高估互联网行业的公司价值。

相对估值对于公司股价的走势往往起到指导作用。图 9-4 和图 9-5 分别代表了海天味业股价与 PE-TTM 和 P/B 的走势图。其中，PE-TTM 采用过去 12 个月扣除非经常性的收益，股价进行前复权。可以看到，相对估值指标大多和股价走势保持一致。

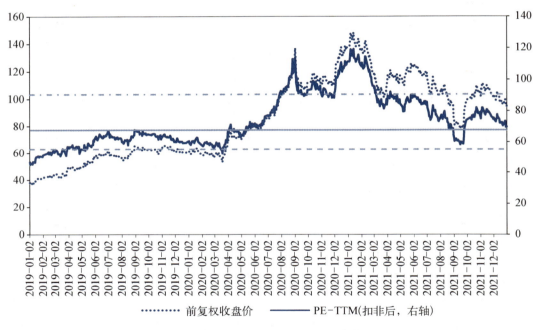

图 9-4　海天味业 PE-TTM 和股价走势关系

对相对估值指标进行判断时，可以看某一时刻的值在历史水平中所处的百分位，以确定当前估值在历史水平中的地位。一般地，可以以样本中最高的 20% 作为危险值，代表估值超过危险值时，公司可能处于高估阶段。而在估值处于最低的 20% 时，设为机会值，代表此时公司可能被低估。

如图所示，海天味业 PE-TTM 的危险值是 89.51，机会值是 59.48；其 P/B 的危险值是 27.42，机会值是 18.13。

相对估值法需要的信息有限，计算简单，换言之，估值的成本是很低的。那么，应该在什么情况下选择相对估值法呢？特别适合的情况包括以下两种。

（1）目标公司是非上市公司，或是交易量很小的上市公司。

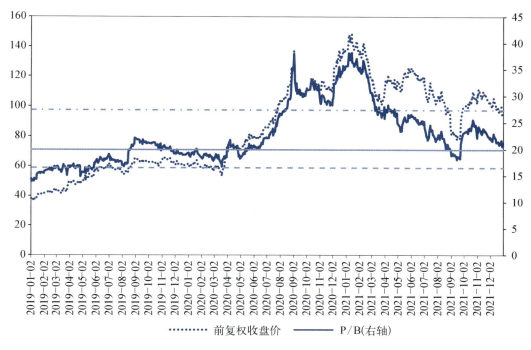

图 9-5　海天味业 P/B 和股价走势关系

(2) 对比公司是交易量很大的上市公司。

也正因为这个原因,IPO 在发行时往往会参考已经上市的同类公司来定价,这是相对估值法的一个直接利用。

相对估值法在资产组合投资策略上有一个非常有意思的应用。即组合价差法(spread portfolio),也称为乘数筛选法(screening on multiples)。用此方法估值的一般步骤如下。

(1) 选定乘数。

(2) 将股票按照价值指标的高低排序并分组(如按指标排名的前 30%,中间的 60% 和最后的 30% 分别分为 3 组)。

(3) 买入价值指标最低的股票(value stocks)并卖出价值指标最高的股票(glamour stocks),并持有一段时间(如一年或者半年)。

(4) 在一个持有期结束后,重新对乘数排序,调整资产组合。

行为金融的研究表明,组合价差法在统计意义上可以获得超额收益;但与此同时,由于乘数筛选法中使用的信息极为有限,低(高)市盈率的股票仍存在被高(低)估的风险。

第三节　绝对估值法

绝对估值法的核心是将预期的公司未来现金流贴现为当前公司价值。与相对估值法不同的是,绝对估值法可以更好地反映公司长期的成长性或者风险。绝对估值法有四个模型,分别为:① 股利贴现模型(dividend discount model,DDM);② 自由现金流贴现模型(discounted cash flow,DCF);③ 剩余收益模型(residual earning,RE);④ 收益增长模型(abnormal earnings growth,AEG)。

一、股利贴现模型

股利贴现模型通过未来股东从公司获得红利形式的现金流贴现的方法为公司估值。在持续经营的假设下,权益价值等于未来无限期的红利的贴现值:

$$V_0 = \sum_{t=1}^{\infty} \frac{D_t}{(1+r)^t} \tag{9-5}$$

其中,V_0 为公司当期的股权价值,D_t 为未来第 t 期的期望红利,r 则为贴现率(也称"要求的回报率",required return),是投资的机会成本,由资金的时间价值(无风险收益)以及该项资产的风险溢价共同决定:

$$\text{要求的回报率} = \text{无风险收益} + \text{风险溢价} \tag{9-6}$$

具体估值时,"要求的回报率"可以用 CAPM 模型来计算。

在式(9-5)中,应该注意,当期的权益价值中不包含当期的股利现金流 D_0,现金流是从下一期开始算起的。即,股利现金流是从未来一期开始计算,而得到的估值是当前的价值。

在 r 确定后,对 D_t 的预测成为运用股利贴现模型为股票定价的关键。若公司在今后每年支付与当年相同的红利 D,则式(9-5)可写作:

$$V_0 = \sum_{t=1}^{\infty} \frac{D}{(1+r)^t} = \frac{D}{r} \tag{9-7}$$

若公司利润的增长使股利以一个固定的增长率 g 增长,该公司股票的现值为:

$$V_0 = \sum_{t=1}^{\infty} \frac{D(1+g)^t}{(1+r)^t} = \frac{D(1+g)}{r-g} \tag{9-8}$$

式(9-8)也被称为 Gordon 增长模型,当 $g=0$ 时,式(9-8)与式(9-7)等价。

由于短期内的红利通常相当稳定,对其的预测也就相对简单,故 DDM 是较为简单股票估值方法。

案例 9-3 DDM 模型举例

假设某公司每年持续支付 1.2 元的红利,投资者的要求回报率 $r=6\%$,在红利增长率 g 分别为 $0,1\%,3\%$ 和 5% 的情况下,用 DDM 为其估值。

$$\text{当 } g=0, V = \frac{1.2}{0.06} = 20 \text{ 元}$$

$$\text{当 } g=1\%, V = \frac{1.2(1+1\%)}{(6\%-1\%)} = 24.4 \text{ 元}$$

$$\text{当 } g=3\%, V = \frac{1.2(1+3\%)}{(6\%-3\%)} = 41.2 \text{ 元}$$

$$当\ g=5\%,V=\frac{1.2(1+5\%)}{(6\%-5\%)}=126\ 元$$

很显然,随着 g 的增加,公司价值也随之增加。高红利增长率似乎对应于高的公司现值,但事实上,可预见的红利对公司价值不能起到决定性的作用。红利是对价值的分配,而不是对价值的创造。现实中,有的公司盈利高但是不分红利,有的公司则用借钱来维持高红利(短期),此时 DDM 给出的估值是不正确的。事实上,对于那些以后很长时期不支付红利的公司,或是现在红利异常高但是不能长期维持的公司,又或是以股票回购而不是红利方式支付固定的公司,DDM 都无法正确对其股票进行估值。

注意到,案例给出的 g 实际都小于 r。那 g 是否可以大于 r 呢?答案是否定的。如果某公司业务的成长性很高,那么可以采用二阶段或者三阶段对成长性进行区分。例如,前 10 期给一个 20% 的高成长率,而高成长率的公司或者行业必然会吸引资金进入,随着投资的增加,供给增加,价格下降,由此成长性放慢。因此,到了最后的一个无限期,其成长性总是小于贴现率的。

二、自由现金流贴现模型

自由现金流贴现模型通过对预测的未来公司产生的自由现金流进行贴现来估计企业价值。

自由现金流的概念在第六章中已经进行了详细的介绍。假设一个持续经营的公司来第 t 期经营活动净现金流入为 O_t,未来第 t 期投资活动净现金流出为 I_t。经营活动的现金流入与投资活动的现金流出之差 (O_t-I_t),即第 t 期的自由现金流。现金流贴现模型认为公司当前的价值 V_0^F 等于未来各期预测的自由现金流现值之和:

$$V_0^F=\sum_{t=1}^{\infty}\frac{(O_t-I_t)}{(1+r)^t} \tag{9-9}$$

对股东而言,其股权价值 V_0^E 等于企业价值 V_0^F 减去净负债价值 V_0^D 后的剩余部分:

$$V_0^E=V_0^F-V_0^D \tag{9-10}$$

(一) 预测期外的自由现金流在每一期都相等

式(9-9)应用的一个主要问题在于,要预测无限期的自由现金流在现实中几乎是不可能的,那么怎么根据有限的 T 期的自由现金流预测为公司估值呢?一种可行的方法是只预测从第 1 期到第 T 期的自由现金流,然后对 $T+1$ 期开始的自由现金流进行假设。将第 1 期到第 T 期称为显性预测期。例如,假设公司的自由现金流在每一期都相等,且等于第 T 期的自由现金流 O_T-I_T,则 T 时刻仍将持续经营公司的价值 CV_T 可由稳定的自由现金流 O_T-I_T 经资本化后得到:

$$CV_T=\frac{(O_T-I_T)}{r} \tag{9-11}$$

CV_T 也被称为公司的终值价值。此时式(9-9)可调整为:

$$V_0^F = \frac{O_1 - I_1}{1+r} + \frac{O_2 - I_2}{(1+r)^2} + \frac{O_3 - I_3}{(1+r)^3} + \cdots + \frac{O_T - I_T}{(1+r)^T} + \frac{CV_T}{(1+r)^T} \qquad (9\text{-}12)$$

案例 9-4　DCF 估值实例 1

A 公司未来 8 年的自由现金流预测如表 9-17 所示，假设 $T+1$ 期以及之后现金流稳定，贴现率为 9%。用 DCF 模型对公司进行估值。

表 9-17　A 公司未来 8 年（$T=8$）的自由现金流预测（$r=9\%$）

	t(A)	$t+1$(E)	$t+2$(E)	$t+3$(E)	$t+4$(E)	$t+5$(E)	$t+6$(E)	$t+7$(E)	$t+8$(E)
经营现金流（亿元）		481.60	368.00	304.80	322.40	303.20	399.20	426.40	424.80
投资现金流（亿元）		165.60	152.80	168.80	240.80	194.40	241.60	172.80	128.00
净债务（亿元）	1 832								
普通股股数（亿股）	55.73								
股利（元）	2.11								
每股价格（元）	18.65								

公司的 DCF 估值的计算结果如表 9-18 所示。

表 9-18　A 公司的 DCF 估值的计算结果（$T=8, r=9\%$）

单位：亿元	t(A)	$t+1$(E)	$t+2$(E)	$t+3$(E)	$t+4$(E)	$t+5$(E)	$t+6$(E)	$t+7$(E)	$t+8$(E)
经营现金流		481.6	368.0	304.8	322.4	303.2	399.2	426.4	424.8
投资现金流		165.6	152.8	168.8	240.8	194.4	241.6	172.8	128.0
自由现金流		316.0	215.2	136.0	81.6	108.8	157.6	253.6	296.8
折现因子		1.090 0	1.188 1	1.295 0	1.411 6	1.538 6	1.677 1	1.828 0	1.992 6
现金流现值		289.91	181.13	105.02	57.81	70.71	93.97	138.73	148.95
现金流总现值	1 086.23								
终值价值									3 297.78
终值价值的现值	1 655.04								
公司价值	2 741.27								
净债务	1 832								

续 表

单位：亿元	t(A)	$t+$1(E)	$t+$2(E)	$t+$3(E)	$t+$4(E)	$t+$5(E)	$t+$6(E)	$t+$7(E)	$t+$8(E)
股权价值	909.27								
普通股股数（亿股）	55.73								
每股价值（元）	16.32								
股利（元）	2.11								
每股价格（元）	18.65								

根据DCF模型，计算分为下面几个步骤。

(1) 经营性净现金流减去投资现金流得到自由现金流$O-I$。

(2) 计算每期的贴现因子。

(3) 计算现金流现值。

(4) 计算现金流总现值，为1 086.23亿元。

(5) 计算终值价值及其现值。由于是假设最后一期的自由现金流296.8亿元一直持续下去，因此终值价值＝296.8÷0.09＝3 297.78亿元。终值价值的现值等于3 297.78/1.992 6＝1 655.04亿元。

(6) 将现金流总现值（1 086.23亿元）和终值价值现值（1 655.04亿元）相加，得到公司价值（2 741.27亿元）。

(7) 公司价值减去净债务，得到股权价值，为909.27亿元。

(8) 普通股数量为55.73亿股，得到每股价值＝股权价值/普通股股数＝909.27亿元÷55.73亿股＝16.32元。

作为DCF模型中的核心参数，贴现率r的大小对于最终的估值结果的影响有多大呢？在上述A公司的例子中，贴现率被设定为9%。可以改变贴现率，进行敏感性分析。当贴现率为7%时，计算得到的每股价值为32.40元（见表9-19）；当贴现率为11%时，每股价值变为6.30元（见表9-20）。贴现率越大，公司的资金成本较高，在预测的自由现金流一定时，当前的公司价值就会越小。

表9-19　$r＝7\%$时A公司的估值结果

单位：亿元	t(A)	$t+$1(E)	$t+$2(E)	$t+$3(E)	$t+$4(E)	$t+$5(E)	$t+$6(E)	$t+$7(E)	$t+$8(E)
经营现金流		481.6	368.0	304.8	322.4	303.2	399.2	426.4	424.8
投资现金流		165.6	152.8	168.8	240.8	194.4	241.6	172.8	128.0
自由现金流		316.0	215.2	136.0	81.6	108.8	157.6	253.6	296.8

续 表

单位：亿元	t(A)	$t+$1(E)	$t+$2(E)	$t+$3(E)	$t+$4(E)	$t+$5(E)	$t+$6(E)	$t+$7(E)	$t+$8(E)
折现因子		1.07	1.14	1.23	1.31	1.40	1.50	1.61	1.72
现金流现值		295.33	187.96	111.02	62.25	77.57	105.02	157.93	172.74
现金流总现值	1 169.80								
终值价值									4 240.0
终值价值的现值	2 467.7								
公司价值	3 637.5								
净债务	1 832								
股权价值	1 805.5								
普通股股数（亿股）	55.73								
每股价值（元）	32.40								
股利（元）	2.11								
每股价格（元）	18.65								

表 9-20　$r=11\%$ 时 A 公司的估值结果

单位：亿元	t(A)	$t+$1(E)	$t+$2(E)	$t+$3(E)	$t+$4(E)	$t+$5(E)	$t+$6(E)	$t+$7(E)	$t+$8(E)
经营现金流		481.6	368.0	304.8	322.4	303.2	399.2	426.4	424.8
投资现金流		165.6	152.8	168.8	240.8	194.4	241.6	172.8	128.0
自由现金流		316.0	215.2	136.0	81.6	108.8	157.6	253.6	296.8
折现因子		1.11	1.23	1.37	1.52	1.69	1.87	2.08	2.30
现金流现值		284.68	174.66	99.44	53.75	64.57	84.26	122.15	128.79
现金流总现值	1 012.3								
终值价值									2 698.2
终值价值的现值	1 170.8								
公司价值	2 183.1								
净债务	1 832								

续表

单位：亿元	$t(A)$	$t+1(E)$	$t+2(E)$	$t+3(E)$	$t+4(E)$	$t+5(E)$	$t+6(E)$	$t+7(E)$	$t+8(E)$
股权价值	351.12								
普通股股数（亿股）	55.73								
每股价值（元）	6.30								
股利（元）	2.11								
每股价格（元）	18.65								

（二）预测期外公司的自由现金流以 g 持续增长

若 T 期后自由现金流以 g 持续增长，公司的终值价值 CV_T 为：

$$CV_T = \frac{C_{T+1} - I_{T+1}}{r - g} \tag{9-13}$$

将式(9-13)代入式(9-12)可直接得到公司价值的估计量。计算实例请参看案例9-5。

案例 9-5 DCF 估值实例 2

B 公司未来 8 年（$T=8$）的自由现金流预测用表 9-18 中的前 3 行记录。公司股东要求回报率为 9%，当永续增长率 g 为 1%、3% 和 8% 时，分别用 DCF 模型对股票价值进行估值。

$g=1\%$ 时，估值过程见表 9-21。应该注意，自由现金流部分的计算和案例 9-4 中的没有区别，但终值价值发生了变化，终值价值 $=296.8\times1.01\div(0.08-0.01)=3\,747.1$ 亿元。因此得到每股价值为 20.3 元。

表 9-21 永续增长率 $g=1\%$ 时 B 公司的估值结果（$r=9\%$）

单位：亿元	$t(A)$	$t+1(E)$	$t+2(E)$	$t+3(E)$	$t+4(E)$	$t+5(E)$	$t+6(E)$	$t+7(E)$	$t+8(E)$
经营活动现金流		481.6	368.0	304.8	322.4	303.2	399.2	426.4	424.8
投资现金流		165.6	152.8	168.8	240.8	194.4	241.6	172.8	128.0
自由现金流		316.0	215.2	136.0	81.6	108.8	157.6	253.6	296.8
折现因子		1.09	1.19	1.30	1.41	1.54	1.68	1.83	1.99
现金流现值		289.91	181.13	105.02	57.81	70.71	93.97	138.73	148.95
现金流总现值	1 086.2								
终值价值									3 747.1
终值价值的现值	1 880.5								

续 表

单位：亿元	t(A)	t+1(E)	t+2(E)	t+3(E)	t+4(E)	t+5(E)	t+6(E)	t+7(E)	t+8(E)
公司价值	2 966.8								
净债务	1 832.0								
股权价值	1 134.8								
普通股股数（亿股）	55.73								
每股价值（元）	20.36								
股利（元）	2.11								
每股价格（元）	18.65								

类似地，$g=3\%$时，估值为32.50元（计算见表9-22）。

表9-22　永续增长率$g=3\%$时B公司的估值结果

单位：亿元	t(A)	t+1(E)	t+2(E)	t+3(E)	t+4(E)	t+5(E)	t+6(E)	t+7(E)	t+8(E)
经营现金流		481.6	368.0	304.8	322.4	303.2	399.2	426.4	424.8
投资现金流		165.6	152.8	168.8	240.8	194.4	241.6	172.8	128.0
自由现金流		316.0	215.2	136.0	81.6	108.8	157.6	253.6	296.8
折现因子		1.09	1.19	1.30	1.41	1.54	1.68	1.83	1.99
现金流现值		289.91	181.13	105.02	57.87	70.65	93.81	138.58	149.15
现金流总现值	1 086.11								
终值价值									5 095.1
终值价值的现值	2 557.04								
公司价值	3 643.16								
净债务	1 832.00								
股权价值	1 811.16								
普通股股数（亿股）	55.73								
每股价值（元）	32.50								
股利（元）	2.11								
每股价格（元）	18.65								

而 $g=8\%$ 时,估值为 55.73 元(见表 9-23)。

可见,当其他因素一定时,预测自由现金流增长越快的公司,当前的价值也越高。在现实中,公司股票价格中往往包含人们对于其将来成长性的预测,对成长性高的公司,其股价一般也较高。

在实际应用中,如果显性预测期的增速显著高于永续期的增速,可以在两者之间加入一段半显性预测期,让增速进行平滑过渡。企业价值等于显性预测期、半显性预测期和永续期的三段现金流贴现值之和。

表 9-23 永续增长率 $g=8\%$ 时 B 公司的估值结果

单位:亿元	t(A)	$t+1$(E)	$t+2$(E)	$t+3$(E)	$t+4$(E)	$t+5$(E)	$t+6$(E)	$t+7$(E)	$t+8$(E)
经营现金流		481.6	368.0	304.8	322.4	303.2	399.2	426.4	424.8
投资现金流		165.6	152.8	168.8	240.8	194.4	241.6	172.8	128.0
自由现金流		316.0	215.20	136.0	81.6	108.8	157.6	253.6	296.8
折现因子		1.09	1.19	1.30	1.41	1.54	1.68	1.83	1.99
现金流现值		289.91	181.13	105.02	57.87	70.65	93.81	138.58	149.15
现金流总现值	1 086.11								
终值价值									32 054.0
终值价值的现值	16 087.02								
公司价值	17 173.14								
净债务	1 832.00								
股权价值	15 341.14								
普通股股数(亿股)	55.73								
每股价值(元)	275.28								
股利(元)	2.11								
每股价格(元)	18.65								

由于在 DCF 模型中,投资现金流出被认为是价值的损失,因此对于一些处于成长期前段、投资的收益期长的公司,短期内自由现金流可能为负(见表 9-24)。

表 9-24 短期内自由现金流为负的公司示例

单位：亿元	t(A)	$t+$1(E)	$t+$2(E)	$t+$3(E)	$t+$4(E)	$t+$5(E)	$t+$6(E)	$t+$7(E)	$t+$8(E)
经营活动净现金流入	428.8	662.4	774.4	1 137.6	1 242.4	1 232.0	2 058.4	2 728.0	2 394.4
投资活动净现金流出	501.6	432.8	715.2	1 220.8	1 720.0	2 804.8	3 588.8	3 033.6	2 665.6
自由现金流	−72.8	229.6	59.2	−83.2	−477.6	−1 573.0	−1 530.0	−305.6	−271.2
股价（元）	5.5								20.5

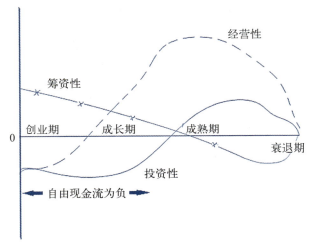

图 9-6 公司成长期和自由现金流

是否这些公司就不具有投资价值呢？答案显然是否定的。投资活动产生的价值是在整个投资的收益期内实现，对于成长前期的公司，由于投资的收益期较长，短期的自由现金流预测难以反映投资活动的真实价值。同时，创业初期的公司往往面临其产品的市场认可度低的局面，为增加销售、提高产品市场占有率，公司一般会采取较为宽松的赊销政策，从而导致其实现的销售不能及时确认为现金收入。此外，不断发现的新投资机会使公司投资现金流出大大超过现金流入，自由现金流也相应地为负值（见图 9-6）。

在对这类公司运用 DCF 模型估值时，建议进行更长时间的预测。此时，预测的有效性将很难保证。所以，尽管 DCF 不会受会计准则影响（现金流是实际发生的）且方法简单，但只适用于对现金流稳定（或以固定比率增长）的公司估值。对于那些投资很大（扩张期）、DCF 估值必须依赖于长预测期内的公司，估值过程不仅困难而且事后很难确认这种预测是否有效。

在前面的案例计算中，在其他条件相同时，改变模型中的核心参数，估值的结果发生了或大或小的改变。这就是敏感性计算，即对于核心参数，改变其数值，重新计算估值，评估哪种参数更加合理的过程，在实际运用估值模型时十分重要。尤其在选用敏感度高的模型时，对于核心参数的选择需格外小心，否则估值结果将会存在较大的偏误。

对于上面的数据，贴现率 $r=[0.08,0.12]$，而增长率 $g=[0,0.06]$，则可以得到一个估值的矩阵，如表 9-25 所示。

表 9-25　DCF 敏感性分析的结果

g \ r	0.08	0.085	0.09	0.095	0.10	0.105	0.11	0.015	0.12
0	26.19	22.37	18.99	15.97	13.26	10.82	8.61	6.60	4.76
0.005	28.78	24.58	20.89	17.62	14.70	12.08	9.72	7.58	5.63
0.01	31.74	27.09	23.03	19.46	16.30	13.48	10.94	8.66	6.59
0.015	35.15	29.95	25.46	21.54	18.09	15.02	12.29	9.84	7.63
0.02	39.13	33.26	28.24	23.89	20.10	16.75	13.79	11.15	8.78
0.025	43.84	37.12	31.44	26.58	22.37	18.70	15.47	12.60	10.04
0.03	49.49	41.68	35.17	29.68	24.98	20.91	17.36	14.23	11.45
0.035	56.40	47.15	39.59	33.29	27.98	23.43	19.49	16.05	13.03
0.04	65.03	53.83	44.88	37.57	31.48	26.34	21.94	18.13	14.80
0.045	76.13	62.19	51.36	42.70	35.62	29.73	24.75	20.49	16.81
0.05	90.92	72.93	59.45	48.97	40.59	33.74	28.04	23.22	19.10
0.055	111.64	87.26	69.85	56.81	46.66	38.56	31.93	26.41	21.75
0.06	142.71	107.31	83.72	66.88	54.25	44.44	36.59	30.18	24.84

DCF 模型对贴现率(x 轴)和永续增长率(y 轴)的敏感程度在不同的估值区域是不同的：在山顶上，估值结果(z 轴)变化异常剧烈；缓坡上的情况则完全不同——此时即使贴现率和永续增长变化很多，估值变化也不大。贴现率为 8%，永续增长率为 6% 时，估值达到最高，为 140—150；而当贴现率为 12%，永续增长率为 0 时，公司估值最低，仅为 4—5（见图 9-7）。

当估计结果显示此时处于 DCF 估值敏感性的"山顶"上时，由于任何参数的误差都会造成估值的大幅度变化，估值时一定要留出足够的安全边际。而如果在缓坡上，由于参数变化对估值的影响较小，DCF 估值相对安全。巴菲特可能用的 12%—15% 的折现率的优势就在于其估值区域处于很缓的坡地。即使参数估计有误，对估值的影响也不是异常巨大，只要有足够的安全边际，就可以避免重大损失。

但总的来说，现金流贴现模型对于贴现率的敏感性很大。回顾之前的模型介绍可知道，贴现率越高意味着公司的资金成本越高，在收益预测一定时，当前的公司价值就会越小。这也使得对贴现率的估计非常重要。由于 DCF 对 r 的敏感特点，现实中也发生过分析师通过调整贴现率来调整估值的大小乃至买卖的方向的事件。

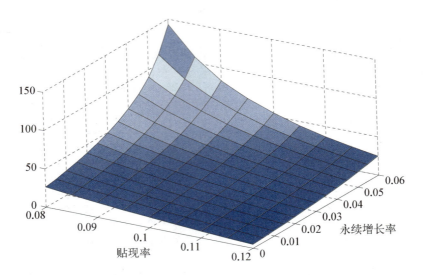

图 9-7　DCF 模型敏感度分析的二维分析

三、剩余收益模型

剩余收益模型通过将收益预测转化为剩余收益预测,并以剩余收益(residual earning,RE)作为公司价值增加的度量,将其贴现来估算股东权益的价值。

所谓剩余收益,是指公司的投资收益($Earn_t$)超过其投资成本(股东要求收益 r)的部分,也被称为超额利润:

$$RE_t = Earn_t - r \times BV^E_{t-1}$$
$$\approx (ROE_t - r) \times BV^E_{t-1} \tag{9-14}$$

其中,ROE_t 为公司的净资产收益率,反映了公司的股东收益率。只有 ROE_t 超过(低于)股东要求的回报率时,公司价值才会改变,非零的剩余收益 RE 也随之产生。正因为如此,ROE 和净资产账面价值的变动也被称为剩余价值的动因:公司通过提高 ROE,以及在 ROE 高于 r 的基础上增加净资产数量均会使得股东价值增加。

若将公司权益价格超过(低于)账面价值的部分称为溢价,那么,剩余收益的积累将扩大公司股东权益(相对于权益账面价值)的溢价。从这个角度来看,公司的溢价将最终会反映到公司投资所创造的未来收益之中。

同时,由于股东投资(净资产)的价值建立在为获得未来的预期收益而投入的净资产数量(账面价值 BV^E)之上,故剩余收益定价模型从净资产的账面价值出发,以剩余收益 RE 作为价值增加的度量值,根据剩余收益的预测来估计公司账面价值溢价,并最终得到估计的净资产价值 V^E_0:

$$V^E_0 = BV^E_0 + \frac{RE_1}{(1+r)} + \frac{RE_2}{(1+r)^2} + \frac{RE_3}{(1+r)^3} + \cdots \tag{9-15}$$

(一) 预测期外的剩余价值为 0

在式(9-15)中，公司的股票价值被写为存量的净资产与未来成长性的净现值之和。如在一个预测期内，由于股东收益来源于股利收入和资本溢价两部分，故当前的股东权益价格等于期间内股利与期末账面价值之和的现值，而预期分发的股利可用预期的总收益减去预测的账面价值变动得到：

$$V_0 = \frac{Earn_1 - (B_1 - B_0) + V_1}{(1+r)}$$

$$= \frac{B_0 + Earn_1}{(1+r)} + \frac{V_1 - B_1}{(1+r)}$$

$$= B_0 + \frac{Earn_1 - r \times B_0}{(1+r)} + \frac{V_1 - B_1}{(1+r)}$$

$$= B_0 + \frac{RE_1}{1+r} + \frac{V_1 - B_1}{1+r} \tag{9-16}$$

进一步地，在一个有限的 T 个预测期内，净资产价值 V_0^E 可表示为：

$$V_0^E = BV_0^E + \frac{RE_1}{(1+r)} + \frac{RE_2}{(1+r)^2} + \cdots + \frac{RE_T}{(1+r)^T} + \frac{V_T^E - BV_T^E}{(1+r)^T} \tag{9-17}$$

其中，$V_T^E - BV_T^E$ 为公司在预测期终点的溢价。故在用 RE 模型为公司估值时，需要以下数据。

（1）当前的权益账面价值，可有资产负债表直接得到。

（2）各个期间 RE 的预测值，可根据分析师提供的 EPS 和 DPS 的预测数据得到。具体如下：

$$BPS_t = BPS_{t-1} + (EPS_t - DPS_t) \tag{9-18}$$

即账面价值的增加来源于公司的留存收益（每股收益减去每股股利）。

（3）期末溢价 $V_T^E - BV_T^E$ 的预测值，可分情况讨论。对于预测期内 ROE 持续降低，到期末十分接近要求收益率，以致 RE 趋于 0 的公司，可认为公司在预测期内获得的超额收益由于竞争等原因随后消失了，预测期外的公司终值价值为 0。

案例 9-6 RE 模型估值实例 I

G 公司股东要求的回报率为 9%，其 $t+1$ 年至 $t+6$ 年间的 EPS 和 DPS 预测数据如表 9-26 所示。若假设 $t+6$ 年之后，公司的剩余价值为 0。请根据表 9-26 提供的信息估计公司的股权价值。

如果公司股东要求的回报率为 7% 和 11% 时，公司股权价值为多少呢？

表 9-26 G 公司未来 6 年间的 EPS 和 DPS 预测数据

	t(A)	$t+1$(E)	$t+2$(E)	$t+3$(E)	$t+4$(E)	$t+5$(E)	$t+6$(E)
EPS		2.25	2.02	1.98	1.89	1.92	1.66
DPS		1.6	1.62	1.65	1.68	1.71	1.74

续表

	t(A)	$t+1$(E)	$t+2$(E)	$t+3$(E)	$t+4$(E)	$t+5$(E)	$t+6$(E)
BPS	15.88						17.61
ROE(%)		14.2	12.2	11.7	10.9	11	9.4
每股价格	17.21						

根据表9-26的信息,使用RE模型对公司进行估值。见表9-27。(1) 首先利用公式(9-18)计算每期的BPS。(2) 根据公式(9-14)计算每期的RE;(3) 然后计算RE的现值,并加和得到总现值(2.06)。(3) 将当期的BPS和RE的总现值相加,得到每股价值为17.94元。

表9-27 G公司基于RE模型的股东价值估计表($r=9\%$)

	t(A)	$t+1$(E)	$t+2$(E)	$t+3$(E)	$t+4$(E)	$t+5$(E)	$t+6$(E)
EPS		2.25	2.02	1.98	1.89	1.92	1.66
DPS		1.6	1.62	1.65	1.68	1.71	1.74
BPS	15.88	16.53	16.94	17.27	17.48	17.69	17.61
ROE(%)		14.2	12.2	11.7	10.9	11	9.4
RE		0.83	0.53	0.46	0.33	0.35	0.07
折现因子		1.09	1.19	1.3	1.41	1.54	1.68
RE的现值		0.76	0.45	0.35	0.23	0.23	0.04
RE的总现值	2.06						
每股价值	17.94						
每股价格	17.21						

当$r=7\%$,计算过程见表9-28。表9-28和表9-27的RE一样,发生变化的在于贴现率。计算结果为19.64。

表9-28 G公司基于RE模型的股东价值估计表($r=7\%$)

	t(A)	$t+1$(E)	$t+2$(E)	$t+3$(E)	$t+4$(E)	$t+5$(E)	$t+6$(E)
EPS		2.25	2.02	1.98	1.89	1.92	1.66
DPS		1.60	1.62	1.65	1.68	1.71	1.74

续　表

	t(A)	$t+1$(E)	$t+2$(E)	$t+3$(E)	$t+4$(E)	$t+5$(E)	$t+6$(E)
BPS	15.88	16.53	16.94	17.27	17.48	17.69	17.61
ROE(%)		14.20	12.20	11.70	10.90	11.00	9.40
RE		1.14	0.86	0.80	0.67	0.70	0.42
折现因子		1.07	1.14	1.23	1.31	1.40	1.50
RE 的现值		1.07	0.75	0.65	0.51	0.50	0.28
RE 的总现值	3.76						
每股价值	19.64						
股票价格	17.21						

当 $r=11\%$，计算过程见表 9-29。计算结果为 16.42。

表 9-29　G 公司基于 RE 模型的股东价值估计表($r=11\%$)

	t(A)	$t+1$(E)	$t+2$(E)	$t+3$(E)	$t+4$(E)	$t+5$(E)	$t+6$(E)
EPS		2.25	2.02	1.98	1.89	1.92	1.66
DPS		1.60	1.62	1.65	1.68	1.71	1.74
BPS	15.88	16.53	16.94	17.27	17.48	17.69	17.61
ROE(%)		14.20	12.20	11.70	10.90	11.00	9.40
RE		0.51	0.20	0.12	−0.02	0.00	−0.28
折现因子		1.11	1.23	1.37	1.52	1.69	1.87
RE 的现值		0.46	0.16	0.09	−0.01	0.00	−0.15
RE 的总现值	0.54						
每股价值	16.42						
股票价格	17.21						

将 RE 模型和 DCF 模型进行比较，可以发现，RE 模型对贴现率的敏感性较 DCF 模型的低。这是因为，DCF 模型所有的价值都在于未来的流量变化，而 RE 模型则只有未来的剩余价值才随着贴现率变化，而其基期的账面价值不会随着贴现率变化。

(二) 预测外期间的剩余价值不为 0

另一种情形,则适用于剩余价值有一个正的增长率 g 的公司,其期末溢价的预测于是可以表述为:

$$V_T^E - BV_T^E = \frac{RE_{T+1}}{r-g} \tag{9-19}$$

相应地,公司估值可修正为:

$$V_0^E = BV_0^E + \frac{RE_1}{(1+r)} + \frac{RE_2}{(1+r)^2} + \cdots \frac{RE_T}{(1+r)^T} + \frac{RE_{T+1}}{(r-g)}/(1+r)^T \tag{9-20}$$

案例 9-7 RE 估值实例 Ⅱ

表 9-30 提供了对公司短期内的预测信息。假设从 $t+1$ 开始,RE 持续为正,且从 $t+9$ 后保持不变。请计算公司的价值。股东要求收益为 12%。

如果 RE 的增长率分别为 3% 和 6% 时,估值分别为多少?

RE 从 $t+9$ 期起保持不变的情况下,见表 9-30。注意,$t+9$ 年的 RE 为 0.42,根据假设,此后年份的 RE 保持该数值。终值价值 = 0.42/0.12 = 3.53 亿,贴现率为 1.12 的 8 次方,终值价值的现值为 1.27。这样价值由三个部分加和得到:期初的 BPS(0.60),RE 的总现值(1.64)和终值价值的现值(1.27)。因此,最后价值为 3.51。

表 9-30 预测的 RE 增长率 3% 时的估值结果

	t(A)	$t+1$(E)	$t+2$(E)	$t+3$(E)	$t+4$(E)	$t+5$(E)	$t+6$(E)	$t+7$(E)	$t+8$(E)	$t+9$(E)
EPS		0.22	0.3	0.38	0.46	0.56	0.7	0.82	0.94	0.95
DPS		0.02	0.03	0.05	0.06	0.07	0.09	0.1	0.14	0.16
BPS	0.6	0.8	1.06	1.4	1.8	2.29	2.9	3.61	4.41	5.2
ROE(%)		37.3	37	36.1	32.6	31.1	30.4	28.2	25.9	21.6
RE		0.15	0.2	0.26	0.29	0.34	0.42	0.47	0.5	0.42
折现因子		1.12	1.25	1.4	1.57	1.76	1.97	2.21	2.48	2.77
RE 的现值		0.14	0.16	0.18	0.18	0.2	0.21	0.21	0.2	0.15
RE 的总现值	1.64									
终值价值										3.53
终值价值的现值	1.27									
每股价值	3.51									
每股价格	4.8									

表9-31 也可换一种算法来进行,其结果是一样的。将 RE 现值从 $t+1$ 年累加到 $t+8$ 年,得到 RE 总现值为 1.48,终值价值还是 $=0.42/0.12=3.53$ 亿。但终值价值的现值的贴现因子变为 1.12 的 8 次方($=2.48$),这样,RE 的总现值等于 $3.53/2.48=1.42$。这样三个部分的价值分别为:期初的 BPS(0.60),RE 的总现值(1.48)和终值价值的现值(1.42)。三者相加仍得到 3.51。

表 9-31 预测的 RE 增长率 3%时的估值结果

	t(A)	$t+$1(E)	$t+$2(E)	$t+$3(E)	$t+$4(E)	$t+$5(E)	$t+$6(E)	$t+$7(E)	$t+$8(E)	$t+$9(E)
EPS		0.22	0.3	0.38	0.46	0.56	0.7	0.82	0.94	0.95
DPS		0.02	0.03	0.05	0.06	0.07	0.09	0.1	0.14	0.16
BPS	0.6	0.8	1.06	1.4	1.8	2.29	2.9	3.61	4.41	5.2
ROE(%)		37.3	37	36.1	32.6	31.1	30.4	28.2	25.9	21.6
RE		0.15	0.2	0.26	0.29	0.34	0.42	0.47	0.5	0.42
折现因子		1.12	1.25	1.4	1.57	1.76	1.97	2.21	2.48	
RE 的现值		0.14	0.16	0.18	0.18	0.2	0.21	0.21	0.2	
RE 的总现值	1.48									
终值价值									3.53	
终值价值的现值	1.42									
每股价值	3.51									
每股价格	4.8									

如果预测期外的 RE 的增长率为 3%时,得到表 9-32。表 9-32 和表 9-31 的区别在于终值价值的计算。由于假设 RE 在预测期外仍按照 3%的增速增长,则终值价值 $=0.42*(1+3\%)/(12\%-3\%)=4.84$,最后三部分加总,得到价值为 3.98。注意,这里的终值价值需要乘以 $(1+g)$,原因在于资本化公式中,需要用下期的价值量作为分子,得到的商才是本期的。可以认为,资本化过程有提前一期的作用,因此要得到本期的资本化金额,就要看下期的价值指标。

表 9-32 预测的 RE 增长率 3%时的估值结果($r=12\%$)

	t(A)	$t+$1(E)	$t+$2(E)	$t+$3(E)	$t+$4(E)	$t+$5(E)	$t+$6(E)	$t+$7(E)	$t+$8(E)	$t+$9(E)
EPS		0.22	0.3	0.38	0.46	0.56	0.7	0.82	0.94	0.95
DPS		0.02	0.03	0.05	0.06	0.07	0.09	0.1	0.14	0.16

续　表

	t(A)	t+1(E)	t+2(E)	t+3(E)	t+4(E)	t+5(E)	t+6(E)	t+7(E)	t+8(E)	t+9(E)
BPS	0.6	0.8	1.06	1.4	1.8	2.29	2.9	3.61	4.41	5.2
ROE(%)		37.3	37	36.1	32.6	31.1	30.4	28.2	25.9	21.6
RE		0.15	0.2	0.26	0.29	0.34	0.42	0.47	0.5	0.42
折现因子		1.12	1.25	1.4	1.57	1.76	1.97	2.21	2.48	2.77
RE 的现值		0.14	0.16	0.18	0.18	0.2	0.21	0.21	0.2	0.15
RE 的总现值	1.64									
终值价值										4.84
终值价值的现值	1.75									
每股价值	3.98									
每股价格	4.8									

同理，如果 RE 的增长率为 6% 时，得到表 9-33。终值价值＝0.42＊(1+6%)(12%－6%)＝7.48，最后三部分加总，得到价值为 4.93。

表 9-33　预测的 RE 增长率 6% 时的估值结果($r=12\%$)

	t(A)	t+1(E)	t+2(E)	t+3(E)	t+4(E)	t+5(E)	t+6(E)	t+7(E)	t+8(E)	t+9(E)
EPS		0.22	0.3	0.38	0.46	0.56	0.7	0.82	0.94	0.95
DPS		0.02	0.03	0.05	0.06	0.07	0.09	0.1	0.14	0.16
BPS	0.6	0.8	1.06	1.4	1.8	2.29	2.9	3.61	4.41	5.2
ROE(%)		37.3	37	36.1	32.6	31.1	30.4	28.2	25.9	21.6
RE		0.15	0.2	0.26	0.29	0.34	0.42	0.47	0.5	0.42
折现因子		1.12	1.25	1.4	1.57	1.76	1.97	2.21	2.48	2.77
RE 的现值		0.14	0.16	0.18	0.18	0.2	0.21	0.21	0.2	0.15
RE 的总现值	1.64									
终值价值										7.48

续　表

	t(A)	$t+$1(E)	$t+$2(E)	$t+$3(E)	$t+$4(E)	$t+$5(E)	$t+$6(E)	$t+$7(E)	$t+$8(E)	$t+$9(E)
终值价值的现值	2.7									
每股价值	4.93									
每股价格	4.8									

四、收益增长模型

收益增长模型以超额收益作为公司价值增长的度量，并利用资本化公司收益的方法为公司股权进行估值。

（一）带息收益、除息收益与超额收益

如表 9-34 所示，A 公司进行类似银行储户账户的投资，要求回报率 9%。t 年投资 100 元，接下来的每年都有 9% 的收益，红利发放方式有两种：

(1) 收益全部发放红利。且 A 公司在红利发放后，用红利继续投资。
(2) 完全不发放红利。

表 9-34　A 公司两种红利发放方式下的账户价值对比

	t	$t+1$	$t+2$	$t+3$	$t+4$	$t+5$
1. 收益全部发放						
收益		9	9	9	9	9
红利		9	9	9	9	9
账目价值	100	100	100	100	100	100
剩余收益		0	0	0	0	0
收益增长率			0	0	0	0
带息收益		9	9.81	10.69	11.66	12.7
带息收益增长率			9%	9%	9%	9%
账户价值	100					
2. 不发放红利						
收益		9	9.81	10.69	11.66	12.7
红利		0	0	0	0	0

续表

	t	$t+1$	$t+2$	$t+3$	$t+4$	$t+5$
账目价值	100	109	118.81	129.5	141.16	153.86
剩余收益		0	0	0	0	0
收益增长率			9%	9%	9%	9%
带息收益		9	9.81	10.69	11.66	12.7
带息收益增长率			9%	9%	9%	9%
账户价值	100					

两种投资方式的剩余价值并没有差异,但两种股利分配政策下的收益增长率截然不同,这是为什么呢?

红利全付的情况下,储户的收益被低估了——因为9元红利再投资到相同的项目时(获利0.81元),下一年的总收益就是9.81元。

在完全不发放股利的情况下,储户A事实上是将红利收入用作再投资。在投资的过程中不需要付出额外的费用,但其收益率也仅仅等于要求回报率(资金的机会成本),故剩余价值为0。

可见,收益增长不一定能带来价值增长:当投资的收益等于要求回报率时,投资虽然不需要额外付费,但也不能增加公司价值;若再投资收益率达不到要求收益率时,公司价值将会蒙受损失;只有当在投资收益率超过要求收益率,公司价值才会增加。

这时,需要看投资的总收益,即带息收益,包含除息收益和(上期)股息再投资所得的收益两部分:

$$带息收益 = 除息收益 + 要求回报率 \times 上期股息 \tag{9-21}$$

在带息收益中,理性的投资者只会为超额收益(收益增长率超过正常收益的部分)付费,因为只有超额收益能够增加公司价值。正常收益则被定义为按照要求的回报率增长的收益。它们之间的关系可以表示为:

$$\begin{aligned}超额收益 &= 带息收益 - 正常收益\\ &= (Earn_i + r \times d_{i-1}) - (1+r) \times Earn_{i-1}\end{aligned} \tag{9-22}$$

超额收益让人们思考公司的增长的价值到底何在。市盈率P/E定价方法从收益的角度为公司定价。其中一个问题在于,是否未来收益(账面价值)增加,公司价值就能增加?事实上,加大投资(购买生产线、增大收购力度)可以增加未来收益,但如果投资所获得的收益达不到付出的成本(期望回报)的话,价值增加无从谈起。对公司而言,追求P/E过程中一定要警惕为不增加价值的收益付费,即警惕过度扩张下投资效率丧失(公司价值不变)的危险。

收益增长模型是基于上述相关定义,为公司预期收益中超过正常收益的额外价值的

定价,公司价值为:

公司价值=正常收益资本化价值+预期的收益增长带来的额外价值

$$V_0^E = \frac{Earn_t}{r} + \frac{1}{r}\left[\frac{AEG_2}{r+1} + \frac{AEG_3}{(r+1)^2} + \frac{AEG_4}{(r+1)^3} + \cdots\right] \quad (9-23)$$

应该注意,估计第 0 期股权价值时,收益数据是预测的,是下一期,即第 1 期的数据(资本化的过程有"提前一期的作用")。而 AEG 是计算收益的增长率,是从下下期(即第 2 期)开始的。特别注意,AEG_2 的贴现率为 $(1+r)$,而不是 $(1+r)$ 的平方,其原因在于只需要把 AEG 贴现到第 1 期(而不是第 0 期),然后资本化的过程将所有的收益提前一期,正好到第 0 期。

(二) 远期市盈率

在 AEG 定价基础上,市盈率 P/E 可被修正为远期市盈率,即包含了超额收益的 P/E。远期市盈率被定义为:

$$\frac{V_0^E}{Earn_1} = \frac{1}{r} + \frac{1}{r}\frac{\left[\frac{AEG_2}{r+1} + \frac{AEG_3}{(r+1)^2} + \frac{AEG_4}{(r+1)^3} + \cdots\right]}{Earn_1} \quad (9-24)$$

其中,第一项为"正常市盈率",即按照要求回报增长的价值的 P/E;第二项为超额市盈率,即超额收益带来的额外增长溢价。剩余收益定价就是用带息收益估计公司价值的方法。

在实际运用中,在有限期的预测上利用 AEG 模型为公司估值的一般方法,是估计出预测期外企业的终值价值。终值价值的计算可以设定不同的假设条件。如可假设预测期外的 AEG 增长为 0,也可假设预测期外的 AEG 以固定比率增长的公司。

(三) 假设预测期外 AEG 增长为 0

对一个在某一段时间中以一个大于 0 的速度增长,从第 N 年起,AEG 增长速度为 0 的公司,它的价值可以用(9-25)算出:

$$V_0^E = \frac{1}{r}\left(Earn_1 + \frac{AEG_2}{r+1} + \frac{AEG_3}{(r+1)^2} + \cdots + \frac{AEG_T}{(r+1)^N}\right) \quad (9-25)$$

案例 9-8 AEG 模型估值实例 Ⅰ

假设一家股东要求回报率为 12% 公司 D,在 $t+1$ 至 $t+9$ 年之间的预测收益和预测红利如表 9-35 所示。请使用 AEG 模型对公司进行估值。

表 9-35 D 公司的预测收益和预测红利数据

	t(A)	t+1(E)	t+2(E)	t+3(E)	t+4(E)	t+5(E)	t+6(E)	t+7(E)	t+8(E)	t+9(E)
EPS		0.224	0.296	0.384	0.456	0.56	0.696	0.816	0.936	0.952
DPS		0.024	0.032	0.048	0.056	0.072	0.088	0.104	0.136	0.16

使用 AEG 模型的基本步骤如表 9-36 所示：① 首先计算股利再投资收益(从 $t+2$ 期开始，第三行)；② 将 EPS 和股利再投资收益相加得到带息收益(第四行)；③ 计算正常收益，即上期的 EPS 乘以 1.12(第五行)；④ 计算超额收益，即带息收益减去正常收益；⑤ 计算 AEG 的现值；⑥ 将 AEG 现值相加，得到 AEG 的总现值(0.197)；⑦ 将下期盈利 EPS(0.224)和 AEG 的总现值(0.197)相加，得到总价值(0.421)；⑧ 对总价值进行资本化处理，得到股权价值为 3.51。

上述计算过程稍显复杂。但只要把握了 AEG 的概念，就不会有太大问题。带息收益投资到特定公司(这里指 D 公司)预期获得的收益，而正常收益则可以理解为投资到外部的平均市场(不投资到 D 公司)，在风险水平相当的情况下可以获得的期望收益。两者的差额就是特定公司能获取的超额收益。

可以观察到，$t+9$ 年后的超额收益已经非常接近 0，因此假设其后的 AEG 为 0。

表 9-36 基于超额收益的 A 公司估值表

	t(A)	$t+1$(E)	$t+2$(E)	$t+3$(E)	$t+4$(E)	$t+5$(E)	$t+6$(E)	$t+7$(E)	$t+8$(E)	$t+9$(E)
EPS		0.224	0.296	0.384	0.456	0.56	0.696	0.816	0.936	0.952
DPS		0.024	0.032	0.048	0.056	0.072	0.088	0.104	0.136	0.16
股利再投资收益			0.003	0.004	0.006	0.007	0.009	0.011	0.012	0.016
带息收益			0.299	0.388	0.462	0.567	0.705	0.827	0.948	0.968
正常收益			0.251	0.332	0.43	0.511	0.627	0.78	0.914	1.048
AEG			0.048	0.056	0.032	0.056	0.077	0.047	0.035	−0.08
折现率			1.12	1.254	1.405	1.574	1.762	1.974	2.211	2.476
AEG 现值			0.04	0.04	0.02	0.04	0.04	0.02	0.02	−0.032
AEG 总现值		0.197								
总价值		0.421								
资本化比率		0.12								
每股价值	3.51									
远期市盈率	15.66									
其中：正常市盈率	8.333									
超额市盈率	7.33									

接下来可以计算市盈率。远期市盈率等于 $3.51/0.224=15.66$，正常市盈率 $=1/0.12=8.33$，两者相减，超额市盈率为 7.33，超额市盈率和正常市盈率相当(略低于)，这

其实对应着 AEG 总现值略低于 EPS 的关系。

（四）预测期外 AEG 以固定比率 g 增长的假设

假设从第 $t+1$ 年起，AEG 以一个较小的正速度 g 增长的公司，其股东价值的计算公式为：

$$V_0^E = \frac{1}{r}\left(Earn_1 + \frac{AEG_2}{r+1} + \frac{AEG_3}{(r+1)^2} + \cdots + \frac{1}{(r+1)^{T-1}}\left(AEG_T + \frac{AEG_{T+1}}{r-g}\right)\right)$$

(9-26)

案例 9-9 AEG 估值实例 II

E 公司的要求的回报率为 12%，$t+1$ 至 $t+7$ 年的预测收益如下表 9-37 所示。

表 9-37 E 公司的 EPS 和 DPS 的预测数据

	t(A)	$t+1$(E)	$t+2$(E)	$t+3$(E)	$t+4$(E)	$t+5$(E)	$t+6$(E)	$t+7$(E)
EPS		2.56	3	3.488	3.88	2.424	4.408	4.824
DPS		1.064	1.168	1.36	1.536	1.664	1.856	2.16

假设 $t+7$ 年后的超额收益按照 6% 的速度增长，E 公司预测数据见表 9-38。表 9-38 计算过程的基本区别在于增加了公司终值价值的计算。$t+1$ 年的 AEG 为 0.11，$t+6$ 年终值价值等于 $0.11/(0.12-0.06)=1.83$。贴现到 $t+1$ 年为 1.04。总价值为下期的 EPS，AEG 总现值以及终值价值的现值之和为 4.11（2.56+0.51+1.04），最后进行资本化处理，得到股权价值为 34.26。

表 9-38 E 公司基于超额收益的估值计算表

	t(A)	$t+1$(E)	$t+2$(E)	$t+3$(E)	$t+4$(E)	$t+5$(E)	$t+6$(E)	$t+7$(E)
EPS		2.56	3	3.488	3.88	2.424	4.408	4.824
DPS		1.064	1.168	1.36	1.536	1.664	1.856	2.16
股利再投资收益			0.13	0.14	0.16	0.18	0.20	0.22
正常收益			2.87	3.36	3.91	4.35	2.71	4.94
AEG			0.26	0.27	0.14	−1.74	1.89	0.11
折现率			1.120	1.254	1.405	1.574	1.762	
AEG 现值			0.23	0.21	0.10	−1.10	1.07	
AEG 总现值		0.51						

续表

	t(A)	$t+1$(E)	$t+2$(E)	$t+3$(E)	$t+4$(E)	$t+5$(E)	$t+6$(E)	$t+7$(E)
终值价值								1.83
终值价值的现值		1.04						
总价值		4.11						
资本化比率		0.12						
每股价值	34.26							
远期市盈率	13.38							
其中：正常市盈率	8.333							
超额市盈率	5.05							

（五）AEG 从 $t+1$ 期开始按照一个固定比例增长

如在股东要求收益率 r，而从未来第二年开始的预期收益增长率为 g 时，计算股东价值可以使用式(9-27)：

$$V_0^E = \frac{1}{r}\left(Earn_1 + \frac{AEG_2}{r-g}\right) \tag{9-27}$$

案例 9-10 AEG 估值实例 III

对一个 $r=12\%$，$g=3\%$ 的公司 F，预测 $t+1$ 年的 EPS 为 9.89，此后 AEG 预测以 3% 的比率增长（见表 9-39）。用式(9-27)计算得到的股东价值的估计为 83.24。

表 9-39 公司 F 基于 *AEG* 模型的估值结果（$r=12\%$，$g=3\%$）

异常收益增长预测	t(A)	$t+1$(E)	$t+2$(E)
收益	9.60	9.89	10.18
股息	7.27	7.49	7.71
股息再投资的收益		0.87	0.90
带息收益		10.760	11.083
正常收益		10.752	11.075
异常收益增长		0.008	0.009
异常收益增长率			3%

$$V_0^E = \frac{1}{r}\left(Earn_1 + \frac{AEG_2}{r-g}\right)$$

$$= \frac{1}{0.1}(9.888 + 0.008\,899/(0.12-0.03))$$

$$= 83.224 \tag{9-28}$$

之前的 AEG 模型中，依靠资本化未来一年的预期收益和未来第二年的 AEG 之和得到公司当前价值，那么，可否根据当前的收益定价呢？答案是肯定的。在简单的修正后，可以很方便地从当前的损益出发为公司定价。具体的方法是：① 将当期损益资本化；② 预测第一年开始的 AEG 值并将其资本化；③ 将①和②的结果相加。

事实上，从当前收益出发定价（见式 9-28）时，各个变量与式（9-27）中的相比均提前了一期，所以最后得到的价值是贴现到第一期期初的（第 0 期），而前述模型（9-27）则是贴现到第一期期末（第 1 期）的价值。故此时可写为：

$$V_t^E = \frac{1}{r}\left(Earn_t(1+g) + \frac{AEG_{t+1}(1+g)}{r-g}\right)$$

$$= \frac{1}{r}\left(Earn_t + \frac{AEG_{t+1}}{r-g}\right)(1+g)$$

$$= \frac{1}{0.1}\left(9.60 + \frac{0.008\,64}{(0.12-0.03)}\right)(1+3\%)$$

$$= 83.224 \tag{9-29}$$

（六）AEG 模型的评价

AEG 模型的优点在于：

（1）易于理解。投资者对未来收益支付价格，而购买收益最看重的指标是 P/E。

（2）可结合分析师预测进行定价。

不足之处则体现在：

（1）需要理解带息概念。

（2）由与最终得到的价值全部来自预测，AEG 模型对要求的收益率非常敏感。

五、三个估值模型的比较

上述案例中，若使用 DDM 模型为 F 公司估值，由于与预测的 $t+1$ 年后的收益增长率为 3%，若相应地，股息也随收益等比率（3%）增长，那么 $t+1$ 年预测的股息为每股 7.49 元。那么 DDM 的估值结果是：

$$V_t^E = \frac{D_{t+1}}{r-g} = \frac{7.490\,16}{0.12-0.03} = 83.224 \tag{9-30}$$

如果用 RE 模型进行估值的话，结果如表 9-40 所示。

表 9-40　F 公司基于 RE 模型的估值结果

	t(A)	$t+1$(E)
剩余收益预测		
收　　益	9.6	9.888
股　　息	7.27	7.490 1
账面价值	79.92	82.32
剩余收益 RE		0.297 6
剩余收益的现值		1.024 8
终值价值		13.135 6
终值价值的现值	11.728 2	
V	83.203 0	

账面价值等于上期账面价值加上本期的未分配收益（扣除股息后的收益）。而 RE 则可用收益减去股东对上期账面价值的要求回报（$r*B_{t-1}$）。将各期剩余收益贴现后加总，并加上当前的账面价值后，最终得到公司价值的估计为：

$$V_t^E = BV_t^E + \frac{RE_{t+1}}{r-g} = 79.92 + \frac{0.297\ 6}{12\% - 3\%} = 83.202\ 0 \text{元} \tag{9-31}$$

对比式(9-28)中的结果可以发现：短期内，两个模型的最终结果存在细微差异，但这种差异一般可以忽略。事实上，如果对收益、股息和账目价值的预测相同，那么 AEG 和 RE 的定价结果也会相同。这是为什么呢？回忆两个模型的主要估值思路，可以发现：

AEG 模型用 P/E 来估值，强调异常收益增长概念，即带息收益和前一年的收益按照要求百分率增长要求的费用之间的差额能增加 P/E：

$$AEG_t = Earn_t + rd_{t-1} - (1+r)Earn_{t-1} \tag{9-32}$$

而剩余收益模型 RE 用 P/B 来估值，强调剩余收益概念，即弥补了必要的资金成本后的账目价值的增加能增加公司价值：

$$RE_t = Earn_t - rE_{t-1} \tag{9-33}$$

换言之，AEG 是 RE 的变化额。比如，一家剩余收益为 0 的公司，其超额收益增长也必然为 0，这样的公司就是"非增长公司"；而一个有正的剩余收益的公司，其超额收益必然是增长的，这样的公司就是"增长型公司"。一家"增长型公司"必须具备两个的特征：① 能够赚到大于资金成本的 ROE；② 能通过其核心业务和投资活动增加其剩余价值。故事实上，RE 和 AEG 是一个问题的两种描述。

那么，为什么DDM模型的估值结果也能与RE及AEG模型的结果保持着一致性呢？由于公司未来产生的剩余收益反应在BPS之中，故P/B的大小取决于公司未来剩余收益总量的大小。相比而言，P/E取决于未来剩余收益和本期剩余收益之间的差值，即剩余收益在目前的水平增长空间。因此，高P/B的公司不一定有高的P/E。从这个角度看，AEG和RE间存在差异。如果按照P/E和P/B排序为公司分组（用组合价差法，见表9-41），统计结果显示主对角线（公司的P/B组别与P/E组别保持一致，即高P/B的公司对应高的P/E）占大多数（2/3），但也存在少数的公司的P/B组别与P/E组别并不一致，这样的情况大约占1/3左右。

表9-41 以P/E、P/B排序的公司分组示意表

		P/B		
		高	正常	低
P/E	高	A	B	C
	正常	D	E	F
	低	G	H	I

对这些公司的情况，可以理解为：处于C的公司预期收益低于资金成本，但会不断增加；处于G的公司预期收益高于资金成本，但会不断减少。

马洛多夫斯基（Molodovsky）最先发现了这种效应，即市盈率反映了本期获利能力和未来获利能力之间的差异，因此如果本期的收益是暂时性的，就会对市盈率形成明显的影响。市盈率的短期效应也称为马洛多夫斯基效应。因此可以知道，C中的公司虽然未来收益有增长预期，但主要是因为目前收益暂时很低，总体而言前景暗淡；G中的公司虽然未来收益会降低，但主要是因为目前收益暂时很高，总体而言前景光明。

这事实上也提醒我们，投资的时候，应关注收益的持续性，从多个角度评价股票价值是投资成功所必需的。

长期中，由于资产定价最终依赖于公司最终付出的股息，因此对股息率和增长率均稳定的公司，股利贴现模型（DDM）的估值结果（式9-30）与AEG（式9-28和式9-29）和RE模型（式9-31）的结果是一致的。

第四节 其 他 方 法

一、基于资产的估值法

资产基础价值评估（asset based valuation）通过确认表内资产和负债的市场价值（一般为重置成本，少数情况下为清算价值），加上表外资产和负债的市场价值来得到股权价值：

$$\text{股权价值} = \text{资产价值} - \text{负债价值} \qquad (9-34)$$

运用过程中的困难主要在于有些项目的账面价值和市场价值和资产负债表中的记录并不相同：由于负债项目的价值基本公允，负债在资产负债表上记录的数值和实际市场数据相差不大；而资产价值入账则遵循稳健性原则（conservative accounting），即不反映或者低估资产计价。资产项目中，现金和应收项目同市值的计量与真实价值比较接近；但总体来看，资产多以历史成本计价，这使得账面价值往往和真实价值发生偏离。

确定有些资产项目的真实价值十分困难：表内资产如经营性资产，交易不频繁使得其市场价值难以得到；表外资产的价值则更难以确定。

此外，即使每项资产的价值都得到确认，资产的价值之和并不等于资产的总体价值——将公司所有资产合为一个整体的价值，因为公司总是结合起来使用各种资产。

在现实中，资产评估技术的成本很高，是一种十分专业性高，实施难度大的技术。但对以下公司，用资产基础价值评估法估值比较适合：① 资产都是可交易的金融资产，例如一家基金公司，其基金价值和其净值相差一般不大。② 资产基本是自然资源，如矿山、油田、森林等。资产价值可以确认为资产的市价减去开采成本和其他费用的值。③ 面临破产，公司资产被一个个分开拍卖时，可以用资产价值评估为公司估值。

二、分部估值法

成熟期企业由于自身传统产品或业务的发展已达到天花板，甚至有步入衰退期的风险，但这些企业的传统业务往往是所谓的"现金牛"业务，能够持续产生充裕的现金流，可用来满足其他业务或对外投资的资金需要。所以这类企业往往会尝试多元化经营，探索一些前沿的业态，从而出现多个并行业务所处发展阶段不同的情况，而不同业务无法适用于单一估值方法。分部估值法（sum of the part，SOTP）将企业的不同业务单元进行独立估值，最后加权汇总得出总估值，适用于具有多个业务且不同业务发展阶段、盈利水平不同的多元化企业。

对于多元化经营企业及转型期企业，可以先根据各业务特征，将企业的传统业务、新业务和投资业务等适用于不同估值方法，分别进行估值后进行加总，得到企业的整体估值。一般来说，由于核心业务已经比较稳定，对核心业务会采用 DCF 估值；处于投入阶段的新业务则可能还未产生稳定的正现金流，因此适用基于收入的相对估值方法；投资业务则可以按市场价值估算。

三、周期性波动公司

周期性波动公司是指那些回报呈现反复显著涨跌模式的公司，包括航空、造纸、化工和汽车制造等行业的公司。这些公司的回报之所以会波动，是由于其产品价格的巨大变化所致。例如，在航空业，回报的周期性是与宏观经济走势相联系的；而在造纸业，周期性在很大程度上是由行业因素所造成的，而且这些因素同时都与产能相关。涨跌不定的回报增加了对这些周期性波动公司进行估值的复杂性。例如，历史绩效必须被放在周期背景下进行评估。近期绩效下降并不一定预示着在未来将出现长期下滑的趋势，而可能只是转入了周期的不同阶段而已。

假设需要使用 DCF 模型评估一家周期性波动公司,可以发现,公司折现现金流价值的波动性大大低于回报和现金流的波动性。折现现金流法将未来的预期现金流折算为一个单值。因此,任何单一年的现金流高低都不再重要了。对于周期性波动公司来说,高现金流抵偿了低现金流。只有长期趋势是重要的。

现举例说明一点。公司 A 的商业周期为 10 年。表 9-42 显示了假设的公司现金流分布特点,现金流波动性很大,有正有负。用 10% 折现率对未来的自由现金流进行折现,便得出表中所示的一系列折现现金流价值。

表 9-42　公司 A 的自由现金流模式　　　　　　　　　　　　　　（单位：百万元）

期间（年）	0	1	2	3	4	5	6	7	8	9	10
税后经营利润	10	9	6	3	0	−2	3	18	7	6	10
净投资	3	3	2	2	1	3	5	3	3	3	3
自由现金流	7	6	4	1	−1	−5	−2	15	4	3	7
折现现金流价值	34	33	27	28	30	35	40	33	33	34	31

从表中可以看出,折现现金流价值的波动远低于现金流的波动。没有哪个单一年的绩效会对公司价值有显著的影响。

但在现实中,周期性波动公司的股价其实并没有那么稳定,并被冠以"周期股"的统称。那为什么会产生这样的冲突呢?

实际上,如果考察股票分析师对周期性波动公司的一致盈利预测,可以发现对周期性波动公司的一致盈利预测看上去完全忽略了这些公司的周期性。预测总是呈现斜升的趋势,不管公司是处于周期的波峰还是波谷。看来冲突的原因并不是折现现金流模型与现实不符,而是市场对回报和现金流的预测(假设市场遵循分析师的一致预测)有问题。

这个现象在二级市场卖方分析师对周期股的研究报告中可以很容易就被发现。分析师一致盈利预测很少考虑考虑盈利的周期性。实际上,除了对波谷之后的几年预测外,其他时候的每股收益预测都是呈斜升趋势,没有未来波动,甚至可以说,这种预测不承认周期的存在。

股票分析师之所以回避对周期(尤其是下降部分)进行预测,是有一定原因的。学术研究显示,盈利预测普遍存在正偏差,即预测高于实际,这有时是由于投资银行中股票分析师所面对的激励机制造成的。因为悲观的盈利预测可能会损害其雇主投资银行与标的公司的关系。另外,受到负面评论的公司可能会断绝分析师与公司管理层进行沟通的渠道。可以认为,作为一个群体,分析师不能或者不愿预测这些公司的周期。

此外,周期是很难预测的,周期的拐点更难把握。而且,还存在公司将跳出原有周期,进入新的趋势和周期的可能性。可以采用下面的方法来应对上述的复杂情况。

假设需要对一家公司进行评估,该公司看上去正处于周期波峰。根据历史经验,该行业会很快下滑。但又有迹象表明,该行业可能跳出原有的周期。面对这种情况,一个合理的估值方法是建立两个情景,并为这两个情景下的价值赋予相应的权重。假设周期有50%的概率会按照过去的情况发展,该行业会在下一年出现下滑。第二个情景是,行业有50%的概率会跳出原有周期,并在目前得到改善的业绩的基础上跨入一个新的长期趋势。那么公司价值应该是这两个情况下的价值的加权平均值。

谁也无法精确地预测某个行业的回报周期,任何对业绩的单一预测肯定都是错误的。所以根据之前说的方法类推,对未来可能发生的多个情况进行估值,再以概率的方式加权平均得到最后的估值,这种估值方法被称为"多情景概率法"。

在用"多情景概率法"对周期性公司估值时需要注意以下几点。

(1) 利用有关过去周期的信息建立并评估正常周期的情景。要特别注意经营利润、现金流和投入资本回报率(ROIC)的长期趋势线,因为它们对估值的影响较大。永续期价值的确定必须是以利润的正常化水平为基准,比如公司长期现金流的趋势平均值,而不是波峰或波谷水平。

(2) 根据公司近期业绩建立并评估新趋势的情景。还要关注长期趋势线,因为它对价值的影响最大。虽然未来周期性对于公司的财务偿付能力很重要,但不必太担心未来周期性模型的构建。

(3) 确定每个情景的经济原理,考虑诸如需求增长、进入或退出该行业的公司和影响供需平衡的技术变革等因素。

(4) 确定每个情景出现的概率,并计算相应的公司加权价值。谨记利用经济原理及各种情景出现的可能性来估计赋予每个情景的权重。

实际上,这种方法除了使得估算更符合现实外,也类似于敏感性分析,给出了估值的上下限。

> **案例分析**
>
> **海天味业的 DCF 估值的实现**
>
> **一、预测自由现金流**
>
> 在完成财务预测之后,需要对显性预测期内标的公司的自由现金流进行计算(见表9-43)。在 DCF 中使用的是去杠杆自由现金流(unlevered DCF),这是公司在支付掉全部运营费用、税费、资本性支出和营运资本之后,付息之前的现金。这代表了股东和债权人应收到的全部现金之和。
>
> 自由现金流按照第六章介绍的第二种计算方法得到:
>
> $$FCF = EBIT - T + DA - \Delta(NWC) - Capex \qquad (9-35)$$
>
> 其中,$EBIT - T$,也可以写作 $EBIAT$,是息前税后收益;DA 是折旧和摊销等非现金的费用和成本;$\Delta(NWC)$ 是净营运资本的增加。$Capex$ 是资本支出。
>
> **(一) 息前税后收益**
>
> 息前税后收益(EBIAT)从表9-9得到。需要考虑两种不同的情况。
>
> 第一种情况比较常见,如果非核心资产的盈利能力不具有可持续性,那么非核心

资产直接使用公式(7-70)算到当前的企业价值中。息前税后收益 EBIAT 就不包含非核心资产的未来收益,即非经常性收益科目。这时,EBIAT 也可视为息前税后经营利润 NOPLAT(net operating profit less adjusted tax)。NOPLAT=(营业利润+财务费用—非经常性损益)×(1—所得税率)。即,如果利润表的预测中存在非经常性损失部分,不应该算入自由现金流中。

表 9-43　海天味业的自由现金流预测摘要

单位:百万元	2022E	2023E	2024E	2025E	2026E	2027E	2028E	2029E
净利润	7 171	8 929	10 312	11 334	12 768	14 378	16 188	18 221
YoY	7.48%	24.52%	15.48%	9.91%	12.65%	12.62%	12.58%	12.56%
EBIT	7 689	9 659	11 155	12 225	13 774	15 523	17 501	19 735
YoY	6.25%	25.63%	15.48%	9.59%	12.67%	12.71%	12.74%	12.77%
EBIT 利润率	27.85%	30.43%	31.25%	30.31%	30.22%	30.14%	30.07%	30.01%
$EBIT*(1-t)$	6 532	8 206	9 476	10 385	11 701	13 187	14 867	16 765
+折旧摊销	725	963	1 049	1 144	1 247	1 359	1 481	1 614
—净营运资本增加	−642	−534	−623	−952	−968	−1 094	−1 236	−1 397
—资本性支出	1 086	1 450	1 580	1 721	1 876	2 044	2 228	2 428
自由现金流	6 812	8 253	9 569	10 760	12 040	13 596	15 357	17 349
YoY	25.29%	21.16%	15.95%	12.44%	11.90%	12.93%	12.95%	12.97%

第二种情况比较少见,如果非核心资产的盈利能力具有可持续性,那么非核心资产的收益也应该加入自由现金流中,以贴现方式加入估计的企业价值中。此时,息前税后收益 EBIAT 应包含盈利具有可持续性的非核心资产的未来收益。

(二) 资本性支出

资本性支出(Capex)是公司用来购买、改扩建实物资产(建筑物、仪器设备等)所作的支出。资本性支出不是一项费用,更具有资产属性,一般被计入资产负债表,并在使用年限内进行折旧,从而进入利润表。由于资本性支出代表的是现金流出,因此需要从收入中减去。

资本性支出的计算涉及报表中固定资产和折旧科目。一般地,资本性支出是新增固定资产净额,即固定资产科目年末金额减去年初金额,再减去折旧增加额。其中需要注意的是,固定资产科目需要排除固定资产出售的收入部分。

一般地,资本性支出的预测可以按照与收入同比例变动推算。从原理上说,收入的增长一般需要资产扩张来支撑。资本性支出的金额往往会在上市公司年报中披露,历史数据往往是用来预测未来资本性支出很好的依据。管理层对未来资本性支出的预计也是很好的判断依据。同时,在判断中,最重要的是对公司发展状况的认识。一家在扩张中的公司可能比进入稳定期的公司有更高的资本性支出增长。

(三)净营运资本

净营运资本(NWC)是非现金流动资产和无息流动负债的差额,可以理解为公司为维持日常运营所需要的现金。在资产负债表上,可以找到计算净营运资本的全部项目。

$$NWC = 非现金流动资产 - 无息负债 \tag{9-36}$$

NWC 的变动额是计算自由现金流的项目之一。这一指标体现的是每年所需要的现金额。NWC 增加指的是营运现金金额增加。对于一家正在成长阶段的公司,存货增加是个普遍的现象,这会最终转化为营收的增长。因此,对存货的预测与收入增长一致。应收账款也与收入同比例变动,因为收入通过现金或应收账款进入公司,应收的变动和收入变动基本一致。应收的增加意味着现金被上游企业占用,该项目增加意味着收入被占用,现金没有回流到公司。

NWC 的增加意味着现金的减少,因此在公式中是一个减项。

$$\Delta NWC = NWC_t - NWC_{(t-1)} \tag{9-37}$$

二、计算加权平均资本成本

WACC 是对目标公司股权和债券成本的加权平均,是目前市场上接受度最广的用来给未来现金流和终值贴现的贴现率选择指标。WACC 也可以理解为资本的机会成本,即资本选择不投资于标的公司,而投资于其他标的资产时获得的收益和承担的风险。这也就可以解释,对于业务多元的企业,可以使用分部加总的方法,分别求出各业务的 WACC。

$$WACC = r_d \times (1-t) \times \frac{D}{D+E} + r_e \times \frac{E}{D+E} \tag{9-38}$$

其中,r_d 为债权成本,r_e 为股权成本,t 为边际所得税率,D 为债券市值,E 为股权市值。

(一)步骤一:确定目标资本结构

公司资本结构即负债与资本总额之比 $\left(\frac{D}{D+E}\right)$ 和权益与资本总额之比 $\left(\frac{E}{D+E}\right)$。如果无法直接获得这个数字,也可以用公司当前和历史数值或同业公司的比值来近似。此外,上市公司的资产负债比值是很好的基准,因为上市公司立足于股东价值最大化。

对于上市公司,如果其资本结构处于行业可比公司资本结构合理水平范围内,我们一般采用目前的资本结构作为目标资本结构。对于非上市公司,我们一般采用行业资本结构的均值或中位数。一般地,我们假设资本结构在预测期间内不发生改变。

（二）步骤二：预测债权成本

对于处于目标资本结构下的公司，其债权成本往往用目前债务工具的综合利率作为债权成本。对于尚未处于目标资本结构的公司，债权成本应从同业公司中取得。

对于公开可交易债，其成本可以由当期收益率决定。国内可交易债发展有限，公司往往不会采用可交易债的融资方式。对于私募债，比如循环信用证和定期贷款等，我们倾向于获取公司目前承担的债务的成本水平，以此作为债权成本的最佳代表。

对于缺乏市场信息的情况，我们可以利用与公司目前债务到期日相同的即将发行债券的利率来间接计算公司加权平均债务成本。更好的方法是用公司在目标资本结构下的信用等级和可比债券的利率水平来估计债权成本。

此外，债权成本可以享有税盾效应。

（三）步骤三：预测股权成本

股权成本采用CAPM模型的方法进行估算。

$$r_e = r_f + \beta_L \times (r_m - r_f) \tag{9-39}$$

其中，r_f 为无风险利率，β_L 为有杠杆贝塔值，r_m 为市场收益率，$r_m - r_f$ 为市场风险溢价。

1. 无风险收益率

无风险收益率是投资无风险资产预期的收益率，在美国市场中一般用国库券、国债等风险几乎为0的债券收益率来表示。在国内也可以使用国债收益率（通常取十年期国债收益率）表示。

2. 市场风险溢价

市场风险溢价是市场收益率高于无风险收益率的部分。风险溢价在股票市场存在的范围内波动较大，有人认为应该选取尽量长的时间，也有人认为选择最近10年为宜。以美国市场为例，1992—2007年的市场风险溢价是7.1%（每年的算术平均值）。

3. β值

将步骤一到步骤三得到的数字带入公式(9-38)，即可得到标的公司的WACC（见表9-44）。

表9-44 WACC计算流程

WACC计算指标	
税　　率	15.00%
资本结构中负债的比率	0.00%
β	0.78
无风险利率	3.00%
风险溢价	6.80%

续 表

股权成本	8.30%
债务成本	6.00%
WACC	8.30%
半显性预测期增长率	13.0%逐年递减2.0%
永续增长率	2.00%

三、确定终值

显性预测期往往只限于最近的5年或10年，而DCF计算的是未来所有现金流的贴现值的和，因此需要确定预测期之后的自由现金流。一般地，会以预测期最后一年的自由现金流作为估计终值的基础。常用的方法是永续增长法。

永续增长法假设自由现金流在预测期之后以固定速率增长。一般地，采用近似GDP增速的数字进行预测，一般是1%~3%的水平。

$$终值 = \frac{FCF_T \times (1+g)}{(r-g)} \quad (9\text{-}40)$$

其中，r是WACC，g是永续增长率，T是预测期最后一年。在本例中，预测了2022—2029年共8年的财务数据，此8年为显性预测期。2030—2035年为半显性预测期，假设其增长率从13%逐渐降至2%。

四、计算现值

得到未来期间现金流预测之后，需要将未来现金流贴现到当前时点，得到标的公司现值。一般地，使用WACC对自由现金流进行贴现。对于第t年的现金流，折现系数可以表示为：

$$折现系数 = \frac{1}{(1+WACC)^t} \quad (9\text{-}41)$$

$$第t年自由现金流 = FCF_t \times 折现系数_t \quad (9\text{-}42)$$

由于估值时间可以发生在一年中的任何时间，而现金流都假设在年内发生，可以采用年内贴现法，即将年内现金流贴现到一年内的任何时间：

$$折现系数 = \frac{1}{(1+WACC)^{\frac{N}{365}}} = \frac{1}{(1+WACC)^x} \quad (9\text{-}43)$$

其中，N是当前时间到当年末的日历天数，令$\frac{N}{365} = x$。

五、得到最终估值

假设在2022年6月1日估值，则$x = \frac{213}{365} = 0.6$，按照上述贴现方法得到每年自由

现金流的现值,加总后即可得到企业评估价值 AEV:

$$AEV = \frac{FCF_1}{(1+WACC)^{0.6}} + \frac{FCF_2}{(1+WACC)^{1.6}} + \frac{FCF_3}{(1+WACC)^{2.6}}$$
$$+ \frac{FCF_4}{(1+WACC)^{3.6}} + \cdots + \frac{FCF_{14}}{(1+WACC)^{13.6}} + \frac{FCF_{14}(1+g)}{(1+WACC)^{13.6}} \quad (9-44)$$

以上公式包含了显性预测期(2022—2029 年共 8 年)、半显性预测期(从 2030—2035 年共 6 年)和永续增长期(从 2036 年往后)。

以上公式计算出的是公司总价值,包括了股权和债权。以下公式可以得到股东权益价值:

$$股东权益价值 = AEV + 非核心资产 - (净负债 + 少数股东权益) \quad (9-45)$$

DCF 分析如表 9-45 所示。

表 9-45　DCF 分析表　　　　　　　　　　（单位:百万元）

显性预测期	现金流量净值(2022—2029)	93 735
	现金流量现值	65 705
半显性预测期	现金流量净值(2030—2035)	144 558
	现金流量现值	59 743
永续增长期	终值	444 190
	终值现值	151 333
	AEV	276 781
	+非核心资产	25 196
	企业总价值	301 977
	−少数股东权益	98
	−净负债	126
	股东权益价值	301 752

六、计算隐含股价

上市公司的股价等于隐含权益价值除以公司稀释后总股本。稀释后总股本是考虑了在行权价内的期权全部行权后的总股本。计算公式如下:

$$稀释后总股本 = 总股本 + 价内期权转换后股数 - 股票回购数 \quad (9-46)$$

其中,股票回购数 = 价内期权行权支付总价款 ÷ 隐含股票价格。

在计算稀释后总股本时,需要考虑公司具有期权。但其中存在一个循环嵌套的关系。股价取决于稀释后总股本,而构成稀释后总股本的期权部分能否行权还取决于股价。在实务操作中,往往会利用 Excel 的循环引用功能进行迭代运算。

海天味业不存在期权,年报中公告的股本数即用于计算股价的总股本。按估值时点 2021 年末 42.13 亿股本计算,海天味业的每股股价为 71.6 元。

本书的目的是提供估值方法教程,并以海天味业的股票为实际操作范例。本书所得到的估值结果并不起到财务预测的作用,也不代表对海天味业股票价格的看法。请各位读者留意。

七、敏感性测试

在使用 DCF 模型进行绝对估值的过程中使用了很多假设,每一个假设都对最终结果有很大的影响。因此,最终很少会得到一个精确的数字作为估值结果。一般地,DCF 的结果会基于一系列关键假设得到一个估值范围。几个关键假设涉及 WACC 和 g。一般在 DCF 之后都需要对这几个指标进行敏感性测试。有时候,也会对主要财务指标做敏感性测试,如 EBITDA 利润率、收入增长率等。

表 9-46 是海天味业估值模型 WACC 和 g 的敏感性测试。

表 9-46 WACC 和 g 的敏感性测试

		WACC						
		6.80%	7.30%	7.80%	8.30%	8.80%	9.30%	9.80%
g	0.50%	81.79	75.06	69.3	64.3	59.98	56.16	52.78
	1.00%	85.7	78.21	71.87	66.41	61.73	57.63	54.02
	1.50%	90.36	81.91	74.85	68.83	63.73	59.28	55.4
	2.00%	95.99	86.3	78.33	71.63	66.01	61.17	56.97
	2.50%	102.92	91.61	82.48	74.92	68.66	63.33	58.75
	3.00%	111.68	98.15	87.49	78.82	71.77	65.83	60.79
	3.50%	123.1	106.42	93.66	83.54	75.46	68.76	63.15

从表 9-46 中我们可以看到,从左到右,随着 WACC 的增加,估值水平下降,而从上往下,随着 g 的增加,估值水平上升,原理与图 9-7 是一致的。

本 章 小 结

本章首先介绍了财务预测的基本概念,指出营业收入是财务预测的重要起点,并给出了营业收入的具体预测方法。然后分别介绍了相对估值法、基于资产的估值法和几种重要的绝对估值法的计算方法、应用条件和相对优缺点。然后给出了 DCF 估值方法的具体实现。

关　键　词

财务预测、全面预测、相对估值法、绝对估值法、股利贴现模型、自由现金流贴现模型、剩余收益模型、收益增长模型、敏感性分析、分部估值法

思　考　题

1. 使用本章介绍的方法对所选公司的营业收入进行预测。
2. 在营业收入的基础上预测资产负债表和利润表。
3. 选择 2—3 种方法对所选公司进行估值,并进行敏感性测试。

参 考 文 献

[1] Altman E I. Financial ratios, discriminant analysis and the prediction of corporate bankruptcy[J]. The Journal of Finance, 1968, 23(4): 589-609.

[2] Beaver W H. Financial ratios as predictors of failure[J]. Journal of Accounting Research, 1966: 71-111.

[3] Beneish M D. The detection of earnings manipulation[J]. Financial Analysts Journal, 1999, 55(5): 24-36.

[4] Bonsall S B, Miller B P. The impact of narrative disclosure readability on bond ratings and the cost of debt[J]. Review of Accounting Studies, 2017, 22: 608-643.

[5] Brockman P, Li X, Price S M K. Word versus deed: managerial trading patterns following conference calls[R]. Working paper, Lehigh University, University of Hong Kong, 2014.

[6] Bushee B J, Gow I D, Taylor D J. Linguistic complexity in firm disclosures: Obfuscation or information? [J]. Journal of Accounting Research, 2018, 56(1): 85-121.

[7] Caballero R J, Hoshi T, Kashyap A K. Zombie lending and depressed restructuring in Japan[J]. American Economic Review, 2008, 98(5): 1943-1977.

[8] Carhart M M. On Persistence in Mutual Fund Performance[J]. The Journal of Finance, 1997, 52(1): 57-82.

[9] Cooper M J, Gulen H, Schill M J. Asset growth and the cross-section of stock returns[J]. The Journal of Finance, 2008, 63(4): 1609-1651.

[10] Dechow P M, Sloan R G, Sweeney A P. Detecting earnings management[J]. Accounting Review, 1995: 193-225.

[11] Fama E F, French K R. A Five-Factor Asset Pricing Model[J]. Journal of Financial Economics, 2015, 116(1): 1-22.

[12] Fama E F, French K R. Dissecting Anomalies with a Five-Factor Model[J]. Review of Financial Studies, 2016, 29(1): 69-103.

[13] Fama E F, French K R. International Tests of a Five-Factor Asset Pricing Model[J]. Journal of Financial Economics, 2017, 123(3): 441-463.

[14] Fukuda S, Nakamura J. Why did "zombie" firms recover in Japan?[J]. The World Economy, 2011, 34(7): 1124-1137.

[15] Gordon E A, Henry E, Peytcheva M, et al. Discretionary disclosure and the market reaction to restatements[J]. Review of Quantitative Finance and Accounting, 2013, 41: 75-110.

[16] Guay W, Samuels D, Taylor D. Guiding through the fog: Financial statement complexity and voluntary disclosure[J]. Journal of Accounting and Economics, 2016, 62(2-3): 234-269.

[17] Gunning R. The technique of clear writing[J]. (No Title), 1952.

[18] Han S, Qiu J. Corporate precautionary cash holdings[J]. Journal of corporate finance, 2007, 13(1): 43-57.

[19] Henry E. Are investors influenced by how earnings press releases are written?[J]. The Journal of Business Communication (1973), 2008, 45(4): 363-407.

[20] Hoberg G, Phillips G. Text-based network industries and endogenous product differentiation[J]. Journal of Political Economy, 2016, 124(5): 1423-1465.

[21] Hoshi T. Economics of the living dead[J]. The Japanese Economic Review, 2006, 57(1): 30-49.

[22] Hou K, Mo H, Xue C, et al. An Augmented Q-Factor Model with Expected Growth[J]. Review of Finance, 2021, 25(1): 1-41.

[23] Jegadeesh N, Wu D. Word power: A new approach for content analysis[J]. Journal of Financial Economics, 2013, 110(3): 712-729.

[24] Jones J J. Earnings management during import relief investigations[J]. Journal of Accounting Research, 1991, 29(2): 193-228.

[25] Kearney C, Liu S. Textual sentiment in finance: A survey of methods and models[J]. International Review of Financial Analysis, 2014, 33: 171-185.

[26] Keynes J M. The General Theory of Employment, Interest and Money[M]. London: Harcourt Brace, 1936.

[27] Kim C, Wang K, Zhang L. Readability of 10-K reports and stock price crash risk[J]. Contemporary Accounting Research, 2019, 36(2): 1184-1216.

[28] Kim J, Kim Y, Zhou J. Languages and earnings management[J]. Journal of Accounting and Economics, 2017, 63(2-3): 288-306.

[29] Lawrence A. Individual investors and financial disclosure[J]. Journal of Accounting and Economics, 2013, 56(1): 130-147.

[30] Lehavy R, Li F, Merkley K. The effect of annual report readability on analyst following and the properties of their earnings forecasts[J]. The Accounting Review, 2011, 86(3): 1087-1115.

[31] Li F. Annual report readability, current earnings, and earnings persistence[J]. Journal of Accounting and Economics, 2008, 45(2-3): 221-247.

[32] Li F. Textual analysis of corporate disclosures: A survey of the literature[J]. Journal of Accounting Literature, 2010, 29: 143-167.

[33] Lo K, Ramos F, Rogo R. Earnings management and annual report readability[J]. Journal of accounting and Economics, 2017, 63(1): 1-25.

[34] Loughran T, McDonald B. Measuring readability in financial disclosures[J]. The Journal of Finance, 2014, 69(4): 1643-1671.

[35] Loughran T, McDonald B. Textual analysis in accounting and finance: A survey[J]. Journal of Accounting Research, 2016, 54(4): 1187-1230.

[36] Loughran T, McDonald B. When is a liability not a liability? Textual analysis, dictionaries, and 10-Ks[J]. The Journal of Finance, 2011, 66(1): 35-65.

[37] Lundholm R J, Rogo R, Zhang J L. Restoring the tower of Babel: How foreign firms communicate with US investors[J]. The Accounting Review, 2014, 89(4): 1453-1485.

[38] Martin D. Early warning of bank failure: A logit regression approach[J]. Journal of Banking & Finance, 1977, 1(3): 249-276.

[39] Minhas S, Hussain A. From spin to swindle: identifying falsification in financial text[J]. Cognitive Computation, 2016, 8: 729-745.

[40] Opler T, Pinkowitz L, Stulz R, et al. The determinants and implications of corporate cash holdings[J]. Journal of Financial Economics, 1999, 52(1): 3-46.

[41] Pinkowitz L, Stulz R M, Williamson R. Do firms in countries with poor protection of investor rights hold more cash? [J]. Journal of Finance, 2006, 61, 2725-2751.

[42] Price S M K, Doran J S, Peterson D R, et al. Earnings conference calls and stock returns: The incremental informativeness of textual tone[J]. Journal of Banking & Finance, 2012, 36(4): 992-1011.

[43] Purda L, Skillicorn D. Accounting variables, deception, and a bag of words: Assessing the tools of fraud detection[J]. Contemporary Accounting Research, 2015, 32(3): 1193-1223.

[44] Rennekamp K. Processing fluency and investors' reactions to disclosure readability[J]. Journal of Accounting Research, 2012, 50(5): 1319-1354.

[45] Tetlock P C, Saar-Tsechansky M, Macskassy S. More than words: Quantifying language to measure firms' fundamentals[J]. The Journal of Finance, 2008, 63(3): 1437-1467.

[46] Yan X, Zheng L. Fundamental analysis and the cross-section of stock returns: a data-mining approach[J]. The Review of Financial Studies, 2017, 30(4): 1382-1423.

[47] 詹姆斯·J.瓦伦丁.证券分析师的最佳实践指南[M].王洋,译.机械工业出版社,2012.

[48] 阿斯沃斯·达摩达兰.故事与估值:商业故事的价值[M].廖鑫亚,艾红,译.中信出版社,2018.

[49] 陈静.上市公司财务恶化预测的实证分析[J].会计研究,1999(04):31-38.

[50] 陈希,徐洋.科创企业估值方法研究[R].上海证券交易所资本市场研究所,2019(47).

[51] 陈晓,陈治鸿.企业财务困境研究的理论、方法及应用[J].投资研究,2000(06):29-33.

[52] 郭永清.财务报表分析与股票估值[M].机械工业出版社,2021.

[53] 吕长江,周现华.上市公司财务困境预测方法的比较研究[J].吉林大学社会科学学报,2005(06):99-109.

[54] 迈克尔·刘易斯.大空头[M].何正云,译.中信出版社,2011.

[55] 施光耀,刘国芳,梁彦军.中国上市公司市值管理评价研究[J].管理学报,2008(01):78-87.

[56] 王忠.积极承担"链主"责任 加速中小企业数字化转型[J].中国中小企业,2023(05):58-59.

[57] 吴世农,卢贤义.我国上市公司财务困境的预测模型研究[J].经济研究,2001(06):46-55+96.

[58] 薛兆丰.经济学讲义[M].中信出版社,2018.

[59] 岳娇.奔福德定律与上市公司财务舞弊识别研究[D].浙江大学,2020.

[60] 周琎,冼国明,明秀南.僵尸企业的识别与预警——来自中国上市公司的证据[J].财经研究,2018,44(04):130-142.

图书在版编目(CIP)数据

财务报表分析与估值/宋军主编. —上海：复旦大学出版社,2024.8
金融专业学位研究生核心课程系列教材
ISBN 978-7-309-17339-0

Ⅰ.①财…　Ⅱ.①宋…　Ⅲ.①会计报表-会计分析-研究生-教材　Ⅳ.①F231.5

中国国家版本馆 CIP 数据核字(2024)第 058605 号

财务报表分析与估值
CAIWU BAOBIAO FENXI YU GUZHI
宋　军　主编
责任编辑/王雅楠

复旦大学出版社有限公司出版发行
上海市国权路 579 号　邮编：200433
网址：fupnet@ fudanpress.com　　http://www.fudanpress.com
门市零售：86-21-65102580　　团体订购：86-21-65104505
出版部电话：86-21-65642845
上海华业装璜印刷厂有限公司

开本 787 毫米×1092 毫米　1/16　印张 30.25　字数 699 千字
2024 年 8 月第 1 版第 1 次印刷

ISBN 978-7-309-17339-0/F・3042
定价：98.00 元

如有印装质量问题,请向复旦大学出版社有限公司出版部调换。
版权所有　　侵权必究